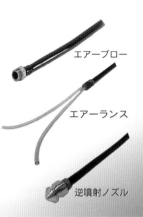

サステナブルな社会の実現を目指して

マンションの生活環境やビルの仕事環境で様々な問題や課題が発生しています。私たちはそうした住環境の問題や課題を解決し、居住する人たちに安心と感動を提供すると共に、居住する建物が健全性を維持し長く使用していけるように、リノベーションを通じて挑戦していきます。

— **Fit Your Lifestyle** —

代表取締役　井上　均

検索　http://www.tsanwa.com/　検索

ナイブ　フショク

金属製支柱は 「雨が溜ると劣化する」 調べてみませんか?

金属製支柱のメンテナンス

ポールガード工法 {PGM}

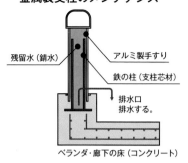

残留水（錆水）
アルミ製手すり
鉄の柱（支柱芯材）
排水口 排水する。
ベランダ・廊下の床（コンクリート）

残留水排水後に発泡ウレタン充填

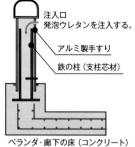

注入口
発泡ウレタンを注入する。
アルミ製手すり
鉄の柱（支柱芯材）
ベランダ・廊下の床（コンクリート）

ハシラ　クズレル

耐力不足の建物は 「大地震が来ると危ない」 対策してますか?

そで壁付柱の耐震補強

サイド・ポ・スト工法 {塗って耐震}

そで壁付柱の例

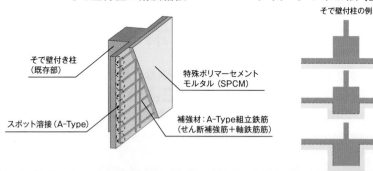

そで壁付き柱（既存部）
特殊ポリマーセメントモルタル（SPCM）
スポット溶接（A-Type）
補強材：A-Type組立鉄筋（せん断補強筋＋軸鉄筋筋）

三和テクノス株式会社

本　社　〒170-0005　東京都豊島区南大塚3-40-5三和ビル　電話 03-5952-0224　Fax 03-5952-0258
サテライトオフィース　〒170-0013　東京都豊島区東池袋1-18-1　ハレザタワー20F

三和アルミ工業株式会社（関係会社）　URL https://www.sanwa-alumi.com
〒170-0005 東京都豊島区南大塚3-40-5三和ビル　電話 03-5952-0221　Fax 03-5952-0230

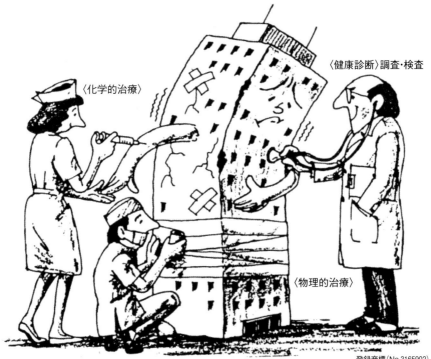

低炭素社会に貢献する化学的・物理的改修工法
リフリート®工法

〈健康診断〉調査・検査
〈化学的治療〉
〈物理的治療〉

登録商標(No.3165902)

「リフリート工法」は、従来工法をバージョンアップさせた鉄筋コンクリートの総合躯体改修工法です。「アルカリ性付与」、「素地強化」および「腐食鉄筋の防錆」に加え、「予防保全」に対して、効率的かつ効果的に改修仕様を組み立てることが可能な低炭素社会に貢献する化学的・物理的改修工法です。

調査と改修工事のご相談は……… **リフリート工業会**

リフリート　検索

事務局/〒114-0014 東京都北区田端6-1-1 田端ASUKAタワー15階　太平洋マテリアル㈱内
ホームページ https://www.refrete.com　TEL03(3824)5812　FAX03(3824)5813

材料部会
太平洋マテリアル株式会社
日産化学株式会社
太平洋セメント株式会社

北海道支部　011(221)5855
東北支部　022(221)4511
東京・関東支部　03(5832)5241
中部・北陸支部　052(452)7141

近畿支部　06(7669)7380
中国支部　082(261)7191
四国支部　087(833)5758
九州・沖縄支部　092(781)5331

〈資料請求コード　0004〉

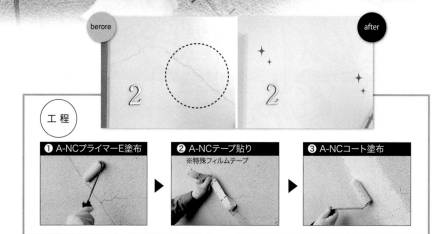

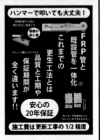

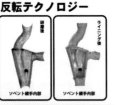
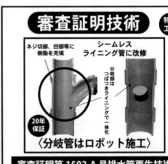

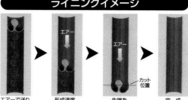
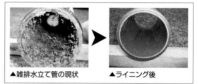

CLEAR & CLEAN

私たちの技術が住みなれたお部屋を

"快適環境"に生まれ変わらせます。

私たちは、集合住宅の給排水設備改修の

プロフェッショナルです。

日本設備工業株式会社　〒103-0015
東京都中央区日本橋箱崎町36番2号 Daiwaリバーゲート
https://www.nihonsetsubi.co.jp

リノライフ事業部　TEL.03-4213-4915 https://www.reno-life.com

防　水

資料請求コード **C001**

田島ルーフィング株式会社

改修工事に最適な高強度で高伸長なウレタン塗膜防水「GO-JIN」

「GO-JIN（ゴウジン）」は、高強度かつ高伸長という性能を併せもつ、新たな製品設計の高靱性環境対応型ウレタン塗膜防水材です。施工の手間を省くメッシュフリーでありながら従来のメッシュ補強工法を上回る性能の防水システムを実現。これにより工期短縮に貢献します。特化則非該当品。

〒101-8579　東京都千代田区外神田4-14-1
https://tajima.jp
TEL.03-6837-8888

防　水

資料請求コード **C002**

大同塗料株式会社／アクアシール会

浸透性吸水防止材　アクアシールシリーズ

アクアシールは、シリコーン系の浸透性吸水防止剤です。コンクリートなど吸水性のある材料に塗付浸透させることにより、通気性を持った吸水防止層を形成します。
この吸水防止層は、水による種々の弊害から躯体を保護します。

〒532-0032　大阪府大阪市淀川区三津屋北2-14-18
http://www.daido-toryo.co.jp/
honbu@daido-toryo.co.jp　TEL.06-6308-6289

配管更生

資料請求コード **C003**

排水管・DREAM 工法普及協会

排水管ライニングDREAM工法

マンションの排水管は台所や浴室から油や髪の毛などが流れ込み数年で赤さびや汚れのコブができ始めます。これは高圧洗浄では落ちにくく、やがて漏水事故等の原因になり、大がかりな更新工事が必要に成る場合も少なくありません。定期洗浄しても水引が悪いという場合は、是非一度DREAM工法で排水管改修計画のご相談をお薦めします。
【特長】●工事は一日●低コスト●高耐久性●安全施工

〒143-0016　東京都大田区大森北3-3-13　カンドー大森ビル
http://www.dream-kyokai.jp/
info@dream-kyokai.jp　TEL.03-6672-6827

配管更生

資料請求コード **C004**

株式会社マルナカ

排水管を再生するパイプインパイプ技術のマルライナー工法

マルライナー工法とは、老朽化した排水管を取り替えることなく、耐久性の高い排水管へと再生する排水管工事方法。古い排水管の内側にエポキシ樹脂を含んだ芯材で新たなパイプを形成する（パイプインパイプ）という、マルナカが開発した特許技術です。
老朽化の一番の原因となる「つなぎ目」がなくなり、老朽化によって開いた穴も完全にふさぐ事が出来ます。

〒254-0014　神奈川県平塚市四之宮7-1-27
http://www.maruliner-honbu.co.jp/
info@maruliner-honbu.co.jp　TEL.0463-79-6161

網戸・断熱

資料請求コード **C005**

セイキ販売株式会社

収納網戸と断熱遮熱商材、セイキの窓まわり商材を一冊に

デザイン性のみならず、掃除のしやすさやプライバシーに配慮された網戸など、機能的な網戸を多数ラインナップ。内窓や遮熱スクリーンなどの断熱遮熱商材を収録し、セイキの窓まわり商材を網羅した総合カタログに仕上げました。

〒202-0004　東京都西東京市下保谷1-7-3
https://www.seiki.gr.jp
info@seiki.gr.jp　TEL.042-433-9881

マンションリニューアル

資料請求コード **C006**

日本設備工業株式会社

住む人の快適性を向上させ、資産価値を再生させる

日本設備工業では、オフィスビルや商業施設などで培ってきた空調・給排水衛生設備の更新技術を生かして、マンション設備の再生にもお役に立っています。
建物の詳細な調査やリニューアルプランのご提案から、施工まで。確かな技術がお客様のお部屋をさらに快適にします。もちろん竣工後のアフターケアも万全です。

〒103-0015　東京都中央区日本橋箱崎町36-2　Daiwaリバーゲート19F
https://www.nihonsetsubi.co.jp/
info-web@nihonsetsubi.co.jp　TEL.03-4213-4900

資料請求またはWEBアンケートで 図書カードが当たる！

巻末の資料請求ハガキより資料請求いただいた方、および当会WEBサイト「積算資料ポケット版WEB」のアンケートにご回答いただいた方の中から抽選で20名様に図書カード（1,000円分）をプレゼントいたします。

住まいの建材と見積り

積算資料 ポケット版 WEB
http://www.pocket-ban.com/

スマートフォンページ

積算資料ポケット版シリーズ公式サイト。ポケット版掲載単価を使用した概算見積り算出システムや、新築・リフォームにかかわる建材・設備等を掲載しています。メールマガジンも毎月発行。

【主なコンテンツ】建材・設備検索／建材・工法ガイド／概算見積り算出システム／設計・見積り実例／見積りの算出例／住宅のメンテナンスコスト

新築およびリフォームの設計・見積り事例や過去の特集記事など、ポケット版ならではのコンテンツを用意。

積算資料 ポケット版
マンション修繕編
2023/2024

目次

特集

トピックス

見積書分析

見積り実例

価格編

仮設

屋根・床防水

外壁塗装等

シーリング

鉄部塗装等

建具・金物等

給水・排水

配管更生

ガス設備

空調・換気

電灯設備等

情報・通信

消防用設備

昇降機

立体駐車場

外構

調査・診断

法定点検

参考資料

索引

取扱書店

マンション修繕とは ……………………………… 4

特 集
1. 脱炭素時代のマンション省エネ改修への取り組み ……… 7
2. マンション外壁改修のこれから …………………………**65**

トピックス
マンション長寿命化促進税制が創設されました！ ……………**84**
「マンション共用部分リフォーム融資」について ……………**90**
第13回マンションクリエイティブリフォーム賞
審査結果発表………………………………………………**93**
時代を変えるマンション大規模修繕実施方式
"価格開示方式"………………………………………………**94**

マンション大規模修繕工事の見積書分析結果………**97**

見積り実例………………………………………… **113**

価格編　　　　　　　　　　　　　　　　　　　　　　203

価格編の見方	204
修繕工事単価の推移	206
諸経費・法定福利費とは	208

仮設 ——————————— 215

仮設工事	216
仮設建物	218
工事施設	219
環境・安全	219
外部足場	220
内部足場	224
災害防止設備	225
外部養生	225
仮設工事 メーカー公表価格	226

建物 ——————————— 231

屋根防水・床防水工事	232
下地調整等	235
屋上・ルーフバルコニー・屋根防水	236
庇・笠木等付属物防水	239
バルコニー防水	240
廊下・階段防水	240
屋根防水・床防水工事 メーカー公表価格	242
外壁塗装等工事	250
外壁洗浄・剥離	252
コンクリート補修	253
下地補修	255
タイル部補修	255
外壁塗装	256
塗装-その他部位別	259
外壁塗装等工事 メーカー公表価格	260

シーリング工事	272
外壁目地シーリング	274
建具回りシーリング	276
給排気ベントキャップ回りシーリング	277
手すり根元回りシーリング	277
避難ハッチ回りシーリング	277
シーリング工事 メーカー公表価格	278
鉄部塗装等工事	280
塗装仕様別	282
塗装部位別	282
鉄部塗装等工事 メーカー公表価格	284
建具・金物等工事	286
建具	288
金物等	289
建具・金物等工事 メーカー公表価格	291

設備 ——————————— 301

給水・排水設備工事	302
給水管更新	309
給水・給湯管更新	311
排水管更新	312
弁（バルブ）類更新	313
付帯工事	314
塩ビ製小口径ます	314
受水槽改修	315
ポンプ改修	315
保温工事	316
アンカー工事	317
給水・排水設備工事 メーカー公表価格	318
配管更生工事	329
配管更生工事 メーカー公表価格	335

ガス設備工事 337
　マンションのガス設備改修について 339
空調・換気設備工事 342
　空調設備 345
　換気設備 345
　ダクト清掃 345
電灯設備等工事 346
　電灯設備 349
　配電盤類 351
　配線材料 351
　受変電設備 352
　避雷針設備 352
　電灯設備等工事 メーカー公表価格 353
情報・通信設備工事 355
　テレビ共聴設備 361
　インターホン・カメラシステム設置工事 361
　情報・通信設備工事 メーカー公表価格 362
消防用設備工事 365
　消火管更新 371
　消防用設備 371
　消火器等取替え 372
　火災報知設備更新 372
　消防用設備工事 メーカー公表価格 373
昇降機設備工事 374
　昇降機設備工事 375
立体駐車場設備工事 376
　立体駐車場設備工事 メーカー公表価格 378

外構 —————————— 379
外構工事 380
　植栽改修工事 382
　植栽管理 383
　外構工事 メーカー公表価格 384

調査・診断 —————————— 393
調査・診断 394
　調査・診断 396
　調査・診断費用 メーカー公表価格 397

共用部分管理 —————————— 403
マンション管理費用 404
法定点検費用 406
　消防設備点検 408
　昇降機保守・点検 413
関連図書案内 414

参考資料 415

民間処分場（建設廃棄物） 416
マンション関連統計 420
新築・中古マンションの市場動向 421
（公財）マンション管理センターのご案内 426
（公財）マンション管理センターの
長期修繕計画作成・修繕積立金算出サービス 431
マンション関連団体 432

索引・その他 433

項目・商品名索引 434
企業名索引 445
広告索引 447
取扱書店 448
編集協力 453

マンション修繕とは

■マンション修繕工事の特殊性

　共用部分修繕工事は、マンションごとに経年変化や傷み方（劣化の質と度合い）が違うため、正確な工事費用の算出には事前の調査・診断が欠かせません。また、マンション修繕工事の最も特徴的な点は、住民が日常の暮らしを営む中での実施が前提であるということです。

■マンションの維持・保全の区分

　マンションを維持・保全していくための一般的な区分の仕方として、保守・点検と改修・修繕に区分します。会計の観点からは、多くの場合、図-1のように区別して行います。

　本書では、「保守・点検」および大規模修繕の「改修・修繕」の主要な部分について、特集や事例、各工事の価格などを掲載しています。

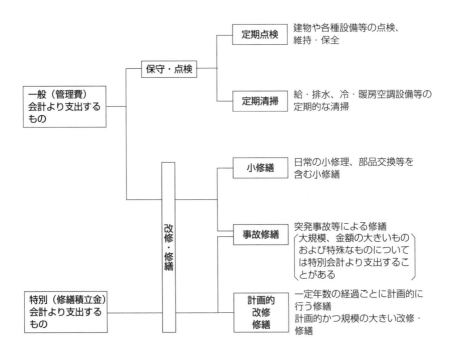

図-1　マンションの維持・保全の区分例

出典：NPO法人 リニューアル技術開発協会発行『マンション管理組合理事長マニュアル』

■改修・修繕工事の手順

大規模修繕の立案から実施までの手順を図-2に示しました。手順に沿って、本誌をどのように使用するかを併記しています。大規模修繕を行う際の計画・準備段階で参考にしてください。

大規模修繕工事を行うには、建物や設備の現状をまず把握しなければなりません。

科学的方法による正確な診断を行うことで、故障や不具合を早期に発見でき、優先すべき修繕箇所に最善の工法を選択できます。診断結果は中・長期的な修繕計画の見直しの基礎データにもなり、結果的に修繕積立金を有効に使うことができます。

築15〜20年程度経過した建物は、単なる修繕にはとどまりません。ライフスタイルの変化に対応するため設備をグレードアップしたり、高齢化する居住者のため建物をバリアフリー化したりすることも計画に織り込む必要があります。

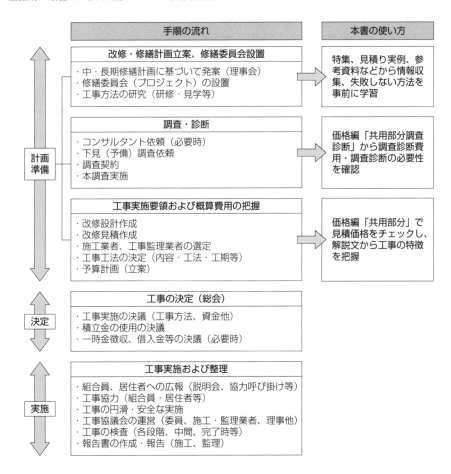

図-2　大規模改修・修繕の立案から実施までの手順例

参考：NPO法人 リニューアル技術開発協会発行『マンション管理組合理事長マニュアル』

■工事の発注形態について

修繕工事の発注には大きく分けると、設計監理方式と責任施工方式があります。

設計監理方式は、設計者と実際の施工業者が異なります。責任施工方式は、施工する工事業者が設計から施工・監理まで一貫して行います。

設計監理方式は住民の意向を反映しやすいと

いう意見がありますが、それには信頼できる設計者が不可欠ですし、何よりも住民の主体的な関わりが必要になってきます。

いずれの方法であれ、金額が大きいこともあり、工事見積りは数社から取るか、公募をかけるケースがほとんどです。

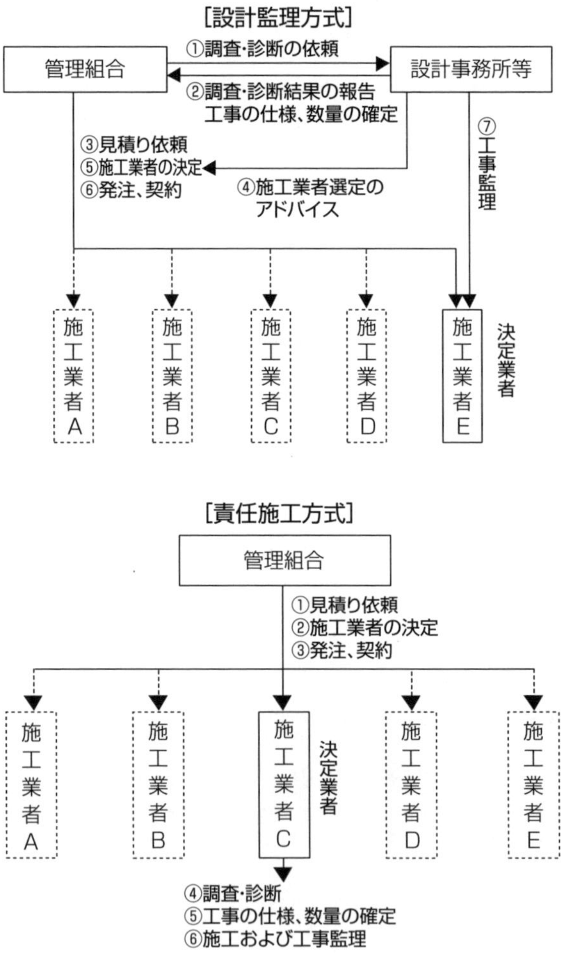

[設計監理方式]

管理組合 ──①調査・診断の依頼→ 設計事務所等
←②調査・診断結果の報告 工事の仕様、数量の確定

③見積り依頼
⑤施工業者の決定
⑥発注、契約
④施工業者選定のアドバイス

⑦工事監理

施工業者A　施工業者B　施工業者C　施工業者D　施工業者E（決定業者）

[責任施工方式]

管理組合

①見積り依頼
②施工業者の決定
③発注、契約

施工業者A　施工業者B　施工業者C（決定業者）　施工業者D　施工業者E

④調査・診断
⑤工事の仕様、数量の確定
⑥施工および工事監理

図-3　工事の発注形態

特集 **1**
脱炭素時代のマンション 省エネ改修への取り組み

脱炭素社会の実現に資するための建築物の エネルギー消費性能の向上に関する法律等の 一部を改正する法律の概要について
■ 国土交通省　住宅局　建築指導課　市街地建築課　　▶**8**

マンション省エネ改修による効果
■ 一般社団法人　日本建材・住宅設備産業協会　　▶**16**

省エネ改修による補助金を活用した 大規模修繕工事
■ 株式会社髙屋設計環境デザインルーム　代表取締役　髙屋　利行　　▶**40**

マンションのアルミサッシ更新工事の基礎知識
■ 株式会社ハル建築設計　代表取締役　今井　章晴　　▶**48**

「既存分譲マンションへの電気自動車(EV)・ プラグインハイブリッド車(PHEV) 充電設備導入マニュアル」の解説
■ 一般社団法人マンション計画修繕施工協会　専務理事　中野谷　昌司　　▶**56**

脱炭素社会の実現に資するための建築物のエネルギー消費性能の向上に関する法律等の一部を改正する法律の概要について

■ 国土交通省 住宅局 建築指導課 市街地建築課

1. はじめに

2020年10月26日の菅総理大臣（当時）の所信表明演説において、「2050年カーボンニュートラル」を目指すことが宣言され、2021年4月22日の気候サミットにおいては、2030年度において、温室効果ガスを2013年度から46％削減すること（中期目標）を目指し、さらに50％の高みに向けて挑戦を続ける方針が表明されました。

政府の中期目標の実現に向けては、我が国のエネルギー需要の約3割を占める住宅・建築物分野における省エネルギーの徹底を図ることが必要不可欠です。

そうした中、先の通常国会において、「脱炭素社会の実現に資するための建築物のエネルギー消費性能の向上に関する法律等の一部を改正する法律」が成立し、昨年6月17日に公布されました。

今回の法改正は、脱炭素社会の実現に向けて、建築物省エネ法（建築物のエネルギー消費性能の向上に関する法律）を中心とした「省エネ対策の強化」と、建築基準法の改正による「木材利用の促進」を大きく2本の柱とし、さらにこれらに連動する形で建築士法、住宅金融支援機構法の4本の法律が改正されました。本稿では、それらの概要を紹介します。

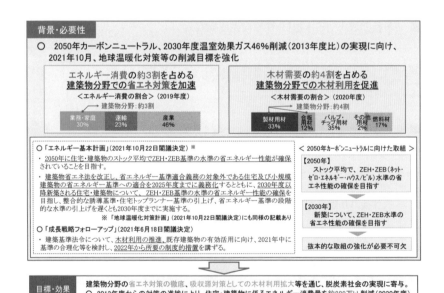

図-1　改正建築物省エネ法等の背景・必要性、目標・効果

2. 省エネ対策の加速

■
省エネ性能の底上げ

　新築住宅の省エネ基準適合率は8割を超え、不適合な住宅を適合させるための追加コストも0.5%以内の水準にとどまるなど、新築住宅への適合義務化が過剰な制約に当たらない環境が整いつつあります。一方で、2021年2月のアンケートでは、自ら基準適合を確認できる建築士の割合は5～6割程度にとどまっており、市場の混乱なく義務化を実現するためには、十分な周知・準備期間の確保や未習熟事業者等に対する技術力向上の支援が求められています。

　こうした状況を踏まえ、新築住宅を含む全ての建築物の省エネ基準適合義務化のため法改正を行い、十分な周知・準備期間を確保するために2025年度以降に新築される住宅等について適用することとしました（公布後3年以内施行）。

　並行して、仕様基準の更なる簡素化・合理化やDXの推進等により申請側・審査側の負担軽減を図ることとしています。

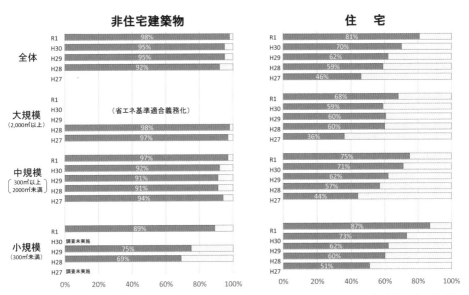

図-2　規模別の省エネ基準適合率の推移

特集

住宅

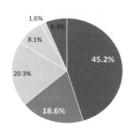

【住宅】省エネ基準適合確認の可否について
- 外皮性能と一次エネルギー消費性能について計算が可能
- 仕様基準を用いて確認が可能
- 確認できない（委託先あり／今後見つける予定）
- 確認できない（オンライン講座受講中or今後受講予定）
- 確認できない（業務予定がない）
- いずれも該当しない

N=11,605

非住宅建築物

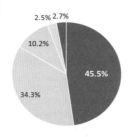

【非住宅建築物】省エネ基準適合確認の可否について
- 計算が可能
- 確認できない（委託先あり／今後見つける予定）
- 確認できない（オンライン講座受講中or今後受講予定）
- 確認できない（業務予定がない）
- いずれも該当しない

N=7,728

調査方法 ：建築士事務所および住宅瑕疵担保責任保険への加入業者に対し、郵送にてアンケートを実施（令和3年2月～3月末時点、有効回答19,333件）

図-3　建築士の省エネ基準への習熟状況等

より高い省エネ性能への誘導

　中期目標等の達成に向け、より高い省エネ性能を有する新築住宅の供給促進を図るため、新たな地球温暖化対策計画においても、「2030年度以降新築される住宅・建築物について、ZEH・ZEB基準の水準の省エネルギー性能の確保を目指し、整合的な誘導基準・住宅トップランナー基準の引上げや、省エネルギー基準の段階的な水準の引上げを遅くとも2030年度までに実施する。加えて、規制強化のみならず、（中略）ZEHやZEBの実証や更なる普及拡大に向けた支援等を講じていく。」とされています。

（1）住宅トップランナー制度の対象拡充

　住宅トップランナー制度は、一定戸数以上の住宅を供給する事業者に対し、国が目標年次と省エネ基準を超える一定の水準の基準（トップランナー基準）を定め、新たに供給する住宅について平均的に満たすことを努力義務として課し、必要に応じて勧告等を行うことにより、省エネ性能のより高い住宅供給を誘導する仕組みです。

　現行制度においては、建売戸建住宅、注文戸建住宅、賃貸アパートの3区分をその対象としているところ、今回の法改正により、大手事業者が供給する分譲マンションを対象に追加しました。政令において、1年間に新築する分譲マンションの住戸の数が1000戸以上である事業者を対象とすることと定めています（2023年4月1日施行）。

（2）省エネ性能表示の推進

　国民や事業者にも省エネ対策の必要性などを理解してもらうなど、意識変化や行動変容を促

すことが必要であり、既存建築物も含め、市場においてより省エネ性能が高い建築物が選ばれる市場環境の整備が急務となっています。このため、省エネ性能について表示する事項や表示の方法などの統一的なルールを国が定めた上で、これに従った表示が行われない場合に、国土交通大臣から事業者に対して勧告等の措置を講じることを可能としました（公布後2年以内施行）。

ストックの省エネ改修

既存の住宅・建築物の省エネ性能の向上にあたっては、性能確認が容易ではないことや、新築時に比べ性能向上コストが高くなること、形態規制が障害となるケースがあるなどの課題があります。

このため、改修の際に規制上は増改築部分のみ省エネ基準適合を求めるなど改修そのものを停滞させない仕組みとするとともに、増改築部分以外における省エネ改修を促進するため、財政・税制上の支援を総動員することとしています。

また、省エネ改修を円滑化するための形態規制の柔軟な適用等も図ることとしています。例えば、屋根の断熱改修や屋上への再エネ利用設備の設置等により、建築物の省エネ化を推進する必要がありますが、第一種低層住居専用地域等において、建築物の高さ制限等の上限近くで

建築されている場合に、これらの制限に抵触し改修自体が困難となる場合があります。このため、省エネ改修等の工事に際して、建築物の構造上やむを得ない場合には、市街地環境を害しないものに限って、特定行政庁が個別に建築物の状況を判断した上で、最小限の範囲で高さの制限を超えることを可能とする制度を導入することとしました。同様に、建蔽率や容積率に関しても、構造上やむを得ない場合の特例許可を導入することとしております（2023年4月1日施行）。

さらに、小規模かつ無担保で実行され、リスク管理が難しいリフォームローンは一般金融機関において取り組みにくく、特に省エネ改修に特化したローンは限定的であることから、住宅金融支援機構による省エネ改修融資を創設することとしました（2022年10月取扱い開始）。

再エネ設備の導入促進

建築物分野の中期目標の達成、カーボンニュートラルの実現のためには、太陽光、太陽熱、地中熱やバイオマスなどの再生可能エネルギーの利用を可能な限り促進する必要があります。

このため今回の法改正では、再生可能エネルギーの導入ポテンシャルのあるエリアにおいて、地域の意識向上や市街地環境への配慮を図りつつ、地域の実情に応じた再エネ設備の導入等を促進するため、再エネ設備の導入が効果的な区域を市町村が定め、当該区域内において再エネ設備の導入効果等の説明義務を建築士に課すとともに、市街地環境を害しないことを個別に確認する前提で形態規制を合理化する仕組みを導入することとしました（公布後2年以内施行）。

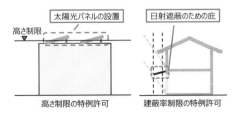

図-4　構造上やむを得ないものの例

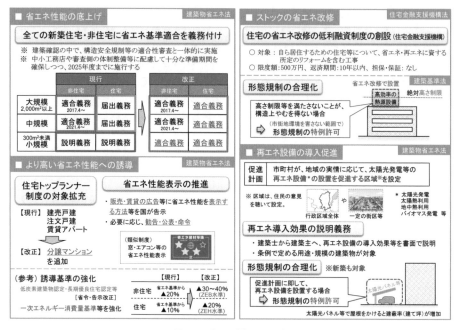

図-5　省エネ対策の加速

3．木材利用促進のための建築基準の合理化

　省エネ対策の推進とあわせ、吸収源対策として、木材需要の約4割を占める建築物分野での木材利用を促進するべく、規制の合理化を行うことで建築物の木造化を促進することとしています。

　また、建築物の省エネ基準適合義務化を受けた省エネ基準への適合審査とともに、構造安全性の基準等の審査についても、都市計画区域等の内外や構造種別を問わず、階数2以上または延べ面積200㎡超の建築物を建築確認・検査の対象とし、2階建ての木造住宅等を安心して取得できる環境を整備することとしました。この建築基準法に基づくチェック対象の見直しについても、十分な周知・準備期間を確保するため

に2025年度以降に新築される住宅等について適用することとしています（公布後3年以内施行）。

防火規制の合理化

　現行基準において、延べ面積が3,000㎡を超える大規模な木造建築物については、壁・柱などの主要構造部を耐火構造とする場合に木造部分を石膏ボード等の不燃材料で被覆する必要があるため利用者が木の良さを実感しづらいことや、耐火構造体で区画する場合に建築物を二分化する必要があるため設計上の制約が大きいことなどが指摘されていました。また、耐火性能が要求される大規模建築物においては、壁・柱等の全ての構造部材を例外なく耐火構造とすることが求められ、部分的な木材使用が難しいこ

とが課題として指摘されていました。

そこで、今回の法改正では、延べ面積が3,000㎡を超える大規模建築物を木造とする場合にも、構造部材である木材をそのまま見せる「あらわし」による設計が可能となるよう、十分な燃えしろ厚さを確保した大断面の木造部材を使用し、火災時も燃え残り部分で構造を維持できるようにする「燃えしろ設計法」を採用しつつ、大規模建築物での火災で生じる放射熱による周囲への危害を防止するため、小割の防火区画などにより延焼を抑制できる設計方法について、新たに基準に位置付けることとしました。また、耐火性能が要求される大規模建築物においても、壁・床で防火上区画された、防火上・避難上支障のない範囲内で部分的な木造化を可能とすることとしました（公布後2年以内施行）。

さらに、建築物の部分的な木造化にあたっては、限られた範囲内のみを木造化する場合であっても、建築物全体の規模等によって、木造部分と一体で整備されるRC造等の他の構造部分と同じ水準の耐火性能が木造化部分に求められることが、設計上の大きな制約になっていると指摘されていました。

このため今回の法改正では、高い耐火性能の壁等や十分な離隔距離を有する渡り廊下で防火上分棟的に区画された建築物については、それぞれの部分を別の建築物とみなして防火規定を適用できることとすることで、低層部分の木造化を促進するとともに、同一敷地内における棟単位での木造化を容易に行うことができることとしました（公布後2年以内施行）。

構造規制の合理化

省エネ対策に関連して、近年の建築物では断熱性向上のために天井ふところに厚い断熱材を入れる等の観点から、階高を高くした建築物の

ニーズが高まっています。

このため今回の法改正では、高度な構造計算までは求めず、二級建築士においても設計できる簡易な構造計算、つまり許容応力度計算で建築できる範囲について、現行基準の高さ13m以下かつ軒高9m以下から階数3以下かつ高さ16m以下へ拡大することとしました（公布後3年以内施行）。

4. 既存建築ストックの長寿命化に向けた建築基準の合理化

採光規制の合理化

現行では、住宅の居室における開口部の採光に有効な部分の面積は、その居室の床面積に対して7分の1以上にしなければならないこととされていますが、今般、コロナ禍における業務形態の変化等により、採光規定が適用されない事務所やホテル等から住宅に用途変更するニーズがある一方、必要な採光面積を確保するための工事が負担となり、断念するケースが発生していることから、有効な明るさの確保の措置が行われることを前提に、採光規定の合理化を行いました（2023年4月1日施行）。

一団地の総合的設計制度等の対象行為の拡充

既存建築物に対する省エネ改修等の際に、既存不適格として接道規制等の現行の規定に適合していない場合、一団地認定を活用して一の敷地とみなすことで、接道規制等に適合させる手法が有効だが、一団地認定の対象行為は建築行為（＝新築、増築、改築又は移転）に限られており、当該制度を活用できないという課題がありました。

このため、改正法では、一団地認定の対象行為として大規模の修繕・模様替を追加しました（2023年4月1日施行）。

特集

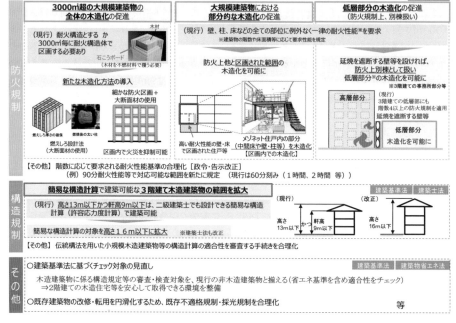

図-6　木材利用の促進のための建築基準の合理化等

5. 施行時期について

施行時期については、改正内容ごとに、周知期間、諸基準の策定に要する期間などを踏まえて、四段階で施行する予定としています。全体を整理すると、以下のようになります。

---

(1) 公布日から3月内（令和4年9月1日）

○住宅の省エネ改修に対する住宅金融支援機構による低利融資制度

(2) 公布日から1年内（令和5年4月1日）

○住宅トップランナー制度の拡充
○省エネ改修や再エネ設備の導入に支障となる高さ制限等の合理化 等

(3) 公布日から2年内

○建築物の販売・賃貸時における省エネ性能表示
○再エネ利用促進区域制度
○防火規制の合理化 等

(4) 公布日から3年内

○原則全ての新築住宅・非住宅に省エネ基準適合を義務付け
○構造規制の合理化
○建築確認審査の対象となる建築物の規模の見直し
○二級建築士の業務独占範囲の見直し 等

---

6. 結び

2050年カーボンニュートラルに向けて、住宅・建築物分野における省エネ対策の強化は不可欠であり、取組の相乗効果として国民の住生活の質の向上・健康長寿命化にも資するものでもあります。

国土交通省としては、改正法の施行に向けて万全を期す所存であり、今後、住宅・建築物の事業に携わる方々を対象として、改正に関する詳細な内容等に関する説明会等を開催する予定としているほか、今回の法改正に関する最新情報は、国土交通省のホームページで随時掲載しますので、ご参照ください。

マンション省エネ改修による効果

■ 一般社団法人　日本建材・住宅設備産業協会

はじめに

　マンションのストック数は2021年末で約685.9万戸となり、総人口の1割にあたる1,516万人の方々がそこに居住されています。その内2003年までに427.2万戸が供給されており、現在約62.3％が築年数20年を超えています。しかもこの比率はますます増え続けています。

　2012年6月17日に「脱炭素社会の実現に資するための建築物のエネルギー消費性能の向上に関する法律の一部を改正する法律」が公布され、低炭素化社会の実現に向けて2025年までにすべての新築住宅・建築物に省エネルギー基準への適合を義務付けるなど、省エネ対策の強化が打ち出されました。

　こうした政策により、建築物に対する省エネ要求は高まっています。しかし、ほとんどのストックの省エネ性能は1992年の新省エネ基準（等級3）レベル以下のままで、無断熱のものも数多く見られます。

　このようなことから、省CO2を進める上で、このストックの省エネ化は避けて通ることができません。3.11の東日本大震災を契機に、節電に対する意識が高まり、多くの方々が省エネ化の必要性を強く意識するようになってきています。しかしながら、住宅の省エネ化に求められる、断熱改修や住宅設備の改修に関しては、その情報不足等から、なかなか行動に移れないのではないかと思われます。

　最近の建材、住宅設備は、社会的要求の下、メーカーやその指導官庁の努力により、大幅な省エネ化が実現されています。

　本稿では、これからマンションの共用部改修をご検討される方々や関連する方々に、省エネ改修のための基礎知識を、その効果と共に、できるだけ分かりやすく制作編集したものです。

　マンションでの快適な生活と、省エネを実現していくために是非ご参考としてください。

※1　本稿の図中の数値は、（一財）日本建材・住宅設備産業協会マンション省エネ改修部会および経済産業省「賃貸・分譲エコ・マンション研究会」、省エネ・防犯住宅推進委員会「省エネ・防犯住宅推進アプローチブック」で一定条件（次世代省エネルギー基準IV地域【東京】を基準）を前提に試算したもので各社カタログ等の数値と異なる場合があります。実際のエネルギーコストや省エネルギー性は、機器の使い方や生活スタイル、お住まいの地域によって変化します。内壁（内断熱）と外壁・屋上（外断熱）と窓の数値は、クアトロ社製国土交通省特別評価認定温熱解析ソフト『TRNSYS』による建材性能比較シミュレーションで一定の条件を前提に算出しています。

※2　本稿は、（一財）日本建材・設備産業協会が発行する「既存マンション省エネ改修のご提案」を再編集したものです。詳細については下記サイトをご参照ください。

（一財）日本建材・設備産業協会HP　「マンション省エネ改修へのご案内」

https://www.kensankyo.org/business/residencedock/index.html

省エネ建材・設備機器へと変更することによる
省エネ改修効果

　一般的な家電製品と同様に、経年劣化による性能低下は、築年数を重ねたマンションにも起こっています。最近の建材・設備機器は、高い省エネ効果や、性能の向上が見込まれ、質の高い暮らしをサポートします。頻繁にメンテナンスをおこなって経費をかけるよりも、快適でしかも経済的な省エネ改修を検討しましょう。

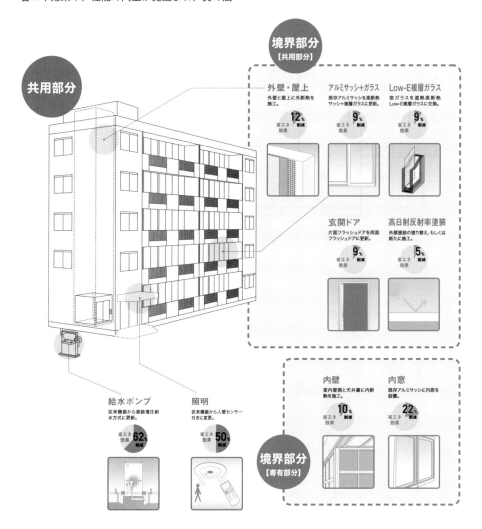

共用部分

境界部分
【共用部分】

外壁・屋上
外壁と屋上に外断熱を施工。
12% 省エネ効果 削減

アルミサッシ+ガラス
既存アルミサッシを高断熱サッシ+複層ガラスに更新。
9% 省エネ効果 削減

Low-E複層ガラス
窓ガラスを遮熱高断熱Low-E複層ガラスに交換。
9% 省エネ効果 削減

玄関ドア
片面フラッシュドアを両面フラッシュドアに更新。
9% 省エネ効果 削減

高日射反射率塗装
外壁塗装の塗り替え、もしくは新たに施工。
5% 省エネ効果 削減

給水ポンプ
従来機器から直結増圧給水方式に更新。
62% 省エネ効果 削減

照明
従来機器から人感センサー付きに変更。
50% 省エネ効果 削減

境界部分
【専有部分】

内壁
室内壁側と天井裏に内断熱を施工。
10% 省エネ効果 削減

内窓
既存アルミサッシに内窓を設置。
22% 省エネ効果 削減

マンションの燃費（省エネ性能）比較

高性能断熱材の採用や最新設備へ交換するリフォームの改修前と改修後のランニングコストをマンション1棟全体で算出し、マンションの燃費として比較しました。

対象マンション

■ 所在地 東京
■ 建物構造規模 鉄筋コンクリート造 5階建
■ 総戸数 30戸
■ 延床面積 2,770㎡
■ 建物平面図 1〜5階平面

> 東京地方の5階建RC造のマンションです。
> 南向きの総戸数30戸
> 築年数25年程度の階段室型マンションです。
> 住戸タイプは3LDK、4LDKのファミリータイプです。

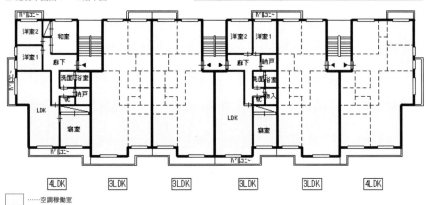

| 4LDK | 3LDK | 3LDK | 3LDK | 3LDK | 4LDK |

☐ ……空調稼働室

住戸仕様と住戸設備

「25年前の住戸仕様（平成4年基準相当）と現在の最新の住戸設備（HEAT20 G1相当）」の比較

			平成4年仕様	HEAT20（G1）仕様
住戸仕様	屋根		断熱材（ア）20mm＋防水	断熱材（ア）20mm＋35mm＋防水
	外壁		断熱材（ア）20mm（内断熱）	断熱材（ア）20mm（内断熱） ＋ 断熱材（ア）50mm（外断熱）
	開口部	扉	スチールドア	断熱ドア
		窓	アルミサッシ（単板ガラス）	アルミサッシ（単板ガラス） ＋ 樹脂（内窓）サッシ（Low-Eガラス）
	空調	暖房	エアコン（COP 2.5）	エアコン（COP 6.25）
		冷房	エアコン（COP 2.5）	エアコン（COP 2.78）
住戸設備	換気		消費電力（20kW）	消費電力（10kW）
	給湯		ガス給湯器（瞬間湯沸器）	電気ヒートポンプ給湯器
	照明		蛍光灯器具	LED器具
	その他設備		家電調理器等	家電調理器等

※上下水道は含まず

建物全体（共用部分と専有部分）では…
【住戸仕様＋住戸設備】

マンションの共用部分改修効果とあわせて専有部分を現在の最新の住戸設備に取り替えた場合の比較です。

これはマンション1棟30戸全体の年間光熱費の比較です。

平成4年仕様		HEAT20（G1）仕様	
暖房設備	2,570,298円	暖房設備	590,924円
冷房設備	558,199円	冷房設備	464,298円
換気設備	765,160円	換気設備	495,142円
給湯設備	4,571,459円	給湯設備	3,249,853円
照明設備	7,279,850円	照明設備	3,091,497円
その他の設備	4,121,996円	その他の設備	4,121,996円
合計	19,866,962円	合計	12,013,710円

＊住宅設備費用はエネルギー消費性能計算プログラム（（国研）建築研究所）にて算出

年間光熱費比較

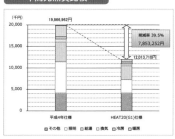

最近の設備機器は、省エネ性能が格段にアップしており、快適性が向上し、かつランニングコストも削減することが可能になります。まだ使えるのに取り替えるのは"もったいない"ではなく、これからは大幅な節約ができる低燃費設備にリフォームしないことが"もったいない"時代になっています。

共用部分のみの改修なら…
【住戸仕様】

マンションの大規模修繕工事で共用部分のみ（屋上断熱防水、外壁断熱、外部開口部）を改修した場合の比較です。

これはマンション1棟30戸全体の年間空調費用の比較です。

仕様	年間冷暖房料金			平成4年仕様と比較した削減率
	暖房及び冷房の電気料金		合計	
平成4年仕様	暖房	2,570,298円	3,128,497円	
	冷房	558,199円		
HEAT20（G1）仕様	暖房	590,924円	1,055,222円	2,073,275円 66.3%
	冷房	464,298円		

※国土交通省特別評価認定プログラム「TRNSYS」（株式会社クアトロ）にて算出

断熱効果を上げることにより66.3％もの削減につながります。定期的に行う大規模修繕工事に合わせて省エネ工事を実施すると工事費の低減につながりますし、最近は行政による断熱工事の補助金制度も充実しています。また減税等のリフォームの公的支援もあります。

年間冷暖房費比較

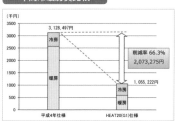

冬季3日間グラフ

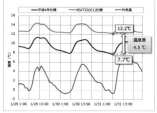

断熱強化をする事により、以前よりも冬季の部屋の温度が4.5℃も違います（住戸の階数、位置により異なります）。これにより、空調費の削減につながると共に、急激な温度差の発生によるヒートショックの防止にもつながります。

特集

健康と快適性に寄与する
断熱改修の効果

　断熱リフォームは、省エネ効果も期待されるとともに、お住まいの方の健康面にも効果が期待されています。人口動態統計（厚生労働省）によると、「心疾患」と「脳血管疾患」は、死亡原因の第2位と第3位を占めています。特に入浴中の脳卒中など突然死数と外気温には、相関関係が見られるので住宅内ではヒートショック（急激な温度変化）を起こさない断熱リフォームは有効な対策になります。

　夏の防暑対策として、断熱材で屋根や天井の断熱リフォームを行うことは、夏の日射の影響による室内の温度上昇を緩和することができ、熱中症の予防につながります。

　図1はいろいろな死亡原因の季節変化を表したものですが、このデータからも、いずれの死亡原因についても夏場に比べて冬場の割合が高くなっていることがわかります。さらに、図2は事故による月別の死亡数を表すものですが、中でも溺死が冬場に増加しており、この中には入浴中の急死者数が多く含まれています。これは、気温が低くなる冬場に、住宅内の温度差が生じやすくなって、心疾患や脳血管疾患、いわゆるヒートショックによる死亡者数が増えることが原因と考えられています。

　また、健康的な生活をおくるには、室内環境を管理することも重要な要素です。断熱リフォームの効果で、窓や壁などの室内にできる結露を抑えることによって、アレルギーの要因となるカビの発生、ダニなどから起こりうるハウスダストを抑える効果が高まります。

図1 死亡原因の季節間変動

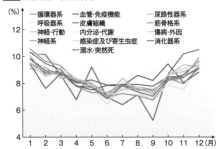

図2 事故に伴う月別死亡数

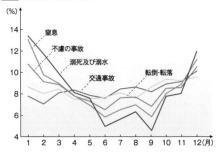

屋上断熱材を施工

屋上からの熱損失を低減し、室温を保つとともに、冷房の効きを良くします。

外壁に断熱材を施工

外壁からの熱損失を低減し、室温を保つとともに、結露を軽減します。

内壁に断熱材を施工

各居室の侵入熱を抑え、室温を保つとともに、結露を軽減します。

マンションの断熱基礎知識

外断熱、内断熱とは？

マンションの断熱手法は、「外断熱」と「内断熱」に大別できます。それぞれの特長は右の表のようになります。また、この言葉は、コンクリートという蓄熱部位がある場合に使われる断熱用語です。断熱材をコンクリートの外側に施工するものを外断熱（**図1**）。内側に施工するものを内断熱（**図2**）といいます。外断熱の施工方法は、工場で外壁建材に製品化された部材と通気層と断熱材を構成して金具やアンカーで組み立てられる「乾式（通気層工法）」と、施工性・デザイン性・コスト面で有利な、水を加えて練り混ぜた材料を塗りつけたりして断熱材を接着し、保護・仕上層を鏝などで仕上げる「湿式（密着工法）」に大別できます。

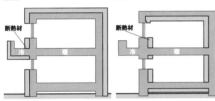

図1 RC造外断熱 　 **図2** RC造内断熱

断熱材 　 断熱材

窓とは？

一般的に窓とは、「サッシ」と「ガラス」の組み合わせで構成され、「耐風圧性」「気密性」「水密性」の基本3性能を持たせています。さらに、室内の快適性を高める上で断熱性、遮音性、防犯性も重要となります。しかし、窓は熱の流出入が大きい場所で、冬は48%もの熱が流出し、夏には71%も流入します。そこで、断熱性を向上させるために複層ガラスを採用すると、熱損失を大幅に低減できます。また、冬に起こりやすいガラス面の結露が減少します。近年、多様化・凶悪化する侵入手口に備え、防犯性も向上しています。お選びの際に、品質性能マークや性能表示も是非ご確認ください。

> マンション管理規約第22条第1項により、共用部分の窓枠、窓ガラス、玄関扉、その他開口部の断熱工事は、管理組合がその責任と負担において、計画修繕として実施することができます。

断熱工法の種類と特長

外断熱工法	特長	●コンクリート躯体を断熱材が外側から被うので・・・ ・断熱材が連続しない部分（熱橋）が生じにくく、内壁表面の結露が発生しにくくなります。 ・コンクリートの蓄熱効果である「温まりにくい、冷めにくい」が利用できるため、室内の温度変化を少なくし、冷暖房エネルギーを抑えることに貢献。 ・日射の熱から躯体を保護し、コンクリート躯体の耐久性が高まります。 ●断熱改修の場合、お住まいになりながら施工対応ができます。
内断熱工法	特長	●躯体の内側に断熱材があるので・・・ ・室内だけを効果的に断熱し、冷暖房設備を運転し始めたときに効果が すぐに現われます。 ・内装材と同じ位置にあり、リフォームの際に断熱改修が行ないやすいです。 ●一般的に普及しており、比較的安いコストで施工が可能です。また1戸単位で断熱改修の施工ができます。

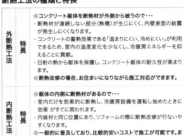

一枚ガラスだと

夏は**71%**熱が流入

一枚ガラスだと

冬は**48%**熱が流出

換気とは？

昔の日本家屋のように、気密性が低いため風通しが良く、すき間風が換気の役割を果たし、家自体が呼吸をしていました。これを自然換気といいます。反対に断熱効果を高めた建物では、気密性が高く、よどんだ空気が貯まってしまうので、機械の力を借りて、強制的に空気の入れ替えを行います。これを「機械換気」といいます。機械換気には、（**図3**）のように3つの方式があり、部屋の条件や用途によって換気方式を変えます。

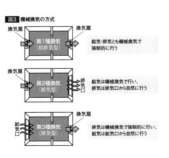

図3 機械換気の方式

換気扇 → 第1種換気（給排気型） → 換気扇	給気・排気とも機械換気で強制的に行う
換気扇 → 第2種換気（給気型） → 排気口	給気は機械換気で行い、排気は排気口から自然に行う
給気口 → 第3種換気（排気型） → 換気扇	排気は機械換気で強制的に行い、給気は給気口から自然に行う

ペアガラスイメージ図

特集

外断熱 (壁・屋上) 改修

境界部分【共用部分】

Q 『外断熱』ってなぁに?

建物の外壁、屋上に断熱材を施工することを外断熱といいます。
建物の外側を断熱材が包み込み、コンクリートの蓄熱効果を高めます。

建物の断熱性が向上し、冷暖房費を抑えます。
マンション自体の資産価値も高くなります。

快適性

部屋の温度を快適に。

外断熱工法は、蓄熱体であるコンクリート全体を分厚い断熱材で包み込むので、マンション全体の温度を一定に保ち、快適で優れた断熱効果が得られます。また、室内側のRC壁の温度が冷えにくくなるので、室内の結露を抑えることができます。

経済性

資産価値の維持、向上。

外断熱工法は、建物全体で均一な蓄熱効果が現れ、各戸、各部屋の温度変化が少ない快適な空間が生まれます。このため、冷暖房の運転効率が向上し、冷暖房費を軽減することができます。また、外断熱工法は、躯体劣化の要因となる日射、冷却、凍結から建物を守り、長期大規模修繕費用も減少するなど、マンションの資産価値を高めます。

利便性

居ながら工事が可能。

外断熱の施工は、マンションで生活しながら実施が可能ですので、引っ越しなどの、ムダな費用がかかりません。居住者に優しい断熱工法です。

改修前

改修後

[壁断熱 (湿式外断熱工法)]

複雑な現場での施工が容易で、建物の形状、意匠における高度な要求にも柔軟性の高い対応が可能

[壁断熱 (乾式外断熱工法)]

分別解体が容易な非接着工法は、多様な外装材に対応し、気候に左右されない工事が可能

■ 省エネになる原理

コンクリート躯体が大きな熱の貯金箱。
建物の外側から断熱材ですっぽり覆います。

マンションの壁や屋根などの構造部材で使われているコンクリートは、建物の構造を維持するためだけではなく、建物全体の熱を蓄える大きな熱の貯金箱になります。この貯金箱を外側からすっぽり断熱材で覆い込み、外からの熱の流入や流出を遮ることで、蓄熱効果を高めます。だから、室内が快適な室温を保てるのです。

冬期は、ガラス窓から日射熱を室内に取り込んで蓄熱し、夏期は、カーテンやブラインドなどで日射を遮り、夜間の通風で排熱しましょう。太陽や大気と上手につきあうことで、外断熱が効果を発揮します。

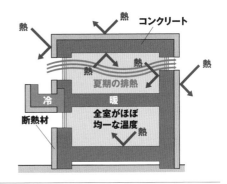

■ 経済効果はどのくらい?

冷暖房費を約12%節約

断熱性が向上することにより、冷暖房費を約12%節約できます。また、各部屋の温度差も小さくなり、冬場の浴室や、トイレにおけるヒートショックを軽減させます。また、外壁の躯体劣化の要因となる日射、冷却、凍結から建物を守り、外壁のメンテナンスや大規模修繕費用を軽減する効果も見込めます。

<ある階の室温シミュレーション結果>
建物を外断熱改修した場合の各内壁部の温度が均一で快適になっていることがわかります。

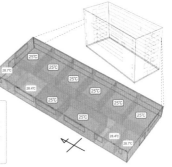

断熱リフォームをすることで

● 導入時の注意点

外断熱改修工事は、専門家による診断・計画・施工が必要です。
計画に先立ち、以下の点にご注意ください。

● サッシ・開口部（窓）の方位や仕様によって、日射遮蔽や窓計画の対策が必要になる場合があります。また、外断熱工法に関しては、対象マンションの立地条件等によっては、建築物の火災安全性能（燃え拡がりの防止等）も求められます。外断熱改修の設計にあたって、事前に、設計者による検証が必要になります。

● 外壁の状況によっては、大規模な補修工事が必要になる場合があります。施工業者による現場の調査・確認が必要となります。

● 外断熱改修する建物の換気計画が不十分な場合、改修後において夏期の室温上昇の原因になることがあります。「蓄熱体の温度管理」に配慮された「冷房換気計画」が必要となります。この点は施工業者にご相談ください。

● その他、外断熱改修に関するご注意はメーカーのカタログ等をご覧ください。

特集

内断熱（内壁・天井）改修

境界部分【専有部分】

Q 『内断熱』ってなぁに？

部屋の内側から、戸別・部位ごとに施工可能な断熱工法です。
壁の表面温度を高く保ち、結露が発生しにくくなります。

一部屋単位での断熱改修が可能。
年間を通し快適な室温を維持。
冷暖房費の節約に貢献。

快適性

部屋の温度を快適に。

内断熱改修は、外気に面する壁や、天井などの部分を断熱して、お部屋の暖かさをキープする工法。壁や、天井の表面温度を高く保つため、結露が発生しにくくなります。また、夏でも冷房による効果を保つため、お部屋の涼しさが損なわれません。

経済性

省エネと保温の両立。

住宅の省エネルギー対策として、昭和55年より、省エネルギー基準が制定されています。適切な断熱厚みで省エネ化を図り、冷暖房負荷の削減にも貢献。断熱改修は「住宅の省エネルギー基準」に適合した断熱厚みを確保して、省エネと保温を両立させます。

新技術

真空断熱パネル

家庭用冷蔵庫にも活用されている超薄型断熱材。薄くても高性能。薄いから今の壁の上から貼れる優れものです。

利便性

1戸1戸、戸別に工事可能。

内断熱改修は、戸別対応が可能です。ご家庭の事情に合わせて施工時期を調整したうえで、実施することができます。部屋の内側から断熱施工するので、設計が複雑な部屋や部位にも容易に対応できます。

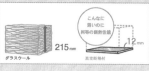

こんなに薄いのに同等の断熱性能

215mm グラスウール　　12mm 真空断熱材

■ 省エネになる原理

室内から熱を逃さない。
だから、室温も安定します。

部屋の内側から、戸別・部位ごとに断熱材を施工。壁が断熱効果を発揮するため、部屋の中の暖かさが外に逃げず、室温を高く保ちます。夏は冷房効果を保持。また、室内のより近い位置で断熱するため、必要な部分だけの室温を保ち、効率よく、冷暖房効果を高めることができます。だから、省エネになるのです。

中間期には、なるべく冷暖房や機械換気に頼らず、日射熱を取り込んだり、自然換気を積極的に行い排熱を行いましょう。

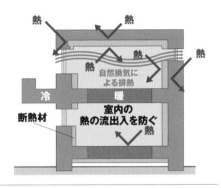

■ 経済効果はどのくらい?

冬に冷えやすい壁表面を暖かく保ちます。

戸別に、必要な部位に断熱施工することが可能です。改修工事に伴う工事費の負担を軽減し、経済性と建物の断熱性能向上を両立します。

室内側に断熱が施される為、冷暖房機器が作動するとその効果がすぐに現れます。快適な室温を維持し、年間で約10%の冷暖房費を節約することができます。また、結露やカビの発生も抑えます。

シミュレーションによる壁の等温線図（※壁の隅角部を想定）

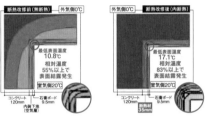

この計算条件では、最低表面温度（赤丸部）は約6℃上昇し、室内相対温度が83%以上にならないと表面結露は発生しない結果になっています。
※快適な居住環境条件：室温20℃前後（冬）、室内相対湿度40〜60%

断熱リフォームすることで

● 導入時の注意点

内断熱改修を行なう場合、現状把握〜施工〜
改修後の住まい方まで考慮した計画が必要です。

● 内断熱改修の施工時には、居住者に避難していただく必要があります。事前に、施工日程に合わせた居住者避難の計画をお願いいたします。

● 内断熱改修の場合は、状況に応じて、住戸ごと、部位ごとの対応が可能です。改修を行なうにあたって、事前に管理組合に申請・許可をお願いください。

● 結露が生じる場合には、その状況を把握し、原因を確認・検討したうえでの対策が重要です。まず現地調査を行ない、現状把握することが必要です。また、設計図書がある場合、事前に壁の構成・断熱仕様が確認でき、結露原因の推察が容易になります。

● 躯体にカビが発生している場合、適切に処理（駆除）したうえで改修する必要があります。

● 結露対策としては、壁の断熱だけでなく（場所によっては）、天井・床の断熱改修、開口部、換気計画、暖房（冷房）計画も併せて対策を考える必要があります。全体としてバランスの取れた改修の検討をお願いいたします。

● 結露の原因として、同じ条件（住戸位置・断熱構造など）で特定の住戸にのみ結露が発生している場合など、住まい方に問題がある場合もあります。この場合、内断熱改修を行なっても引き続き結露が発生する可能性があります。あらかじめ居住者に正しい住まい方を説明し、お願いすることが必要です。（暖房計画、換気経路の確保、充分な換気、余分な水蒸気の排出など）

年間
約**10%**
の冷暖房費を**節約**

本図中の数値は、クアトロ社製国土交通省特別評価認定遮熱解析ソフト「TRNSYS」による建材性能比較シミュレーションで一定条件を前提に算出しているもので各社カタログ等の数値と異なる場合があります。
実際のエネルギーコストや省エネルギー性は、機器の使い方や生活スタイル、お住まいの地域によって変化します。

特集

高日射反射率塗料

境界部分【共用部分】

Q 『高日射反射率塗料』ってなあに？

高日射反射率塗料は屋上に塗るだけで、太陽光を反射して、屋上の温度を抑えることのできる簡単で低コストの遮熱材料です。

Q 高日射反射率塗料を塗るとどうなるの？

特に夏場の室内の温度上昇を低減し、省エネになります。
しかもヒートアイランド対策にもなります。

快適性

夏の暑さを低減し、室内の快適性を向上させます。

夏場、屋上の温度が10 ～ 20℃低下するため、室内温度も約5℃低下します。冬場は、断熱材があるため、太陽光反射の影響は受けにくくなります。

利便性

今の屋上に塗り替えるだけで、省エネ対策ができます。

既存のどんな屋上でも、比較的短時間で塗替えができます。塗ったその日から省エネができます。

試験塗装部

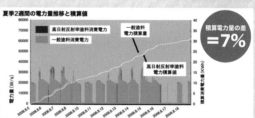
夏季2週間の電力量推移と積算値

積算電力量の差＝7%

経済性

塗り替えたら、長年、省エネ効果が持続します。

耐久性の高い塗料で塗り替えると、10年以上、メンテナンスが不要で、省エネ効果が持続します。また、塗膜品質はJIS K 5675で保証されています。

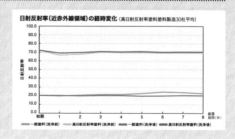
日射反射率（近赤外線領域）の経時変化 （高日射反射率塗料製造30社平均）

■ 省エネになる原理

**屋上において、太陽光を反射して
室内側に侵入する熱量を低減します。**

高日射反射率塗料は、太陽
光の中で、熱を発生させる赤
外線（特に近赤外線）波長領
域の光を選択的に反射させ、
屋上の表面温度の上昇を抑
える塗料です。

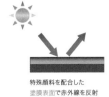

特殊顔料を配合した
塗膜表面で赤外線を反射

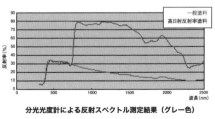

一般塗料
高日射反射率塗料

反射率（%）

波長（nm）

分光光度計による反射スペクトル測定結果（グレー色）

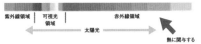

紫外線領域　可視光領域　赤外線領域

太陽光

熱に関与する

■ 経済効果はどのくらい？

**屋上を塗り替える場合、一般塗料に比較して、高日射反射率塗料
で塗装すると年間消費エネルギーで5%の省エネができます。**

H28年省エネ基準計算では、既定された2階建てモデル住宅における
使用設備も含めた全体の省エネ計算となっています。そのため、屋上の
効果だけでは、省エネ効果は少ないですが、2階南側居室や平屋住宅
では、その効果は増大します。

例えば、平屋住宅の屋上塗替えで日射反射率5%の一般塗料を日射反
射率40%の高日射反射率塗料に変更すると夏場の省エネ効果が大きく
なり、年間エネルギーで約5%低減できます。

■ ヒートアイランド対策にもなります。
　熱中症発生や夜の寝苦しさを低減します。
■ 夏場開催の2020東京オリパラでは競技場の
　屋上や道路に採用されます。
　競技選手や観客を暑さから守ります。

**屋上の塗料の塗替えで
快適生活が始まります。**

◉ 導入時の注意点

**冬期が長い、寒冷地では、省エネ効果が小さい。
逆に、東京以西、特に沖縄地方では、省エネ効果が大きい。**

●明度の低い色（暗い色）から、明度の高い色（白などの明るい色）に変えると更に省エネ効
　果が大きくなります。
●北海道、東北、北陸地方では、省エネ効果が小さくなります。

■ 新しい遮熱効果表示を導入しました。

日射反射率は省エネとして分かりにくい。日射に対して、内側に侵入する
熱量の程度で遮熱基準を決めました。（日射侵入比）
●★〜★★★：★の多いほうが遮熱性能高い。
戸建住宅は、黒系色が多いので★、★★工場屋根は、白系色で★★★
を推奨します。

年間
（東京地区）

約5%
の冷暖房費を節約

「環境省平成23年度環境実証ヒートアイランド対策技術分野　建築物外
皮による空調負荷低減等技術実証実験」に用いた熱負荷計算プログラム
「AE-Sim/Heat」より、省エネルギー性能向上率を算出しました。

特集

アルミサッシ+ガラス（外窓交換）

境界部分【共用部分】

Q 『アルミサッシ+ガラス（外窓交換）』ってなぁに？

今、お使い頂いているサッシに、新しいサッシをカバーする改修工法です。アルミサッシと一緒に
ガラスも新しくなるので、新築同様のアルミサッシ性能に生まれ変わります。

Q アルミサッシを換えるとどうなるの？

気密性や水密性・遮音性・断熱性などが改善され、 さらに操作性や安全性も向上します。

快適性

**開け閉めしやすく、
気密性も高いサッシは、居住性能を高めます。**

最新のサッシは開け閉めの操作性もよく、気密性能、水
密性能、遮音性能も驚くほど向上。デザイン性にもすぐ
れています。
トータルで住
まいの居住性
を高めるため、
快適な毎日を
お過ごしいた
だけます。

利便性

断熱性が向上。冬暖かく、夏は涼しく過ごせます。

今あるアルミサッシに、最新の性能を持ったアルミサッシ
をカバー改修することで気密性能が大きく向上。加えて、
複層ガラスや機能ガラスを併用することで、冬場は開口
部からの熱損
失を抑え、効
率の良い暖房
を実現。夏場
は外部からの
熱を最小限に
抑え、冷房効
率を高めます。

安全性

防犯性能が向上。ガラスの飛散防止効果も高まりました。

防犯上、もっとも注意したいのが、窓です。犯罪者の侵入経路で
最も多いのが窓からの侵入。防犯性能の高いガラス（防犯サッシ）
と組み合わせることで、住まいのガードを強化することができます。

「防犯建物部品」は
このマークが目印です

官民合同会議では、共通呼称を「防犯建物部品」と定め、シン
ボルマークを設定しました。警察庁・関係省庁・関連民間団体
による防犯性能の高い建物部品の開発・普及に関する官民合同
会議です。

■ カバー工法とは

今、お使い頂いているサッシに、新しいアルミサッシを被せて取り付ける工法です。壁をこわさず施工できるため、騒音やほこりの発生が少なく、居ながらのリニューアルが可能です。また工事は1日で完了します。

新しいアルミサッシの開口寸法は、これまでのサッシ開口寸法よりも若干狭くなりますが、実測調査をして狭まり寸法が最小となる設計をいたします。

近年ではより高性能な、アルミ樹脂複合サッシも出てきております。(ただし、設置条件がありますので、ご注意ください)

■ 経済効果はどのくらい?

新しいサッシで気密性が格段に改善されて、スキマ風もシャットアウトします。

高断熱型のガラスを採用することで、お部屋の『ひえびえゾーン』も小さくなり、年間約9%の冷暖房費削減効果が期待できます。

1枚ガラスを使ったアルミサッシは、窓からの冷輻射の影響が右の図のように非常に大きいことがわかります。複層ガラスを使ったアルミサッシは、ガラスとガラスの間に空気の層があり、冷気の侵入を防ぎます。さらに、Low-E複層ガラス(エコガラス)は断熱性に加え、遮熱性の高い性能を持っています。

お部屋の『ひえびえゾーン』の違い(イメージ)

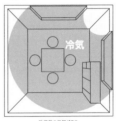

改修前の単板ガラス

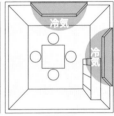

複層ガラス改修

アルミサッシ+ガラス(外窓交換)で、快適生活が始まります。

サッシ・ガラス+ドアで 年間

約**9%**

の冷暖房費を**節約**

※図中の数値は、クアトロ社製国土交通省特別評価認定温熱解析ソフト『TRNSYS』による建材性能比較シミュレーションで一定条件を前提に算出しているもので各社カタログ等の数値と異なる場合があります。
実際のエネルギーコストや省エネルギー性は、機器の使い方や生活スタイル、お住まいの地域によって変化します。

◉ 導入時の注意点

開口部の断熱は、素材も構造もさまざまです。
「複層ガラス」と「断熱サッシ」は、さまざまな組み合わせが可能。
地域に応じて、必要な素材を選ぶことが大切です。

オプションパーツでさらに充実した機能を
●防犯ガラス:防犯性を高めるとともにガラスの飛散防止にも役立ちます。
●ダブルロック:防犯性を高めます。
●アシスト引き手:少ない力で窓を開けることができます。
●彫り込み引き手:開け閉めする際に指を掛けやすくする為の部品。
●樹脂製額縁:室内側のサッシ部の結露を最小限に抑えます。

中桟付きサッシから、視界の広い1枚ガラス戸タイプにも変更することができます。

Low-E複層ガラス

境界部分【共用部分】

Q 『遮熱高断熱Low-E複層ガラス』ってなぁに？

室外側ガラスの内側に特殊金属膜を
コーティングした複層ガラスです。
遮熱性能、断熱性能が高まり、
冷暖房効果が高いエコガラスです。

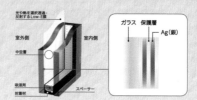

Q 窓のガラスを換えるとどうなるの？

省エネ効果だけでなく、
一年を通して快適に生活できます。

快適性

**窓辺の寒さ・暑さを軽減し、
お部屋の快適性が向上します。**

快適性と省エネは、熱の流出入が一番大きい『窓』の遮
熱・断熱性を高めることがポイントです。Low-E複層ガラ
スは、冬場の冷気流入と、不快な結露も抑えます。また、
夏場の日射熱、紫外線も大幅にカットしますので、1年
を通して快適な住まいが期待できます。

経済性

高い遮熱性、断熱性で、冷暖房費を抑えられます。

Low-E複層ガラスは、お部屋の快適な暖かさや涼しさを
逃がさないので、冷暖房に使うエネルギー効率が高くなり
ます。家計はもちろん、地球温暖化防止へ貢献すること
になります。

利便性

**今のサッシはそのままに
ガラスだけを交換する簡単リフォーム。**

既存サッシはそのままで、ガラスだけを取り外し、遮熱・
断熱性の高いLow-E
複層ガラスへ交換し
ます。比較的短時間
の改修工事となります
ので、住まいながら行
うことが可能です。

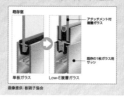

地球にやさしいエコガラス

国内の建築用板ガラス製造メーカー3社
（AGC、日本板硝子、セントラル硝子）が製
造するLow-E複層ガラスの共通呼称で、環境
保護と快適な暮らしの両立を推進する窓ガラ
スの目印にしてください。またエコガラスは、
建材トップランナー制度に適合しています。

■ 省エネになる原理

窓ガラスからの夏場の日射熱、冬場の熱損失を大幅に防ぎます。

Low-E複層ガラスと、一般複層ガラスとの大きな違いは、二層ガラスの内側にある特殊金属膜です。この特殊金属膜が夏場の強い陽射しを反射してお部屋の温度の上昇を抑えます。冬場は暖気流出を逃がさず、1年を通して冷暖房効果が高まり省エネになります。

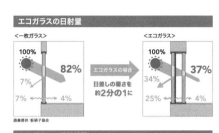

エコガラスの日射量

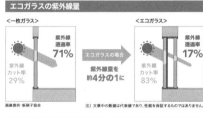

エコガラスの紫外線量

■ 経済効果はどのくらい？

冷暖房費を大幅に節約。表面結露も軽減し、さらに紫外線も約82%カット。

Low-E複層ガラスの遮熱性能は単板ガラスの約2倍。夏場は、外の暑い日射熱を約60%カットします。断熱性能は単板ガラスの約2.5倍、一般複層ガラスの約1.3倍。冬場は、室内の暖かい空気を逃がず、冷たい外気が伝わりにくいので、結露の防止に高い効果を発揮します。また、日焼け、色あせの原因となる紫外線を約82%カットし、省エネとともに健康にも大きく貢献します。

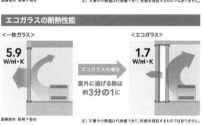

エコガラスの断熱性能

遮熱高断熱Low-E複層ガラス改修で、快適生活が始まります。

◉ 導入時の注意点

開口部の断熱性は、ガラスの性能UPが必須です。窓全体の断熱には、複層ガラス用の断熱サッシとの組み合わせが必要になります。

- 施工前には、改修箇所のガラス寸法を実測作業をいたします。
- 施工の際に、状況により窓周辺部の家具等を一時的に移動していただく場合があります。
- サッシの種類やガラスの構成により、網戸が付かない場合がございます。
- ガラスの重量が増える為、サッシの開閉が重く感じることがあります。
- 結露の発生状況については、周囲の状況や場所などにより差が生じます。
- ガラス面は断熱できますが、既存のサッシとアタッチメント部はアルミのため、結露する場合があります。

特集

改修用スチール玄関ドア

境界部分【共用部分】

○ 『改修用スチール玄関ドア』ってなぁに？

**断熱、遮音、気密性はもちろん、防犯性も向上できる
スチール製の改修専用玄関ドアのことです。**

○ 改修用スチール玄関ドアを取り付けるとどうなるの？

気密・断熱性能が上がり、
防犯性もアップして安心に暮らせます。

快適性

**気密性が高まり、断熱効果も。
室内の快適性が向上します。**

玄関ドアも30年前の初期性能は防火くらいのものでした。現在の初期性能は耐風圧性、気密性、遮音性、防火性、断熱性、対震性、防犯性などが飛躍的に向上。住まいの快適性を入口から支えます。

利便性

**開閉がスムーズで防犯性の高いドアを、
既存の枠を活かして取り付けられます。**

古くなった玄関ドアは、たった半日程度の時間で取り替える『カバー工法』でリニューアルできます。既存の枠を取り外さずに新しい玄関ドアの取り付けが可能です。壁を壊さずに工事するため、騒音、粉塵の発生が少なく、短時間で工事が完了します。

経済性

**補修、部品交換よりも
玄関ドア改修の方が断然お得です！**

省エネ効果も配慮したさまざまな玄関ドアは、デザイン性も高められています。美しい外観イメージを演出し、住まいの資産価値を高めます。また、塗装や部品交換などの補修では、あくまで"建築当時の初期性能を維持"するレベル。経年劣化により、部品交換するメンテナンス頻度が増し、思いのほか費用がかさむ可能性もあり、玄関ドアを改修した方がお得です。

［カバー工法］
既存の枠を取り外さずに新しい玄関ドアを取り付ける工法です。既存の開口部より約2cm狭まるだけでリニューアルできます。

①下地取付　②新規玄関枠取付　③扉吊り込み金物取付　④枠回りシーリング

■ 省エネになる原理

30年前の初期性能より
機能、意匠性は大きく向上。その差は歴然です。

改修用スチールドアは、両面フラッシュ構造の扉とエアタイト構造枠により、すぐれた断熱性能を発揮します。室外への熱損失を抑え、冷暖房負荷を軽減。省エネ効果を高めます。

Before　After

玄関ドア【高経年マンションと最新との比較】

	30年前の 初期性能	現在の 初期性能（新築）
耐風圧性	S-6(2800Pa)	S-6(2800Pa)
気密性	－	A-3(8等級線)
遮音性	－	T-1(25等級線)
防火性	旧甲種防火戸	特定防火設備 (旧甲種防火戸)
断熱性	－	H-2 (0.246・K/W以上)

■ 経済効果はどのくらい？

断熱、気密、遮音、防火、防犯性。
その一つひとつを高レベルで実現。

※全ての組み合わせはできません。

玄関ドアは、毎日の開け閉め時だけでなく、隙間風や音漏れなども気になるところ。こうした点が経済性につながっていきます。気密性により、室内の温度を保ち、断熱性を高めることで結露を抑えます。これらの相乗効果で経済効果を生み出しています。

省エネ性	両面フラッシュ構造の扉とエアタイト構造により優れた断熱性能を確保。室外への熱損失を抑え、冷暖房負荷を軽減し省エネに寄与します。
性能の向上	気密性・遮音性●優れた防音性能により、騒音や隙間風をシャットアウト。現在の新築同等の性能確保。
	防火性●平成12年建設省告示、第1369号該当の特定防火設備(旧甲種型防火戸)。
	対震性●建物変形対応仕様は、地震でドア・枠が変形しても、扉がスムーズに開放され、容易に脱出可能。
防犯性	耐ピッキングシリンダー 耐ピッキング性に優れたシリンダー。
	サムターン回し対策錠 通常の使用方法以外ではサムターンによる解錠が困難です。
	鎌デッド錠 扉戸先側の鎌型デッドボルトが外側からドアを守ります。
	面材攻撃対策仕様 表面材は補強板を内張りした二重構造。

※それぞれ選択となります。

玄関ドアの改修で、
快適生活が始まります。

サッシ・ガラス＋ドアで　年間

約 **9%** の冷暖房費を **節約**

※図中の数値は、クアトロ社製国土交通省特別評価認定温熱解析ソフト『TRNSYS』による建材性能比較シミュレーションで一定条件を前提に算出しているもので他社カタログ等の数値と異なる場合があります。
実際のエネルギーコストや省エネルギー性は、機器の使い方や生活スタイル、お住まいの地域によって変化します。

● 導入時の注意点

玄関ドアを改修すると気密性が高くなります。
玄関ドア改修の際には、換気計画も同時に検討してください。

【ご注意ポイント】
●換気扇などの換気装置を使用する場合でも給気経路がないと、十分に換気できない場合があります。このため給気経路の確保が必要になります。
●換気装置を作動させると玄関ドアに圧力がかかって勢いよく閉まったり、開くときに重くなったりする場合があります。

【おすすめポイント】
●玄関ドア改修により玄関周りの断熱性の向上が図れます。さらに外部に面している壁面の断熱化（内／外断熱改修）を行なうと効果が大幅に上がります。

特集

樹脂サッシ（内窓設置）

境界部分【専有部分】

Q 『内窓』ってなぁに？

既存の窓はそのままで部屋側に窓を増設して、二重窓化するものです。
冷暖房効果が高まり、結露の防止効果を高めます。

Q 内窓を取り付けるとどうなるの？

冷暖房効果に加えて、防音効果も発揮。
マンションにオススメです。

快適性

**二重窓の内窓は、気密性を高め、
冷暖房効果をさらに高めます。**

最新の窓は開け閉めの操作性もよく、気密性能、水密性能、遮音性能、断熱性能も向上。すきま風をなくし、冷暖房効果を高めてくれます。また、防音性能も高まりますから、騒音の侵入を防ぎ、内からの音漏れを抑えます。

利便性

**生活しながら、簡単に二重窓化。
防音性、防露性も高めます。**

お住まいのまま、室内側から比較的短時間で施工できます。どんな窓にも取り付けられるタイプが多いため、融通性が高いのも特徴です。樹脂製の内窓には塗装の必要のないものも登場。お手入れも簡単です。

①枠の取付

②障子の建て込み

自在性

**既存サッシの上にジャストフィット。
インテリアに合った窓枠が選べます。**

豊富な窓種バリエーションが用意されています。イージーオーダータイプなので、現在、お住まいのほとんどの窓に、ぴったり合わせて取り付けられます。カラーも豊富ですから、お部屋に応じて選べます。

引違い窓（2・4枚建）　FIX窓

内開き窓

◢ 省エネになる原理

冬は開口部からの熱損失を、
夏は外部からの熱を防ぎます。

気密性が高まることで、冷暖房効果が大幅に向上。複層ガラスや機能ガラスを併用することで、冬は開口部からの熱損失、夏は外部からの熱を最小限に抑えます。これにより冷暖房効果が高まり省エネになるのです。

1枚ガラスを使ったアルミサッシは、窓からの冷輻射の影響が右の図のように非常に大きいことがわかります。複層ガラスを使ったアルミサッシは、ガラスとガラスの間に空気の層があり、冷気の侵入を防ぎます。さらに、Low-E複層ガラス（エコガラス）は断熱性に加え、遮熱性の高い性能を持っています。

一般の窓

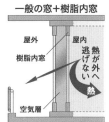

一般の窓＋樹脂内窓

◢ 経済効果はどのくらい？

冷暖房費を大幅に節約。
さらに騒音や音漏れを約50％カット。

窓から逃げる熱を防ぐため、冷暖房費を年間約22％も節約。冬場の窓から逃げる熱量を灯油換算すると、アルミサッシ窓の約3分の1となります。樹脂製内窓の熱伝導率はアルミの1000分の1。結露の発生も抑えます。また、外からの気になる騒音や、室内からの音漏れを約50％もカットします。

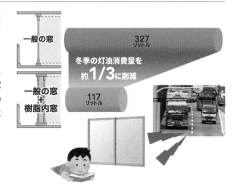

冬季の灯油消費量を約1/3に削減

327リットル

117リットル

内窓を取り付けて、快適生活が始まります。

◉ 導入時の注意点

イージーオーダーだから、ほとんどの窓にぴったり。

- ●窓改修の施工前には実測作業をいたします。室内側から行ないますので居住者様の立会いをお願いする場合があります。
- ●施工時には、居住者様は退避していただく必要はありませんが、状況により窓周辺の家具類を一時的に移動していただく場合があります。
- ●新しい窓にした場合、気密性が上がり、室内の自然換気量が減少することがあります。換気にご配慮いただくか、換気設備プランも併せてご検討ください。
- ●開放型のストーブを使用しないでください。
- ●複層ガラスに関するご注意はメーカーのカタログなどをご覧ください。

いま付けている窓

年間

約22％の冷暖房費を節約

※図中の数値は「賃貸・分譲エコ・マンション研究会」で一定条件を前提に試算したもので各社カタログ等の数値と異なる場合があります。実際のエネルギーコストや省エネルギー性は、機器の使い方や生活スタイル、お住まいの地域によって変化します。

照明

共用部分

Q 『照明(共用部分)の省エネ』ってなぁに?

LEDに替えることで省エネに。
さらにセンサーで電気の無駄遣いをなくします。

Q 照明を改修するとどうなるの?

エントランスや通路など、常時点灯している照明の大幅な電気代の削減が可能です。

快適性

人の動きを検知して、自動ON/OFFや自動調光で省エネ。

人感センサーにより人の動きを検知し、ムダな照明をカット。不在時の明るさを自由に設定可能、またフェード機能で緩やかに明るさを切替えるので人に不快感を与えません。時間帯によるシーン(明るさ)設定も自在に可能です。

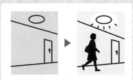

暗くても
人がいないと消灯

人が近づくと
100%点灯

利便性

調光で一つの空間を表情豊かに。省エネも実現。

エントランスホールの常時点灯の照明などは、光センサー付照明制御コントローラとの組合せにより、日中の時間は照明の明るさを押さえるなど、自動的に電気代を抑えることも可能です。また、長寿命のLEDはランプ交換時期を大きく伸ばし、照明設備のメンテナンス・更新の手間を大きく削減します。

安全性

人を検知して、自動的に点灯。安全と明るさを確保します。

人感センサー付き器具は、深夜などの不在時には適度な明るさを確保し常夜灯としても最適。また自己点検機能付きの誘導灯の採用でバッテリー寿命を早期発見、運用・管理面でのサポートも可能です。

時間や人感センサーなどで、夜間の明るさをコントロール

■ 省エネになる原理

1台でも大きな省エネ効果

コンパクト形蛍光灯 FDL27形ダウンライト	
消費電力	32w
年間電気料金	2,592円

LEDに交換！

LEDダウンライト100形 FHT32形相当	
消費電力	10w
年間電気料金	810円

約**69**%
省エネ

FLR40形2灯用 逆富士型器具	
消費電力	86w
年間電気料金	6,966円

LEDに交換！

LED一体型器具	
消費電力	28w
年間電気料金	2,268円

約**67**%
省エネ

【計算条件】年間点灯時間：3,000時間
電力料金目安単価 27円／kWh（税込）
※東京都環境局「マンション共用部分照明LED化ガイドブック」より

■ 経済効果はどのくらい？

人感センサーの導入や
LED器具への交換でさらに大きく省エネ。

従来器具（35W）から人感センサー（35W）を導入すれば、省エネ効果は約50％、一灯あたりの年間電気代が、3,373円から1,686円に節約できます。また、従来機器の蛍光灯（26W）からLED器具（13.4W）に更新するだけで、一灯あたりの年間電気代は、2,505円から1,291円に節約。

電球のみの交換の際、以下の点にご注意ください。
1. 器具の耐用年数を超えていませんか？一般的に使用年数が10年を過ぎると故障が多くなります。
2. 器具とランプの組み合わせは適切ですか？誤った組み合わせは火災事故につながる恐れがあります。
3. 明るさは十分確保していますか？取り付ける照明器具が汚れていると明るさがもとに戻りません。
4. トータルコストを計算しましたか？LED一体型器具にすると、さらに省エネになる場合があります。

従来照明器具と人感センサー付との
1機器あたりの年間コストの比較

年間
約**1,687**円も
節約

約**3,373**円

約**1,686**円

従来照明器具　人感センサー付照明器具

照明（共用部分）の改修で、快適生活が始まります。

● 導入時の注意点

使用環境に関する項目
●使用環境に見合った器具をお選びいただき、取扱説明書に従ってください。誤った使用環境で使用しますと落下、感電、火災の原因になります。

設置場所・方法に関する項目
●埋込み照明器具は、断熱施工天井（マット敷工法、ブローイング工法）への取付はできません。そのまま施工されますと火災の原因となります。
●照明器具の取付は、その重量に耐える強度が必要です。不備があると落下、天井面や壁面のわん曲の原因になります。
●照明器具と被照射面の距離は、本体表示並びに取扱説明書に従ってください。近接限度以下の場合、照射面高温となり、変質、変色、火災などの原因となります。

電源電圧・周波数に関する項目
●蛍光灯器具には、電源周波数50Hz（ヘルツ）・60Hz用の区別があるものもあります。必ず電源周波数にあった器具をご使用ください。また、照明器具の定格電圧と電源電圧は器具を取り付ける前に必ず確認してください。器具の損傷や、過熱による火災の原因となります。

人感
センサー
で　年間
約**50**%
の光熱費を**節約**

※図中の数値は「賃貸・分譲エコ・マンション研究会」で一定条件を前提に試算したもので各社カタログ等の数値と異なる場合があります。実際のエネルギーコストや省エネルギー性は、機器の使い方や生活スタイル、お住まいの地域によって変化します。

特集

直結増圧給水ポンプ

共用部分

Q 『直結増圧給水ポンプ』ってなぁに？

「直結増圧給水方式」は受水槽がいらない
衛生的・省スペース・省エネルギー・省コストの給水方式です。

Q 給水方式を改修するとどうなるの？

受水槽が不要なため、今までより衛生的かつ新鮮なおいしい水が供給されます。

快適性

配水管から蛇口まで密封されたシステムのため、外部から異物などの侵入がなく衛生的です。受水槽が不要となりますので、設置スペースを他の様々な用途に有効利用できます。

改修前 → 改修後

利便性

直結増圧給水方式は水道本管の圧力を有効利用した給水方式で、不足する圧力のみをポンプの稼働で補うものです。
また、インバータ制御でポンプの稼働を調整するので、省エネルギー運転になります。

安全性　　直結増圧給水方式をおすすめします。

受水槽方式

【こんなことありませんか？】
●水に色がついている。
●水が変な臭いがする。
●受水槽や高架水槽に清掃などのコストがかかる。

ここで水が汚れやすい。 高架水槽

受水槽

配水管 ● 加圧ポンプ又は揚水ポンプ

直結増圧給水方式に切替えると

直結増圧給水方式

受水槽や高架水槽の撤去で場所の有効利用・直結給水で衛生的になります。
また、メンテナンス費用の削減から省コストとなります。

場所の有効利用・省コスト

水を溜めないため新鮮

場所の有効利用
駐輪場等

配水管 ●

直結加圧形ポンプユニット

■ 省エネになる原理

水道本管の圧力の利用が可能で
電気代も節約できます。

使用水量に応じてポンプの回転数を変化させ、また同時に変化する配管抵抗の圧力を加減して給水末端での圧力が一定となるように吐出圧力を制御しますので余分な圧力が発生する事がなく省エネルギーです。

年間電気料金比較例

62%減

改修前　183,770円　　改修後　69,010円

差額

年間114,760円の電気代低減！

【事 例】都内某マンション／35世帯／7階建て／直結増圧給水ポンプに変更

■ 経済効果はどのくらい？

年間のメンテナンス費用の低減も実現できます。

直結増圧給水方式に改修後、数年で利益を生み出します。

年間メンテナンス費用比較例

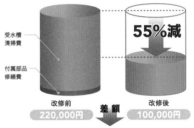

55%減

受水槽清掃費

付属部品修繕費

改修前　220,000円　　改修後　100,000円

差額

年間120,000円のメンテナンス費用低減！

【事 例】都内某マンション／35世帯／7階建て／直結増圧給水ポンプに変更

給水方式の改修で、
快適生活が始まります。

約

年間

62%

の光熱費を節約

※図中の数値は「賃貸・分譲エコ・マンション研究会」で一定条件を前提に試算したもので各社カタログ等の数値と異なる場合があります。実際のエネルギーコストや省エネルギー性は、機器の使い方や生活スタイル、お住まいの地域によって変化します。

● 導入時の注意点

直結給水方式への一般的な切り替え手続きの流れは以下のようになります。地域や工事のケースによっては順番が多少異なったり、省略される手続きや別の手続きが必要になることがあります。詳しくは、各市町村の水道局に確認が必要です。

① 事前協議申請
② 水道本管の圧力測定依頼
③ 測定結果に基づいて流量計算書の作成
④ 工事費用見積り
⑤ 水道法に定められている水質検査及び耐圧検査の依頼
⑥ 工事の申請申込み
⑦ 直結給水方式のための水道工事
⑧ 施行写真・竣工図・竣工関係図書とともに竣工届け
⑨ 水道局による竣工検査

省エネ改修による補助金を活用した
大規模修繕工事

■ 株式会社髙屋設計環境デザインルーム 代表取締役　髙屋利行

はじめに

　当社は北陸・金沢に所在し、公共施設やビル、商業施設、住宅の建築設計・監理を行っています。1990年代より気密断熱住宅の設計に取り組み、また2003年にはNPO法人 日本外断熱協会が主催する北欧の外断熱住宅の視察に参加するなど、環境負荷を低減する建築に注力してきました。

　現在までに、戸建て住宅で約50棟、ビル等で約100棟、マンション・団地等で18棟（935世帯）の断熱・省エネ改修の実績があるほか、2016年には「省エネ改修補助金申請支援センター」という部署を社内に設立し、補助金を活用したマンションの大規模修繕やビルの改修工事を積極的にご提案しています。

　本稿では、マンションや団地における長期優良住宅化リフォーム推進事業の補助金活用による効果や、実際にどういった工事を行われるかについて当社の実例を交えて紹介します。

長期優良住宅化リフォーム推進事業について

1．事業タイプ

　「長期優良住宅化リフォーム推進事業」（以下「本事業」）には、①評価基準型と、②認定長期優良住宅型の2つの事業タイプがあります[※1]。

　いずれも性能項目として**図-1**のとおり「劣化対策」「耐震性」「省エネ性」「維持管理」という4つの柱[※2]がありますが、①は「維持管理」以外の3つの項目で評価基準を満たせばよいのに対し、②は4つ全ての項目でより性能への要求が高い「認定基準」を満たす必要があります。ここでは改修のハードルが低い①の「評価基準型」の申請について紹介します。

※1：このほか、評価基準や認定基準には適合しないが、基準と同等と認められる代替措置を講じる場合は「提案型」に応募することが可能。

※2：集合住宅では、このほか「高齢者対策」と「可変性」が性能項目に追加される。

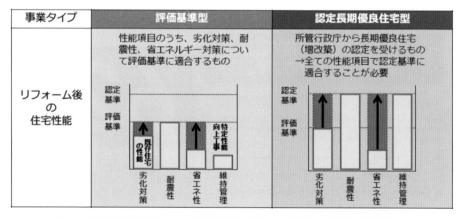

図-1　長期優良住宅化リフォーム推進事業　事業タイプ（国土交通省発表資料より）

2．補助対象となる工事

本事業の補助対象となるのは、以下の工事等に要する費用です。なお、工事前にはインスペクション（劣化診断）を行い、維持保全計画およびリフォームの履歴を作成することが要件となります。

1）長期優良住宅化リフォーム工事に要する費用
　①特定性能向上工事（劣化対策、耐震性、省エネルギー対策、維持管理・更新の容易性、高齢者等対策（共同住宅のみ）、可変性（共同住宅のみ））
　②その他性能向上工事（①以外の性能向上工事：インスペクションで指摘を受けた箇所の改修工事（外壁、屋根の改修工事等）、バリアフリー工事等）
2）三世代同居対応改修工事に要する費用
3）子育て世帯向け改修工事に要する費用
4）防災性・レジリエンス性の向上改修工事に要する費用
5）インスペクション等に要する費用

これらのうち、①の「特定性能向上工事」の劣化対策、耐震性、省エネルギー対策の3つは必須項目となります。

図-2では黄色い枠内が「特定性能向上工事」となりますが、この特定性能向上工事が全体の過半を占めている必要があります。

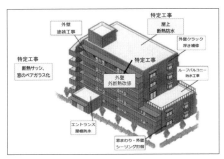

図-2　対象となる工事の例

なお、1981年6月1日以降に確認申請を受けた新耐震基準の建物の場合、耐震性は担保されていることになるため、基本的には耐震改修を行う必要はありません。

ポイント

省エネ対策の工事や耐震工事（特定性能向上工事）だけでなく、エレベーターや外壁の改修といった工事（その他性能向上工事）も含めて補助の対象となる。

3．補助額と補助金を活用した場合の金額例

補助額は①単価積上方式と②補助率方式のいずれかで算出しますが、共同住宅において共用部分を含む改修を行う場合は、②による算定が行われます。補助対象工事の3分の1が補助され、限度額は100万円/戸または1事業当たり1億円のいずれか小さい額となります。

42頁の**図-3**は、一例として100世帯のマンションで本事業を活用した改修を行った場合の費用をモデル化したものです。「特定リフォーム工事」には窓のペアガラス化や外壁の外断熱化、屋上断熱といった省エネ改修が、「その他工事」には仮設足場工事、各種補修、塗装工事等の一般的な大規模修繕工事が該当します。

通常の大規模修繕工事では1億2,000万円かかるのに対して、「特定リフォーム工事」を追加した場合は1億5,000万円かかる試算となります。しかし、工事全体が補助対象となった場合はその3分の1の5,000万円が補助されるため、負担額は1億円となります。つまり、通常の大規模修繕を行うよりも少ない負担で工事を行うことが可能となるのです。

通常の大規模修繕と同時に補助金を活用した省エネ改修を行うことにより、負担額が少なくなる可能性があるということはぜひ知っていただきたいところです。

特集

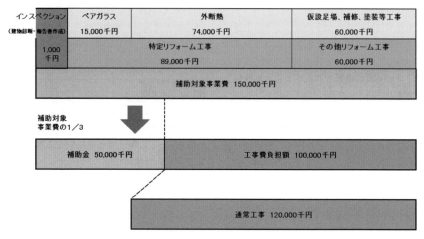

インスペクション (建物診断・報告書作成)	ペアガラス 15,000千円	外断熱 74,000千円	仮設足場、補修、塗装等工事 60,000千円
1,000 千円	特定リフォーム工事 89,000千円		その他リフォーム工事 60,000千円
補助対象事業費 150,000千円			

補助対象 事業費の1/3

補助金 50,000千円	工事費負担額 100,000千円

通常工事 120,000千円

※5,000万円の補助金を活用することで、外断熱・ペアガラス取替えが追加負担なしで可能に
※1世帯当たり50万円の補助金額

図-3　100世帯のマンションにおいて補助金を活用した場合の費用モデル

ポイント

通常の大規模修繕と同時に省エネ改修を行う場合、補助金の活用により負担額が少なくなる可能性がある。

4．手続きについて

2017年以降、本事業の申請ができるのは施工業者のみとなりました。しかし、施工業者が本事業に精通していないケースも多いため、私どものようなコンサルタントが業務委託を受け

て申請手続きを行う場合があります（**図-4**）。

また、本事業の申請タイプには①事前採択タイプと②通年申請タイプの2種類があります。

①は一定の予算枠の確保が可能ですが、交付申請前の公募・採択手続きがあり、事業着手までに一定の期間が必要となります。

これに対し、②は予算の執行状況に応じて年度途中で締め切られる可能性もありますが、交付申請前の公募・採択手続きがなく、交付申請期間内であれば随時申請が可能なため、より取り組みやすいのではないかと思います。

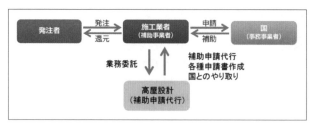

図-4　手続きの流れ

改修事例〜千葉市・花見川住宅

1. 物件概要

ここからは、当社で実際に手掛けた補助金を活用した改修事例を紹介します。

千葉市にある花見川住宅は1968年に竣工した団地です。1,530世帯・40棟をまとめて改修するという一大事業で、工期は32カ月を予定。2021年より着工し、2023年4月現在もいまだ工事途中の案件です。

補助金は、2020年度から2023年度にかけて11の工区に分けて申請し、補助金の予定額は約7億5,000万円です。

主な工事内容は、外壁の外断熱化工事と一部の棟での耐震化工事、防水工事やその他補修工事です。なお、窓のペアガラス化工事は本事業の前に先行して実施されていました。

■工事概要

構造・規模	RC造5階 分譲タイプ1,530世帯
棟数	40棟（20〜50戸／1棟）
竣工	1968年 （2021年時点で築53年）
工期	2021年4月から32カ月
補助申請	11申請 （2020〜2023年度）
補助金予定額	約7億5,000万円

■工事内容
1. 外壁外断熱化工事（湿式）
2. ペアガラス化工事 ※別途先行して実施
3. 一部耐震化工事（3棟）
4. 防水工事、その他補修工事

40棟を11の工区に分け、Ⅰ期からⅢ期で工事が行われる（右図）。なお、赤い丸が付いた中央部の3棟のみは耐震改修工事も実施された（46頁「5. 耐震補強工事について」参照）。

改修前（左）と改修後（右）の外観。もともとは全棟が白い外観だったが、今回の改修では外壁の外断熱化と合わせて棟によって5色のカラーリングを施すことを提案。住民へアンケートを実施した結果、日本の伝統色である茶・緑・青・紫・黄系の5色で、妻壁や階段室の手すり・壁を着色する案が採用された。

2．外断熱改修について

日本の従来の建物の多くに内断熱工法が採用されているのに対し、ヨーロッパ、特に北欧では外断熱工法が標準となっています。

外断熱工法には、快適性や経済性の向上（冬は暖かく夏は涼しいため、冷暖房費が節約できる）、健康への寄与（ヒートショックの防止、ダニやカビの発生抑制）、家の長寿命化を実現（耐久性の向上）といったメリットがあり、当社が手掛ける省エネ改修では外断熱改修を重視しています。

花見川住宅でも外断熱改修を実施しており、断熱範囲は図-5のオレンジ色の部分です。

まず北面については、外壁面積が非常に大きいのですが、窓が小さく水回りに面している部分が多いため施工がしやすく、全面的に断熱改修を行いました。また、西側と東側の妻面も全面的に断熱しています。

南面については、断熱性を考慮すると全面的な施工が理想でしたが、予算上の都合もあり、一番性能が弱い1階部分のみを断熱しました。こうした工夫により、改修後は断熱等級3をクリアすることができました。

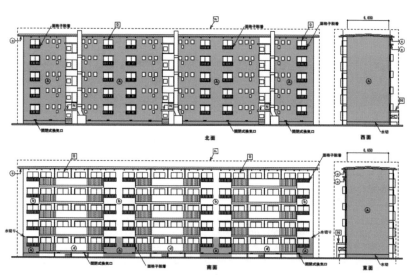

図-5　花見川住宅　断熱改修の範囲

外断熱工事　施工状況

窓まわりへの断熱材の貼り付け　　　左官仕上げ　　　　　　　　　　　階段室への施工状況

３．外断熱改修とともに外観をリフレッシュ

　本物件では、外断熱改修とともに外壁のカラーリングも実施。住民アンケートにより、日本の伝統５色（胡桃色、柳色、浅紫、山吹色、深川鼠）を使って妻面と階段室を塗装しました。棟ごとに異なる色を塗装することにより雰囲気が明るくなり、街全体にも活気を与える効果が期待できます。

写真上左から、浅紫、柳色、深川鼠、胡桃色、山吹色に塗装された妻面の様子。棟ごとに異なる５色のカラーリングが施されたことにより、団地全体が明るい雰囲気に。

４．外断熱改修による住環境への効果

　住民の部屋に温湿度計を設置し、断熱改修の前後での室内温度の変化を記録しました。

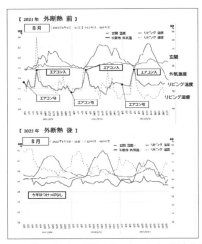

図-6　花見川住宅　断熱改修による室内の温度変化

　図-6の上のグラフが改修前（2021年）、下のグラフが改修後（2022年）で、どちらも８月１カ月の外気温およびリビングの温度等を記録したものです。

　改修前は、朝に冷房を入れ、その後夕方に切り、また明け方に暑くなってきたらエアコンを入れて……とエアコンの入・切を繰り返しているような状況でした。使用電力は１カ月で318kWhとなっています。

　これに対して改修後は、冷房を付けたままの状態で、室内の温度は外気温の影響をほぼ受けず一定になっていることが分かります。使用電力も304kWhとなり、空調を付けたままでも改修前と比べて14kWh削減できました。

　また冬も、「改修前は暖房器具を複数使用していたが、改修後は朝夕にエアコンを１時間程度つけるだけで快適に過ごせるようになった」という住民の声も聞かれました。

特集

特集

5．耐震補強工事について

　本物件は1968年竣工の旧耐震基準時代に建設された団地であり、計画段階では全棟の耐震化は必須になると考えていました。しかし耐震診断を行ったところ、40棟のうち37棟は現行の耐震基準を満たしていることが判明。耐震補強工事を行ったのはわずか3棟で、工事費を大幅に節約することができました。

　この要因は団地独特の構造にあります。多くの団地では、2戸で1つの共用階段を持つ設計となっていますが、この場合耐力壁が多くなるため、旧耐震基準時代の建物でも現行の耐震性能を満たす可能性が高くなります。

　花見川団地も、改修の対象となった棟の多くがこの2戸1の階段室タイプだったため耐震性能が確保されていました。今後改修を考えている団地にはぜひ参考にしていただきたいエピソードです。

6．改修にかかった費用と補助金の額

　本案件は2023年4月現在まだ進行中ですが、一例として改修が完了したある棟にかかった費用と補助金を**図-7**に示します。

　一番上の「通常工事」は一般的な大規模修繕を行う場合の金額、上から二番目の「補助金工

事」は補助の対象となる省エネ改修を併せて行った場合の金額（今回の工事で実際にかかった金額）、一番下が負担額（緑の部分）と補助金の額（紫色の部分）を表しています。

　省エネ改修を組み込んだ場合の今回の概算工事費は約5,500万円なので、一般的な大規模修繕のみを行う場合の工事費4,200万円と比較すると3割ほど高くなります。しかし、3分の1に当たる1,830万円が補助金で賄われるため、実際の負担額は3,670万円となり一般的な大規模修繕のみの場合と比べて負担額が少なくなります。

　1戸当たりの負担額も105万円から約92万円と87%程度となり、補助金を上手に活用することにより改修の内容が良くなるだけでなく負担も減らすことができるという好例であることが分かります。

今後の展望

　花見川住宅の改修は、各地に存在する老朽化した団地やマンションの今後を考える上でも全国的に注目度の高いプロジェクトとなりました。国土交通省の発表によると、2041年には築40年以上が経過したマンションが現在の3.7

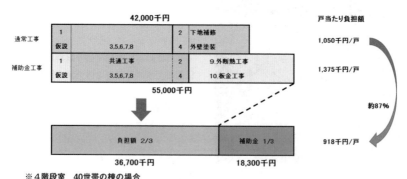

図-7　花見川住宅　1棟当たりの工事費と補助金の概念図

倍になる見込みとなっており、マンションの適切な維持管理は喫緊の課題となっています。

　RC造の建物は築後55年あたりから鉄筋の腐食が加速していきますが、外断熱改修などを適切に行うことで腐食速度が緩やかになり、100年以上もたせることも可能になります。また今回紹介したように、省エネ改修を取り入れることで補助金を活用し、住民の負担も減らすことができます。

　さて、本稿で説明してきました長期優良住宅化リフォーム推進事業の補助金活用ですが、都道府県により採択戸数にばらつきがあります。例えば、当社のある石川県と、マンション化率

が全国でも高い割合となっている神奈川県を比較すると、マンションストック戸数の差は56倍にもなります（**図-8**）。しかし、これまでの本事業の採択戸数を見てみると、採択戸数では石川県の方が上となっています（**図-9**）。つまり本事業の補助金の活用は、今後首都圏などのマンション化率が高い地域ではまだまだ伸びていく余地があることが考えられるのです。

　居住者と建物、2つの老いが進行していく集合住宅の未来を見据え、本稿で紹介した活用事例を参考に住まいの改修を考えていただければと思います。

都道府県名	マンションストック戸数			世帯数(B)	マンション化率 (＝A÷B)	前年との差分
	築10年以内	30年超	総数(A)			
北海道	17,851	77,045	216,148	2,758,692	7.84%	0.06%
青森県	477	1,296	5,425	588,474	0.92%	0.01%
岩手県	1,445	3,840	13,868	523,360	2.65%	0.01%
宮城県	12,011	24,993	94,000	990,803	9.49%	0.05%
秋田県	312	1,558	6,160	422,962	1.46%	0.03%
山形県	458	1,049	6,644	412,729	1.61%	0.00%
福島県	1,938	2,826	18,408	779,060	2.36%	0.00%
茨城県	6,450	6,582	40,544	1,217,551	3.33%	0.07%
栃木県	2,564	3,924	20,138	816,024	2.47%	0.02%
群馬県	1,475	5,182	23,207	821,835	2.82%	0.01%
埼玉県	60,616	157,537	460,335	3,252,179	14.15%	-0.01%
千葉県	54,286	168,159	448,740	2,838,167	15.81%	0.05%
東京都	396,714	661,952	1,928,021	6,955,910	27.72%	0.12%
神奈川県	138,260	346,286	979,271	4,265,655	22.96%	0.14%
首都圏	649,876	1,333,934	3,816,367	17,311,911	22.04%	0.09%
新潟県	2,996	17,421	50,036	892,644	5.61%	0.01%
富山県	1,957	1,642	9,928	412,665	2.41%	0.04%
石川県	1,688	4,532	17,458	477,640	3.66%	0.05%
福井県	487	679	5,409	287,185	1.88%	0.00%

56倍

図-8　都道府県別
2020年マンションストック戸数
およびマンション化率

図-9　平成25～28年
評価基準型・認定長期優良
住宅型における採択戸数（都
道府県別）

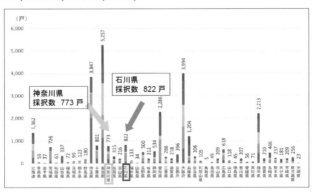

マンションのアルミサッシ更新工事の基礎知識

■ 株式会社ハル建築設計　代表取締役　今井　章晴

マンションのアルミサッシと更新工事

■ 株式会社ハル建築設計　代表取締役　今井　章晴

　集合住宅における窓は、昭和初期には木製ガラス戸が取り付けられていましたが、戦後スチールサッシにかわり、1950年代後半徐々にアルミサッシが出はじめました。1966年KJ認定アルミサッシ（公共住宅用規格部品制度）が登場し、広く普及していきました。同年JISA4706が制定されましたが、当時の性能規定は防火性を除けば耐風圧性だけで、アルミサッシの性能はメーカー各社の性能規定に委ねられていました。マンションでは建物が高層化するにつれ、高層階のアルミサッシに強風雨時の雨水の吹上などが発生しました。その後1976年、1986年のJIS改正により耐風圧性、気密性、水密性に加え、遮音性、断熱性の等級や認定が設定され、サッシの性能は向上しました。

　時代は進み、2000年頃に築後20年を超えるマンションが100万戸近くとなり、10年後の2010年には築後20年を超えるマンションが215万戸、築後30年のマンションが100万戸に近づくと推定され、マンションの高経年化について語られる機会が多くなりました。初期のアルミサッシにおいては基本性能が低いだけでなく、部品や金物が生産中止になり修繕に支障をきたすようになり、アルミサッシのメンテナンスは避けて通れない課題となってきました。そのような状況の中、2005年に建築改装協会（現（一社）建築開口部協会）からサッシ・玄関ドア・手すり改装工事「標準設計仕様と施工

指針（2005）」が、2006年には（公社）日本建築家協会（JIA）メンテナンス部会から、サッシ・ドア・手摺の手入れから改修まで－Q＆A－「マンション改装読本」が発刊され、近年では2019年に（一社）マンションリフォーム技術協会から、「マンション修繕工事　施工実践マニュアル」が発刊され、金属建具を中心にした改修における手引書として活用されています。

　アルミサッシの不具合は、例えば高層階で強風雨時に雨水の吹上があっても、共用部分（専用使用部分）であるアルミサッシを管理組合が改修するには、公平性を重視すれば1棟全戸を改修せざるを得ず、そのための費用を捻出するにはハードルが高い工事です。2004年の標準管理規約改正では、窓ガラス等の改良について、共用部分のうち各住戸に附属する窓枠、窓ガラス、玄関扉その他の開口部に係る改良工事であって、防犯、防音又は断熱等の住宅の性能の向上等に資するものについては、管理組合がその責任と負担において、計画修繕としてこれを実施するものとする、としたうえで区分所有者は、管理組合がその工事を速やかに実施できない場合には、管理組合が細則を定めるなど一定の条件の基で、あらかじめ理事長に申請して書面による承認を受けることにより、当該工事を当該区分所有者の責任と負担において実施することができるようになりました。（マンション標準管理規約（単棟型）第22条 参照）

□進み出したアルミサッシ更新工事

　このように、マンションにとってハードルが高いアルミサッシ更新工事でしたが、ここ 10 年くらいで状況が大きく変わってきました。国は省エネ対策として、2010 年頃からエコポイントによる支援をはじめ、徐々に開口部改修の支援制度が拡充されてきました。

　国は地球温暖化対策の取組を加速させるため、2020 年に「2050 年カーボンニュートラル」を宣言し、2021 年には「2030 年度（2013 年比）46％減、さらに 50％の高みに向けて挑戦」という新たな目標を掲げました。

　私たちの日常生活において、住宅の使用するエネルギーはこの半世紀の間に約 1.8 倍に増加しましたが、一方で現行の省エネ基準を満たす住宅は、僅か 1 割程度に留まっています。脱炭素社会の実現に向けて、2030 年度の排出削減目標として、家庭部門では 66％削減（2013 年度比）が盛り込まれました。

　冷暖房による CO_2 の排出削減には、住宅の断熱性能を高め、暖房時は家の中の暖めた空気と熱を外に逃がさない、冷房時は外の熱い空気や熱を家の中に入れないことが有効です。中でも、窓やドアなど開口部における熱の流失入は住宅全体の 6 〜 7 割に及ぶとされ、壁や屋根に比べても大きな割合を占めるといわれています。そこで窓やドアを改修し、高断熱のサッシと複層ガラスに交換することで、CO_2 排出の削減を目指し、省エネ基準を満たす窓やガラスを対象に支援がおこなわれています。

　今年度は、国の施策として、住宅省エネ 2023 キャンペーンや既存住宅における断熱リフォーム支援事業が展開され、さらに東京都では、省エネ性に優れ、災害にも強く、健康にも資する断熱・太陽光住宅の普及拡大を促進するため、高断熱窓・ドアへの改修や、蓄電池、太陽光発電設備等の設置などに対して支援しています。

　このように高断熱の窓やドアに改修しやすいように支援が拡充されたこともあり、ここ数年、都内のマンションではアルミサッシ更新工事が進み出しました。

[写真1] アルミサッシ外観　改修前

[写真2] アルミサッシ外観　改修後

特集

基礎知識

　管理組合がアルミサッシ更新工事を検討する際の基礎知識として、アルミサッシの基本性能やスケジュール、注意点などについて簡単に述べます。

□ アルミサッシの基本性能

　アルミサッシの性能は、JIS性能表示に基づき、耐風圧性、気密性、水密性、遮音性、断熱性について表示されています。

1）耐風圧性

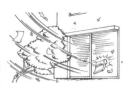

　耐風圧性とは、アルミサッシがどれくらいの風圧に耐えられるかを表わす性能で、台風などの強風によってアルミサッシが変形したり、ガラスが割れたりしない性能を示します。アルミサッシの地上高による予想速度圧だけでなく、地域別係数や建物の立地等により、建物の高さ以上に風の影響を受ける場合があるので、立地条件に合った性能とします。

　耐風圧性とは、面積1m²あたり、どれくらいの風圧に耐えられるかを基準とした等級で表わし、風圧の単位はPaで表わします。

2）気密性

　気密性とは、アルミサッシ枠の隙間から、どれくらいの空気が漏れるか表わす性能で、冷暖房時の熱損失を少なくしたり、屋外からの砂やほこりなどの侵入をおさえる性能です。

　気密性は面積1m²当たり1時間でどれくらいの空気が漏れるかを基準とした等級で表わし、空気の漏れはm²/(h・m²) で表わします。

3）水密性

　水密性とは、雨を伴った風に対し、雨水の浸入をどれくらいの風圧まで防げるかを表わす性能です。

　水密性は、アルミサッシが風雨にさらされた状態で面積1m²当り、どれくらいの風圧まで雨水の浸入を防げるかを基準とした等級で表し、風圧の単位はPaで表わします。

4）遮音性

　遮音性とは、室外から室内へ侵入する音、室内から室外へ漏れる音をどれくらい遮ることができるかを表わす性能で、室外の騒音レベルから、アルミサッシの遮音性能値を差し引いたものがおよその室内の騒音の大きさとなります。

　遮音性は、周波数ごとにどれくらい音を遮ることができるかを基準とした等級で表わし、周波数毎の測定値はdB（デシベル）で表わします。

5）断熱性

　断熱性とは、熱が移動するのをどれくらい抑えることができるかを表す性能です。熱は、高温側から低温側に移動し、両側が同じ温度になったとき、移動が停止します。建築物でも、屋内と屋外の間にある、天井・壁・床などを通して熱が移動します。建築材料には、熱を通しやすいものと通しにくいものとがあり、これらの材料の選択によって熱移動を最小限に抑えることが大切です。マンションで単位面積当たりの熱移動を比較すると、窓を通しての移動が大きなウエイトを占めています。従って省エネ効果を高め

る上で、アルミサッシの断熱性の向上は重要な要素になります。

　断熱性は、熱貫流抵抗（R値）を基準とした等級で表わします。熱貫流率（K値）は、内外空気の温度差が1℃あるとき、1m²当たり1時間につき、何Wの熱が移動するかをいい、単位はW/(m²・K) で表わします。熱貫流抵抗(R値)は、熱貫流率の逆数（R＝1/K）で、単位はm²・K/Wで表わします。

[参考文献：サッシ・ドア・手摺の手入れから改修まで－Q＆A－「マンション改装読本」（公社）日本建築家協会（JIA）メンテナンス部会]
[参考文献・イラスト：旧（一社）建築改装協会]

□ガラスの断熱性能

ガラスの断熱性能は、以下の要素によります。
ガラスの枚数……多いほど高性能
ガラスの種類……一般ガラスや一般複層ガラスに比べLow-Eガラスの方が高性能
中空層の厚さ……厚い方が高性能
ガスの有無……封入している方が高性能
※ガス：アルゴンガス等の断熱性能を高める効果のある気体のこと。
ガラスの日射遮蔽性能は、ガラスの枚数や種類によって異なります。例えば、Low-E 二層複層ガラスには、日射が室内へ侵入するのを軽減する「日射遮蔽型」と、日射を室内に透過させる「日射取得型」があります。

[参考文献・図-1・2：建築物省エネ法　木造戸建住宅の仕様基準ガイドブック　省エネ基準編 省エネガイドブック作成委員会]

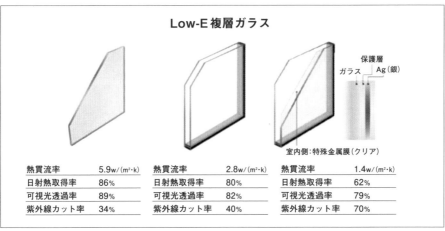

Low-E複層ガラス

熱貫流率	5.9w/(m²·k)
日射熱取得率	86%
可視光透過率	89%
紫外線カット率	34%

熱貫流率	2.8w/(m²·k)
日射熱取得率	80%
可視光透過率	82%
紫外線カット率	40%

保護層　Ag（銀）
ガラス
室内側：特殊金属膜（クリア）

熱貫流率	1.4w/(m²·k)
日射熱取得率	62%
可視光透過率	79%
紫外線カット率	70%

図-1

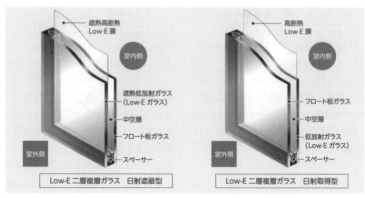

図-2

□環境省の補助金申請と管理組合のスケジュール

環境省の補助金申請の原則は年度スケジュールです。年度初めに交付申請を行い、年度内に工事を実施し、完了報告をします。従って管理組合の手続きは、それに合わせて進めます。

管理組合は、工事を実施する年の3月（年度末）までにアルミサッシ更新工事実施について総会を開催し、アルミサッシ更新工事を実施することや工事内容、施工会社、工事費などを決議しておきます。4月以降新年度の公募情報公表後、速やかに書類を揃え、補助金交付申請を行います。審査を受け、補助金交付決定通知書が発行されてから、管理組合とメーカーとの間で工事請負契約を締結します。アルミサッシの製作期間はマンションの規模にもよりますが、2カ月程度かかります。従って、工事は秋になり、工事が終わりしだい補助金の実績報告書を提出します。

管理組合のスケジュールを最短でイメージすると、1年目は現状を把握し、工事範囲や仕様を検討し仕様書にまとめ、複数のメーカーから合い見積りを取るなどメーカー選定を行い、3月までに工事内容、施工会社、工事費など総会決議しておきます。2年目は年度初めに補助金申請を行い、年度内に工事を実施します。

アルミサッシ更新工事スケジュールイメージ

	4月	5月	6月	7月	8月	9月	10月	11月	12月	1月	2月	3月	4月	5月	6月	7月	8月	9月	10月	11月	12月
総会		★通常総会																			
サンプル調査																					
工事範囲・仕様検討																					
仕様書作成											★住民説明会										
メーカー選定																					
臨時総会						見積取得	ヒアリング						★臨時総会								
環境省補助金申請													補助金交付申請○		●補助金交付決定通知						
工事請負契約締結															●工事請負契約締結						
工場製品製作																					
工事説明会																★工事説明会					
アルミサッシ更新工事																工事準備					
実績報告書提出																					●

本スケジュールは、環境省補助金応募要項が年度はじめの5月初旬に公表された場合のスケジュールのイメージを示す。
凡例 ★ 総会 、★ 住民説明会、工事説明会等

図-3

□住みながら行うアルミサッシ更新工事

　マンションのアルミサッシは、共用部分ですが、専有部分との境界にあり、専用使用部分です。さらに、アルミサッシ更新工事は住みながら行う工事で、住戸内に入り行う工事です。管理組合はその事を踏まえ、住民の方に十分な説明を行い理解を深め、協力を得る事が求められます。ここではよくある事例と一般的な対応を紹介します。

1．住戸内の片付け

　工事を実施するために、アルミサッシの前に1m程度の作業スペースが必要です。窓際に机やベッドを置いてある場合は、移動をしていただく事になります。とは言え、特に高齢者にとって、重い荷物の移動は難しく、アルミサッシの前に大型のタンスがかかっている場合など施工者と相談しながら戸別に対応を検討する事になります。

2．二重サッシに改修した住戸

　二重サッシに改修した住戸でも新たに取り付けるアルミサッシの窓枠が内窓に緩衝しなければ、必ずしも取り外さなくても施工できます。実測調査時にメーカーが確認し、内窓を避ける

よう新設する枠で調整するなど、施工側で対応する場合もありますが、避けられない場合は内窓を取り外していただく場合もあります。

3．ウィンドクーラーを設置してある住戸

　共用廊下側の腰窓にウィンドクーラーを設置している場合は、ウィンドクーラーを一旦取り外していただきます。

4．エアコンの冷媒管が既存アルミサッシを貫通している住戸

　エアコン用スリーブが用意されていないマンションなど、エアコンの冷媒管が既存アルミサッシを貫通している場合は、冷媒管を一旦取り外していただきます。

5．その他

　リフォームによりサッシの前に壁が出来ている場合や、勝手にアルミサッシを更新してしまっていることもあります。そうならない為には管理組合は専有部分の修繕工事細則を定め、リフォーム申請を徹底するなど、日ごろから占有部分のリフォームについても管理することや、建物の維持管理の基本的なルールや考え方を伝え、住民の方の意識向上をはかっておくことが大切です。

［写真3］二重サッシに改修した
住戸

［写真4］ウィンドクーラーを
設置してある住戸

［写真5］エアコン冷媒管が既存
アルミサッシを貫通している住戸

□アルミサッシ更新工事　工程写真

［工程1］工事前

［工程2］既存障子撤去

［工程3］枠の組み立て

［工程4］枠のはめ込み

［工程5］枠の仮止め

［工程6］対角確認

[工程 7] 枠の固定

[工程 8] 枠の固定

[工程 9] 清掃

[工程 10] 障子の搬入

[工程 11] 障子の組み込み

[工程 12] 工事後

113頁からの『見積り実例』において、アルミサッシ更新工事実例を2事例紹介していますので、そちらも参考としてください。

「既存分譲マンションへの電気自動車(EV)・プラグイン ハイブリッド車(PHEV)充電設備導入マニュアル」の解説

■ 一般社団法人マンション計画修繕施工協会 専務理事 中野谷 昌司

はじめに

二酸化炭素（CO_2）などの温室効果ガスの排出量を実質ゼロにする「脱炭素化」の流れが世界中で加速しています。日本でも2020年10月、日本政府が発表した「2050年カーボンニュートラル宣言」において、2050年までに脱炭素社会を実現し、温室効果ガスの排出を実質ゼロにすることが目標として掲げられました。

この「2050年カーボンニュートラル宣言」を踏まえ2021年6月に「グリーン成長戦略」が策定され、自動車、蓄電池産業においては、2035年までに乗用車の新車販売で、電気自動車（EV）、燃料電池自動車（FCEV）、プラグインハイブリット車（PHEV）、ハイブリッド自動車（HV）の次世代自動車100％が実現できるよう、包括的な措置を講じることとされています。

世界的にも自動車の電動化への動きが今後、加速することが予測されることから、日本の既存マンションにおいても電気自動車、プラグインハイブリット車に対応した充電設備（以下、充電設備という。）の導入は避けて通れないものといえます。

そこで、当協会では最近の動向を踏まえ、電動車用充電設備の導入を検討しているマンションの管理組合や、そのお手伝いをする工事業者等が充電設備の導入を円滑に進められるよう、充電設備に関する基本的な情報の提供や導入のモデルケースの提示などを目的として「既存分譲マンションへの電気自動車（EV）・プラグインハイブリット車（PHEV）充電設備導入マニュアル」（以下、本マニュアルという。）を作成しましたので、その概要について述べさせていただきます。

1. 次世代自動車とは

次世代自動車とは、電気自動車（EV）、燃料電池自動車（FCEV）、プラグインハイブリット車（PHEV）、ハイブリッド自動車（HV）のことを指しますが、このうち充電設備が必要なものが電気自動車（EV）とプラグインハイブリット車（PHEV）になります（図1）。世界的な動向としては、最終的にハイブリット自動車などガソリンを使用する新車の販売を禁止することとなっています（図2）。

図-1 次世代自動車の種類

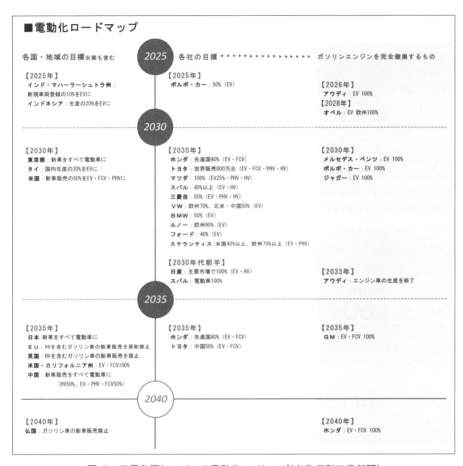

■電動化ロードマップ

各国・地域の目標※案も含む	各社の目標 ▶▶▶▶▶▶▶▶▶▶▶▶▶▶	ガソリンエンジンを完全撤廃するもの
	2025	
【2025年】 **インド・マハーラーシュトラ州**： 新規車両登録の10%をEVに **インドネシア**：生産の20%をEVに	【2025年】 **ボルボ・カー**：50%（EV）	【2026年】 **アウディ**：EV 100% 【2028年】 **オペル**：EV 欧州100%
	2030	
【2030年】 **東京都**：新車をすべて電動車に **タイ**：国内生産の30%をEVに **米国**：新車販売の50%をEV・FCV・PHVに	【2030年】 **ホンダ**：先進国40%（EV・FCV） **トヨタ**：世界販売800万台（EV・FCV・PHV・HV） **マツダ**：100%（EV25%・PHV・HV） **スバル**：40%以上（EV・HV） **三菱自**：50%（EV・PHV・HV） **VW**：欧州70%、北米・中国50%（EV） **BMW**：50%（EV） **ルノー**：欧州90%（EV） **フォード**：40%（EV） **ステランティス**：米国40%以上、欧州70%以上（EV・PHV） 【2030年代前半】 **日産**：主要市場で100%（EV・HV） **スバル**：電動車100%	【2030年】 **メルセデス・ベンツ**：EV 100% **ボルボ・カー**：EV 100% **ジャガー**：EV 100% 【2033年】 **アウディ**：エンジン車の生産を終了
	2035	
【2035年】 **日本**：新車をすべて電動車に **EU**：HVを含むガソリン車の新車販売を原則禁止 **英国**：HVを含むガソリン車の新車販売を禁止 **米国・カリフォルニア州**：EV・FCV100% **中国**：新車販売をすべて電動車に （HV50%、EV・PHV・FCV50%）	【2035年】 **ホンダ**：先進国80%（EV・FCV） **トヨタ**：中国50%（EV・FCV）	【2035年】 **GM**：EV・FCV 100%
	2040	
【2040年】 **仏国**：ガソリン車の新車販売禁止		【2040年】 **ホンダ**：EV・FCV 100%

図-2　世界各国とメーカーの電動化ロードマップ（出典:日刊工業新聞）

2．充電設備導入の考え方

　本マニュアルでは、マンションに充電設備を設置するために以下の課題を挙げていますが、マンションごとに様々な選択肢がありますので、その考え方を解説します。

①充電設備の種類と選択

　充電器の種類には、普通充電器（出力3kW～6kW）と急速充電器（出力25 kW～150kW）があります。マンションの場合、共用部分の電力契約が50kW以上になると高圧受電契約となり、自家用受変電設備や電気主任技術者の選任などが必要となるため、既に高圧契約となって

いる場合を除いて、イニシャルコストやランニングコストが高額となります。最近では、複数台の同時充電時に、設定した容量に合計電力をおさめるよう、電動車の充電電流を制御する機能（デマンドコントロール）を使って高圧受電契約を回避する充電器やコントローラーなどもありますが、充電時間が長くなることや設置台数により限界があります。

また、2021年の電気事業法の改正により、充電設備専用の電気契約を別途に結び、電力会社の配線から充電器専用の受電ができるようになりました。（同一敷地内において複数の電気需給契約が可能となる特別措置（以下、特別措置という。））

こうした選択肢が増えてきたこともありますが、充電設備の設置を検討する場合は、既存の電力契約と充電器の設置台数と出力（最大使用電力）が密接に関わりますので、計画する際には当初は暫定的な設置台数とすることになるとは思いますが、最終形態も見据えて長期的な計画を立てることが望まれます。

表1に充電器の出力による充電時間の目安を示します。（但し、残量が0近くからの充電目安であり、半分程度の残量があればその分充電時間は短くなります。）

充電時間

日産リーフ e+（62kWhバッテリー搭載車）

急速充電器	3kW普通充電器	6kW普通充電器
約60分 *1	約24.5時間 *2	約12.5時間 *3

日産リーフ（40kWhバッテリー搭載車）

急速充電器	3kW普通充電器	6kW普通充電器 メーカーオプション
約40分 *1	約16時間 *2	約8時間 *3

*1 急速充電は、バッテリー温度が約25℃、バッテリー残量警告灯が点灯した時点から、充電量80%までのおおよその時間。特に急速充電の場合、夏季・冬季には充電時間が長くなる場合があります。
*2 普通充電は、バッテリー温度が約25℃、バッテリー残量警告灯が点灯した時点から、満充電までのおおよその時間（200V 15Aで充電を行った場合の充電時間です）。
*3 普通充電は、バッテリー温度が約25℃、バッテリー残量警告灯が点灯した時点から、満充電までのおおよその時間（200V 30Aで充電を行った場合の充電時間です）。

表1　日産リーフe+（62kWh）・日産リーフ（40kWh）の充電器出力ごとの充電時間目安
（出典:日産リーフカタログ）

②充電設備の設置・運用に関する費用負担の考え方

充電設備の設置やメンテナンスに要する費用については、居住者全員が負担する方法と、充電設備を利用する受益者だけで負担する方法の2種類があります。受益者だけで負担するやり方が居住者の合意は得られやすいと思いますが、設置工事の際に費用を充電設備の利用希望者に支払わせることにすると、利用希望者の負担が大きくなり、また、設置後新たに利用希望者が現れた場合に、改めて費用負担の取扱いを調整する必要があります。

一つの考え方として、これまで駐車場契約者から使用料を管理組合が毎月徴収していることから、管理組合を賃貸人ととらえた場合、民法606条による「賃貸人の修繕義務」として設置することも考えられますが、それぞれのマンションの駐車場の設置率や契約内容、管理組合としての考え方などによって様々なケースが想定されます。

また、充電のための電気料金の徴収方法ですが、管理組合で行う場合のメリットとデメリットを表2に示します。

	電力量単位での従量課金	充電時間又は充電回数での従量課金	駐車料金に定額を上乗せしての課金
主なメリット	受益者負担の関係が明確。	受益者負担の関係がある程度明確。	料金徴収は、駐車場料金の徴収と同じ方法で容易に実施可。
主なデメリット	専用の電力計の設置など、料金徴収をするための体制・設備に費用を要する。	充電実績の記録装置の導入など、料金徴収をするための体制・設備に費用を要する。	走行距離が少ない者も、多い者と同じ料金を負担しなければならない。

表2　費用負担ごとのメリットとデメリット

近年、こうした課金徴収を、スマートフォン等のアプリを利用したサービスで提供する事業者も増えてきています。この他、充電器の相談から設置、運用まで、一連でサービスを提供する事業者もありますが、図3にあるように、提供するサービスは事業者ごとに異なる場合もありますので、どのようなサービスが提供してもらえるかを確認する必要があります。

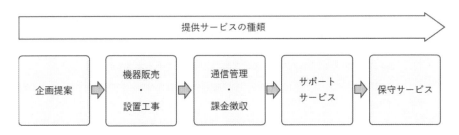

図-3　各事業者の提供サービスの種類

このサービス提供事業者については、一般社団法人次世代自動車振興センターのホームページ（http://www.cev-pc.or.jp/juden_ichiran/juden_service.html）で紹介しておりますので、地域性やサービス内容を考慮し、各事業者にご相談ください。

③充電設備の利用方法

充電設備の利用方法については、駐車場契約者各自の専用とするか充電器を共用とするかといったケースが考えられます。

専用とすれば常に充電することが可能であるというメリットがありますが、駐車区画すべてに設置できないのであれば、どこに何台付けるか、また新たに電動車を購入したい居住者がいたときなどの対応をどうするのかといった問題があります。

また、充電設備を共用とする方法は、空いている駐車場や敷地の余剰スペースに共用の充電設備を設置し、一定のルールのもとで電動車の所有者がその充電設備を利用する方法です。ただし、この方法の場合、普通充電器では充電に時間を要するため利用可能人数には限界（一般的な使用頻度を考慮すると1充電設備に対して2人以下）があるため、1つの充電スタンドで複数のコンセントまたは接続ケーブルがある機器を選定することや複数台の充電器を設置することが適していると考えられます。

ただ、充電の予約管理の方法や、終わってすぐに車を移動しないなどのトラブルが生じることなどは懸念されます。

④充電設備の設置工事と費用

既存マンションで電動車用充電設備を設置するに当たっては、これまで述べたように、まず普通充電設備とするか急速充電設備とするかを決める必要があります。充電設備の設置については、電動車充電設備用に別途電気契約する場合と既存電気容量の余剰範囲でできる場合、または全体幹線の引替え工事や変圧器の取り替えなどにより容量をアップする場合などが考えられます。

また、電気室などから充電設備の設置位置までの距離や、その経路によっては、配線・配管を露出とするか架空配線や埋設配線とするかを考える必要があり、それにより工事費用も変わってきます。

こうした諸条件により工事費用は変動しますが、本マニュアルでは以下のモデルケースについて概算工事費用を試算した結果を表3に示します。

モデルケース①	既存受電方式が低圧受電の場合など共用部の余剰が少ないケースで、共用部から電源供給をする場合を想定した、壁付けコンセント型普通充電器(3kW)を1台設置するケース。
モデルケース②	新たな受変電設備を設けたり増強したりせずとも共用部から12kW程度の容量が確保できるケースで、共用部から電源供給をする場合を想定した、壁付けコンセント型普通充電器(3kW)を4台、または壁付けケーブル型普通充電器(6kW)を2台設置するケース。
モデルケース③	特別措置を利用して、壁付けコンセント型普通充電器(3kW)を、低圧受電で、駐車場10台分にポールで設置するケース。
モデルケース④	特別措置を利用して、6kWの壁付けケーブル付普通充電器を、高圧受電で、駐車場10台分にポールで設置するケース。
モデルケース⑤	特別措置を利用して、単相電源30kW出力の急速充電器1台を、低圧受電で設置するケース。
モデルケース⑥	特別措置を利用して、三相電源90kW出力の急速充電器1台を、高圧受電で設置するケース。

【普通充電器設置のモデルケース】※

	モデルケース①	モデルケース②		モデルケース③	モデルケース④
電源供給元	共用部分電盤	共用部分電盤		特別措置利用 低圧受電	特別措置利用 高圧受電
電源	単相200V	単相200V		単相200V	単相200V
普通充電器の種類	壁付けタイプ	壁付けタイプ		壁付けタイプ ＋ポール	壁付けタイプ ＋ポール
	コンセントタイプ 3kW	1.コンセント タイプ 3kW	2.ケーブル付 普通充電器 6kW	コンセントタイプ 3kW	ケーブル付 普通充電器 6kW
設置台数	1台	4台	2台	10台	10台
電源供給方法	既存分電盤から供給	既存分電盤から供給		近隣電柱等 から引込・供給	近隣電柱等から引込 受変電設備から供給
配線・配管距離	約20m（露出）	約30m（露出）		約60m（架空）	約60m（埋設）
工事費用等	約46万円	約121万円	約193万円	約1192万円	約3104万円

【急速充電器設置のモデルケース】※

	モデルケース⑤	モデルケース⑥
電源供給元	特別措置利用 低圧受電	特別措置利用 高圧受電
電源	単相200 V	三相415 V
急速充電器の出力	30kW	90kW
設置台数	1台	1台
電源供給方法	近隣電柱等から引込・供給	近隣電柱等から引込、 受変電設備から供給
配線・配管距離	架空距離約20m	埋設距離20m
工事費用等	約804万円	約2734万円

※上記の概算費用は一定の条件に基づく概算見積もりであるため、同様の工事内容であっても工事費用等が大きく変動する可能性があります。

表3　モデルケースによる工事費用の目安

なお、このモデルケースの概算工事費用においては見込んでおりませんが、国や自治体の補助金を活用することで、設置にかかる負担を軽減させることも可能です。

表4は経済産業省の令和4年度補正予算と令和5年度当初予算における補助内容となります。

また、東京都の令和4年の補助金を活用した場合の例を図4、5に示しますので参考にしてください。

R4年度補正予算・R5当初予算案における補助内容

1. **高速道路SAPA**における**6口以上の充電器整備**に対する**補助上限額を引き上げ**。
2. 急速充電「**③その他**」のうち、**公共用の90kW以上の高出力**である急速充電器設置に対する**補助率・上限額を引き上げ**。
3. **マンションや商業施設等の充電器整備**に関する**事前審査を簡素にする方式を新たに創設**（早期の交付決定）。
4. **EVバスなど多数の商用車の充電環境を計画的に整備**できるよう、**規模の大きな高圧受電設備の補助額を増額**。

※急速充電「①・②」は、10kW以上50kW未満の低出力である急速充電器設置については、補助率・上限額を引き下げ。

急速充電

設置場所	①高速道路SA・PA		②道の駅・公道・SS・空白地域	③その他		
対象設備	90kW以上	50kW以上	50kW以上	90kW以上（公共用）	50kW以上	10kW以上
補助率 （上限あり）	機器補助率：10/10 工事補助率：10/10		（同左）	機器補助率：10/10 工事補助率：10/10	機器補助率：1/2 工事補助率：10/10	
機器上限額	600　（2口まで） 300×口数（3口以上）		（同左）	600　（2口まで） 300×口数（3口以上）	300　（2口まで） 150×口数（3口以上）	60
工事費上限額	3,100（5口まで） 6,200（6口以上）	2,450	280	280	140	108

普通充電

対象設備	ケーブル付き充電設備		コンセントスタンド	コンセント	
	6kW	3kW・4kW	ー	ー	
駐車場形態	機械式・平置き		機械式・平置き	機械式	平置き
補助率 （上限あり）	機器補助率：1/2 工事補助率：10/10				
機器上限額	35	25	11	7	
工事費上限額	135		135	135	95

高圧受電設備・設置工事費　補助率：10/10（上限あり）

設備総出力	350kW以上	250kW以上	150kW以上	90kW以上	50kW以上
上限額	600	500	400	300	200

（単位：万円）

※ 上記表での機器・工事の補助上限額は総額であり、機器の機能や工事内容ごとに個別の上限あり。
　そのため、機器の機能や工事の内容によって、必ずしも表中の上限額がそのまま補助されるわけではないことに留意。

表4　経産省令和4年度補正予算と令和5年度当初予算による充電インフラ補助金概要

＊令和4年度東京都充電設備導入促進事業（集合住宅）

	急速充電設備	普通充電設備、V2H等
設備購入費	全額（税抜き） ※機種に応じた上限あり	半額（税抜き） ※機種に応じた上限あり （普通充電器10万円）
設置工事費	上限：　309万円※	上限：　81万円※
受変電設備 設置・改修費	受変電設備設置にかかる 部材費及び労務費 上限：435万円※	ー

※　国の補助金を併用する場合は、その分を差し引く

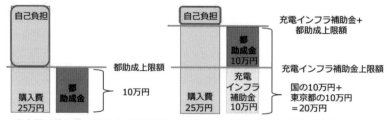

⇒東京都の購入費の助成金は**10万円**　　⇒東京都の購入費の助成金は**10万円**

図-4　国と東京都の補助事業を活用した普通充電器購入費のイメージ

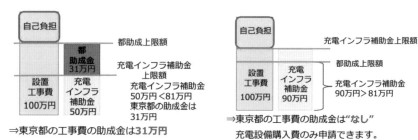

図-5　国と東京都の補助事業を活用した普通充電設備工事費のイメージ
（令和5年度に機械式駐車場の場合の上限額を拡充予定）

⑤機械式駐車場への充電設備の設置

　マンションに設置されている機械式駐車場に充電設備を設置する場合には、平面駐車場とは異なる確認すべき事項があります。機械式駐車場については、機械式駐車場技術基準・同解説（公益社団法人立体駐車場工業会発行　2017年版）で事故防止等のための技術基準が厳しく定められており、その中の附属書Jで「電気自動車（EV）対応の個別要求事項」が規定されています。機械式駐車場に充電設備を設置する場合は、設置できる台数（パレット）が限定される場合もありますので、当該メーカーに対応の可否を問い合わせる必要があります。

　また、電動車についてはバッテリーを搭載している分、車種によっては車両重量が重くなり機械式駐車場の重量制限をオーバーするものもあるため、機械式駐車場の使用契約については外寸の制限などと共に重量に関する制限も明記しておく必要があります。

⑥充電設備に関する合意形成

　モデルケース①〜⑥のような充電設備の設置に関する総会決議については、表5の国土交通省公表の「マンション標準管理規約及び同コメント」によれば、「普通決議でよい工事」に該当すると解釈することができます。

普通決議でよい工事	特別決議を要する工事
・スロープ、手すりの設置工事 ・柱や梁の鉄板巻き等の耐震補強工事 ・耐震壁や筋かいなどの耐震部材設置工事 ・防犯カメラ、オートロック設備の設置工事 ・光ファイバー敷設工事 ・外壁補修、鉄部塗装、屋上防水工事 ・給水管更生、更新工事 ・窓枠、窓ガラス、玄関扉等の一斉交換工事 ・高置水槽等の撤去工事	・エレベーターの新設工事 ・大規模な集会室、駐車場、駐輪場の増改築工事

表5　マンション標準管理規約第47条関係コメントによる判断例

特集

充電設備を専用とし、駐車料金に定額上乗せして利用料を徴収する方式を採用する場合、駐車場使用細則を若干変更するだけで対応することが可能であると考えられます。また、共用とする場合には、ルールなどを定めた使用細則が必要となります。これらのケースを想定した駐車場使用細則の例を本マニュアルに掲載しておりますので参考にしてください。

なお、充電設備の設置に当たり、付属施設や共用部分として管理規約に明確に位置付けたい場合には、管理規約の改正が必要となり、特別決議（4分の3以上の賛成）を行わなければなりません。しかし、あくまでも個別の判断になりますが、「マンション標準管理規約」で定める「対象物件の表示（別表第1))」に「駐車場施設」とありますので、管理組合が充電設備はその一部であると考えるのであれば、付属施設として位置付けるための管理規約の変更は必要ありません。

また、「共用部分の範囲（別表第2）」には「電気設備」とありますので、管理組合が充電設備はその一部であると考えるのであれば、共用部分として位置付けるための管理規約の変更は必要ではありません。したがって、駐車場使用細則の変更を普通決議（過半数以上の賛成）で行

えば、充電設備の設置・運用が可能であるということになります。

管理組合の合意形成については、こうした規約上の手続きにおいて過半数決議で可能ということは、駐車場使用者＜駐車場不使用者の場合の理解をいかに得られるか、ということがポイントだといえます。前述の民法606条による「賃貸人の修繕義務」も一つの考え方になるではないでしょうか。

おわりに

マンションの充電設備の設置については、既存はもとより新築マンションでもまだまだ設置率が低い状況です。2035年には日本でも電動車の新車販売100%を目指していることを考えれば、この充電設備を設置することは管理組合の重要課題であるともいえます。

また、電動車や充電器の性能にしても、今後も著しい技術革新も予測されていますので、常に新しい情報を得ることが必要となりますが、現時点での参考として本マニュアルを活用していただければ幸いに存じます。

協会HP本マニュアル掲載
URL：https://www.mks-as.net/electricvehicle/

特集②
マンション外壁改修の
これから

66 「これからの外壁改修」
芝浦工業大学　名誉教授　本橋健司

76 外壁複合改修工法の分類

78 各工法のご紹介

● これからの外壁改修

1．はじめに

地球温暖化防止、カーボンニュートラル、SDGs等を目標とした社会活動が求められている。建築分野では、ZEH住宅、太陽光発電、水素エネルギー等の研究開発が活発に展開されている。

筆者は材料施工分野を専門としている。材料施工の視点からは、建築物の長寿命化がCO_2削減や環境負荷低減に大きく貢献することを強調したい。

旧聞で恐縮であるが、1997年に京都で開催されたCOP3に際しての日本建築学会会長声明では、①「建築分野における生涯二酸化炭素排出量は、新築では30%削減が可能であり、また今後はこれを目標に建設活動を展開することが必要である。」、②「二酸化炭素排出量の削減のためには、我が国の建築物の耐用年数を3倍に延長することが必要不可欠であり、また可能であると考える。」と述べている。

建築物の長寿命化がCO_2低減や環境負荷低減に直結していることを再認識していただきたい。本稿では、建築物の長寿命化に関連している外壁改修技術について解説したい。

2．「改修標仕」および「改修監理指針」における外壁改修の変更ポイント

2.1　「改修標仕」改定および「改修監理指針」改訂

2022年3月末に国土交通省大臣官房官庁営繕部「公共建築改修工事標準仕様書（建築工事編）」（以下、「改修標仕」）が令和4年版に改定され、それに伴って国土交通省大臣官房官庁営繕部監修「建築改修工事監理指針」（以下、「改修監理指針」）も令和4年版に改訂された。

以下では、令和4年版の「改修標仕」および「改修監理指針」における外壁改修工事について、注意すべき変更ポイントを解説する。

2.2　コンクリート打放し外壁における樹脂注入工法

コンクリート打放し外壁におけるひび割れ部改修工法の一つである樹脂注入工法について、**表-1**に示すように、「改修標仕」（平成31年版）では低粘度形と中粘度形の注入エポキシ樹脂を使用するよう規定されていた。「改修標仕」（令和4年版）ではJISに適合する注入エポキシ樹脂とのみ規定され、すなわち、高粘度形であっても条件によって使用できることとなった。

表-1　「改修標仕」における樹脂注入工法の変更ポイント

「改修標仕」（平成31年版）	「改修標仕」（令和4年版）
4.2.2　工法別使用材料 (1)樹脂注入工法に使用するエポキシ樹脂は、JIS A 6024（建築補修用及び建築補強用エポキシ樹脂）に基づく低粘度形又は中粘度形とし、適用は特記による。 なお、仮止めシール材等は、エポキシ樹脂の製造所の指定する製品とし、既存及び新規塗膜に支障のないものとする。	4.2.4　材料 (1)樹脂注入工法に使用するエポキシ樹脂は、JIS A 6024（建築補修用及び建築補強用エポキシ樹脂）に基づく注入エポキシ樹脂とする。 なお、仮止めシール材等は、エポキシ樹脂の製造所の指定する製品とし、既存及び新規塗膜に支障のないものとする。

表-2 「改修監理指針」における樹脂注入工法の変更ポイント

「改修監理指針」（令和元年版）	「改修監理指針」（令和4年版）
4.3.4 樹脂注入工法　この工法は、主に幅が 0.2mm 以上 1.0mm 以下のひび割れを改修するための工法である。主要材料となる注入樹脂が、<u>低粘度及び中粘度のエポキシ樹脂</u>が使用される。副資材としては、器具の接着や仮止めシール材としてエポキシ樹脂パテ、合成ゴム系等の仮止めシール材が用いられる。　（省略）　注入エポキシ樹脂の性状については、JIS A 6024 の規格に合うものとし、種類としては低粘度形と中粘度形をひび割れの状況に応じて使い分ける。<u>一般に 0.5mm 未満のひび割れは低粘度形を用い、0.5mm 以上は中粘度形を使用する。</u>　これらを併用することも可能で、最初に低粘度形を注入し、後に中粘度形を追加注入して末端の極微細なひび割れまで完全注入するのもよい方法である。	4.2.5 樹脂注入工法　この工法は、主に幅が 0.2mm 以上 1.0mm 以下のひび割れを改修するための工法である。主要材料となる注入樹脂は、<u>JIS A 6024（建築補修用及び建築補強用エポキシ樹脂）の注入エポキシ樹脂</u>が使用される。副資材としては、器具の接着や仮止めシール材としてエポキシ樹脂パテ、合成ゴム系等の仮止めシール材が用いられる。　（省略）　注入エポキシ樹脂の性状については、JIS A 6024 の規格に合うものとし、種類としては低粘度形と中粘度形をひび割れの状況に応じて使い分ける。<u>一般に 0.5mm 未満のひび割れは低粘度形を用い、0.5mm 以上は中粘度形又は高粘度形を使用する。また、近年では湿潤箇所や低温時等への適用を目的としたアクリル樹脂系の注入材にも JIS A 6024 の規定を満足するものがあり、これらを用いる場合には、その品質および使用実績等を確認して用いる。</u>

表-2 には「改修監理指針」における変更ポイントを示している。「改修監理指針」（令和4年版）では 0.5mm 未満のひび割れには低粘度形を用い、0.5mm 以上のひび割れには中粘度形または高粘度形を使用するとしている。また参考情報として、最近は JIS A 6024 の規定を満たすアクリル樹脂系の注入材があり、湿潤箇所や低温時の適用例のあることが追記された。

すなわち、「改修標仕」（平成4年版）では、注入エポキシ樹脂の粘度については特に規定せず、条件に合致する粘度を選択できるようにしている。

2.3 アンカーピンニングエポキシ樹脂注入工法におけるエポキシ樹脂の注入

モルタル塗り仕上げ外壁およびタイル張り仕上げ外壁の浮きに対する代表的改修工法として「アンカーピンニング部分エポキシ樹脂注入工法」が挙げられる。この工法の施工に関して、「改修標仕」では表-3 に示すような変更がなされた。

ポイントは表中の下線部であり、「改修標仕」（平成31年版）ではエポキシ樹脂を「アンカーピン固定部の最深部から徐々に注入する。」こととなっているが、「改修標仕」（令和4年版）では「徐々に注入する。」と、「アンカーピン固定部の最深部から」注入することは削除されている。

「改修監理指針」では表-4 に示すように修正されている。すなわち、「改修監理指針」（令和元年版）では「穿孔された直径より細い充填用ノズルを用い、その先端を孔内最深部まで挿入した後、ノズルを手前に引きながら行う。短い

特集

表-3 「改修標仕」におけるアンカーピンニングエポキシ樹脂注入工法の変更ポイント

「改修標仕」(平成31年版)	「改修標仕」(令和4年版)
4.4.10 アンカーピンニング部分エポキシ樹脂注入工法 (7)アンカーピン固定用エポキシ樹脂は、手動式注入器を用い、アンカーピン固定部の最深部から徐々に注入する。注入量は、特記による。特記がなければ、挿入孔1か所当たり25mLとする。	4.3.11 アンカーピンニング部分エポキシ樹脂注入工法 (7)アンカーピン固定用エポキシ樹脂は、手動式注入器を用い、徐々に注入する。注入量は、特記による。特記がなければ、挿入孔1か所当たり25mLとする。

表-4 「改修監理指針」におけるアンカーピンニングエポキシ樹脂注入工法の変更ポイント

「改修監理指針」(令和元年版)	「改修監理指針」(令和4年版)
4.4.10 アンカーピンニング部分エポキシ樹脂注入工法 (7)エポキシ樹脂の充填に当たっては、穿孔された直径より細い充填用ノズルを用い、その先端を孔内最深部まで挿入した後、ノズルを手前に引きながら行う。短いノズルを穿孔表面に当ててエポキシ樹脂の充填を行っても穿孔内に空気が残存しているので、孔内にエポキシ樹脂の未充填部が生じ、アンカーピンの接着固定が不充分になる。	4.3.11 アンカーピンニング部分エポキシ樹脂注入工法 (7)エポキシ樹脂の充填は、孔内におけるアンカーピンの接着固定と、浮き部におけるはく離界面の接着を目的としている。エポキシ樹脂の充填に当たっては、穿孔された直径より細い充填用ノズルを用いる。また、注入口からの樹脂漏れを防ぐため、一般的にウエスパッキンが用いられる。浮き部への注入作業においては、注入圧により浮き部のはらみが生じないか確認しながら、徐々に圧力をかけて樹脂を注入する。

ノズルを穿孔表面に当ててエポキシ樹脂の充填を行っても穿孔内に空気が残存しているので、孔内にエポキシ樹脂の未充填部が生じ、アンカーピンの接着固定が不充分になる。」としているが、「改修監理指針」(令和4年版)では「エポキシ樹脂の充填に当たっては、穿孔された直径より細い充填用ノズルを用いる。また、注入口からの樹脂漏れを防ぐため、一般的にウエスパッキンが用いられる。浮き部への注入作業においては、注入圧により浮き部のはらみが生じないか確認しながら、徐々に圧力をかけて樹脂を注入する。」としており、「改修監理指針」(令和元年版)で指摘している、①最深部までのノズルの挿入、②短いノズルの場合の空気の残存、

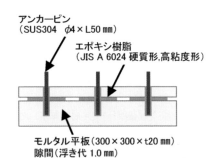

アンカーピン
(SUS304　φ4×L50 mm)
エポキシ樹脂
(JIS A 6024 硬質形,高粘度形)
モルタル平板(300×300×t20 mm)
隙間(浮き代 1.0 mm)
コンクリート平板(300×300×t60 mm)

図-1 アンカーピンニング部分エポキシ樹脂注入工法検証用試験体

表-5　アンカーピンニング部分エポキシ樹脂注入工法の施工条件

No.	浮き代 (mm)	穿孔			樹脂注入			ピン挿入		
		工具	N	清掃	樹脂	ノズル	量(g)	寸法(mm)	ネタ付	回転
A	1.0	振動	1	エア	高粘	汎用	30	φ4×50	なし	なし
B	1.0	振動	1	エア	高粘	汎用	30	φ4×50	あり	あり
C	1.0	振動	1	なし	高粘	汎用	30	φ4×50	なし	あり
D	1.0	振動	1	なし	高粘	汎用	30	φ4×50	なし	なし

＜略号＞　振動:振動ドリル　エア:エアスプレー　高粘:高粘度形エポキシ樹脂

③エポキシ樹脂の未充填部については言及していない。

　この変更は、日本建築仕上学会大会で発表された「アンカーピンニング部分エポキシ樹脂注入工法における注入樹脂充填性の検証」[1] に由来している。

　この研究は日本樹脂施工協同組合が中心となって実施された。**図-1** に示すように、コンクリート躯体とモルタル界面の浮きを模した試験体を作製し、アンカーピンニング部分エポキシ樹脂注入工法を実施した。アンカーピンニング部分エポキシ樹脂注入工法の施工条件は、**表-5** に示す A～D の4種類とした。

　すなわち、浮き代の設定1.0mm、穿孔用の振動ドリル、高粘度形エポキシ樹脂、注入量30g、アンカーピン（SUS304 φ4mm × 50mm）は A～D に共通である。また、樹脂充填用ノズルも**図-2** に示す汎用プラスチックノズルを共通として、孔の最深部まで届く金属製ノズルは使用しなかった。

　A～D では、①穿孔後の孔内清掃、②アンカーピン挿入時のエポキシ樹脂塗付、③アンカーピン挿入時に回転しながら気泡の巻き込みに注意した挿入、の3要因について変化させ、エポキシ樹脂の充填性を比較した。

　エポキシ樹脂硬化後に試験体のアンカーピン固定部を**図-3** に示すように切断し、A～D の

施工条件におけるエポキシ樹脂充填状況を目視観察した。その結果、汎用プラスチックノズルを使用した場合でも、**図-3** の B のように、①

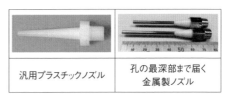

汎用プラスチックノズル	孔の最深部まで届く 金属製ノズル

図-2　充填用ノズルの種類

A	B
充填は概ね良好。 ピン頭部に空隙あり。	充填は良好。
C	D
充填は概ね良好。 ピン頭部と最深部に塵あり。	最深部・中間部に、切り粉溜まりによる空隙あり。

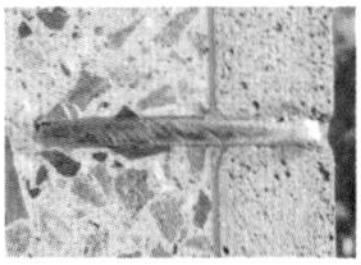

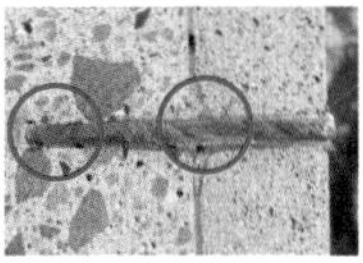

図-3　エポキシ樹脂の充填状況

特集

表-6 「改修標仕」におけるタイル張り仕上げ外壁のひび割れ部改修工法の変更ポイント

「改修標仕」(平成31年版)	「改修標仕」(令和4年版)
4.1.4 外壁改修工法の種類 (3)タイル張り仕上げ外壁は、次による。 　(ア)ひび割れ部改修工法は、次により、種類は 　　特記による。 　　(a)樹脂注入工法 　　(b)Uカットシール材充填工法	4.1.4 改修工法の種類 (3)タイル張り仕上げ外壁は、次による。 　(ア)ひび割れ部改修工法は、樹脂注入工法による。

孔内清掃を実施し、②挿入前にアンカーピンに
エポキシ樹脂を塗付し、③アンカーピンを回転
しながら気泡の巻き込みに注意して挿入すれ
ば、エポキシ樹脂充填状況は最深部分を含めて
良好であることが確認できた。
　このような技術的検証に基づき、「改修標仕」
(令和4年版)および「改修監理指針」(令和4
年版)では、「アンカーピンニング部分エポキ
シ樹脂注入工法」において前述した①～③を前
提として、孔内最深部からの注入を削除した。

2.4 タイル張り仕上げ外壁のひび割れ改修におけるUカットシール材充填工法の削除

　タイル張り仕上げ外壁のひび割れ部改修工法
の種類は、表-6に示すように、「改修標仕」(平
成31年版)では「樹脂注入工法」、「Uカットシー
ル材充填工法」であるが、「改修標仕」(令和4
年版)では「樹脂注入工法」のみとなっている。
　タイル張り仕上げ外壁のひび割れ部改修に
「シール工法」が適用できないのは従来どおり
であるが、「改修標仕」(平成31年版)までは

表-7 「改修監理指針」における注入口付アンカーピンニングエポキシ樹脂注入タイル固定工法の変更ポイント

「改修監理指針」(令和元年版)	「改修監理指針」(令和4年版)
4.5.15 注入口付アンカーピンニングエポキシ樹脂 　　　注入タイル固定工法 (2)注入口付アンカーピンの本数は、浮きの調査結 　果を基に決める。基本的な考え方は、浮いて 　いるタイルすべてに本工法を行うのが望ましいが、 　タイル目地が深目地でなく、目地が劣化していな 　い場合で3～4枚に1枚の割合に施工し、相持 　ちさせた施工例がある。 　型枠先付け工法や目地詰めしていない手張り 　工法で施工したタイルの場合は、相持ちになら 　ないので浮いているタイルすべてに施工する必 　要がある。	4.4.15 注入口付アンカーピンニングエポキシ樹脂 　　　注入タイル固定工法 (2)注入口付アンカーピンの本数は、浮きの調査結 　果を基に決める。基本的な考え方は、浮いて 　いるタイルすべてに本工法を行うのが望ましい。 　型枠先付け工法や目地詰めしていない手張り 　工法で施工したタイルの場合は、相持ちになら 　ないので浮いているタイルすべてに施工する必 　要がある。

改修工法のひとつとして「Uカットシール材充填工法」が挙げられていた。

今回、「改修標仕」（令和4年版）において「Uカットシール材充填工法」は記載されなくなったが適用できなくなるわけではない。

その意味するところは、ひび割れ部改修工法は、①ひび割れ部のタイルを除去した後に、②モルタル塗り仕上げ外壁やコンクリート打放し仕上げ外壁のひび割れ部改修工法としての「Uカットシール材充填工法」を適用し、その後のタイル除去部分に、③「タイル部分張替え工法」（または「タイル張替え工法」）を適用するものと考えて、タイル張り仕上げ外壁に対しては「Uカットシール材充填工法」を記載しないという趣旨である。

ややこしくて恐縮だが、タイル張り仕上げ外壁の場合は、①タイル除去＋②モルタル塗り仕上げ外壁やコンクリート打放し仕上げ外壁に対する「Uカットシール材充填工法」＋③「タイル部分張り替え工法」または「タイル張替え工法」の組み合わせと考えている。

2.5 「注入口付アンカーピンニングエポキシ樹脂注入タイル固定工法」における相持ち施工例の削除

「改修監理指針」（令和4年版）では、「注入口付アンカーピンニングエポキシ樹脂注入タイル固定工法」の解説において、**表-7**に示すように、「改修監理指針」（令和元年版）に記述していた相持ち施工例（タイル1枚ごとに固定しない）を削除した。

「改修監理指針」に解説されているように、「注入口付アンカーピンニングエポキシ樹脂注入タイル固定工法」は、タイル陶片の浮きを注入口付アンカーピンとエポキシ樹脂の注入で固定する工法で、小口タイル以上の比較的大きなタイルに適用するのが原則であり、小さなタイルに

は適用できない。

タイルの大きさについて、小口タイル以上を目安としているのは、小さなタイルではピンの本数が極端に増え実用性に欠けることと、ピンの収まりの関係から、タイル表面を2段掘りあるいは皿堀りするので、タイルに一定以上の厚みが必要となるためである。

しかし、最近は、50二丁タイル等に対しても施工例が出てきている。特記により適用する際は、事前に試験施工を行うなどして、アンカーピン頭部の納まりや、穿孔によるタイル割れの有無等を確認する必要がある。

そして、小さなタイルに対して適用する場合、ピンの本数を低減する目的で「改修監理指針」（令和元年版）に記述されたように、①タイル目地が深目地でなく、②目地が劣化していない場合を条件として、3～4枚に1枚程度の割合で施工し、相持ちさせる施工例も存在した。

しかし、「改修監理指針」に記述されているように、原則は浮いているタイルすべてに施工することである。したがって、原則に立ち返り、相持ち施工が許容されているという誤解を与えないために施工例の記述を削除した。

相持ちさせる改修工事は、技術的検証を行った上で、「改修標仕」ではなく「特記仕様書」を作成し、それに基づき実施することとなる。

3．外壁複合改修工法

3.1 「改修監理指針」における記述の見直し

「改修監理指針」（令和4年版）の4章9節では「改修標仕」以外の外壁改修について紹介している。その中の「4.9.2外壁複合改修工法」について大幅に記述を改訂した。外壁複合改修工法は「改修標仕」では採用されていないものの、「改修監理指針」では以前より解説されていた。外壁複合改修工法の施工実績は**図-4**に示

特集

特集

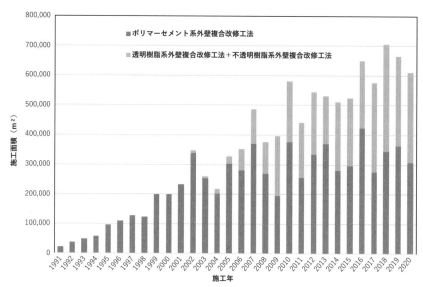

図-4　外壁複合改修工法の施工実績

表-8　外壁複合改修工法の区分

分　類	内　容
ポリマーセメント系 外壁複合改修工法	ポリマーセメント系材料の塗付と繊維ネットの併用により既存外壁仕上げ層を一体化して、アンカーピンニング工法により剥落防止を図る工法であり、ポリマーセメント系材料を塗付した後には建築用仕上塗材等の表面仕上げが新たに施工される。
透明樹脂系 外壁複合改修工法	繊維ネットを併用した透明樹脂、短繊維混入透明樹脂、または透明樹脂の塗付により既存外壁仕上げ層を一体化して、アンカーピンニング工法により剥落防止を図る工法である。既存の外観を保持することが可能なことから、主にタイル張り仕上げ外壁の改修工事に適用される。
不透明樹脂系 外壁複合改修工法	繊維ネットを併用した不透明樹脂、短繊維混入不透明樹脂、または不透明樹脂の塗付により既存外壁仕上げ層を一体化して、アンカーピンニング工法により剥落防止を図る工法である。

表-9　外壁複合改修工法に使用される材料

分　類	構成材料
ポリマーセメント系 外壁複合改修工法	①プライマー、②ポリマーセメント系材料、③繊維ネット、④アンカーピン、 ⑤表面仕上げ材料
透明樹脂系 外壁複合改修工法	①プライマー、②透明樹脂または短繊維混入透明樹脂、③(繊維ネット)、 ④アンカーピン、⑤透明保護塗料
不透明樹脂系 外壁複合改修工法	①プライマー、②不透明樹脂または短繊維混入不透明樹脂、③(繊維ネット)、 ④アンカーピン、⑤保護塗料

表-10 外壁複合改修工法の性能基準

No.	項目	品質基準
1	アンカーピン単体のせん断強度	3,000N 以上
2	コンクリートに対するアンカーピンの引抜き強度	1,500N 以上
3	外壁複合改修層に対するアンカーピンの引抜き強度	1,500N 以上
4	注入口付アンカーピンの漏れ性能*	漏れのないこと
5	外壁複合改修層の接着強度	0.4N/㎟ 以上
6	温冷繰り返し後の外壁複合改修層の接着強度	0.4N/㎟ 以上
7	外壁複合改修層の面外曲げ性能	曲げ強度が490Nもしくは変位が30㎜で破断しないこと
8	外壁複合改修層の耐候性区分**	JIS A 6909に規定する耐候形1種、2種、3種のいずれかに該当すること

* 注入口付アンカーピンを使用する場合に適用する。
** 透明樹脂系外壁複合改修工法および不透明樹脂系外壁複合改修工法に適用する。

すように増加しており、令和2年10月には外壁複合改修工法協議会が設立された。協議会では外壁複合改修工法の標準化作業が行われ、その成果は「外壁複合改修工法ガイドブック」[2]として刊行された。

「改修監理指針」（令和4年版）の「4.9.2外壁複合改修工法」では、外壁複合改修工法の経緯、外壁複合改修工法の分類、使用材料の種類、外壁複合改修工法の性能基準、外壁複合改修工法の施工標準等について、「外壁複合改修工法ガイドブック」[2]を引用している。その概要を以下に示す。

3.2 外壁複合改修工法の分類

外壁複合改修工法は、外壁面への塗付材料に基づいて表-8に示す3種類に区分できる。なお、独立行政法人都市再生機構（以下、UR都市機構）「保全工事共通仕様書」ではポリマーセメント系外壁複合改修工法を「専用フィラー塗り工法」、透明樹脂系外壁複合改修工法を

「透明樹脂塗り工法」と呼称している。

3.3 外壁複合改修工法の性能基準

外壁複合改修工法は表-8に示すように分類され、それぞれの工法は表-9に示す材料で構成される。

外壁複合改修工法の性能を、統一された試験方法で評価し、その基準を明確化するために、表-10に示す外壁複合改修工法の性能基準を定めた。なお、外壁複合改修工法の性能基準を定めるにあたっては、以下に示す既存の基準等を参考にしている。

①注入口付アンカーピンの品質・性能基準 2013年3月改訂（独立行政法人建築研究所・日本建築仕上学会報告書）

②平成7年11月27日建設省告示第1860号によって示された建設技術評価制度「外壁複合改修構工法の開発」の開発目標、評価項目および評価基準

③UR都市機構「機材及び工法の品質判定基

準・仕様登録集令和2年版」第二章（工法編）14（外壁複合補修工法）に示された品質判定基準

④建設技術審査証明を取得した外壁複合改修工法に示された開発目標

⑤外壁複合改修工法に関する既往の研究発表

3.4 外壁複合改修工法の適用について

外壁改修工事では、「改修標仕」に準拠して工事を実施することが一般的である。「改修標仕」に標準化されていない外壁複合改修工法に関しては、特記仕様書を作成して適用することとなる。

「改修標仕」に示された外壁改修工法に加えて、「何故、外壁複合改修工法が必要であるのか」、「どのような場合に特記する必要があるか」という点について、外壁複合改修工法協議会は以下のように考えている。

①庇先端、ベランダ先端、出隅部、笠木等の剥落危険性が高い部位への適用

このような部位に対して「改修標仕」に示された工法を適用する場合は、剥落に対する安全性を高める目的で、ステンレスなまし線による引金物、付加的なアンカーボルトによる固着等の対策を講じるのが一般的である。しかし、外壁複合改修工法を適用する場合は、剥落防止効果が高いため、ステンレスなまし線による引金物、付加的なアンカーボルトによる固着等の対策が不要となる。

UR都市機構では、セメントモルタル塗り仕上げ外壁やタイル張り仕上げ外壁における庇先端部、ベランダ先端部、出隅部、笠木等の剥落危険性が高い狭小部分へ適用する工法として、「保全工事共通仕様書 平成10年版」に外壁複合補修工法を導入した経緯がある。その後、「保全工事共通仕様書 平成20年版」において外壁全面に適用した。

庇先端部へのポリマーセメント系外壁複合改修工法の適用例を**図-5**に示す。

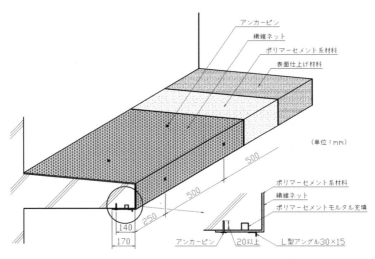

図-5 庇先端部へのポリマーセメント系外壁複合改修工法の適用例
（「改修監理指針」令和４年版）

②長期経年後の外壁全面改修

　「改修標仕」の外壁改修工法は劣化部分に対するひび割れ部改修、浮き部改修、欠損部改修、目地改修である。大規模修繕を1〜2回程度経験して比較的長期間経年した建築物では未改修部分の劣化が比較的短期間に進行することが考えられる。短い周期で、ひび割れ部改修、浮き部改修、欠損部改修、目地改修をその都度適用することは、経済的ではない。

　一方、外壁複合改修工法は、残存する未劣化部分（健全部分）も予防保全として適用対象に含めて、外壁全面に対して外壁複合改修工法を適用する。

　すなわち、「改修標仕」で標準化された改修工法と外壁複合改修工法では、外壁全面の剥落に対する安全性が大きく異なる。剥落に対する安全性を確保し、経年後の大規模修繕工事の周期を長期化し、LCC（ライフサイクルコスト）を低減するためには、外壁複合改修工法が適していると考えられる。

③タイル直張り工法によるタイル張り仕上げ外壁の改修

　タイル直張り工法による外壁の浮き部改修に関しては、（注入口付）アンカーピンニング部分エポキシ樹脂注入工法等の改修工法をそのまま適用することは難しい。「改修標仕」のタイル張り仕上げ外壁に対する改修工事は、セメントモルタル下地を有するタイル張り仕上げ外壁を対象としている。タイル直張り外壁に「改修標仕」で規定される（注入口付）アンカーピンニング部分エポキシ樹脂注入工法等をそのまま適用すると、浮きの拡大やエポキシ樹脂の漏出等の問題が生じることが懸念される。したがって、「改修標仕」に標準化された工法を適用するとすれば、「タイル部分張替え工法」または「注入口付アンカーピンニングエポキシ樹脂注入タイル固定工法」を選択することとなる。

　例えば、50二丁（45mm×95mm）タイルの直張り仕上げ外壁を対象とする場合、対象とするタイル陶片全てに「注入口付アンカーピンニングエポキシ樹脂注入タイル固定工法」を適用すれば、改修コストがかさむことになる。また、「タイル部分張替え工法」を適用したとしても、それ以外の部分のタイル張りに対して状態監視保全が必要である。このような事情を考慮した場合、外壁複合改修工法の適用は合理的な選択肢の一つであると考えられる。

4. まとめ

　本稿では外壁改修工事に関して、令和4年に改定された「改修標仕」の変更ポイントを解説し、「改修標仕」以外の工法として外壁複合改修工法を紹介した。

　外壁改修工事は建築物の長寿命化を図るうえで重要な工事である。本稿で紹介した以外にも新しい材料や工法が多数提案されている。外壁改修工事を実施する場合は、「改修標仕」、「改修監理指針」およびその他の技術資料等を十分理解したうえで工法選定を行う必要がある。

（参考文献）

1）片山、渡部、松原、本橋「アンカーピンニング部分エポキシ樹脂注入工法における注入樹脂充填性の検証」、日本建築仕上学会大会学術講演会研究発表論文集、pp.131-134、2022年10月

2）（一社）外壁複合改修工法協議会編「外壁複合改修工法ガイドブック」2022年7月

特集

◆外壁複合改修工法の分類

1 ポリマーセメント系外壁複合改修工法

工法名	取り扱い事業者
ボンドカーボピンネット工法	コニシ(株) P79、81へ
コンスネット工法	(株)コンステック P82へ
GNSピンネット工法	全国ビルリフォーム工事業協同組合 P81へ
エフ・ネットタイル工法	(一社)機能性外壁改修工業会、シーカジャパン(株) P82へ
ネットバリヤー工法M2	(株)リノテック
ネットバリヤー工法P1	(株)リノテック

2 透明樹脂系外壁複合改修工法

工法名	取り扱い事業者
ボンドアクアバインド工法	コニシ(株) P79、81へ
エバーガードSG-3工法	(一社)機能性外壁改修工業会、シーカジャパン(株) P81へ
JKセライダー工法	日本樹脂施工協同組合
JKセライダーU工法	日本樹脂施工協同組合
JKクリアファイバーW工法	日本樹脂施工協同組合

3 不透明樹脂系外壁複合改修工法

工法名	取り扱い事業者
リアネットE工法	(株)コンステック P82へ
エフ・ネットRE工法	(一社)機能性外壁改修工業会、シーカジャパン(株)
ノンネットガードU-M工法	(一社)機能性外壁改修工業会、シーカジャパン(株) P80、81へ
ノンネットガードU-T工法	(一社)機能性外壁改修工業会、シーカジャパン(株) P80、81へ

※1：材質はステンレス鋼(SUS304)、または同等以上の防錆性能を有するものとする。拡張式アンカーピンを使用する。
※2：材料製造業者の指定するもの。

材料			
アンカーピン ※1	プライマー ※2	繊維ネット ※2	ポリマーセメント系材料 ※2
SUS304 SUSXM7	変形シリコーン・エポキシ樹脂	ビニロン3軸	EVA系ポリマーセメント
	水系エポキシ樹脂	ビニロン2軸	カチオンEVA系
SUS304	エチレン酢酸ビニル（EVA）エマルション	ビニロン3軸	アクリル系ポリマーセメントモルタル
	不要	ポリプロピレン3軸	アクリル系
SUS304 SUSXM7	必要に応じて下地吸水調整剤塗布	アラミド・ビニロン2軸＋PP立体繊維	カチオン性SBR系エマルジョン
		アラミド・ビニロン2軸	繊維混入カチオン性再乳化形アクリルエマルジョン

材料				
アンカーピン ※1	プライマー ※2	繊維ネット	透明樹脂または短繊維混入透明樹脂 ※3	透明保護塗料 ※4
SUS304 SUSXM7	ウレタン樹脂	なし	ウレタン樹脂	ウレタン樹脂
SUS304	アクリルシリコン樹脂	あり（透明樹脂に既調合）	短繊維混入特殊アクリル樹脂	アクリルシリコン樹脂
	アクリル樹脂		短繊維混入特殊ウレタン樹脂	アクリル樹脂

材料				
アンカーピン ※1	プライマー ※2	繊維ネット	透明樹脂または短繊維混入透明樹脂 ※3	保護塗料 ※4
SUS304 SUSXM7	水系エポキシ樹脂	ポリプロピレン2軸	水系アクリルゴム	水系アクリルウレタン等
SUS304			水系エポキシ樹脂	各種仕上げ材
		なし	ウレタン樹脂	アクリルウレタン樹脂

※3：水性または溶剤型樹脂。
※4：JIS A 6909対候性1種、2種、3種 該当。

注1：外壁複合改修工法ガイドブックより。
注2：工事への採用に当たっては各取り扱い業者に要問い合わせ。

部分補修から全面外壁改修へ

外壁の耐久性、剥落に対する安全性を大幅に向上

「外壁複合改修工法」

建築ストックの長寿命化ならびに有効活用を図り、
外壁の剥落防止工法の機能および性能の標準化を目指します。

#リニューアル市場

#予防保全

#ライフサイクルコスト

#長寿命化

#ピンネット工法

一般社団法人 外壁複合改修工法協議会

〒108-0014　東京都港区芝5-26-20　建築会館6階　TEL. 03-6722-6745　FAX. 03-6722-6746

正 会 員	賛 助 会 員		
（一社）機能性外壁改修工業会	全国ビルリフォーム工事業協同組合	化研マテリアル㈱	ジャパンマテリアル㈱	㈱ニシイ
コニシ㈱	シーカ・ジャパン㈱	倉敷紡績㈱	㈱セブンケミカル	野口興産㈱
コニシベステム工業会	日本樹脂施工協同組合	サンコーテクノ㈱	大日化成㈱	ユニチカトレーディング㈱
㈱コンステック	㈱リノテック			

〈資料請求コード　0010〉

透明樹脂系外壁複合改修工法

ボンド アクアバインド®工法

既存タイルの意匠を活かす剝落防止工法

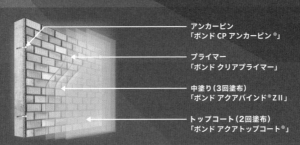

アンカーピン
「ボンド CP アンカーピン®」

プライマー
「ボンド クリアプライマー」

中塗り（3回塗布）
「ボンド アクアバインド®ZⅡ」

トップコート（2回塗布）
「ボンド アクアトップコート®」

ポリマーセメント系外壁複合改修工法

ボンド カーボピンネット®工法

好適な新規仕上げ下地を提供する剝落防止工法

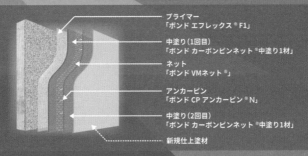

プライマー
「ボンド エフレックス®F1」

中塗り（1回目）
「ボンド カーボンピンネット®中塗り1材」

ネット
「ボンド VMネット®」

アンカーピン
「ボンド CP アンカーピン®N」

中塗り（2回目）
「ボンド カーボンピンネット®中塗り1材」

新規仕上塗材

BESTEM ボンドで創るベストシステム
── ベステム ──

コニシベステム工業会

〒338-0832 埼玉県さいたま市桜区西堀5-3-35
コニシ株式会社 関東支社内
TEL. 048-637-9950　FAX. 048-637-9959
https://www.bestem.info/

学校施設の外壁改修

2次災害を防ぎ、より安全性の高い防災拠点を実現するため面改修による**予防保全**を提案いたします。

昨今、地震や大型台風をはじめ集中豪雨などおおきな被害をもたらす天災が頻繁に起こっています。学校などの空間の大きい施設は防災拠点として多くが利用されています。

地震

台風

安全を求めて避難する場所で、外壁落下などによる2次災害の不安要素があってはいけません。

予防保全最先端
ノンネットガードU工法
外壁剥落防止工法

抜群の塗膜性能が、ネットを用いない剥落防止工法を実現！
剥落防止層と仕上げ層が一体となった
新発想の工期短縮・省人化工法です。

躯体コンクリート
既存モルタル層
既存塗膜
NNプライマー
ノンネットガードU
ノンネットガードU
ノンネットガードUマスチック仕上げ
NNトップ

アンカーピン

◆振動実験（剥落防止効果の検証）

ノンネットガード**U工法**
施工部
剥落なし

ノンネットガード**U工法**
非施工部
下地タイル剥落

浮きを再現した試験体に、ノンネットガードUを施工した部分と未施工部を作り、東日本大震災相当の負荷をかけ状況を観察しました。

一般社団法人
KGK 機能性外壁改修工業会
〒107-0051 東京都港区赤坂1-2-7 赤坂Kタワー7F
TEL. 03-6434-7481　FAX. 03-6434-7792

シーカ・ジャパン株式会社
〒107-0051 東京都港区赤坂1-2-7 赤坂Kタワー7F
TEL. 03-6433-2101　FAX. 03-6433-2102

〈資料請求コード　0012〉

「ボンドアクアバインド®工法/ボンドカーボピンネット®工法」

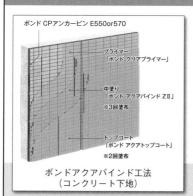

ボンド CPアンカーピン E550or570

プライマー
「ボンド クリアプライマー」

中塗り
「ボンド アクアバインド ZⅡ」
※3回塗布

トップコート
「ボンド アクアトップコート」
※2回塗布

ボンドアクアバインド工法
（コンクリート下地）

ボンドアクアバインド®工法は、既存のタイルを生かしながら長期的な剥落予防を行う工法。壁面全体をタイル中央部から施工されたステンレスアンカーピンで躯体に固定し、1液型水性ウレタン樹脂で一体化することで、既存タイルの風合いを生かしながら将来にわたって外壁タイルの剥落を防止する。
ボンドカーボピンネット®工法は、長期にわたり外装仕上材（タイル、モルタル）の剥離・剥落を予防する外壁複合改修工法。壁面全体を繊維ネットと炭素繊維配合ポリマーセメント材で補修・一体化し、さらにステンレスアンカーピンで建築物躯体に固定することで既存仕上げ層の剥落を防止する。

コニシ㈱／コニシベステム工業会　TEL：048-637-9950
https://www.bond.co.jp/bond/

〈資料請求コード　0013〉

「ノンネットガードU工法/エバーガードSG工法」

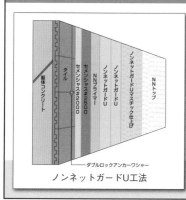

躯体コンクリート
タイル
セメンシャス#2000
NNプライマー
ノンネットガードU
ノンネットガードU
ノンネットガードUマスチック仕上げ
NNトップ

ダブルロックアンカーワシャー

ノンネットガードU工法

ノンネットガードU工法は、剥落防止層と仕上げ層を一体化した新発想の外壁剥落防止工法。専用アンカーにて外壁仕上げ層を躯体に固定し、塗膜強度が高く耐久性に優れた1成分形特殊ウレタン樹脂で外壁面を被膜することで、ネットを用いずに外壁仕上げ層の剥落を防止。
エバーガードSG工法は、透明度の高い高強度・高耐久樹脂を使用した剥落防止工法で、タイル張替え補修で生じがちな色違いによる意匠性の低下を起こさず、従来の剥落防止工法のようにネット張りやモルタル塗布の工程、養生期間が不要である。両工法とも大幅な工期短縮を実現している。

（一社）機能性外壁改修工業会　TEL：03-6434-7481
シーカ・ジャパン㈱　TEL：03-6434-7249

〈資料請求コード　0014〉

「GNSピンネット工法/タイル張り用GNSピンネット工法」

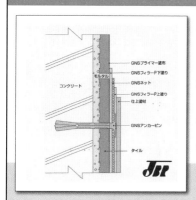

GNSプライマー塗布
GNSフィラー下塗り
モルタル
GNSネット
コンクリート
GNSフィラー上塗り
仕上塗材
GNSアンカーピン
タイル

GNSピンネット工法は、既存の仕上げ外壁の上に新たにネット補強下地層を構築することでタイルやモルタル等の既存仕上材の落下を防止する補修工法。保全技術・技術審査証明書、建設技術評価証明書、UR都市機構の品質判定基準に合格し、30年を超える施工実績を持つ。
タイル張り用GNSピンネット工法は、GNSピンネット工法を施工した上に弾性接着剤によるタイル張りを可能とする機能付加工法。GNSピンネット工法で剥離・落下を防止した上に新たにタイル張りを施すことで建築物の意匠性を高めて価値の向上を図り、タイル剥落防止性能や耐震安全性を高めることが可能。

全国ビルリフォーム工事協同組合　TEL：03-3454-4371
http://www.jbr-gns.com/

〈資料請求コード　0015〉

特集

「リアネットE工法」

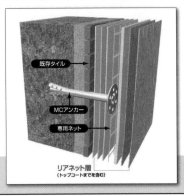

リアネットE工法は、耐候性・柔軟性に優れた高弾性アクリルゴム（リアネットコートWGR）と繊維ネットで既存外壁を被覆し、アンカーピン（MCアンカー）でコンクリート躯体に固定することで、既存仕上材の剥落を防止する工法。高弾性アクリルゴムの高い防水性と伸縮性により、水や劣化因子の浸入を抑制することができるため、既存仕上材の剥落防止に加えて、建物の漏水防止および、コンクリート躯体の耐久性向上による建築物の長寿命化を図ることができる。

㈱コンステック　　TEL：06-4791-3100
https://www.constec.co.jp/

〈資料請求コード　0016〉

引張試験器「テクノテスター RJ-1」

「テクノテスター RJ-1」は、外壁複合改修工法の安全を担保するのに欠かせないタイル、アンカーピン、塗膜等の強度確認用引張試験器。
試験用途は、①タイルの付着強さ、②注入口付アンカーピン用の引張強度、③耐震補強用炭素繊維シートなどの接着強さ、④屋上防水層の接着強さ、⑤外壁仕上げ材の劣化調査や各種ねじ・釘などの引張強度確認、など。基本的な操作手順は操作盤のボタン上に数字で印字されているため、誰でも簡単に操作でき、音声によるアナウンス機能も備わっている。

㈱グッド　　TEL：03-6807-7901
https://good-inc.co.jp/

〈資料請求コード　0017〉

「エフ・ネットタイル工法」

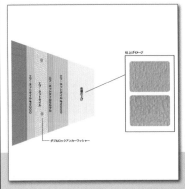

エフ・ネットタイル工法は、タイル張り仕上げ外壁の意匠変更と剥落防止を同時に実現できる複合改修工法である。改修材は、下地の形状になじみやすい三軸ポリプロピレンメッシュと中性化を抑制するアクリル樹脂系ポリマーセメントで構成されている。UR都市機構が定める外壁複合補修工法の要求性能試験を全て満足し、品質性能は高い信頼性を有している。将来にわたり、外壁面の安全性を確保するとともに、外壁の意匠性を変更することができるため、建造物の価値向上を実現する改修工法である。

（一社）機能性外壁改修工業会　　TEL：03-6434-7481
シーカ・ジャパン㈱　　TEL：03-6434-7249

〈資料請求コード　0018〉

トピックス

84 マンション長寿命化促進税制が創設されました！
●国土交通省　住宅局　参事官（マンション・賃貸住宅担当）

90 「マンション共用部分リフォーム融資」について
●独立行政法人住宅金融支援機構　マンション・まちづくり支援部
マンション・まちづくり支援企画グループ

93 第13回マンションクリエイティブリフォーム賞
審査結果発表
●一般社団法人マンション計画修繕施工協会

94 時代を変えるマンション大規模修繕実施方式
"価格開示方式®"
●一般社団法人日本リノベーションマネジメント協会

マンション長寿命化促進税制が創設されました!

―マンションの大規模修繕をすると固定資産税が減額されます―

国土交通省住宅局参事官（マンション・賃貸住宅担当）

◇ はじめに

我が国における分譲マンションのストック数は、2021年末時点で約686万戸（建築着工統計等をもとに国土交通省推計）に達し、試算によれば約1500万人、すなわち1割を超える国民がマンションに居住していると推計され、都市部を中心に主要な居住形態となっています。

一方で、築40年以上を経過したマンションは2021年末時点で約116万戸存在し、10年後には約2.2倍の約249万戸、20年後には約3.7倍の約425万戸と急増していくことが見込まれています。

また、築40年以上のマンションでは、世帯主の48％が70歳以上となっており、居住者の高齢化も進んでいます（平成30年度マンション総合調査）。このように、我が国のマンションでは、建物と居住者両方の高齢化が進んでおり、管理の適正化や再生の円滑化に向けた取組みの強化が喫緊の課題となっています。

しかし、今後建て替え時期を迎えるマンションは増加していくものの、マンションの建替えの実績は2022年4月時点で累計270件、約2.2万戸（国土交通省調査）にとどまっています。国土交通省の調査では、近年のマンション建替え事業では、建替えにあたって新たに利用できる容積率が減少している傾向があり、その結果、マンション建替事業に際して区分所有者が負担する費用が増加傾向にあることが確認されています。マンション建替え等に伴う合意形成は困難を伴うことが通例であり、また、事業化には長い期間が必要とされるものであることから、マンションにおける良好な居住環境を維持する観点からは、建替えの円滑化に資する施策の検討・実施を進めつつ、現存するマンションの

長寿命化を図り、より長く使用していくことも極めて重要な政策テーマであると考えています。

マンションは、適切なメンテナンスを行えば、相当長い寿命が期待されるものですが、メンテナンスを怠れば、居住環境の悪化はもとより、外壁の落下など、周辺住民にも危険が及ぶ事態を招くおそれがある構造物です。また、その管理・修繕についても、区分所有者で構成される管理組合での合意形成が必要である点に大きな特徴を有するものです。今後の高経年マンションの急増や居住者の高齢化を踏まえ、マンションの適正な管理・長寿命化に向けた取組みを進めていくために、今年の4月より、一定の条件を満たしたマンションの区分所有者の固定資産税を減額する「マンション長寿命化促進税制」が創設されました。ここでは、創設に至った背景と、制度の具体的な内容について、詳しく説明します。

◇ マンションを取り巻く現状と課題

マンションの高経年化が進むと、空室や賃貸住戸のほか、区分所有者の所在等が把握できない住戸も増加する傾向が確認されています。

区分所有者の不在化は、管理組合の担い手不足や、円滑な総会の運営・決議の支障となることがあり、結果として修繕積立金の確保や適時適切な大規模修繕工事の実施が困難となる事態を招くこともあります。

実際に高経年マンションでは、外壁の剥落、鉄筋の露出・腐食、給排水管の老朽化などの不具合が生じているものが多くあり、これらの不具合を放置すると、居住者のみならず周辺住民等の生命・身体へ大きな悪影響を及ぼす事態を招くおそれがあります。現に周辺住民に危険が

トピックス

及んでいるマンションを行政代執行で除却し、地方公共団体に大きな負担が生じた事例も発生しているところです。

　このような事態を全国で発生させないためには、それぞれのマンションの管理組合において適切に長期修繕計画の作成や見直しを行い、計画に基づいて修繕積立金を積み立てた上で、修繕工事を実施する必要があります。しかしながら、長期修繕計画を定めて修繕積立金を積み立てているマンションのうち、現在の修繕積立額の残高が、長期修繕計画の予定積立残高に対して不足していないマンションは全体の約３分の１程度であり、また、５年ごとを目安に定期的に長期修繕計画を見直しているマンションは全体の約半数程度にとどまっています。

　近年の修繕工事費の上昇を踏まえると、適切な修繕工事費の確保のためには、定期的な長期修繕計画の見直しが重要と考えているところです。

◇ マンション法の改正と 新たな制度の創設

　こうした課題に対応するため、2020年６月に「マンションの管理の適正化の推進に関する法律及びマンションの建替え等の円滑化に関する法律の一部を改正する法律」（以下「改正法」という。）が成立し、新たな施策が講じられたところです。

　改正後のマンションの管理の適正化の推進に関する法律（以下、「マンション管理適正化法」という。）では、国による基本方針の策定のほか、地方公共団体の役割を強化するものとして、マンション管理適正化推進計画（以下「推進計画」という。）の作成、一定の基準を満たすマンションの管理計画の認定、管理適正化のための助言・指導・勧告制度の創設などを行い、2022年４月全面施行されました。

　このうち、管理計画の認定制度（以下「管理計画認定制度」という。）については、推進計画を作成した地方公共団体において認定を行う

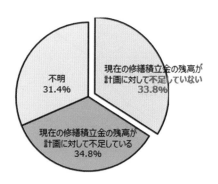

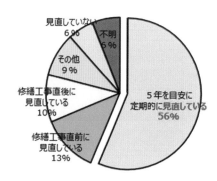

図1：修繕積立金の積立状況と長期修繕計画の見直し時期

ことが可能となっており、現在、多くの地方公共団体において推進計画の作成が進んでいるところです。マンションストックベースでみると、2023年度末時点で我が国に存在する8割以上のマンションが管理計画認定制度の対象となる見込みです。

管理計画認定を取得したマンションに対しては、独立行政法人住宅金融支援機構融資の金利優遇措置やマンションすまい・る債の利率の上乗せ措置のほか、今年4月より制度が開始したマンション長寿命化促進税制による固定資産税の減額措置があり、認定に係るインセンティブの充実を進めているところです。

同じく改正法によって創設された助言・指導・勧告制度は、管理が不適切なマンションの管理水準の引き上げを目的とするものであり、地方公共団体がマンションの管理不全を防止するための措置を法的な根拠をもって実施できるようになったものです。

トピックス

◇ マンション長寿命化促進税制

先述したように、多くのマンションでは、区分所有者の高齢化や修繕工事費の上昇により、大規模修繕工事に必要な修繕積立金が不足している状況にあります。修繕積立金の引上げに係る管理組合の合意形成のハードルは高く、結果として工事内容の縮小や工事時期を先延ばしにするなど、長寿命化工事が適切に行われない事態が生じているマンションも散見されています。長寿命化工事が適切に行われない場合、外壁の剥落や廃墟化が進行し、周囲住民等への大きな悪影響が生じるとともに、この解消に多額の行政負担が必要となる可能性もあります。

こうした問題意識を踏まえ、必要な修繕積立金の確保や適切な長寿命化工事の実施に向けた管理組合の合意形成を後押しするため、マンション長寿命化促進税制が令和5年度税制改正により創設されたところです。

本税制特例措置は、一定の要件を満たすマン

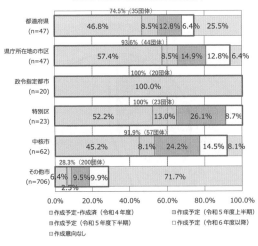

マンション管理適正化推進計画の作成動向

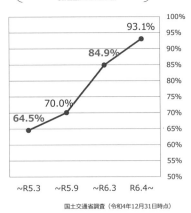

総マンションストックにおける推進計画作成済の地方公共団体のマンションストック率(見込み)

国土交通省調査（令和4年12月31日時点）

図2：認定制度の対象となるマンション戸数の割合

ションにおいて、長寿命化に資する大規模修繕工事（屋根防水工事、床防水工事及び外壁塗装等工事。以下「長寿命化工事」という。）が実施された場合に、工事完了日の属する年の翌年1月1日（工事完了日が1月1日の場合は同日）を賦課期日とする年度に課される建物部分の固定資産税額を減額するものです。なお、減額割合は、1/6〜1/2の範囲内（参酌基準:1/3）で市町村（特別区にあたっては都。以下「市町村等」という。）の条例で定めるものとし、税制特例措置の適用期間は、2023年4月1日から2025年3月31日までの2年間であり、当該期間内に長寿命化工事が完了したものが対象となります。

1．対象マンション

次の3点を全て満たしたマンションが対象となります。

①築後20年以上が経過した10戸以上のマンションであること

②長寿命化工事を過去に1回以上適切に実施していること

③長寿命化工事の実施に必要な修繕積立金を確保していること

このうち、③長寿命化工事の実施に必要な修繕積立金を確保していることについては、必要な修繕積立金の確保に向けた管理組合の合意形成を後押しする観点から、次の2点のいずれかを満たす必要があります。

イ　管理計画認定マンションのうち、2021年9月1日以降に修繕積立金額を管理計画認定の基準未満から認定の基準以上に引き上げたもの。

ロ　マンション管理適正化法に基づく地方公共団体の助言又は指導を受けて適切に長期修繕計画の見直し等をしたこと。

ロの場合において、長期修繕計画に係る助言又は指導を受けた管理組合は、以下の基準を満たすように長期修繕計画の見直し等をする必要があります。

・長寿命化工事の実施時期が長期修繕計画標準様式に準拠して設定されていること。

・計画期間が30年以上であり、残存期間内に長寿命化工事、仮設工事、調査・診断等費用及び長期修繕計画作成費用が2回以上含まれていること。

・将来の一時金の徴収を予定していないこと。

・修繕積立金額が助言・指導等ガイドラインにおいて定めた金額を満たすこと。

・計画期間の最終年度において借入金の残高のない計画となっていること。

2．対象工事

工事の始期が2023年3月31日以前であっても、2023年4月1日から2025年3月31日までに長寿命化工事が完了していれば対象となります。

屋根防水工事、床防水工事及び外壁塗装等工事を全て行う必要がありますが、長寿命化工事の実施に当たって行う調査・診断の結果に基づき、必要と判断された各工事の工事項目が設定されていれば、工事の実施範囲が棟の一部（部分工事）等であっても、本税制特例措置の適用対象となります。

トピックス

3. 申告手続き

　本税制特例措置の適用を受けるにあたっては、各区分所有者が、長寿命化工事の完了日から3ヶ月以内に、固定資産税減額申告書に次の書類を添付して、市町村等に申告をする必要があります。

　　一　大規模の修繕等証明書（長寿命化工事を行ったことを証する書類。建築士又は住宅瑕疵担保責任法人が発行します。）

　　二　過去工事証明書（過去に長寿命化工事を行ったことを証する書類。マンション管理士又は建築士が発行します。）

　　三　マンションが10戸以上であることを証する書類

　　四　①又は②の書類
　　　　①イの場合：管理計画認定の通知書の写し及び修繕積立金引上証明書（イの引上げを行ったことを証する書類。マンション管理士又は建築士が発行します）。
　　　　②ロの場合：助言・指導内容実施等証明書（助言又は指導を受けたマンションがロの基準に適合することとなったことを証する書類。都道府県等が発行します。）

　　五　その他、市町村長が必要と認める書類

　各証明書は、管理組合で発行を申請し、その写しを各区分所有者に配布することとなります。
　本税制特例措置の適用を受けるには、市町村等への申告時点、かつ長寿命化工事の完了日の翌年1月1日※までに要件を全て満たしている

必要がありますので注意が必要です。
　※工事完了日が1月1日の場合は同日

　要件や申告手続きの詳細については、以下の国土交通省ホームページをご参照ください。
「マンション長寿命化促進税制（固定資産税の特例措置）」
https://www.mlit.go.jp/jutakukentiku/house/
jutakukentiku_house_tk3_000121.html
「マンション管理・再生ポータルサイト」
https://2021mansionkan-web.com/

◇ おわりに

　マンションは、その規模や意思決定の特殊性に鑑みて、より適正に管理される必要がある建築物であると考えています。マンションを適正に管理する責任主体は当然のことながら区分所有者から構成される管理組合にありますが、管理組合による適正管理を制度的な手当ても含めて支援していく必要があるとともに、地域におけるマンション政策を担う地方公共団体とも連携して、マンション政策の厚みを増していくことが必要です。また、マンションの管理状態が適切に区分所有者や市場に提供され、良い管理状態のマンションが市場で高く評価されることも重要です。
　今回紹介したマンション長寿命化促進税制をはじめ、様々な政策ツールとチャンネルを総動員して、マンションの適正管理・再生円滑化を進め、将来世代に引き継ぐことができるマンションストックの形成につなげていきたいと考えています。

マンション長寿命化促進税制

 管理計画認定

マンションの大規模修繕をすると固定資産税が減税されます！

なぜ、大規模修繕が必要？

マンションの大規模修繕を行わないと、外壁が剥落したり、廃墟化し、周囲に大きな悪影響を及ぼすおそれがあります。適切な時期に大規模修繕を行うことで、そのような悪影響を防止し、さらにはマンションの資産価値も向上します。

この減税措置のねらいは？

修繕積立金の引上げや大規模修繕の実施には、管理組合の意思決定として、マンションの所有者の合意をとる必要がありますが、なかなか合意に至らないマンションが多いのが現状です。
この減税措置（マンション長寿命化促進税制）を所有者の皆様に活用していただき、所有者の合意につながるよう、今回の措置を設けました。

――――― **減税措置の概要** ―――――

■対象マンション　築20年以上かつ10戸以上で管理計画の認定※を取得したマンション
※管理計画の認定基準未満から認定基準以上に修繕積立金を引上げた場合のみ減税の対象となります。
管理計画の認定基準については、裏面をご覧ください。
※管理計画の認定基準は、お住まいの自治体ごとに異なる場合があります。

■工事要件　長寿命化工事（屋根防水工事、床防水工事及び外壁塗装等工事）を過去に1度以上実施していて、令和5年4月1日〜令和7年3月31日の間に2回目以降の長寿命化工事を完了していること

■減税額　各区分所有者が翌年度支払う固定資産税（建物部分のみ）を1/2〜1/6の範囲内※で減額
※減額割合は、お住まいの自治体の条例で決定されます。

■留意事項　・工事完了後、3か月以内に市町村に申請すること
・工事完了日の翌年1月1日※までに管理計画の認定を取得すること
※工事完了日が1月1日の場合は、同年1月1日

減税措置の詳細は、「マンション管理・再生ポータルサイト」に掲載しています。

 国土交通省

図3：税制特例措置のチラシ

「マンション共用部分リフォーム融資」について

独立行政法人住宅金融支援機構 マンション・まちづくり支援部
マンション・まちづくり支援企画グループ

トピックス

1. はじめに

住宅金融支援機構では、大規模修繕工事や耐震改修工事を実施する際にご利用いただける、「マンション共用部分リフォーム融資」を昭和56年度から実施しており、令和4年度は422の管理組合のみなさまにお申し込みいただきました。

お住まいのマンションを定期的に修繕・メンテナンスを行い、適切に維持・管理していくことは、マンションの資産価値を維持する上で重要なことです。

大規模修繕工事や耐震改修工事をご検討されている管理組合のみなさまにおいて、修繕積立金だけでは工事費用をまかなうことが難しい場合には、是非当機構の融資制度をご検討ください。

2. 融資制度の概要

（1）融資対象となる工事等

マンション共用部分リフォーム融資は、マンションの共用部分の改良工事（例えば下記の図のような工事等）を実施する際にご利用いただ

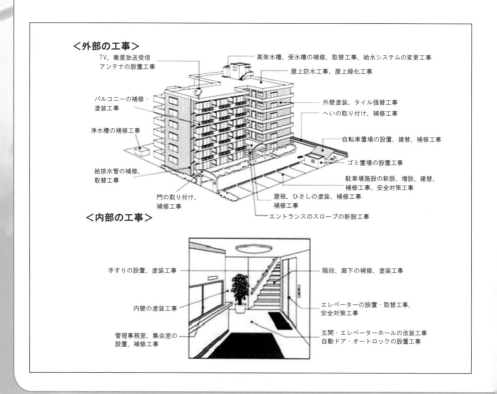

けます。また、共用部分の改良工事を行う前の、専門家によるマンションの劣化状況の診断、調査設計の実施、耐震性の診断、長期修繕計画の作成等に要する費用についても単体で融資の対象になります。

（2）融資金利

融資金利は、全期間固定金利で、借入申込時の金利が適用されます。適用される融資金利は毎月見直します。

次の①から③までのいずれかに当てはまる場合は、通常の融資金利から年0.2％引き下げます（全ての場合に該当するときは、最大年0.6％引下げ。融資金利の下限は年0.1％）。

①耐震改修工事、浸水対策工事又は省エネルギー対策工事を行う場合
②借入申込時点でマンションすまい・る債を積み立てている場合
③借入申込時点でマンション管理計画認定を取得している場合

最新の金利は、機構ホームページ（https://www.jhf.go.jp/loan/kinri/kyouyoureform.html）でご確認ください。

（3）借入主体

マンション管理組合が借入主体になります。法人格の有無は問いません。

（4）保証人、担保

公益財団法人マンション管理センターの保証をご利用いただくことで、担保は必要ありません。

（5）融資額の上限

次の①又は②のいずれか低い額が融資額の上限になります。
①融資対象工事費（－補助金）
②毎月徴収する修繕積立金×80％以内÷借入金100万円当たりの毎月の返済額×100万円

＜計算例＞
①融資対象工事費32,000千円、補助金2,000千円、融資対象工事費32,000千円－補助金2,000千円＝30,000千円
②毎月徴収する修繕積立金300千円×80％＝最大の毎月返済額240千円
借入金100万円当たりの毎月の返済額（融資金利0.70％で10年返済の場合）8,630円
最大の毎月の返済額240千円÷借入金100万円当たりの毎月の返済額8,630円×100万円＝27,800千円
⇒①又は②のうち、低い額である②27,800千円が融資額の上限となります。

（6）特徴

申込時の金利が全期間固定（1年以上10年以内※）で適用されますので、返済計画が立てやすく、管理組合の合意形成がしやすくなります。

※次の①から⑧までのいずれかの工事を行う場合は1年以上20年以内となります。
①耐震改修工事、②浸水対策工事、③省エネルギー対策工事、④給排水管取替工事、⑤玄関又はサッシ取替工事、⑥エレベーター取替又は新設工事、⑦アスベスト対策工事、⑧機械式駐車場解体工事

（7）利用できる管理組合の要件

その他の要件は、以下のとおりです。

ご利用いただける管理組合	1　次の事項等が管理規約又は総会の決議で決められていること。 ①マンションの共用部分の工事をすること。 ②機構から資金を借り入れること（借入金額・借入期間・借入予定利率等）。 ③本返済には修繕積立金を充当すること。 ④公益財団法人マンション管理センターに保証委託すること。 ⑤管理組合の組合員、業務、役員、総会、理事会及び会計に関する定めがあること。 ⑥手持金に充当するために一時金を徴収する場合は、その旨と徴収額が決められていること。 ⑦修繕積立金を増額（又は返済金に充当するために一定の額を徴収）する場合は、その旨と増額後の額が決められていること。 2　決議を行う総会において、「商品概要説明書」、「マンション共用部分リフォーム融資のご案内【詳細版】」又は「マンション共用部分リフォーム融資パンフレット」を議案書に添付して配付し、説明したこと。また、当該総会の議事録にその旨を記載すること。 3　管理規約において、火災保険（積立保険を除く。）、固定資産税等の税金の支払、管理費の補填等、管理費又は組合費から支出すべき経費に修繕積立金を充当できる旨の定めがないこと。 4　毎月の返済額が毎月徴収する修繕積立金の額の80％以内であること。 5　修繕積立金が1年以上定期的に積み立てられており、滞納割合が原則として10％以内であること。また、管理費と区分して経理されており、適正に保管されていること（管理組合名義又は管理者（代表者）名義であること。）。 6　管理者（代表者）及び借入申込書に記載のその他理事等（会計担当理事等）が、改良工事を行うマンションの区分所有者（自然人）の中から選任されていること。 7　反社会的勢力と関係がないこと。

（8）手続の流れ

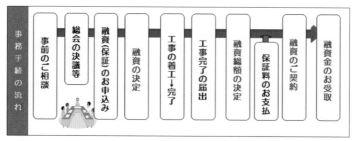

事務手続の流れ：事前のご相談 → 総会の決議等 → 融資（保証）のお申込み → 融資の決定 → 工事の着工→完了 → 工事完了の届出 → 融資総額の決定 → 保証料のお支払 → 融資のご契約 → 融資金のお受取

※お申込みを検討される際は、住宅金融支援機構のホームページ等で詳細をご確認ください。

3. 最後に

　住宅金融支援機構は、マンションの適切な維持・管理を目的とした「マンション共用部分リフォーム融資」に加えて、修繕積立金の運用を目的とした「マンションすまい・る債」、長期修繕計画や大規模修繕工事の検討支援を目的とした「マンションライフサイクルシミュレーション～長期修繕ナビ～」等を提供することにより、これからも管理組合のみなさまを金融の面からサポートし、マンション管理の分野に貢献してまいります。引き続きご愛顧賜りますようよろしくお願いします。

トピックス

第13回マンション
クリエイティブリフォーム賞 審査結果発表

一般社団法人 マンション計画修繕施工協会

第13回となる本賞ではマンションクリエイティブリフォーム賞審査委員会（委員長：東洋大学名誉教授秋山哲一氏）による厳正な審査の結果、「マンションクリエイティブリフォーム賞」3物件が決定致しました。

◆**主催**：一般社団法人マンション計画修繕施工協会（MKS）

◆**後援**：公益財団法人 マンション管理センター
一般社団法人 マンション管理業協会
一般社団法人 日本マンション管理士会連合会
一般社団法人 マンションリフォーム技術協会
特定非営利活動法人 全国マンション管理組合連合会

◆**受賞物件**

賞	物件名（地域）	受賞対象者
マンションクリエイティブリフォーム賞	川越旭町ビューハイツ（埼玉県）	施工会社：建装工業株式会社 設計監理：株式会社ジャトル 発注者：川越旭町ビューハイツ管理組合
	アスタくにづか3番館（兵庫県）	施工会社：建装工業株式会社 設計監理：株式会社山本設計 発注者：アスタくにづか3番館管理組合
	BrilliaTowerKAWASAKI（神奈川県）	施工会社：建装工業株式会社 設計監理：株式会社MTK 発注者：BrilliaTowerKAWASAKI管理組合

◆**マンションクリエイティブリフォーム賞選考委員会（敬称略）**

委員長　秋山　哲一（東洋大学 名誉教授）
副委員長　畑島　義昭（特定非営利活動法人 全国マンション管理組合連合会 会長）
委　員　篠原　みち子（弁護士）
委　員　宮城　秋治（一般社団法人 マンションリフォーム技術協会 会長）
委　員　山田　宏至（一般社団法人 マンション管理業協会・技術センター センター長）

※マンションクリエイティブリフォーム賞とは、一般社団法人マンション計画修繕施工協会が実施する表彰制度で、分譲マンションの計画修繕工事において、創意工夫がなされ、人に、建物に優しく、誠実に行われた工事の施工者、現場担当者、設計管理者、管理組合を表彰し、より良いマンションストックの形成に寄与することを目的としたものです。

時代を変えるマンション大規模修繕実施方式 "価格開示方式®"

一般社団法人日本リノベーション・マネジメント協会

1. "見える化"を実現する価格開示方式®

価格開示方式®は、一般社団法人日本リノベーション・マネジメント協会（以下「RM協会」という）の登録商標です。この方式は、RM協会が、価格開示方式®を普及するために考案したもので、国土交通省が推進している多様な入札契約方式モデルの要素である「発注者支援業務、オープンブック方式、コストプラスフィー契約、リスクヘッジ」を具現化しています。価格開示方式®のキーワードは、"見える化"です。

また、RM協会では、"見える化"を管理組合に対して担保するためにオープンブック監査を義務付けています。

2. 価格開示方式®契約形態

①マネジメント契約

管理組合とリノベーション・マネジメント（以下「RM」という）会社がRM契約を締結します。 RM契約とは、管理組合の利益を最大化するための契約です。リノベーション・マネジャー（以下「RMr」という）が管理組合の意思決定に必要なアドバイスなどを行います。

②設計監理委託契約

管理組合と建築設計事務所が設計監理委託契約を締結します。この場合、劣化診断調査、改修設計、工事監理業務を行う建築設計事務所を別途選定するか、またはRM会社が建築設計事務所を兼務することも可能です。

③工事請負契約

管理組合と工事会社が請負契約を締結します。 管理組合の工事上のリスク低減のためには、いろいろな契約形態があります。RM協会

では、以下の4種類の契約類型を推奨しています。

価格開示A・B・C方式は、RMrの参画が必須としています。一方、D方式では、RMrの参画が任意で必須ではありません。

・価格開示A方式

管理組合と複数の専門工事会社が請負契約を締結します。工事費超過などのリスクは、RM会社が決められた金額内で金銭保証します。

・価格開示B方式

管理組合とRM会社が請負契約し、管理組合が選定した専門工事会社と決定した工事費でRM会社が下請契約を行います。工事費超過などのリスクは、RM会社が決められた金額内で保証します。

・価格開示C方式

管理組合が選定した元請会社と請負契約を締結します。次に、管理組合が選定した専門工事会社と元請会社が下請契約を行います。工事費超過などのリスクは、この工事統括管理会社（元請会社）が決められた金額内で保証します。

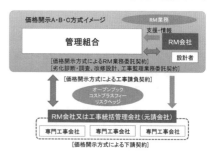

・価格開示D方式

施工会社自らがオープンブック方式やコストプラスフィー契約を提案する方式です。管理組合が設計監理方式において価格開示方式®を行いたい場合に活用できます。また、設計監理方

式の公募で施工会社自らがD方式で応募することも考えられます。工事費超過などのリスクヘッジは、各請負契約で定めます。

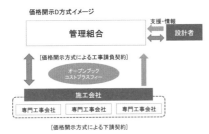

価格開示D方式イメージ

3. オープンブック監査

オープンブック監査（以下「監査」という）は、RM協会が行います。詳細な監査基準を定めています。監査の目的は、価格開示方式®を採用するプロジェクトが公正公平に実施されるようにすることです。監査内容は、工事請負契約書等の有無、精算の有無、契約通りの時期に工事費の支払い・受領について監査を行います。

4. 価格開示方式®参加方法

価格開示方式®の採用を検討されている方は、RM協会までお問い合わせください。

①管理組合（発注者）

価格開示方式®の採用により、管理組合の区分所有者への説明責任や修繕積立金の有効利用を達成することができます。

②管理会社

・適用タイプ：価格開示A・B・C方式

価格開示方式®を採用することで、自社管理物件の価値を上げることができます。管理組合にもメリットがあります。また、管理会社の本業であるマンション管理にも良い影響があります。

③設計コンサルタント

・適用タイプ：価格開示C方式

価格開示方式®を採用することで、管理組合

や施工会社に対する信用を向上できます。

④施工会社

・適用タイプ：価格開示A・B・C・D方式

価格開示方式®を採用することで、施工会社の利益が事前に確定します。現場代理人は品質の向上に注力できます。

⑤専門工事会社

・適用タイプ：価格開示A・B・C・D方式

価格開示方式®に応募することで、専門工事会社は従来の系列にとらわれずに応募できます。景気に左右されない安定した受注が可能になります。

⑥すべての参加者が恩恵を受ける

価格開示方式®は、管理組合だけではなく、管理会社、設計コンサルタント、施工会社、専門工事会社などの企業や工事現場で働く労働者など、プロジェクトの参加者すべてがメリットを得ることができる方式です。

5. 日本リノベーション・マネジメント協会

RM協会は、国土交通省「建設企業の連携によるフロンティア事業」を母体に2012年に設立しました。「価格開示方式®」の発展と普及を目指すことを目的としています。

・RM協会の資格制度

①認定マンション・リノベーション・マネジャー
②価格開示方式監理技術者
③価格開示方式主任技術者

一般社団法人

日本リノベーション・マネジメント協会

〒102-0083

東京都千代田区麹町2丁目10番地3

E-mail：honbu-info@rma-j.or.jp

お問い合わせは　RM協会　

東日本統括支部、西日本統括支部、九州支部、神戸支所、中四国支所、南九州支所

〈資料請求コード　0019〉

積算資料 ポケット版 シリーズ

新築住宅の工種別工事単価

積算資料ポケット版 住宅建築編 2023

■年1冊(4月)発刊

建築工事研究会 編
■A5判 744頁
■定価2,937円(本体2,670円＋税)

新築住宅の工事費や材料費を工種別に掲載。特集は、『「働き方改革」に向けて、今、工務店が取り組まなければいけないこと』、『コストアップから見た、今求められる住宅性能』の二本立て。設計・見積り実例では新たな省エネ上位等級を満たす実例などを、詳細な仕様と見積書と共に掲載。各事業者の取り組みも紹介しており、事業運営に役立つ内容となっている。

住宅リフォームの部位別工事単価

積算資料ポケット版 リフォーム編 2023

■年1冊(10月)発刊

建築工事研究会 編
■A5判 724頁
■定価2,934円(本体2,667円＋税)

戸建・マンション専有部のリフォーム工事費を部位別に掲載。
特集は、「省エネリフォームの現状とコスト試算」、「塗り替えに関する塗料・建築用仕上塗材の基礎知識」の2本立て。設計・見積り実例では、「耐震」、「省エネ」、「バリアフリー」をはじめとした11事例を分かりやすく紹介。今号も「見積りの算出例」など、最新の価格情報とともにリフォームに役立つ情報が満載

積算資料 ポケット版 マンション修繕編別冊

マンション建替えモデル事例集Ⅲ

経済調査会 編集
■A4判変型 112頁
■定価 1,210円(本体1,100円＋税)

築40年超の高経年マンションは、20年後には約425万戸に急増すると推計され、その再生が喫緊の課題。
本書では、高経年マンションを再生させるための"建替え"について検討を行っている管理組合向けに、成功に導くための進め方とポイントを最新の事例を交えてわかりやすく紹介

積算資料 ポケット版 マンション修繕編別冊

マンション改修モデル事例集Ⅲ

経済調査会 編集
■A4判変型 72頁
■定価 1,210円(本体1,100円＋税)

高経年マンションを再生させるための"改修"について検討を行っている管理組合向けに、進め方とポイントをこれまでに実施された事例を交えてわかりやすく紹介

積算資料 ポケット版 マンション修繕編別冊

マンション建替えモデル事例集Ⅱ

経済調査会 編集
■A4判変型 132頁
■定価 1,210円(本体1,100円＋税)

高経年マンションを再生させるための"建替え"を検討中の方々へ、成功に導くための進め方とポイントをこれまでに実施された事例を交えてわかりやすく紹介

● お申し込み・お問い合わせは ●

経済調査会出版物管理業務委託先
KSC・ジャパン(株) ☎ 0120-217-106 FAX 03-6868-0901

詳細・無料体験版・ご購入はこちら!
BookけんせつPlaza 検索

マンション大規模修繕工事の見積書分析結果

マンション大規模修繕工事の見積書分析結果
全体工事費/仮設工事/下地補修工事/
防水工事/塗装工事/諸経費

マンション大規模修繕工事の見積書分析結果

出版事業部　企画調査室

見積書分析

●分析の目的

　マンション大規模修繕工事費用は、表-1のような工事項目の大区分から小区分までの構成で後掲の各工事項目の単価×面積・数量の積み上げで算出されます。

　そこには表-1の変動要因に記載したように、物件ごとに劣化状態や仕上げ構成、諸条件が違ってくるため、個々の単価については、本編掲載の調査価格やメーカー公表価格を参考に検討が必要となりますが、一般的な民間分譲マンションにおいて全体工事費で見た場合に、どのような傾向が現れるかを最近の見積事例をもとに分析し、全体の傾向を見ることを目的としています。

●調査の対象

　2021年4月〜2023年3月までに当会で収集した大規模修繕工事の見積書データを用いて集計・分析を行っています。調査対象物件数は100件（前回2021年調査対象件数98件）となります。

●分析方法

　収集した見積書データを大区分と中区分に該当する項目で集計し、それぞれ戸当たり単価（屋根・ルーフバルコニー防水工事のみ建築面積当たり単価）で、戸数規模による分布を見てみました。また、戸当たり単価については、延べ床面積÷戸数で①70m²未満、②70〜90m²未満、③90m²以上（それぞれ共用面積含む）の3タイプに分類して、その傾向を見ています。

●調査対象建物の概要

	今回（2023年）調査	2021年調査
調査対象地区	全　国	
調査対象件数	100件	98件
平均築年数	24.7年	23.2年
平 均 棟 数	1.4棟	1.2棟
平 均 戸 数	71.7戸	63.5戸
平 均 階 数	9.4階	9.3階
平均建築面積	1,215.8m²	967.5m²
平均延床面積	6,655.7m²	6,076.9m²

表-1　マンション大規模修繕工事の一般的な工事項目と価格変動要因

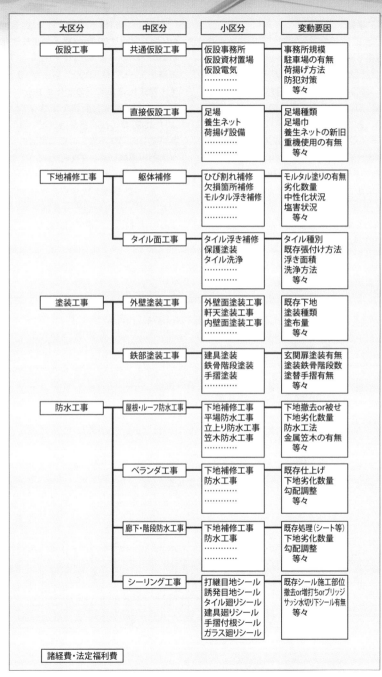

大区分	中区分	小区分	変動要因
仮設工事	共通仮設工事	仮設事務所 仮設資材置場 仮設電気 ………… …………	事務所規模 駐車場の有無 荷揚げ方法 防犯対策 等々
	直接仮設工事	足場 養生ネット 荷揚げ設備 ………… …………	足場種類 足場巾 養生ネットの新旧 重機使用の有無 等々
下地補修工事	躯体補修	ひび割れ補修 欠損箇所補修 モルタル浮き補修 ………… …………	モルタル塗りの有無 劣化数量 中性化状況 塩害状況 等々
	タイル面工事	タイル浮き補修 保護塗装 タイル洗浄 ………… …………	タイル種別 既存張付け方法 浮き面積 洗浄方法 等々
塗装工事	外壁塗装工事	外壁面塗装工事 軒天塗装工事 内壁面塗装工事 …………	既存下地 塗装種類 塗布量 等々
	鉄部塗装工事	建具塗装 鉄骨階段塗装 手摺塗装 …………	玄関扉塗装有無 塗装鉄骨階段数 塗替手摺有無 等々
防水工事	屋根・ルーフ防水工事	下地補修工事 平場防水工事 立上り防水工事 笠木防水工事	下地撤去or被せ 下地劣化数量 防水工法 金属笠木の有無 等々
	ベランダ工事	下地補修工事 防水工事 ………… …………	既存仕上げ 下地劣化数量 勾配調整 等々
	廊下・階段防水工事	下地補修工事 防水工事 ………… …………	既存処理(シート等) 下地劣化数量 勾配調整 等々
	シーリング工事	打継目地シール 誘発目地シール タイル廻りシール 建具廻りシール 手摺付根シール ガラス廻りシール	既存シール施工部位 撤去or増打ちorブリッジ サッシ水切下シール有無 等々
諸経費・法定福利費			

見積書分析

●工事費の傾向

1. 全体工事費

今回収集した見積データの戸当たり平均金額は、前回調査（2021年）の**124.1万円**から5.8万円上昇して**129.9万円（約4.7％上昇）**となっています。これは、図-２の国土交通省の公共工事設計労務単価にあるように、全職種平均値が2021年（令和３年）の20,409円から2022年（令和４年）の21,084円（3.3％上昇）、2023年（令和５年）の22,227円（21年比8.9％、22年比5.4％上昇）と上昇傾向にあることが一因と考えられます。

一方で、近年のコロナ禍等による建築資材の価格高騰の影響は、調査サンプルの約９割の見積書作成時期が2022年夏以前であることもあり、今回の調査結果にはあまり反映されていないと考えられます。

また、延床面積÷戸数でみると、前回が**89.1m²/戸**で今回は**89.7m²/戸**とあまり変化はないものの、①70m²未満が20→15件、②70～90m²未満が30→37件、③90m²以上が49→48件と、その構成比率に若干の変化が見られました。これは、実際の専有部面積が変動しているというより、1997年の建築基準法改正で廊下等の一部共用部分の面積不算入の緩和措置を受けた物件が大規模修繕において中心となってきたことによるものと見られます。

また、戸数規模が大きくなることによるスケールメリットで、戸当たり金額が下がる傾向となるのは、前回と同様の結果となっています。

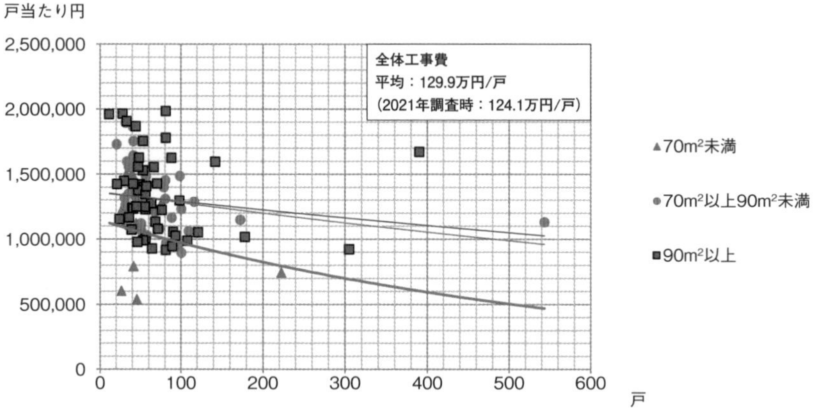

図-1　全体工事費の分布

表-2　全体工事費の価格帯

戸当たり工事費 / 延べ床÷戸	50万	60万	70万	80万	90万	100万	110万	120万	130万	140万	150万	160万	170万	180万	190万
70m²未満						109万									
70m²以上90m²未満									133万						
90m²以上									134万						

●は平均金額

令和5年3月から適用する公共工事設計労務単価について

○全国全職種の伸び率は9年ぶりに5%以上となり、単価の平均値は11年連続の上昇

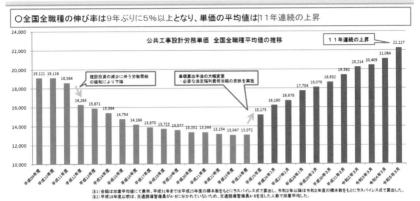

参考：近年の公共工事設計労務単価の単純平均の伸び率の推移

	H25	H26	H27	H28	H29	H30	H31	R02	R03	R04	R05	H24比
全職種	+15.1% →	+7.1% →	+4.2% →	+4.9% →	+3.4% →	+2.8% →	+3.3% →	+2.5% →	+1.2% →	+2.5% →	+5.2%	+65.5%
主要12職種	+15.3% →	+6.9% →	+3.1% →	+6.7% →	+2.6% →	+2.8% →	+3.7% →	+2.3% →	+1.0% →	+3.0% →	+5.0%	+65.5%

(注3) 伸び率は単純平均値より算出した。

出典：国土交通省

図-2　公共工事設計労務単価の推移

2．大区分ごとの工事費の変動要因

(1) 仮設工事費

　仮設工事費については、共通仮設工事費と直接仮設工事費を合わせて見ています。分布としては全体工事費と同じ傾向が見られますので、仮設工事については戸数が多くなることによりスケールメリットが出やすい工事といえます。前回の調査結果の比較においては、戸当たり平均額が2021年調査時の**30.6万円/戸**に対し今回は**30.3万円/戸**と**ほぼ横ばい**となっています。

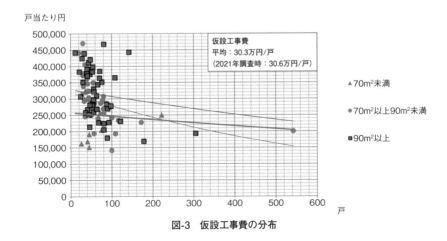

図-3　仮設工事費の分布

表-3　戸当たり仮設工事費の価格帯

延べ床÷戸 ＼ 戸当たり工事費	10万	20万	30万	40万
70m²未満		← 26.1万 →		
70m²以上90m²未満		← 29.5万 →		
90m²以上			← 32.2万 →	

● は平均金額

仮設工事では、直接仮設工事の足場費用に対して、階数による変動傾向があるかどうかを見たものが次の図-4です。前回と同様に、このグラフからは階数による変動傾向はあまり見られない結果となりました。

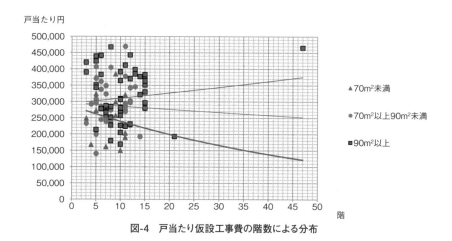

図-4　戸当たり仮設工事費の階数による分布

階数による影響がみられないことから、分析結果のばらつきの要因は共通仮設にあると判断し、その要因を探るべく、個別データの見積内訳をみてみると、価格差が生じる要因として、右記の要因がみられました。

また、新型コロナウイルス感染予防対策費については、ほとんどのサンプルに計上されていないため、「安全対策費」等の既存費目の増額で対応していると思われます。

主な変動要因
【低額要因】
・集会所等の共用スペースを、現場事務所として利用
・工事用車両の駐車場費用が非計上
・外壁のタイル面積比率が低い(50%未満)
【高額要因】
・単棟である
・工事用車両の近隣駐車場の有償借用
・居住者車両対策費が計上(有償外部駐車場への仮置き)
・石綿対策費用(調査費用、分析費用、装備費用)の高額計上

(2)下地補修工事

　下地補修工事においては外壁の仕様が、その補修費用に大きな影響を与えると思われるため、戸当たり面積ごとの分析に加えて外壁タイル面積比率（50％以上と未満）で分類して分析しています。今回収集した見積データは、外壁のタイル面積比が50％以上の物件が**30％（前回32.6％）**、50％以下の物件が**70％（前回67.4％）**と、ほぼ前回と同じ構成となっています。

　戸当たり面積ごとの分布（図-5）を見ると、全体平均が**17.3万円/戸（前回16.5万円）**と、ほぼ横ばいとなっており、前回同様、戸数規模による影響はあまり見られず、戸当たり70m²以上90m²未満

の物件で割高になる傾向が見られました（表-4）。

　次に、タイル面積比率による分析では、外壁タイル面積が**50％未満で14.5万円/戸（前回14.5万円）**と横ばいとなっているのに対し、50％以上では**平均23.9万円/戸（前回20.1万円）**と**18.9％**の大きな上昇を見せています（図-6）。タイル面積比率による価格差は、タイル面の薬品洗浄などが含まれることなどが挙げられます。また、50％以上の価格分布が前回より広がっており、その要因を個別にみてみると、タイルの補修想定数量の設定幅が広がっていること（0.5～5％超）が確認でき、補修数量が極端に多いサンプルが全体を引き上げたものと思われます。

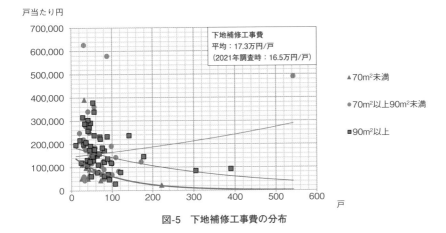

図-5　下地補修工事費の分布

表-4　面積別の下地補修工事費の価格帯

戸当たり工事費 延べ床÷戸	0万	10万	20万	30万	40万	50万	60万
70m²未満		←11.9万●	→				
70m²以上90m²未満		←	19.7万	→			
90m²以上		←17.2万●	→				

● は平均金額

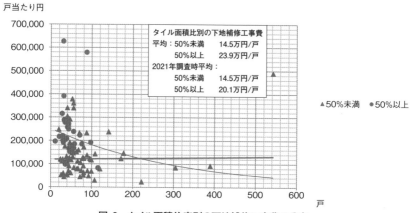

戸当たり円

タイル面積比別の下地補修工事費
平均：50%未満　　14.5万円/戸
　　　50%以上　　23.9万円/戸
2021年調査時平均：
　　　50%未満　　14.5万円/戸
　　　50%以上　　20.1万円/戸

▲50%未満　　●50%以上

図-6　タイル面積比率別の下地補修工事費の分布

表-5　タイル面積比率別の下地補修工事費の価格帯

タイル面積比＼戸当たり工事費	0万	10万	20万	30万	40万	50万	60万
50%未満		14.5万 ●					
50%以上			23.9万 ●				

● は平均金額

（3）防水工事

防水工事は、防水工事の総合金額と、①屋根・ルーフバルコニー防水工事費、②バルコニー防水工事費、③廊下・外階段防水工事費と④シーリング工事で戸当たり金額をみています。2021年時の調査の**31.1万円/戸**から今回**33.4万円/戸**と**7.4％上昇**しました。全体的に戸数規模が大きくなるにつれて戸当たり金額が下がる傾向は見られるものの、戸数規模が小さいサンプルでのばらつきが大きいのは、前回と同様の傾向です（図-7）。

防水工事については、戸当たり屋根面積が階数により大きく変動があるため、屋上・ルーフバルコニー防水については、建物の水平投影面積（建築面積）でのデータ分析をしています（図-8）。前回はばらつきが大きかったのですが、今回は面積によるスケールメリットがみられる結果となりました。

また、②～④の各防水工事費用は、建物の形状や仕様等によりばらつきが大きいことから、前回同様、参考としてグラフのみを掲載しています。なかでも屋根・ルーフバルコニー防水で**11.7％上昇**、廊下・外階段防水が**18.2％上昇**と変動が大きくなっているのは、防水材料の価格高騰の影響が表れているのかもしれません。

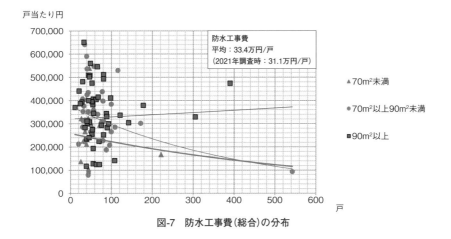

図-7　防水工事費（総合）の分布

表-6　防水工事費の価格帯

延べ床÷戸＼戸当たり工事費	0万	10万	20万	30万	40万	50万	60万
70m²未満		←	26.2万 ●	→			
70m²以上90m²未満	←			34.0万 ●			→
90m²以上	←		35.1万 ●				→

● は平均金額

(3)-①屋上・ルーフバルコニー防水工事

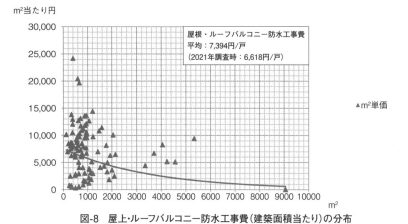

図-8　屋上・ルーフバルコニー防水工事費（建築面積当たり）の分布

(3)-②バルコニー防水工事

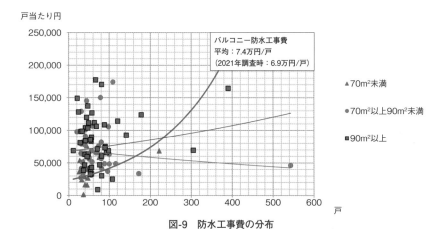

図-9　防水工事費の分布

表-7　バルコニー防水工事費の価格帯

延べ床÷戸 ＼ 戸当たり工事費	0万	10万
70m²未満	←● 4.3万 →	
70m²以上90m²未満	← ● 7.3万 →	→
90m²以上	← ● 8.5万 →	

● は平均金額

(3)-③廊下・外階段防水工事

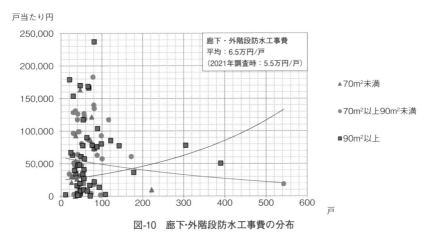

戸当たり円

廊下・外階段防水工事費
平均：6.5万円/戸
（2021年調査時：5.5万円/戸）

▲70m²未満

●70m²以上90m²未満

■90m²以上

図-10　廊下・外階段防水工事費の分布

表-8　廊下・外階段防水工事費の価格帯

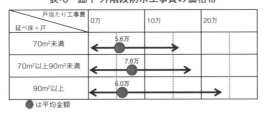

延べ床÷戸 ＼ 戸当たり工事費	0万	10万	20万
70m²未満	← ● 5.6万 →		
70m²以上90m²未満	← ● 7.8万 →		
90m²以上	← ● 6.0万 →		

● は平均金額

(3)-④シーリング防水工事

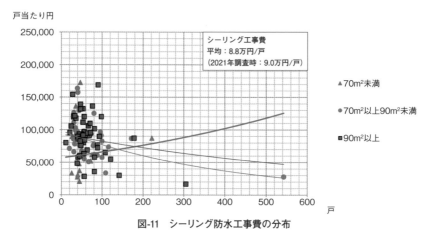

図-11 シーリング防水工事費の分布

表-9 シーリング防水工事費の価格帯

延べ床÷戸 ＼ 戸当たり工事費	0万	10万	20万
70m²未満	← 7.4万 →		
70m²以上90m²未満	← 8.7万 →		
90m²以上	← 9.3万 →		

● は平均金額

(4)塗装工事

塗装工事は、塗装仕様や対象塗装範囲によって各物件の価格に違いがあるため、参考として①外壁塗装工事、②鉄部塗装工事についての戸当たり価格分布と平均価格帯のみ掲載しています。

外壁塗装で前回比5.1％、鉄部塗装で13.9％の上昇となっており、塗料価格の高騰の一部が反映された結果と思われます。

(4)-①外壁塗装工事

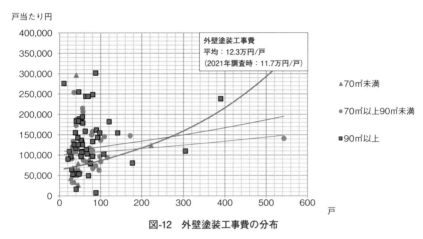

図-12　外壁塗装工事費の分布

表-10　外壁塗装工事費の価格帯

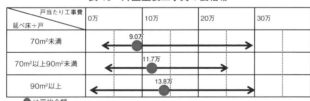

● は平均金額

(4)-②鉄部塗装工事

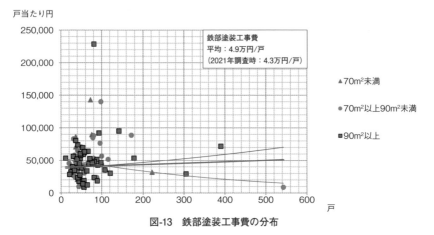

戸当たり円

```
鉄部塗装工事費
平均：4.9万円/戸
(2021年調査時：4.3万円/戸)
```

▲70m²未満

●70m²以上90m²未満

■90m²以上

図-13　鉄部塗装工事費の分布

表-11　鉄部塗装工事費の価格帯

延べ床÷戸　戸当たり工事費	0万	10万	20万
70m²未満	4.9万		
70m²以上90m²未満	5.1万		
90m²以上	4.8万		

● は平均金額

(5) 諸経費

　諸経費には、施工会社の必要経費として、事務所家賃や事務人件費、各種福利厚生、保険等の一般管理費と現場ごとに掛かる人件費や法定福利費、直接経費などの現場管理費があります。

　会社の規模や従業員数などにより掛かる経費は変わってきますが、一般的には、工事費に応じた比率で算出されることが多いようです。よって、ここでは戸当たり単価ではなく、全体工事費に対する諸経費の比率の分布を見ることとします。

　比率としては、5.3％から21.8％の幅となっており、平均で**約10.3％（前回11.7％）**という結果が得られています。

見積書分析

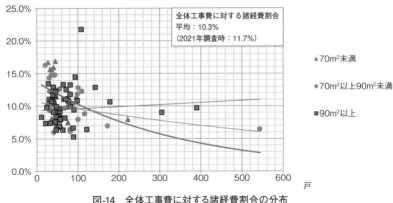

諸経費割合

全体工事費に対する諸経費割合
平均：10.3%
（2021年調査時：11.7%）

▲70m²未満

●70m²以上90m²未満

■90m²以上

図-14　全体工事費に対する諸経費割合の分布

● まとめ

　今回収集した見積データの分析結果では、前回2021年の調査時と比較しても全体工事費で4.7％の上昇程度と、収集したサンプルの見積提出時期が2022年夏以前であること（初回提出は、さらに半年から1年前となる）から、資材価格の高騰の影響がまだ大きくない結果となりました。また、今回ほとんどの工種の価格帯の幅が狭まっており、ばらつきも小さくなる傾向、特に下値が切り上がっているように見て取れました。

　本誌の「価格編」における調査時においても、価格転嫁が困難で、本格的な転嫁は本年秋工事以降との声が多く聞かれました。本誌掲載の調査価格は、2023年3月から5月時点の提出見積書への記載価格を対象としておりますので、各工種の最新の情報については、203頁以降を参照ください。また、当会で公表しております建設資材価格指数（建築）を図-15に示しますので、あわせて参考としてください。

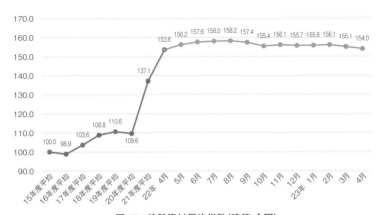

図-15　建設資材価格指数（建築・全国）

見積書分析

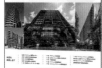

見積り実例

実例1	耐震改修工事・大規模修繕工事・エレベーター新設工事	……114
実例2	アルミサッシ更新工事　その1	……154
実例3	アルミサッシ更新工事　その2	……162
実例4	多能工を活用した給水システム変更と給水管更新工事	……169
実例5	給排水管劣化診断調査	……177
コラム	修繕履歴と現状調査を踏まえた長期修繕計画の見直しとコンサルタントの継続性 株式会社ファーマー一級建築士事務所　代表取締役社長　望月　重美	……190
参考資料	四会連合協定　マンション修繕設計・管理等業務委託契約書類の紹介	……197

菱興マンション
耐震改修工事・大規模修繕工事・エレベーター新設工事

物 件 名	菱興マンション（神奈川県川崎市）
築 年 数	築50年（1973年6月竣工）
構造・階数	RC造、地上5階建て
総 戸 数	83戸
延 床 面 積	6,159.97㎡
建 築 面 積	1,264.53㎡
工 事 期 間	2022年6月〜2023年5月（約11カ月）
工 事 項 目	■耐震改修工事 共通仮設工事、直接仮設工事、外付鉄骨ブレース架構設置工事、耐震スリット設置工事、鉄骨階段補強工事、階段室コンクリートブロック壁撤去復旧工事、塗装工事、防水工事、金物工事、シーリング工事、金属建具改修工事、洗浄・剥離工事、設備工事、電気設備工事、既存幹線盛替え工事、外構工事 ■大規模修繕工事 屋上防水工事、外壁塗装工事、バルコニー・共用廊下・階段室床防水工事、手すり更新工事、サッシ改修工事、金物工事等、エントランス工事、その他工事 ■エレベーター新設工事 共通仮設工事、建築工事、エレベーター設備工事、外構工事、電気設備工事、解体工事、給湯器交換工事、既存幹線盛替え工事
工 事 総 額	330,440,000円（税込） 【耐震改修工事】142,450,000円（税込） 【大規模修繕工事】131,230,000円（税込） 【エレベーター新設工事】56,760,000円（税込）
助 成 金	川崎市マンション耐震改修等事業（22,912千円）
発 注 者	菱興マンション管理組合
設計監理者	【再生検討コーディネート】平田マンション管理士事務所 【耐震改修工事】株式会社ハル建築設計（統括・建築）、有限会社高岡建築設計工房（建築）、株式会社東京ソイルリサーチ（構造） 【大規模修繕工事】株式会社Nプランニング 【エレベーター新設工事】島田信弘建築設計事務所
施 工 者	建設塗装工業株式会社

■工事に至るまでの経緯

エレベーター新設の要請や耐震性不足の解消のため、管理組合は2013年に再生検討コーディネーターとして平田マンション管理士を迎え、建替えか改修（長寿命化）かの再生方向性の検討を開始し、2016年に修繕・改修で長寿命化を図る結論を得ました。長寿命化を目指す中で人命にかかわる耐震性不足を改善すべく、2017年に耐震改修の検討を開始しましたが、その設計事務所が途中で辞退。曲折を経たのちハル建築設計の協力を得て、2022年に耐震改修、大規模修繕工事およびエレベーター新設の実施に至りました。

■1 耐震改修工事

●耐震改修の経緯と補強計画

管理組合では、2008年にある一級建築士事務所に依頼して耐震診断を実施し、X方向のIs=0.38と耐震不適格建築物であることを確認しました。それを踏まえ、2013年に再生問題委員会を発足し、改修か建替えかの検討・協議を行い、2016年に再生の方向性を「修繕・改修」とすることを決議しました。また、2008

年に実施した耐震診断が評定を受けていなかったため、川崎市からの補助金受給の対象外となることもあり、2017年に改めて耐震診断を別の一級建築士事務所に依頼し、X方向のIs=0.26と耐震不適格建築物であることを再確認しました。その一級建築士事務所が耐震改修設計を辞退したため、管理組合が当マンションを建設し、新築当初から建物の維持管理を依頼してきた建設会社に相談したところ、南側バルコニー側の補強が提案されました。しかし、敷地南側はスペースが狭く重機が入れないことや、南側隣地は崖の上に木造住宅が建ち、隣家への影響も懸念されるため、実現可能な補強案ではありませんでした。そのような中、耐震改修の相談がハル建築設計に打診されました。

敷地周辺は北側が下がっている急な斜面にひな壇状に開発された土地で、2012年土砂災害警戒区域に指定されています。現地を確認したところ、当マンションは北側共用廊下側が駐車場になっていて補強や施工スペースがあり、北面に外付けフレームを新設する補強案が提案されました。ところが管理組合からは、駐車場北側の擁壁付近はアスファルト舗装が沈下しひび割れていることや、耐震診断を実施した一級建

■菱興マンション　年譜

	2008年		2013年	2014年	2015年	2016年	2017年	2018年	2019年	2020年	2021年	2022年	2023年
再生化の検討・協議			★			★							
延命か建替えかの検討・協議			再生問題委員会発足			再生方向性「修繕・改修」決議						施工会社・工事費承認	
「修繕・改修計画」の具現化の協議			★			★					★	★★	
耐震改修・エレベーター設置を含めた大規模工事に向けた検討							修繕改修計画推進委員会発足						
3大工事推進委員会											★		
大規模修繕・耐震改修・エレベーター増築工事の適切且つ安全な推進の協議及びそのフォロー													
第1回耐震診断（評定無し）													
第2回耐震診断（評定取得）													
耐震／建替え比較検討会						★							
耐震補強基本設計							★						
耐震補強実施設計							★			★			
エレベーター増築実施設計							★			★	★		
大規模修繕工事実施設計						★				★	★		
施工会社選定											★		
耐震改修助成金申請													
工事（大規模修繕・耐震改修・エレベーター増築）											★		

築士事務所や施工会社から、北面の補強は道路側擁壁に影響が出る恐れがあると言われ、重機の荷重や補強工事で北側擁壁が崩れるのではないかとの指摘がありました。

　駐車場北側擁壁付近は、駐車場のアスファルト舗装が沈下しひび割れていました。しかし、道路から見ると、間知石の目地に劣化によるひび割れや補修跡があるものの、はらみなど崩壊につながりそうな劣化ではありませんでした。その後、工事に必要な重機や機材の搬入経路を検討しましたが、アスファルト舗装が沈下している付近を重機が通らずに、擁壁への影響が少ない範囲で施工できることを確認しました。さらに、実施設計に際してボーリング調査とともに平板載荷試験を実施し、地盤の短期許容支持力度が大型重機の最大設置圧を上回ることを確認しました。

●工事の具体的な内容

(1) 東棟　X方向の補強計画

1) 北側1階〜4階　共用廊下外側に外付けフレーム新設+耐震スリット（部分スリット）
　工　法：外付けブレース+耐震スリット
　構造構面数：4スパン、11構面
　補強工法：外付けフレームは鉄骨鉄筋コンクリート造、ブレースはH形鋼
　部材寸法：柱 W700mm×D500mm、
　　　　　　梁 W500mm×H650mm
　　　　　　ブレース H-250mm×250mmほか
　　　　　　鉄骨階段 既存鉄骨階段をブレース補強

2) 本建物と外付けフレームを結合するため2階〜5階の共用廊下床直下および1階土間レベルにスラブ増設
　新設スラブ 厚さ250mm、共用廊下梁 W（700mm〜900mm）×H430mm

3) 外付けフレーム柱基礎下に鋼管杭新設
　杭本数 19本、杭長 14.5m

4) 共用廊下住戸側壁に耐震スリット設置
　74カ所（1階：20カ所、2階：20カ所、3階：20カ所、4階：14カ所）

(2) 西棟　X方向の補強計画

1) 北側1階〜4階　共用廊下外側に外付けフレーム新設+耐震スリット（部分スリット）
　工　法：外付けブレース+耐震スリット
　補強構面数：2スパン、7構面
　階段室パイプシャフトのコンクリートブロック壁の撤去およびALC壁への取替え
　補強工法、部材寸法、鉄骨階段等、詳細については東棟に準じる。

2) 本建物と外付けフレームを結合するため2階〜5階の共用廊下床直下および1階土間レベルにスラブ増設
　詳細は東棟に準じる。

3) 外付けフレーム柱基礎下に鋼管杭新設
　杭本数 14本、杭長 13m

4) 共用廊下住戸側壁に耐震スリット設置
　49カ所（1階：11カ所、2階：14カ所、3階：12カ所、4階：12カ所）

	階	X方向			Y方向		
		I s	$C_{TU} \cdot S_D$	判定	I s	$C_{TU} \cdot S_D$	判定
補強前	5	0.79	0.84	OK	3.24	3.44	OK
	4	0.46	0.48	NG	1.89	2.00	OK
	3	0.26	0.35	NG	1.36	1.44	OK
	2	0.26	0.34	NG	1.18	1.25	OK
	1	0.25	0.33	NG	1.14	1.21	OK

東棟　改修前の耐震診断結果

	階	X方向			Y方向		
		I s	$C_{TU} \cdot S_D$	判定	I s	$C_{TU} \cdot S_D$	判定
補強後	5	0.74	0.79	OK	3.20	3.39	OK
	4	0.62	0.65	OK	1.84	1.96	OK
	3	0.62	0.65	OK	1.30	1.38	OK
	2	0.63	0.45	OK	1.13	1.19	OK
	1	0.62	0.42	OK	1.08	1.14	OK

東棟　改修後の耐震診断結果

見積り実例

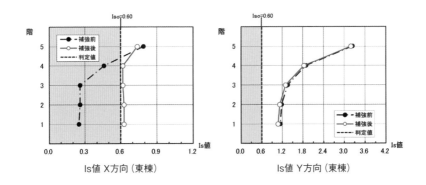

Is値 X方向（東棟）　　Is値 Y方向（東棟）

	階	X方向			Y方向		
		I s	$C_{TU} \cdot S_D$	判定	I s	$C_{TU} \cdot S_D$	判定
補強前	5	0.76	0.80	OK	3.63	3.82	OK
	4	0.44	0.46	NG	1.90	2.00	OK
	3	0.30	0.39	NG	1.42	1.49	OK
	2	0.29	0.38	NG	1.24	1.31	OK
	1	0.25	0.33	NG	1.18	1.24	OK

西棟　改修前の耐震診断結果

	階	X方向			Y方向		
		I s	$C_{TU} \cdot S_D$	判定	I s	$C_{TU} \cdot S_D$	判定
補強後	5	0.74	0.78	OK	3.58	3.77	OK
	4	0.69	0.73	OK	1.85	1.95	OK
	3	0.61	0.64	OK	1.36	1.43	OK
	2	0.71	0.48	OK	1.18	1.24	OK
	1	0.62	0.41	OK	1.12	1.18	OK

西棟　改修後の耐震診断結果

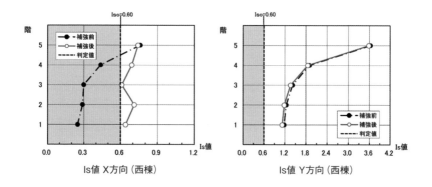

Is値 X方向（西棟）　　　Is値 Y方向（西棟）

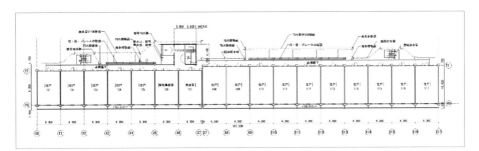

1階平面図（改修図）

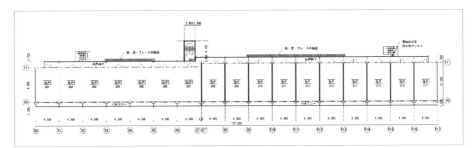

2階平面図（改修図）

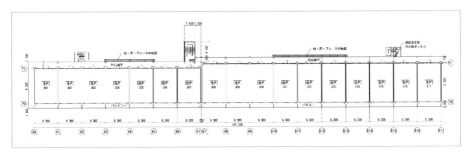

3階平面図（改修図）

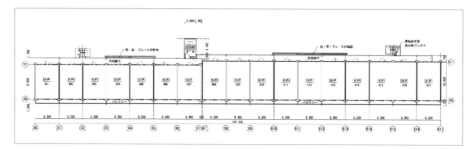

4階平面図（改修図）

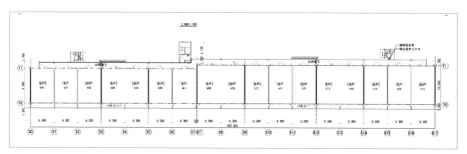

5階平面図（改修図）

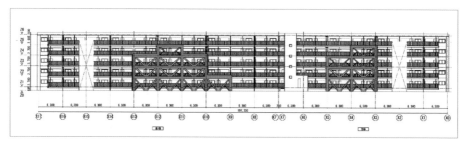

北面立面図（改修図）

東棟立面図

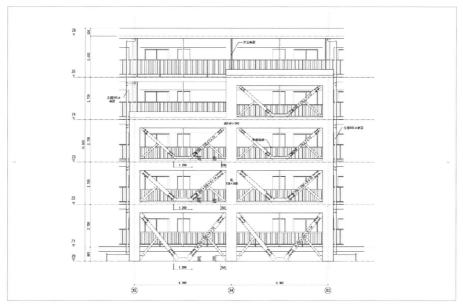

西棟立面図

見積り実例

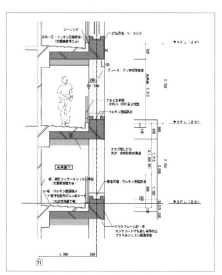

矩計詳細図（改修図）

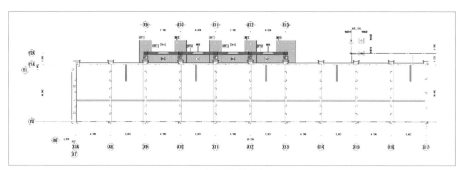

1階伏図（東棟）

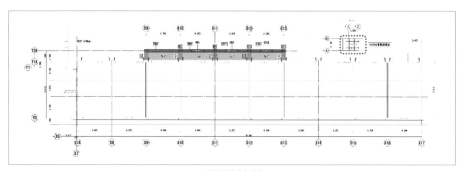

2階伏図（東棟）

見積り実例

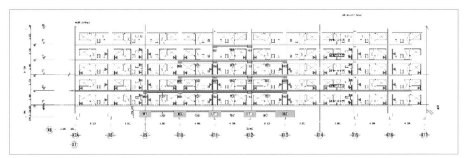

Y1A通軸組図（東棟）

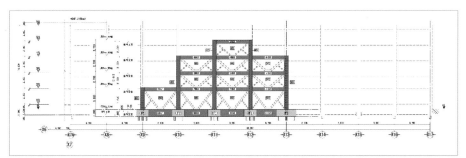

Y2A通軸組図（東棟）

●共用廊下側の補強について

　外付けフレームによる補強位置は、近隣を含めた敷地条件や施工スペースから考えると、北側共用廊下側の補強が妥当で、合意形成もしやすいと考えました。ただし、共用廊下にはメーターボックスがあり、各種設備のメーターが設置されているので、工事中や工事後のメンテナンスを含め、設備配管の対応を検討しました。設計段階で給排水・ガス設備、連結送水管といった消防設備、雨水管などは竣工図とともに現地を確認し、必要な工事を設計に織り込みました。

　電気設備も同様に、幹線など、特に地中埋設配管は竣工図を基に、ハンドホールを開け配管ルートも確認しました。駐車場は過去の工事でアスファルト舗装を被せ、ハンドホールが隠蔽されたところもあり、不確定要素は着工後速やかに試掘し確認することとし、予備費を見込みました。

　工事中に苦労したのは、共用廊下に面したコンクリートに打ち込まれたテレビや電話など弱電設備と非常ベルなど消防設備の配管でした。耐震スリットやあと施工アンカー、コンクリート打設用の床スラブへのコア抜きなどの工事で配線を切れば、住民の方に生活支障が生じ対応を優先せざるを得ず、コンクリート打設のスケジュールが組みにくく工程に影響しました。

●共用廊下手すり高さについて

　当マンションの階高は2,700mm。既存手すりはカラーアルミに改修済みで、手すり高さは1,250mmと高めに施工されていました。補強にあたり、既存スラブの下に250mmのスラブを新設すると共用廊下の開放条件を満たさなくなります。設計段階でメーカーに相談したところ、手すりを脱着する際に手すり子を切断すれば手すりの高さを詰められることが分かり、工事費を抑えることができました。

北側共用廊下側駐車場

鉄骨O節建方

耐震スリット施工

共用廊下床直下補強配筋

共用廊下床直下補強型枠

コンクリート打設

見積り実例

あと施工アンカー等の施工状況報告

塗装工事等の施工状況確認

施工前

施工後

❷ 大規模修繕工事

●大規模修繕の経緯

　管理組合は、耐震補強設計実施のめどがたった2019年に、2013年から実施した再生方向性の検討、長期修繕計画の策定に携わった経緯もある株式会社Nプランニングに大規模修繕に関する相談をし、屋上・外壁を中心とした建物調査診断を実施、現況を確認しました。その後、別件検討のため一時中断を挟み、2021年に大規模修繕工事の計画を再開。耐震補強工事およびエレベーター新設工事と調整をしながら計画を進めました。

　築後は定期的に修繕工事が実施されていたマンションではありましたが、今回の計画は再生検討の期間を挟み、2005年に実施した前回大規模修繕工事から少し時間が空いてしまいました。2019年の調査診断の結果、屋上や外壁全般、鉄部等に劣化の進行が認められ、足場架設を要する大規模修繕工事を実施することを決定。それらの情報と、長期修繕計画で計画されていたバルコニー手すりの更新、サッシ改修工事を含めて、2021年より大規模修繕修繕工事の設計検討に入りました。

　大規模修繕工事の設計検討は、耐震補強工事とエレベーター新設工事の内容と関係することから、同時期の計画となっています。検討範囲が大きいことに加え、他の工事を含む全体工事費を把握することが難しく、資金的な問題が一番の課題となりました。主要工事は実施する前提で、金物工事等の付帯的な工事対象の検討を行い、施工会社から見積徴収後、改めて工事内容を整理することとし、施工会社の選定作業に進みました。

●工事の具体的な内容

(1) 屋上防水工事

　屋上防水は、既存ゴムアスファルト系のシート防水の上に、機械固定式塩ビシート防水（15年保証）を採用し施工しました。長期の保証とともに、期待耐用年数も長期のものを採択し、次回防水工事を延命することを目指しました。パラペット、斜屋根に関しては、ウレタン塗膜防水（特化則対応、補強付不要型工法）にて施工を行っています。斜屋根に関しては既存は塗装仕上げでしたが、斜屋根の故障や漏水の対策として防水仕様として施工しました。

(2) 外壁塗装工事

　外壁・天井面の全面調査の上、ひび割れや欠損、鉄筋露出故障の補修工事を実施しています。高経年マンション特有の鉄筋の被り厚不足に対して、念入りな調査、異音部の試験施工などを繰り返し、故障箇所の見落としのないよう工事を進めていきました。

　塗装に関しては、カラーシミュレーション等を繰り返し、最終案は管理組合アンケートを実施し外壁色を決定しました。既存の白色系の外装に、本工事では茶系の外装として仕上げを行っています。なお、耐震補強工事のフレームについても併せて検討しています。

(3) バルコニー・共用廊下床防水工事

　バルコニー・共用廊下、外部鉄骨階段床に長尺塩ビシートを施工しています。バルコニーは既存ウレタン塗膜防水、共用廊下・外部鉄骨階段は既存長尺塩ビシート張りでした。排水溝・立上り天端・幅木はウレタン塗膜防水を施しています。建物の形状が横長（17戸）のため、中間に漏水を伴うひび割れなども見られ、原因となっている排水溝や床面のひび割れについても入念な調査の上、下地処理を施しています。

(4) 手すり更新工事

　すでにアルミ手すりに更新しているため、今回の工事ではバルコニー手すりを鋼製手すりからアルミ手すりに更新しています。工事の際は、撤去後に仮手すりを設置し、新規芯材を設

置の上アルミ手すりを設置しました。併せて、パーテーションも更新しています。

工事の際は、建物が横長の形状のため撤去および撤去後の手すり運搬導線が長く、搬出・搬入に苦労しました。また手すりの墨打ちの際は、全体の芯出し、住戸ごとの芯の確認など、全体としてバランスが取れるよう慎重に計画し実施しました。

(5) サッシ改修工事

環境省の二酸化炭素排出抑制対策事業費等補助金を活用しました。工法はカバー工法を採用し、Low-E複層ガラスを使用したサッシを取り付けています。

(6) 金物工事等

共用廊下側の金物について、耐震補強工事範囲と併せて、換気口や表札等の更新工事を行いました。

(7) エントランス工事

扉更新工事、床・天井工事と併せて、外壁および内壁工事、郵便ポスト入替工事を行いました。扉更新は、カバー工法にて新規アルミ扉を取り付けました。天井ボードは張り替え、屋内・外、階段床面には長尺塩ビシートを張っています。一部床面がタイル仕上げとなっており、防滑性塩ビシートを張ることによりその対策も取りました。

外壁および内壁については、下地処理の上外装用の天然石調のシート建材を仕上げ材として採用しました。一般塗装以上の素材感を持った仕上げ材として施工されています。

見積り実例

工事前

仮設足場設置

仕様検討状況

管理組合による足場解体前検査

■ 屋上防水工事

斜屋根　施工前

斜屋根　施工後

パラペット　施工前

パラペット　施工後

屋上平場・立上り　施工前

屋上平場・立上り　施工後

■ 外壁塗装工事

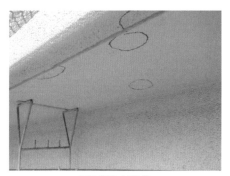

下地調査・補修①

下地調査・補修②

高圧洗浄

外壁塗装（下塗り）

施工前

施工後

■ バルコニー・手すり工事

施工前

施工後

■ サッシ改修工事

廊下窓　施工前

廊下窓　施工後

■ エントランス工事

施工前

外壁用シート建材施工

❸ エレベーター新設工事

●エレベーター新設の経緯

　エレベーター棟を既存の建物に増築しました。エレベーター棟の設置位置は、耐震改修工事の外付けフレームとの関係もあり、132頁の計画図の通り横長の建物のほぼ中央となりました。

　計画する上では、建築基準法の構造耐力に対する規定が遡及緩和を受けられるようにするために、既存部分と増築部分をエキスパンションジョイントによって接続することとして、増築部分の床面積が50m²、かつ既存建築物の延床面積に対しての20分の1以下となるように計画することを前提としました。

●工事の具体的な内容

　住民による修繕委員会で検討を始めた当初は、エレベーターを既存建築物の5階建てに合わせて各階の共用廊下にて乗り降りする5停床とし、地上階から1階への高低差はスロープ等で対策することを検討していました。しかし、スロープは斜路が長くなり、現在利用している駐車場や駐輪場、車路への影響が大きく、また機械式の階段昇降機やリフターなどの併用も検討されましたが、メンテナンスなどの維持管理上の懸念もあり不採用となりました。そこで、増築するエレベーターは前後の2方向出入口タイプを採用して地上階にも停床することとし、1～5階の5停床に地上階の1停床を加えた6停床で計画していく方針となりました。

　しかし、エレベーターを6停床で計画するにはいくつかの課題をクリアする必要がありました。

　まず、当マンションは消防法において建設当時の基準に基づく特例を受けており、一部の消防設備が設置の免除を受けていて現在も継続して適用されていました。しかし、もしエレベーター棟が6階建てとの扱いになると消防設備の特例も適用外となり、既存部分にも現行法規に基づく消防設備を設けることが要求されました。

　川崎市の建築審査課との協議の結果、1階と地上階はともに1階扱い（床面積は双方の合計面積を1階床面積とする）とすることとなり、増築建築物は5階建てとの扱いとなりました。これを受けて、既存部分の消防設備の特例により免除されている設備についてもそのまま継承されることになりました。

　ただし、6停床とすることにより床面積は50m²に対してかなり目一杯の状況となります。壁面が柱型のところで一部面落ちしているのは、デザインではなく床面積を納めるための工夫によるものです。

　また日影規制においても、建設当時は規制がなかったため改めて確認をする必要がありましたが、敷地の形状が日影規制に対して好ましい形状であったこともありクリアすることができました。

　設備としては、給湯器が共用廊下側に設置されていたほか、エレベーター棟前の住戸の給湯器もエレベーターに面するところに設置されていました。そのため管轄のガス会社とも協議の上、エレベーター前の対象住戸の既存の給湯器は排気筒タイプの給湯器に交換を行い、エレベーター棟を避けたところで排気するようにしました。

　その他の特徴としては、川崎市による「川崎市建築行為及び開発行為に関する総合調整条例（以下、条例）」において、住居系の用途地域では高さが10mを超える建築物（中高層建築物に該当する）は床面積に関係なく全ての建物が条例の対象事業の扱いとなるという規定があり ました。この規定により、本計画は増築となる延床面積が50m²以下の計画のため床面積では適用除外ではあったものの、建築確認申請の前に関係各課との意見照会や協議、手続き、および近隣説明等のための十分な期間を設ける必要がありました。

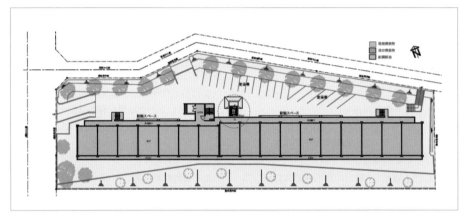

1階（地上階）平面図

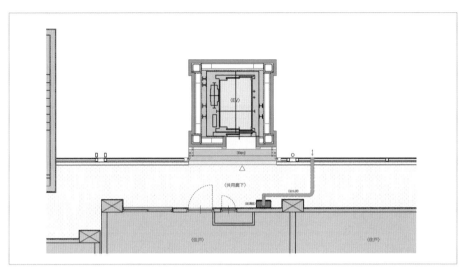

1～5階平面図

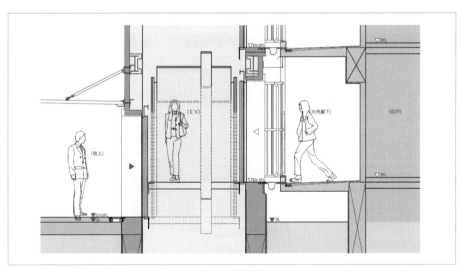

地上～1階断面図

■ 科目内訳（耐震改修工事）

名称	金額（円）	構成比（%）
A.耐震改修工事（令和4年度分）		
A-1.撤去工事	805,800	0.6
A-2.土工事	5,564,750	4.3
A-3.杭工事	19,462,000	15.0
A-4.外付鉄骨ブレース架構設置工事	46,145,519	35.6
A-5.耐震スリット設置工事	16,711,000	12.9
A-6.鉄骨階段補強工事	681,800	0.5
A-7.階段室コンクリートブロック壁撤去復旧工事	1,215,000	0.9
B.耐震改修工事（令和5年度分）		
B-1.共通仮設工事	7,088,000	5.5
B-2.直接仮設工事	2,879,710	2.2
B-3.塗装工事	1,277,540	1.0
B-4.防水工事	125,280	0.1
B-5.シーリング工事	476,260	0.4
B-6.金物工事	5,415,400	4.2
B-7.金属建具改修工事	280,000	0.2
B-8.洗浄・剥離工事	1,697,000	1.3
B-9.その他工事	933,800	0.7
B-10.外構工事	2,253,650	1.7
B-11.設備工事	6,965,430	5.4
B-12.現場管理費（大規模修繕工事に計上）	0	0.0
C.一般管理費	9,598,235	7.4
合計	**129,576,174**	**100.0**
端数整理	△ 76,174	
改め合計	129,500,000	
消費税（10%）	12,950,000	
総計	142,450,000	

■ 構成比

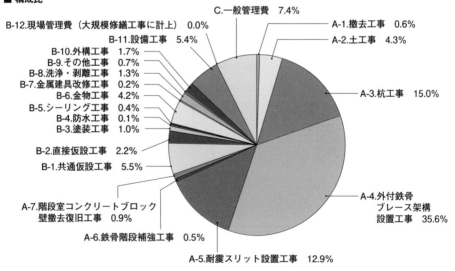

C.一般管理費　7.4%
B-12.現場管理費（大規模修繕工事に計上）　0.0%
B-11.設備工事　5.4%
A-1.撤去工事　0.6%
A-2.土工事　4.3%
B-10.外構工事　1.7%
B-9.その他工事　0.7%
B-8.洗浄・剥離工事　1.3%
B-7.金属建具改修工事　0.2%
B-6.金物工事　4.2%
B-5.シーリング工事　0.4%
B-4.防水工事　0.1%
B-3.塗装工事　1.0%
A-3.杭工事　15.0%
B-2.直接仮設工事　2.2%
B-1.共通仮設工事　5.5%
A-7.階段室コンクリートブロック壁撤去復旧工事　0.9%
A-4.外付鉄骨ブレース架構設置工事　35.6%
A-6.鉄骨階段補強工事　0.5%
A-5.耐震スリット設置工事　12.9%

■ 内訳明細（耐震改修工事）

名称	規格・仕様	数量	単位	単価	金額
A.耐震改修工事（令和4年度分）					
A-1.撤去工事					
既存アスファルト舗装撤去		164.50	㎡	1,000	164,500
処分費		164.50	〃	2,500	411,250
コンクリート斫り(モルタル等)	既存RC柱面t=20	14.00	〃	9,800	137,200
カッター入れ	コンクリート面	61.90	m	1,500	92,850
A-1.小計					805,800
A-2.土工事					
根切		238.50	㎥	5,500	1,311,750
床付け		140.40	㎡	500	70,200
埋め戻し	人力、締固め共	76.60	㎥	7,500	574,500
建設発生土処分費	場外処分、運搬費共	238.50	〃	11,000	2,623,500
再生砕石地業	RC-40、基礎下	140.40	㎥	2,000	280,800
山留工	H1200簡易山留	128.00	〃	5,500	704,000
A-2.小計					5,564,750
A-3.杭工事					
G-ECSパイル工法					
東棟（杭全長14.5m）	φ267.4-t12.7 STK490 L=5m	19	セット	470,000	8,930,000
	φ267.4-t12.7 (Dw650×28mm) STK490 L=10m				
西棟（杭全長13m）	φ267.4-t12.7 STK490 L=4m	14	セット	420,000	5,880,000
	φ267.4-t12.7 (Dw650×28mm) STK490 L=9m				
杭頭金物	中詰コンクリート用	1	式		52,000
裏当金物		1	〃		180,000
材料運搬費	4tユニック	17	台	48,000	816,000
施工費	DH-25	8	日	300,000	2,400,000
溶接費		8	〃	58,000	464,000
消耗品費		8	〃	20,000	160,000
機械廻送費		1	式		280,000
現場管理費		1	〃		300,000
A-3.小計					19,462,000
A-4.外付鉄骨ブレース架構設置工事					
A-4-1.基礎コンクリート工事					
（コンクリート工事）					
捨てコンクリート	Fc15N	8.00	㎥	13,800	110,400
同上　打設手間		1	式		90,000
鉄筋コンクリート	Fc27N	130.00	㎥	16,800	2,184,000
同上　打設手間		2	式	110,000	220,000
同上　ポンプ車使用料		2	回	80,000	160,000
同上　コンクリート金コテ仕上		133.70	㎡	1,000	133,700
温度補正費		1	式		130,000
（型枠工事）					
普通型枠		159.10	㎡	6,500	1,034,150
運搬費		159.10	〃	1,000	159,100
目地棒　面木		1	式		50,000
（鉄筋工事）					
異形鉄筋	SD295A　D10	15,706.00	kg	110	1,727,660
異形鉄筋	SD295A　D13	1,437.00	〃	110	158,070
異形鉄筋	SD295A　D16	1,927.00	〃	110	211,970
異形鉄筋	SD345　D19	12,124.00	〃	110	1,333,640
異形鉄筋	SD345　D22	8,312.00	〃	110	914,320
加工組立		39,506.00	〃	120	4,740,720
スペーサー		39,506.00	〃	6	237,036

名称	規格・仕様	数量	単位	単価	金額
運搬費		15	台	32,000	480,000
鉄筋足場		136.40	㎡	1,500	204,600
作業通路		47.30	m	2,000	94,600
（あと施工アンカー工事）					
あと施工アンカー	D22 L1170（コン挿入L290）ナット付	98	本	4,500	441,000
あと施工アンカー	D19 L630（コン挿入L250）ナット付	370	〃	3,000	1,110,000
A-4-1.小計					15,924,966
A-4-2.架構増設型フレーム工事					
（鉄骨工事）					
鋼材費		1	式		5,320,623
副資材費		1	〃		1,133,900
工作図・現寸図		36.10	t	9,000	324,900
工場加工費		36.10	〃	75,000	2,707,500
工場溶接費		36.10	〃	27,000	974,700
錆止塗装費		36.10	〃	9,000	324,900
製品運搬費		36.10	〃	15,000	541,500
建方重機費		36.10	〃	9,500	342,950
建方鳶・鉄工費		36.10	〃	42,000	1,516,200
雑品・消耗品費		1	式		120,000
スタッドボルト	16φ*150	800	本	300	240,000
スタッドボルト	19φ*150	530	〃	350	185,500
安全対策費		1	式		300,000
超音波探傷検査	第三者　30%	1	〃		50,000
超音波探傷検査	自主　100%	1	〃		80,000
（コンクリート工事）					
鉄筋コンクリート	Fc27F	114.00	㎥	16,800	1,915,200
同上　打設手間		6	回	110,000	660,000
同上　ポンプ車使用料		6	〃	80,000	480,000
同上　打放面補修		545.20	㎡	1,200	654,240
温度補正費		1	式		114,000
（型枠工事）					
柱　打放型枠		185.40	㎡	6,500	1,205,100
梁　打放型枠		242.60	〃	6,500	1,576,900
スラブ　打放型枠		125.60	〃	7,000	879,200
スラブ　箱抜き型枠	400×400　320×300　250×300	54	カ所	30,000	1,620,000
スラブ　箱抜き型枠	ジョイントBOX　300×300	9	〃	30,000	270,000
運搬費		553.60	㎡	900	498,240
目地棒　面木		1	式		90,000
支保工補強費	Lアングル、ケミカルアンカー、吊りボルト、床養生	1	〃		2,410,000
（あと施工アンカー工事）					
あと施工アンカー	D22　L1170（コン挿入L290）ナット付	208	本	4,500	936,000
あと施工アンカー	D19　L630（コン挿入L250）ナット付	559	〃	3,000	1,677,000
あと施工アンカー	D22　L730（コン挿入L290）ナット付	268	〃	4,000	1,072,000
A-4-2.小計					30,220,553
A-4.小計					46,145,519
A-5.耐震スリット設置工事					
スリット新設　L=0.3m程度	部分スリット　t=120壁 30mm残し　耐火材、耐火シール含む	12	カ所	43,000	516,000
スリット新設　L=0.65m程度	部分スリット　t=120壁 30mm残し　耐火材、耐火シール含む	64	〃	93,000	5,952,000
スリット新設　L=0.9m程度	部分スリット　t=120壁 30mm残し　耐火材、耐火シール含む	12	〃	129,000	1,548,000
スリット新設　L=1.8m程度	部分スリット　t=120壁 30mm残し　耐火材、耐火シール含む	47	〃	185,000	8,695,000
A-5.小計					16,711,000

名称	規格・仕様	数量	単位	単価	金額
A-6.鉄骨階段補強工事					
鋼材費		880.00	kg	185	162,800
ブレース	M6*4000	16	本	4,000	64,000
HTBM	16*55	200	〃	350	70,000
運搬費		1	式		35,000
現場取付費		1	〃		350,000
A-6.小計					**681,800**
A-7.階段室コンクリートブロック壁撤去復旧工事					
階段室コンクリートブロック壁撤去		1	式		240,000
ALC壁新設		25.00	㎡	39,000	975,000
A-7.小計					**1,215,000**
A.計					**90,585,869**
B.耐震改修工事（令和5年度分）					
B-1.共通仮設工事					
現場事務所	2.0間×3.0間×2階	1	式		
資材置場	1.5間×2.0間×1階	1	〃		
事務所内備品	掲示板・事務机・椅子・テーブル・棚・コピー機・消火器	1	〃		
仮設通信設備	電話回線・電話機・FAX	1	〃	大規模修繕	
仮設トイレ	大小兼用水洗式　1カ所	1	〃	工事に計上	
仮設給排水設備		1	〃		
仮設電気設備	専用引込、私設柱共	1	〃		
発生材置場	単管パイプ、コンパネ程度	1	〃		
道具洗い場	沈殿層付き　1カ所	1	〃		
安全対策費	カラーコーン、安全対策　注意標識	1	〃		
ガードマン		217	人・日	19,000	4,123,000
廃材運搬処理費	処理費等　大規模修繕工事に計上	1	式		
工事用看板	大規模修繕工事に計上	1	〃		
掲示板	大規模修繕工事に計上	1	〃		
敷き鉄板	t=22mm、1500×3000	1	〃		300,000
鉄製仮囲い	工事エリア区画	1	〃		250,000
同パネル式ゲート	工事エリア出入口	1	〃		120,000
アンカー引張試験費		1	〃		35,000
コンクリート試験費		1	〃		120,000
鉄筋圧接試験費		1	〃		40,000
アスベスト対策費	申請等含む	1	〃		2,100,000
B-1.小計					**7,088,000**
B-2.直接仮設工事					
外部足場	鋼製枠組み足場　W=600　剥離用足場	456.30	㎡	1,100	501,930
飛散防止養生	防音シート　剥離養生用	456.30	〃	600	273,780
水平養生	各段毎	78.70	m		
足場昇降設備	昇降階段	2	カ所		
補助足場	内部用脚立、足場板等	1	式	大規模修繕	
足場資材搬出入費		456.30	㎡	工事に計上	
場内小運搬		456.30	㎡		
足場下部侵入防止金網	枠網H=1800	47.00	m		
コンクリート打設用コア穴あけ	150φ　打込み穴	116	カ所	6,500	754,000
コンクリート打設用コア穴あけ	75φ　空気抜き穴	116	〃	5,000	580,000
仮設排水設備	雨樋仮設切り回し	1	式		120,000
墨出原寸型板		1	〃		350,000
荷受け、荷捌きステージ架設		1	〃		300,000
B-2.小計					**2,879,710**

名称	規格・仕様	数量	単位	単価	金額
B-3.塗装工事					
B-3-1.外壁塗装工事					
東棟アウトフレーム柱	下地処理のうえ吹付タイル	234.20	㎡	1,700	398,140
西棟アウトフレーム柱	下地処理のうえ吹付タイル	70.00	〃	1,700	119,000
B-3-1.小計					517,140
B-3-2.共用廊下天井塗装工事					
東棟天井	砂壁状吹付塗装	104.70	㎡	1,100	115,170
西棟天井	砂壁状吹付塗装	86.20	〃	1,100	94,820
B-3-2.小計					209,990
B-3-3.鉄部塗装工事					
東棟鉄骨ブレース	フッ素樹脂塗装	177.90	㎡	2,100	373,590
西棟鉄骨ブレース	フッ素樹脂塗装	84.20	〃	2,100	176,820
B-3-3.小計					550,410
B-3.小計					1,277,540
B-4.防水工事					
アウトフレーム梁天端					
東棟アウトフレーム梁天端		21.20	㎡	3,600	76,320
西棟アウトフレーム梁天端		13.60	〃	3,600	48,960
B-4.小計					125,280
B-5.シーリング工事					
B-5-1.耐震スリット新設部分シーリング					
東棟	2成分形アクリルウレタンシーリング材充填30×30	84.70	m	1,250	105,875
西棟	2成分形アクリルウレタンシーリング材充填30×30	55.90	〃	1,250	69,875
B-5-1.小計					175,750
B-5-2.停止箇所　6カ所　アウトフレーム取り合い部分					
東棟	2成分形アクリルウレタンシーリング材充填20×20	105.60	m	1,050	110,880
西棟	2成分形アクリルウレタンシーリング材充填20×20	67.20	〃	1,050	70,560
B-5-2.小計					181,440
B-5-3.打継目地　アウトフレーム					
東棟	2成分形アクリルウレタンシーリング材充填20×20	69.30	m	1,050	72,765
西棟	2成分形アクリルウレタンシーリング材充填20×20	44.10	〃	1,050	46,305
B-5-3.小計					119,070
B-5.小計					476,260
B-6.金物工事					
1）非常ベル移設	X11通り、1～4F　電気設備工事	1	式		0
2）鉄骨ブレース取り付け部分の手摺の高さ調整	H=FL+1,100に調整　仮手摺共	24	カ所	139,000	3,336,000
3）共用廊下手摺補強撤去	角パイプ100×50、L=13,530	4	〃	70,000	280,000
方立新設	アルミ製、70×70、L=2,395	8	〃	36,000	288,000
4）共用廊下立樋更新	カラー塩ビ製	48.30	m	8,000	386,400
	呼び樋	1	式		60,000
	伸縮継手	1	〃		55,000
	掴み金物（ステンレス製）	1	〃		100,000
	ドレイン新設（鋳鉄製）	40	カ所	19,000	760,000
	アルミ製飾り桝	5	〃	30,000	150,000
B-6.小計					5,415,400
B-7.金属建具工事					
ポンプ室スチール扉撤去新設工事	900×1800	1	カ所	280,000	280,000
B-7.小計					280,000
B-8.洗浄・剥離工事					
外壁既存塗膜面の塗膜剥離	梁型、柱、鼻先	67.60	㎡	5,000	338,000
共用廊下天井既存塗膜面の塗膜剥離		226.50	〃	6,000	1,359,000
B-8.小計					1,697,000

名称	規格・仕様	数量	単位	単価	金額
B-9.その他工事					
1.電気設備工事					
合成樹脂製可とう電線管	PF 16mm（1重管）	20.00	m	2,380	47,600
アウトレットボックス	中4角浅型 カバー無 102×44mm	9	個	2,410	21,690
ビニル絶縁電線	IV 2.0	30.00	m	317	9,510
ジャンクションボックス点検口取付	300×300	9	カ所	30,000	270,000
照明配線移設工事		9	〃	45,000	405,000
非常ベル移設工事		4	〃	45,000	180,000
B-9.小計					**933,800**
B-10.外構工事					
アスファルト舗装復旧工事					
レベル調整	路盤調整	164.50	㎡	1,000	164,500
路盤	砕石RC40　t=150	164.50	〃	4,500	740,250
プライムコート		164.50	〃	200	32,900
表層	密粒AS　t=50	164.50	〃	8,000	1,316,000
B-10.小計					**2,253,650**
B-11.設備工事					
（外部雨水管切り廻し）					
一般用硬質ポリ塩化ビニル管	VP-100φ 定価:m/2,085円	54.00	m	1,350	72,900
〃　　継手類		1	式		36,450
〃　　接合材		1	〃		1,820
配管敷設費		1	〃		432,000
コンクリート桝	450口　鋳物蓋（中耐型）共 材工共	4	カ所	43,000	172,000
雨水小口径桝	100-150　防護蓋共 材工共	6	〃	23,500	141,000
掘削・埋め戻し工費	重機・手掘り	1	式		540,000
発生残土処分費		1	〃		場内整地
安全対策費		1	〃		50,000
消耗品雑材	機械損料含む	1	〃		42,000
（連結送水管切り廻し）	エントランス側				
圧力配管用炭素鋼鋼管	STPG-VS-100A 定価:本/83,100円	1	本	54,000	54,000
配管用炭素鋼鋼管	SGP-VS-100A 定価:本/49,000円	1		31,850	31,850
同上　継手類	キーロン100L　3個　白100L　1個	1	式		109,000
配管工費	既設管接続含む	1	〃		120,000
送水口ユニット（サイコン）	SW4 定価:972,000円	1	台	515,000	515,000
コンクリート基礎工事		1	式		45,000
搬入据付費		1	〃		40,000
掘削・埋め戻し工費		1	〃		35,000
消耗品雑材		1	〃		13,500
（連結送水管切り廻し）	110～113号室前				
圧力配管用炭素鋼鋼管	STPG-VS-100A	8	本	54,000	432,000
同上　継手類	キーロン100L　4個　　S　5個	1	式		229,800
配管工費	既設管接続・小運搬含む	1	〃		720,000
掘削・埋め戻し工費		1	〃		540,000
消耗品雑材		1	〃		48,000
（給水メーター移設）					
量水器	20mm	1	組		再利用
給水管切り廻し工事費	材工共	1	式		42,000
（仮設汚水配管切り廻し）					
一般用硬質ポリ塩化ビニル管	VU-150φ	53.00	m	1,580	83,740
〃	VU-125φ	73.00	〃	1,090	79,570
〃	VU-100φ	15.00	〃	680	10,200
〃　　継手類		1	式		86,750
〃　　支持金物		1	〃		90,000
〃　　接合材		1	〃		4,340
配管工費	既設管接続含む	1	〃		965,000
消耗品雑材		1	〃		35,400

名称	規格・仕様	数量	単位	単価	金額
（汚水配管復旧）					
一般用硬質ポリ塩化ビニル管	VP-150φ 定価:m/4,013円	35.00	m	2,600	91,000
〃	VP-125φ 定価:m/2,675円	37.00	〃	1,730	64,010
〃	VP-100φ 定価:m/2,085円	4.00	〃	1,350	5,400
〃　　継手類		1	式		80,200
〃　　支持金物		1	〃		51,000
〃　　接合材		1	〃		4,000
配管工費	既設管接続含む	1	〃		822,000
消耗品雑材		1	〃		29,500
B-11.小計					6,965,430
B-12.現場管理費					
現場代理人費	1人×11カ月		月		
現場工事係			月		
労務管理費	作業員の安全衛生、厚生等		式	大規模修繕	
保険料	請負賠償責任・生産物賠償責任		式	工事に計上	
事務経費	事務用品、通信交通費、雑費		式		
施工図・竣工図費			式		
B-12.小計					0
B.計					29,392,070
C.一般管理費					
一般管理費		1	式		9,598,235
C.計					9,598,235
合計					129,576,174
端数調整					△ 76,174
改め計					129,500,000
消費税（10%）					12,950,000
総計					142,450,000

■ 科目内訳（大規模修繕工事）

名称	金額（円）	構成比（%）
1.仮設工事	11,574,000	9.70
2.直接仮設工事	8,816,100	7.39
3.下地補修工事	3,250,462	2.72
4.シーリング工事	2,369,640	1.99
5.外壁塗装工事	6,683,360	5.60
6.鉄部塗装工事	2,557,505	2.14
7.屋根防水	12,119,558	10.2
8.床防水	9,085,000	7.6
9.その他工事	29,886,750	25.0
10.耐震改修・EV工事　取合工事	3,755,000	3.1
11.諸経費	29,232,350	24.5
合計	**119,329,725**	**100.0**
端数整理	△ 29,725	
改め合計	119,300,000	
消費税（10%）	11,930,000	
総計	131,230,000	

■ 構成比

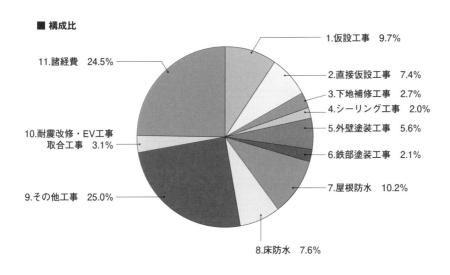

11.諸経費　24.5%

10.耐震改修・EV工事
取合工事　3.1%

9.その他工事　25.0%

1.仮設工事　9.7%

2.直接仮設工事　7.4%

3.下地補修工事　2.7%

4.シーリング工事　2.0%

5.外壁塗装工事　5.6%

6.鉄部塗装工事　2.1%

7.屋根防水　10.2%

8.床防水　7.6%

見積り実例

■ 内訳明細（大規模修繕工事）

名称	規格・仕様	数量	単位	単価	金額
1.仮設工事					
＊仮設の内訳項目は修正・変更・追記可。複合して関わる項目は当該内訳に計上し、備考に「兼用」と標記する。					
共通仮設工事					
仮設事務所		1	式		715,000
作業員詰所		1	〃		605,000
事務所備品		1	〃		132,000
資材倉庫		1	〃		385,000
廃材倉庫		1	〃		80,000
仮設電気・給排水設備		1	〃		330,000
仮設便所		1	〃		275,000
仮設洗い場		1	〃		90,000
光熱費		1	〃		495,000
廃材処分費		1	〃		960,000
安全対策費		1	〃		1,140,000
一般清掃・片付け・養生		1	〃		700,000
工事車両費		1	〃		880,000
居住者駐車場移動費		1	〃		2,992,000
植栽対策費		1	〃		180,000
荷物移動等対策費		1	〃		150,000
アスファルト舗装復旧費		1	〃		240,000
仮囲い設置	フラットパネル H=2.0m	78.00	m	5,000	390,000
同上ゲート設置	W=5400×H1800	3	カ所	45,000	135,000
アスベスト対策費	申請等含む	1	式		700,000
1.計					**11,574,000**
2.直接仮設工事					
＊仮設の内訳項目は修正・変更・追記可。複合して関わる項目は当該内訳に計上し、備考に「兼用」と標記する。					
外壁足場	W600枠・単管ブラケット	3,950.00	㎡	1,100	4,345,000
足場ネット養生	メッシュシート（黒）	3,950.00	〃	250	987,500
昇降設備	4カ所	1	式		160,000
開口養生	エントランス、避難口	10.00	m	3,000	30,000
金網養生		267.00	〃	800	213,600
荷揚費		1	式		90,000
運搬費		3,950.00	㎡	250	987,500
場内小運搬		3,950.00	〃	150	592,500
防犯対策	センサー設置	1	式		30,000
落下養生	ラッセルネット 2層毎	2,280.00	m	250	570,000
落下養生棚	朝顔	100.00	〃	4,500	450,000
移動式足場	ローリングタワー、脚立足場等	1	式		120,000
壁繋ぎ補修		1	〃		240,000
2.計					**8,816,100**
3.下地補修工事　※は精算項目					
下地補修工事(外壁、バルコニー天井)					
外壁等下地清掃	高圧洗浄	3,397.60	㎡	100	339,760
天井等下地清掃	高圧洗浄	1,495.90	〃	110	164,549
外壁等下地清掃	ブロア清掃	83.20	〃	40	3,328
※ひび割れ補修 (0.2㎜未満)	ポリマーセメントフィラー擦り込み	978.70	m	220	215,314
※ひび割れ補修 (0.2㎜以上・挙動を伴うひび割れ)	Uカット目地工法	48.94	〃	1,150	56,275
※ひび割れ補修 (0.2㎜以上)	エポキシ樹脂低圧注入工法	1000	穴	250	250,000
※欠損部補修 (100×100程度)	ハツリ・樹脂モルタル成型	650	カ所	1,000	650,000
※鉄筋露出部補修 (100×100程度)	ハツリ・防錆処理・樹脂モルタル成型	650	〃	1,200	780,000
※脆弱塗膜撤去	段差補修とも	24.47	㎡	1,050	25,691
※下地モルタル浮き部補修	エポキシ樹脂注入ピンニング工法16穴/㎡　5穴/m	1800	穴	210	378,000
※鉄部腐食部パテ処理	鉄部用パテ処理　100*100	30	カ所	1,500	45,000
下地調査費		4,893.50	㎡	70	342,545
3.計					**3,250,462**

名称	規格・仕様	数量	単位	単価	金額
4.シーリング工事　※は精算項目					
一般外壁シーリング					
既存外壁シーリング	撤去、アクリルウレタンシーリング材打替え	229.10	m	1,200	274,920
既存サッシシーリング	撤去、ウレタンシーリング材打替え	1,662.20	〃	850	1,412,870
既存水切りシーリング	撤去、ウレタンシーリング材打替え	391.00	〃	850	332,350
※ガラリ廻りシーリング	撤去、シーリング材新設	40	カ所	550	22,000
その他シーリング	撤去、シーリング材打替え、※劣化部打替	1	式		120,000
面格子脱着		83	カ所	2,500	207,500
4.計					2,369,640
5.外壁塗装工事					
5-1.外壁面					
外壁・鼻先	弾性フィラー、アクリルシリコン2回　電気室含む	3,017.10	㎡	1,450	4,374,795
外構壁	弾性フィラー、アクリルシリコン2回　既存塗装部	102.00	〃	1,450	147,900
外壁巾木	カチオン扱き、巾木材	24.80	〃	1,200	29,760
階段内部	弾性フィラー、水性アクリルシリコン2回	253.70	〃	1,350	342,495
階段手摺天端	弾性フィラー、水性アクリルシリコン2回	25.00	m	400	10,000
階段天井	弾性フィラー、水性アクリルシリコン2回	92.00	〃	450	41,400
5-1.小計					4,946,350
5-2.天井面					
バルコニー天井	透湿性アクリルエマルション塗料2回	604.00	㎡	1,100	664,400
共用廊下天井	透湿性アクリルエマルション塗料2回	891.90	〃	1,100	981,090
階段天井	透湿性アクリルエマルション塗料2回	83.20	〃	1,100	91,520
5-2.小計					1,737,010
5.計					6,683,360
6.鉄部塗装工事					
6-1.鉄扉等					
住戸玄関扉枠	900*1850　戸あたり迄	85	カ所	2,900	246,500
メーターボックス扉・枠	530*680　両面	85	〃	1,600	136,000
PS扉・枠	550*700　両面	5	〃	1,800	9,000
階段室扉	1350*2050　両面	5	〃	9,020	45,100
ポンプ室扉	2000*1900　両面	1	〃	13,700	13,700
電気室扉	1000*1850　両面	1	〃	3,400	3,400
ガラリ	600*600　電気室、ポンプ室	2	〃	1,500	3,000
6-1.小計					456,700
6-2.樋・配管等　※は精算項目					
樋	Φ100	270.00	m	750	202,500
※飾り柱（手摺支持金物）　北面	□100	165.00	〃	850	140,250
※飾り柱支持金物（鼻先）　北面	□200	55	カ所	1,200	66,000
消火配管（外壁竪管）	Φ75	15.00	m	700	10,500
配管ラッキング　（屋上）	Φ100	31.50	〃	850	26,775
配管ラッキング　（屋上）	Φ130	115.00	〃	900	103,500
消火配管（屋上）	Φ75	2.00	〃	700	1,400
手摺支柱金物(共用廊下)		380	カ所	600	228,000
6-2.小計					778,925
6-3.共用廊下　盤等					
分電盤扉	870*1440	1	カ所	4,500	4,500
端子盤	250*350	3	〃	600	1,800
端子盤	280*520	6	〃	950	5,700
端子盤	340*640	5	〃	1,450	7,250
端子盤	400*520	1	〃	1,350	1,350
端子盤	440*640	1	〃	1,800	1,800
TV分配器盤	450*450	4	〃	1,350	5,400
火災報知器	600*320	18	〃	1,300	23,400
消火栓ボックス	400*700*220	3	〃	2,100	6,300
消火栓ボックス	450*550	3	〃	1,600	4,800
消火栓ステッカー	ステッカー貼り	6	〃	950	5,700
消火器ステッカー	ステッカー貼り	8	〃	950	7,600
6-3.小計					75,600

見積り実例

名称	規格・仕様	数量	単位	単価	金額
6-4.屋上鉄部					
マンホール	Φ800	1	カ所	1,500	1,500
通気管	Φ180	17	〃	950	16,150
アンテナ架台	600*600*H700	2	〃	4,500	9,000
アンテナボックス	500*520*150	2	〃	1,700	3,400
タラップ		1	〃	4,000	4,000
6-4.小計					34,050
6-5.外構廻り鉄部					
MDF盤　（西側外壁）	1000*1470*210	1	カ所	2,700	2,700
設備盤　（西側外壁）	1200*1400*250	1	〃	3,100	3,100
電気配電盤　（階段室外壁）	500*2000*300	1	〃	2,000	2,000
1階階段室外壁廻り配管		1	式		90,000
西側外構　手摺	Φ40　H250　支持金物とも	41.50	m	900	37,350
西側外構　手摺	Φ40　H700　支持金物とも	4.00	〃	1,200	4,800
東側外構　階段手摺	Φ30　支持金物とも	18.30	〃	1,600	29,280
フェンス枠・支柱　（南除く）	H1200	135.00	〃	1,000	135,000
コーナーミラー	Φ75　1.5m	1	カ所	2,000	2,000
外灯	Φ150　4m	1	〃	6,000	6,000
6-5.小計					312,230
6-6.鉄骨階段					
鉄骨階段　床・天井・柱	3820*2100	10	フロア	90,000	900,000
6-6.小計					900,000
6.計					2,557,505
7.屋根防水					
7-1.屋上防水　※は精算項目					
下地清掃、ケレン	ケレン、洗浄	1,302.32	㎡	200	260,464
平場防水	機械固定式シート防水　金物撤去とも	1,220.00	〃	5,800	7,076,000
※パラペット立上り	立上りブロック撤去、下地調整	274.40	m	1,500	411,600
パラペット立上り	シート防水密着工法	274.40	〃	3,200	878,080
設備小屋立上り	端部シール	125.00	〃	850	106,250
架台等		1	式		90,000
排水溝処理		216.00	m	1,200	259,200
ドレーン	リニューアルドレーン	19	カ所	21,000	399,000
アンテナ架台・ポール撤去	処分費共	1	式		35,000
7-1.小計					9,515,594
7-2.エントランス屋根					
下地清掃、ケレン	ケレン、高圧洗浄	18.00	㎡	200	3,600
下地処理、入隅シール等	防水膨れ補修、シーリング処理	18.00	〃	3,600	64,800
平場防水	ウレタン防水	18.00	〃	3,400	61,200
立上り防水（H300）	ウレタン防水	8.00	m	3,800	30,400
巾木		8.00	〃	1,000	8,000
脱気筒		1	カ所	8,500	8,500
ドレーン	リニューアルドレーン	1	〃	19,000	19,000
7-2.小計					195,500
7-3.電気室屋根					
下地清掃、ケレン	ケレン、高圧洗浄	12.00	㎡	200	2,400
下地処理、入隅シール等	防水膨れ補修、シーリング処理	12.00	〃	3,600	43,200
平場防水	ウレタン塗膜防水	12.00	〃	3,400	40,800
立上り防水（H300）	ウレタン塗膜防水	8.00	m	3,800	30,400
巾木	別項目	8.00	〃	1,000	8,000
脱気筒		1	カ所	8,500	8,500
ドレーン	リニューアルドレーン	1	〃	19,000	19,000
7-3.小計					152,300

名称	規格・仕様	数量	単位	単価	金額
7-4.斜屋根					
下地清掃、ケレン	ケレン、高圧洗浄、下地処理	150.60	㎡	200	30,120
落とし目地部シール等	シーリング処理（部分撤去とも）	251.00	m	1,200	301,200
斜屋根	ウレタン塗膜防水（トップコート特注色）	150.60	㎡	1,740	262,044
7-4.小計					593,364
7-5.パラペット					
パラペット	ウレタン塗膜防水	251.00	m	3,400	853,400
パラペット（EXPJ）	ウレタン塗膜防水	23.40	〃	3,400	79,560
パラペットアゴ処理	専用テープ	274.40	〃	2,000	548,800
設備小屋（天端・側面）	ウレタン塗膜防水	34.00	㎡	3,400	115,600
その他台座等	ウレタン塗膜防水	1	式		60,000
電気室底	ウレタン塗膜防水	1.60	㎡	3,400	5,440
7-5.小計					1,662,800
7.計					12,119,558
8.床防水					
8-1.バルコニー廻り　既存:長尺塩ビシート張り					
床面	撤去、洗浄、下地調整、長尺シート張り(LB)	523.00	㎡	3,200	1,673,600
床塩ビシート端部シーリング		1,144.00	m	450	514,800
排水溝	洗浄、ウレタン塗膜防水	540.30	〃	400	216,120
巾木	洗浄、ウレタン塗膜防水	582.80	〃	500	291,400
立上り	洗浄、ウレタン塗膜防水	549.30	〃	650	357,045
ドレン	塗装	40	カ所	650	26,000
手摺支柱金物	端部シール	380	〃	550	209,000
8-1.小計					3,287,965
8-2.共用廊下床　既存:長尺塩ビシート張り					
床面	撤去、洗浄、下地調整、長尺シート張り(RA)	817.10	㎡	3,000	2,451,300
床塩ビシート端部シーリング		1,059.20	m	450	476,640
排水溝	洗浄、ウレタン塗膜防水	498.90	〃	400	199,560
巾木	洗浄、ウレタン塗膜防水	492.30	〃	500	246,150
立上り	洗浄、ウレタン塗膜防水	499.90	〃	650	324,935
ドレン	塗装	45	カ所	650	29,250
8-2.小計					3,727,835
8-3.階段防水（内部）　既存:長尺塩ビシート					
踊り場床面	洗浄、下地調整、長尺シート張り(RA)	45.00	㎡	4,200	189,000
階段段々	洗浄、下地調整、長尺シート張り(RAステップ)	64	段	5,800	371,200
床塩ビシート端部シーリング		128.00	m	450	57,600
ノンスリップ処理	樹脂モルタル成型	64	段	950	60,800
8-3.小計					678,600
8-4.階段床（鉄骨階段）　既存:長尺塩ビシート					
踊り場床面	撤去、ケレン・下地調整、長尺シート張り(3W踊場用)	90.00	㎡	4,500	405,000
階段段々	撤去、ケレン・下地調整、長尺シート張り(3W)	128	段	6,800	870,400
床塩ビシート端部シーリング		256.00	m	450	115,200
8-4.小計					1,390,600
8.計					9,085,000
9.その他工事					
9-1.クリーニング等					
クリーニング等		1	式		200,000
9-1.小計					200,000
9-2.手摺					
バルコニー手摺改修	バルコニー竪格子手摺□20　P120　H1100 撤去、仮付け、新規手摺設置	547.50	m	36,500	19,983,750
9-2.小計					19,983,750
9-3.パーテーション改修					
パーテーション改修	パーテーション枠・フレキ共　800×1800 撤去、新規パーテーション設置	80	カ所	43,000	3,440,000
9-3.小計					3,440,000

名称	規格・仕様	数量	単位	単価	金額
9-4.エキスパンション金物更新					
①屋上エキスパンション金物更新	撤去、新規設置　W800　カネソウSX11	12.00	m	120,000	1,440,000
②バルコニーエキスパンション金物更新					
バルコニー床面	撤去、新規設置（W150）　カネソウSX66	6.00	m	58,000	348,000
バルコニー天井面	撤去、新規設置（W150）　カネソウSX44	6.00	〃	58,000	348,000
バルコニー壁面・鼻先	シーリング撤去、シーリング（2層:2面接着）	15.00	〃	58,000	870,000
③共用廊下エキスパンション金物更新					
共用廊下床面	撤去、新規設置（W150）　カネソウSX66	6.00	m	58,000	348,000
共用廊下床面	撤去、新規設置（W100）床-壁用 カネソウSX56A	5.00	〃	53,000	265,000
共用廊下天井面	撤去、新規設置（W150）　カネソウSX40	6.00	〃	58,000	348,000
共用廊下天井面	撤去、新規設置（W100）天井-壁用 カネソウSX45	5.00	〃	53,000	265,000
共用廊下壁面・鼻先	シーリング撤去、シーリング（2層:2面接着）	15.00	〃	24,000	360,000
9-4.小計					4,592,000
9-5.照明改修					
照明改修	蛍光灯型LED照明 パナソニック（XLW202DENZ LE10）追加項目-5	44	カ所	17,000	748,000
照明改修	階段灯LED照明 パナソニック（XLW213NTNCLE9）追加項目-6	1	〃	65,000	65,000
照明改修	非常照明設置 パナソニック（XNNFB90005J）追加項目-7	4	〃	22,000	88,000
9-5.小計					901,000
9-6.旧手摺支持柱					
飾り柱撤去	南面	150.00	m	1,500	225,000
飾り柱支柱処理	金物撤去、防錆、埋戻し　南面	50	カ所	2,500	125,000
9-6.小計					350,000
9-7.※バルコニー室外機脱着　※は精算項目					
※バルコニー室外機脱着	室外機取外し、冷媒管調整、復旧	20	カ所	21,000	420,000
9-7.小計					420,000
9.計					29,886,750
10.耐震改修・EV工事　取合工事　※は精算項目					
＊耐震改修・EV工事の取合・調整工事の内訳項目は修正・変更・追記可。					
＊数量は暫定。耐震改修・EV工事の内訳と整合をとり各自記入。					
※連結送水管送水口更新	送水口更新、消火配管埋設部更新　全2カ所	1	カ所	940,000	940,000
※消火配管更新(1階床下配管)	消火配管更新（Φ100　消防用配管）	29.50	m	82,000	2,419,000
全体として1階廻りの連結送水管及び消火配管を更新する。					
※壁面下地処理	段差調整、パターン補修	120.00	㎡	900	108,000
※天井面下地処理	段差調整、パターン補修	110.00	〃	1,100	121,000
※床面下地処理	既存部との段差調整	110.00	〃	700	77,000
※屋上防水　パラペット切断部処理	段差調整、下地処理、止水処理	6.00	m	15,000	90,000
撤去・立上・パラペット新設まではEV工事。防水工事は屋上防水に含む。					
10.計					3,755,000
11.諸経費					
＊諸経費の内訳項目は修正・変更・追記可。複合して関わる項目は当該内訳に計上し、備考に「兼用」と標記する。					
現場管理費		1	式		13,200,000
現場経費		1	〃		3,410,000
一般管理費		1	〃		8,414,950
法定福利費		1	〃		4,207,400
11.計					29,232,350
合計					119,329,725
端数調整					△ 29,725
改め計					119,300,000
消費税（10%）					11,930,000
総計					131,230,000

■ 科目内訳（エレベーター新設工事）

名称	金額（円）	構成比（%）
1.エレベーター本体　増築工事	39,103,891	75.7
2.給湯器交換工事	1,790,500	3.5
3.現場管理費	5,200,000	10.1
4.一般管理費	3,687,551	7.1
5.法定福利費	1,843,776	3.6
合計	**51,625,718**	**100.0**
端数整理	△ 25,718	
改め合計	51,600,000	
消費税（10%）	5,160,000	
総計	56,760,000	

■ 構成比

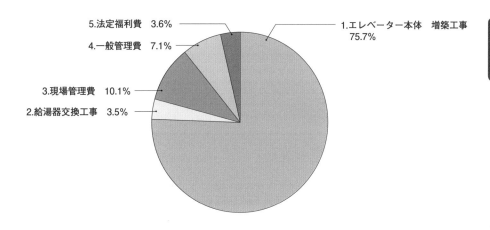

5.法定福利費　3.6%
4.一般管理費　7.1%
3.現場管理費　10.1%
2.給湯器交換工事　3.5%
1.エレベーター本体　増築工事 75.7%

見積り実例

■ 内訳明細（エレベーター新設工事）

名称	規格・仕様	数量	単位	単価	金額
1.エレベーター本体　増築工事					
1-1.共通仮設工事					
現場事務所	2.0間×3.0間×2階	1	式		大規模修繕工事に計上
資材置場	1.5間×2.0間×1階	1	式		
事務所内備品	掲示板・事務机・椅子・テーブル・棚・コピー機・消火器	1	式		
仮設通信設備	電話回線・電話機・FAX	1	式		
仮設トイレ	大小兼用水洗式　1カ所	1	式		
仮設給排水設備		1	式		
仮設電気設備	専用引込、私設柱共	1	式		
発生材置場	単管パイプ、コンパネ程度	1	式		
道具洗い場	沈殿層付き　1カ所	1	式		
安全対策費	カラーコーン、安全対策　注意標識	1	式		
ガードマン		50	人・日	19,000	950,000
廃材運搬処理費	処理費等	1	式		大規模修繕工事に計上
工事用看板		1	式		
掲示板		1	式		
敷き鉄板	t=22mm、1500×3000	1	式		150,000
鋼製仮囲い		29.00	m	5,000	145,000
パネルゲート		1	カ所	45,000	45,000
廊下仮囲い	W6000×H2500	5	〃	30,000	150,000
アスベスト対策費	申請等含む	1	式		400,000
1-1.小計					**1,840,000**
1-2.建築工事					
1-2-1.直接仮設工事					
水盛遣方		1	式		45,000
墨出し		1	〃		80,000
外部足場組	枠組足場	184.30	㎡	1,100	202,730
外部足場組	単管ブラケット足場	40.00	〃	1,100	44,000
同上　防音シート張		224.30	〃	600	134,580
同上　昇降階段		15.70	m	2,000	31,400
同上　隙間養生		22.20	〃	250	5,550
同上　運搬費		1	式		60,000
荷揚げステージ		3	カ所	30,000	90,000
同上　クレーン使用		3	回	60,000	180,000
内部足場組		74.40	㎡	1,100	81,840
同上　昇降タラップ		12.00	m	2,000	24,000
同上　隙間養生		12.40	〃	250	3,100
同上　運搬費		1	式		30,000
1-2-1.小計					**1,012,200**
1-2-2.土工事					
根切		68.90	㎡	5,500	378,950
床付け		20.70	㎡	500	10,350
発生土場外処分		68.90	㎡	13,000	895,700
埋戻し	人力　締固め共	27.50	〃	7,500	206,250
砕石地業	RC-40　締固め共	20.70	㎡	2,000	41,400
山留	杭打・抜き	1	式		1,800,000
山留	横矢板	37.40	㎡	4,000	149,600
排水		1	式		90,000
1-2-2.小計					**3,572,250**
1-2-3.コンクリート工事					
捨てコンクリート	Fc15N	2.00	㎡	13,800	27,600
同上　打設手間		1	式		40,000

名称	規格・仕様	数量	単位	単価	金額
鉄筋コンクリート	Fc24N	21.00	㎥	16,800	352,800
同上　打設手間	耐圧盤 地中梁 屋上スラブ・パラペット	1	式		160,000
同上　ポンプ車使用料		3	回	80,000	240,000
同上　コンクリート金コテ仕上		21.00	㎥	1,000	21,000
ピットフカシコンクリート		2.00	㎥	16,800	33,600
同上　打設手間		1	回	80,000	80,000
同上　ポンプ車使用料		1	〃	80,000	80,000
温度補正費		1	〃	21,000	21,000
強度試験費		3	〃	40,000	120,000
1-2-3.小計					1,176,000
1-2-4.型枠工事					
普通型枠	耐圧盤　地中梁	29.40	㎡	6,500	191,100
打放型枠	地中梁　立上　屋上スラブ・パラペット	49.50	〃	7,000	346,500
運搬費		78.90	〃	1,000	78,900
目地棒　面木		1	式		50,000
1-2-4.小計					666,500
1-2-5.鉄筋工事					
異形鉄筋	SD295　D10	236.00	kg	110	25,960
異形鉄筋	SD295　D13	1,651.00	〃	110	181,610
異形鉄筋	SD295　D16	466.00	〃	110	51,260
異形鉄筋	SD345　D19	253.00	〃	110	27,830
異形鉄筋	SD345　D22	315.00	〃	110	34,650
加工組立		2,921.00	〃	120	350,520
スペーサー		1	式		20,000
運搬費		2	台	35,000	70,000
1-2-5.小計					761,830
1-2-6.鉄骨工事					
鋼材費		1	式		1,938,736
副資材費		1	〃		60,000
工作図・現寸図		9.90	t	7,000	69,300
工場加工費		9.90	〃	65,000	643,500
工場溶接費		9.90	〃	15,000	148,500
錆止塗装費		9.90	〃	9,000	89,100
製品運搬費		9.90	〃	12,000	118,800
建方重機費		9.90	〃	9,500	94,050
建方鳶・鉄工費		9.90	〃	32,000	316,800
雑品・消耗品費		1	式		80,000
ベースパック据付費		4	セット	410,000	1,640,000
柱継手溶接費		4	本	35,000	140,000
安全対策費	ネット、親綱、スタンション、昇降タラップ	1	式		300,000
鉄骨足場		1	〃		150,000
超音波探傷検査	第三者　30%	1	〃		50,000
超音波探傷検査	自主　100%	1	〃		40,000
1-2-6.小計					5,878,786
1-2-7.ALC版工事					
外壁	ア100	199.00	㎡	12,000	2,388,000
コーナーパネル	ア100　　　　200×200	60.00	m	6,800	408,000
外部シーリング（版間）	ウレタン	199.00	㎡	1,200	238,800
定規金物	L-65×65×6	207.00	m	3,000	621,000
開口補強金物	L-65×65×6	42.00	〃	3,000	126,000
アングルピース	L-65×65×6. L-100	100	カ所	750	75,000
ロックウール		100.00	m	600	60,000
切断加工費		199.00	㎡	300	59,700
輸送費	7t車	199.00	〃	1,000	199,000
荷取手間		199.00	〃	1,500	298,500
残材処理費	300㎡以下	1	式		90,000
電力費	ゼネレーター損料	10	日	12,500	125,000

名称	規格・仕様	数量	単位	単価	金額
法定福利費		199.00	㎡	300	59,700
荷揚げ費		1	式		100,000
設備開口費		1	〃		55,000
1-2-7.小計					**4,903,700**
1-2-8.防水工事					
ピット床・立上 ウレタン塗膜防水	エバーコート Zero-1H	25.20	㎡	3,800	95,760
雨水排水溝 ウレタン塗膜防水	W150×H100 エバーコート Zero-1H	2.90	m	1,200	3,480
金物廻り シーリング	15×10	47.00	〃	800	37,600
扉廻り シーリング	15×10	15.00	〃	800	12,000
EXP-J廻り シーリング	15×10	14.00	〃	800	11,200
1-2-8.小計					**160,040**
1-2-9.屋根工事					
屋根 シート露出防水	F-HP15 リベットルーフHP（高耐久シート）	6.50	㎡	5,800	37,700
	1.5mm 工法付属金物一式共				
立上 シート露出防水		9.10	㎡	6,400	58,240
防水押え金物	捨て鋼板共	11.40	m	1,500	17,100
パラペット立上取合 ウレタン塗膜防水	既設撤去・新設部	1	式		60,000
1-2-9.小計					**173,040**
1-2-10.金属工事					
屋上 パラペット アルミ笠木	W350 アルウイトラ RD A-350 コーナー8カ所	11.00	m	12,000	132,000
既設屋上パラペットL字型SUSプレート	200×300	4.50	〃	10,000	45,000
横引ドレン		1	カ所	25,000	25,000
雨樋カラー硬質塩化ビニール	φ100	2.00	m	5,000	10,000
エキスパンションジョイント屋根タイプ	W2920×D650 SUS 屋根・外壁	3.70	〃	52,000	192,400
	アーキバンションHシリーズ 1カ所				
エキスパンションジョイント床タイプ	W2920×D550 SUS 床・床	14.60	m	52,000	759,200
	ノンスリップタイプSX66GP-300G 5カ所				
同上 固定用下地金物	W2920×D60×H80	29.20	m	22,000	642,400
同上 排水溝段差金物	W2920×D180×H20〜0	14.60	〃	22,000	321,200
エキスパンションジョイント壁タイプ	D405×H2700 SUS 床・壁	27	カ所	42,000	1,125,600
	ノンスリップタイプSX56GP-300G 10カ所				
EV出入口三方枠 SUS	W1015+100+100×D380×H150	6	カ所	140,000	840,000
落下防止用手摺	W300×H1900	10	〃	60,000	600,000
落下防止用手摺	W250×H1900	10	〃	60,000	600,000
既設手摺端部 新規支柱	H1300 STK100角 溶融亜鉛メッキどぶ付	10	〃	52,000	520,000
同上 固定金物・エンドキャップ		10	〃	10,000	100,000
雨滴対策金物	W2920×D120×H50（30〜15）5カ所	14.60	m	13,000	189,800
雨滴対策金物	W2920×D400×H120・45 5カ所	14.60	〃	16,000	233,600
EV内コンクリート止プレート	W1000×D400×H150	17.00	〃	3,000	51,000
アルミ型材製大型庇	W2650×D2000 取付金物・M12ボルト共	1	カ所	800,000	800,000
インターバイザーCANシリーズ・CAN2002JB	Jジョイントレスタイプ・基部流し・支持アーム式タイプ4				
同上 雨樋カラー硬質塩化ビニール	φ50	3.70	m	6,000	22,200
同上 水切りプレート		2.90	〃	3,500	10,150
1-2-10.小計					**7,219,550**
1-2-11.左官工事					
屋上コンクリート金コテ押え	勾配付	7.00	㎡	4,000	28,000
屋上コーナーモルタル		9.40	m	4,500	42,300
基礎コンクリート 打放補修	外部 ピット内共	25.20	㎡	2,000	50,400
排水溝モルタル金コテ	W150×H100	2.90	m	6,000	17,400
既設立上撤去部 天端補修	W3300×D150×H100 5カ所	16.50	〃	7,200	118,800
1-2-11.小計					**256,900**
1-2-12.塗装工事					
外壁 吹付塗装 ALC下	超低汚染・超耐久性NAD型	174.70	㎡	1,450	253,315
	特殊アクリルシリコン樹脂塗料				
外部基礎 フッ素樹脂クリアー塗装	コンクリート下 セラミクリートF	12.20	㎡	1,200	14,640
既存手摺・端部新規支柱 ポリウレタン塗装	STK100角	24.00	m	1,600	38,400
1-2-12.小計					**306,355**

名称	規格・仕様	数量	単位	単価	金額
1-2-13.内装工事					
床　　長尺床シート	W1015×L400　ノンスリップタイル	1	カ所	4,000	4,000
鉄骨柱　耐火被覆	t45　2時間　スプレエースW	36.80	㎡	5,000	184,000
鉄骨梁　耐火被覆	t45　1時間　スプレエースW	40.00	〃	3,000	120,000
同上　隙間プレート塞ぎ	ラス網	182.80	m	1,000	182,800
1-2-13.小計					490,800
1-2.小計					26,577,951
1-3.エレベーター設備工事					
スペーセル住宅用エレベーター（車いす兼用）					
積載量　　　600kg		1	式		5,900,000
定　員　　　　9名					
速　度　　45m／分					
停止箇所　6カ所					
（1、M1,2〜5回）					
制御方式　交流インバータ制御					
創座方式　乗合全自動式					
諸官庁　手続費	確認・完了検査・事務代行費含む	1	式		110,000
1-3.小計					6,010,000
1-4.外構工事					
（1階　EV前スロープ工事）					
鋤取り		22.90	㎡	4,500	103,050
床付け		22.90	〃	1,000	22,900
発生土場外処分		7.00	㎥	13,000	91,000
砕石地業	RC-40　締固め共	22.90	㎡	2,000	45,800
捨てコンクリート	Fc15N	1.50	㎥	13,800	20,700
同上　打設手間		1.00	式		40,000
鉄筋コンクリート	Fc24N	4.00	㎥	16,000	64,000
同上　打設手間		1	式		60,000
同上　コンクリート金コテ仕上		17.40	㎡	2,000	34,800
型枠					
型枠	H350	14.80	m	4,000	59,200
排水溝型枠	W180×L2920×H150	1	カ所	60,000	60,000
運搬費		1	式		40,000
鉄筋					
異形鉄筋	SD295A　D20	220.00	kg	100	22,000
加工組立		220.00	〃	250	55,000
スペーサー		1	式		6,000
運搬費		220.00	kg	120	26,400
床　防滑性ビニール床タイル	t2.5　タキストロンSL（スロープ用）	17.40	㎡	3,400	59,160
同上　ノンスリップ金物		14.80	m	4,500	66,600
床　　グレーチング	W200　滑止め模様	2.90	〃	48,000	139,200
	SUS　SMQ 12020（P=10）+RL-20				
（1階エントランス横スロープ）					
鋤取り		12.60	㎡	4,500	56,700
床付け		5.50	〃	1,000	5,500
根切り　　発生土場外処分共	W800×H600	4.40	㎥	13,000	57,200
砕石地業	RC-40　締固め共	5.50	㎡	2,000	11,000
捨てコンクリート	Fc15N	1.00	㎥	13,800	13,800
同上　打設手間		1	式		40,000
鉄筋コンクリート	Fc24N	5.50	㎥	16,000	88,000
同上　打設手間		1	式		150,000
同上　コンクリート金コテ		9.60	㎡	3,000	28,800
型枠					
打放型枠	基礎H600　立上H100〜H900	9.20	m	8,500	78,200
排水溝型枠	W180×L2920×H150	1	カ所	20,000	20,000
運搬費		1	式		50,000

名称	規格・仕様	数量	単位	単価	金額
鉄筋					
異形鉄筋	SD295A　D10	200.00	kg	100	20,000
加工組立		200.00	〃	250	50,000
スペーサー		1	式		5,000
運搬費		200.00	kg	120	24,000
床　コンクリート補修		9.60	㎡	3,000	28,800
床　防滑性ビニル床シート	ノンスリップタイプ	9.60	〃	4,200	40,320
腰壁　コンクリート補修		5.00	〃	3,500	17,500
腰壁　フッ素樹脂クリア塗装	セラミクリートF	5.00	〃	2,400	12,000
ステンレス手摺	H1100　2段	9.20	m	48,000	441,600
内側　ステンレス手摺	ブラケット型	5.50	〃	18,000	99,000
1-4.小計					2,353,230
1-5.電気設備工事					
厚鋼電線管	GP 22mm	10.00	m	2,710	27,100
合成樹脂製可とう電線管	PF 22mm（2重管）	100.00	〃	1,320	132,000
アウトレットボックス	中4角浅型 カバー無 102×44mm	4	個	2,340	9,360
鋼製プルボックス(防水 端子付)	200×200×200mm	1	〃	9,430	9,430
ビニル絶縁電線	IV 5.5°	50	m	426	21,300
ビニル絶縁ビニルシースケーブル	VVF2.0-3C	50	〃	659	32,950
トリプレックス形電力ケーブル	CV-T 14°	50	〃	1,670	83,500
耐熱ケーブル	HP 1.2-2C	60	〃	733	43,980
警報用ポリ絶縁ビニルシースケーブル	AE 1.2-2C	20	〃	387	7,740
動力盤		1	面	61,500	61,500
LEDスポット	自動点滅器共	1	台	21,200	21,200
インターホン機器		1	組	29,800	29,800
光電式スポット型感知器	2種 露出　試験機能付	1	個	21,100	21,100
共用盤改修		1	式		270,000
動力電源工事		1	〃		180,000
インターホン取付工事		1	〃		90,000
コア貫通工事		1	〃		180,000
自火報機器取付工事	消防手続き検査立会い含む	1	〃		450,000
1-5.小計					1,670,960
1-6.解体工事					
既設アスファルト舗装撤去		76.40	㎡	1,000	76,400
同上　廃材搬出処分		76.40	〃	2,500	191,000
既設廊下アルミ手摺　切断・撤去	開口W3020	5	カ所	15,000	75,000
既設廊下立上コンクリート カッター入れ	W150×H120	3.90	m	2,500	9,750
既設廊下立上コンクリート　はつり	W150×H120	14.50	〃	12,000	174,000
既設屋上立上コンクリート カッター入れ	W150×H500	3.20	〃	3,000	9,600
既設屋上立上コンクリート　はつり	W450×H700　防水層共	3.50	〃	16,000	56,000
廃材　集積 袋詰 小運搬 積込		2.00	㎥	18,000	36,000
廃材　運搬処分		2.00	〃	12,000	24,000
1-6.小計					651,750
1.計					39,103,891
2.給湯器交換工事					
給湯機（ノーリツ）	GT-2060SAWX-H-2BL▶マルチリモコン　定価:368,000円	5	組	220,000	1,100,000
付属品	排気ダクト▶配管カバー▶リモコンコード　定価:17,200円	5	〃	12,900	64,500
給湯機取付費	排気ダクト配管・リモコン取り付け含む	5	台	75,000	375,000
既設給湯器撤去費	1▶4▶5階	3	〃	30,000	90,000
	2▶3階	2	〃	18,000	36,000
給湯機廻り配管工事費	1▶4▶5階　　材工共	3	〃	23,000	69,000
〃	2▶3階	2	〃	18,000	36,000
消耗品雑材		1	式		20,000
2.計					1,790,500
3.現場管理費					
現場管理費		1	式		5,200,000
3.計					5,200,000

名称	規格・仕様	数量	単位	単価	金額
4.現場管理費					
一般管理費		1	式		3,687,551
4.計					3,687,551
5.現場管理費					
法定福利費		1	式		1,843,776
5.計					1,843,776
合計					51,625,718
端数調整					△ 25,718
改め計					51,600,000
消費税（10%）					5,160,000
総計					56,760,000

資料提供　　株式会社ハル建築設計　今井 章晴
　　　　　　東京都千代田区飯田橋 4-10-1-1311
　　　　　　TEL：03-6265-3639

北千住パークファミリア

アルミサッシ更新工事 その1

物 件 名	北千住パーク・ファミリア(東京都足立区)
築 年 数	築42年(1981年竣工)
構 造・階 数	SRC造、地上14階建て
総 戸 数	218戸
延 床 面 積	16,351.15m²
建 築 面 積	1,803.99m²
工 事 期 間	2023年10月〜2023年12月(約3カ月予定)
工 事 項 目	■共通仮設工事　■直接仮設工事 ■アルミサッシ更新工事　■その他(シーリング)
工 事 総 額	144,694,000円(税込) 戸当たり：663,734円 m²当たり：8,849円
助 成 金	環境省　既存住宅における断熱リフォーム支援事業(交付決定額：25,908千円) 東京都　既存住宅における省エネ改修促進事業(交付申請額(予定)：36,563千円)
発 注 者	北千住パーク・ファミリア管理組合
設計監理者	(株)ハル建築設計、(有)高岡建築設計工房
施 工 者	YKK AP(株)

■工事に至るまでの経緯

　当マンションは築後42年になるマンション
で、2009年に長期修繕計画を見直し、その後玄
関ドアやスチール手摺などの更新、専有部分の
給排水枝管を含む給排水設備改修工事に取り組
んできたマンションです。

　2010年にアルミサッシの部品交換工事を行
い、戸車や交換可能な気密ゴムなどを更新しま
した。また、2021年大規模修繕工事では金属
建具点検・調整を行い、アルミサッシの延命工
事を図ってきました。その間、2011年の中規模
修繕工事において、玄関ドア更新工事と、バル
コニー側手摺のスチールからアルミ手摺への更
新工事、2021年の大規模修繕工事において共用
廊下側手摺のスチールからアルミ手摺への更新

工事を行い、修繕周期の長い部品を更新し、住
民は美観を含め快適性を実感してきました。

　そのような中、2021年に大規模修繕工事を
終えてみると、アルミサッシの変形による開閉
支障など点検・調整では直らない不具合があ
る、美観上汚れやキズが目立つ、サッシは開閉
するが動きが円滑でないなど工事前は理解して
いたはずの問題が気になりはじめ、アルミサッ
シを更新したいという意見がでてきました。

　長期修繕計画では、2027年にアルミサッシ
更新工事を予定していましたが、修繕委員会で
も、資金的に可能で、前倒しできるなら早く実
施すべきという意見が強くなりました。

　そこで修繕委員会は勉強会を兼ね、メーカー

からのプレゼンテーションを受け、工事内容を把握し、仕様や工事範囲について検討をはじめました。その後、検討結果を仕様書にまとめ、メーカー4社と2021年に大規模修繕を依頼した施工会社から見積りを取り、最後にメーカー3社に絞り込んだうえで、ヒアリングを行い請負事業者を決定しました。

■工事の内容

住戸専用使用部分のサッシは、環境省や東京都の各種事業への補助金を申請していますが、エレベーターホール等、共用部分で補助金対象外のサッシについても一部更新する事としました。

また、当マンションは妻側住戸に庇と面格子が付いた引違いアルミサッシがあり、足場無しで施工できるという提案を受け、検討しましたが、工事中の安全性や雨漏りのリスクを減らす施工を求め、必要な所には足場を架けて施工することとしました。

メーカーのプレゼンテーション・修繕委員会勉強会

メーカーの下見、サンプル調査 　　　　　設計内容住民説明会

メーカーによる全戸実測調査

内窓が設置されている住戸

共用廊下側アルミサッシ

■北千住パークファミリア　年譜

2009年	長期修繕計画見直し
2010年	中規模修繕工事実施設計＋緊急工事（アルミサッシ部品交換工事）
2011年	中規模修繕工事（鉄部塗装＋バルコニー手摺・玄関ドア更新）
2012年	給排水設備更新工事　実施設計
2013年	給排水設備更新工事（共用部分給排水設備更新＋専有部分給排水給湯設備更新）
2019年	外壁を中心にした大規模修繕工事　実施設計
2021年	外壁を中心にした大規模修繕工事中（基本工事＋共用廊下手摺更新）
2022年	アルミサッシ更新工事　仕様検討
2023年	アルミサッシ更新工事

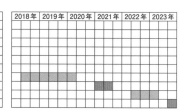

■更新後の基本性能・仕様

アルミサッシの基本性能	
耐風圧性	S-6　(2,800Pa)
気密性	A-4　(A-4等級線)
水密性	W-5　(500Pa)
遮音性	T-2　(T-2等級線)
断熱性	H-2　(4.07W/(m²・K))
ガラスの基本性能	
高射熱断熱Low-Eペアガラス　（サンバランスピュアクリア同等品以上）	
G1グレード	

■3〜11階平面図

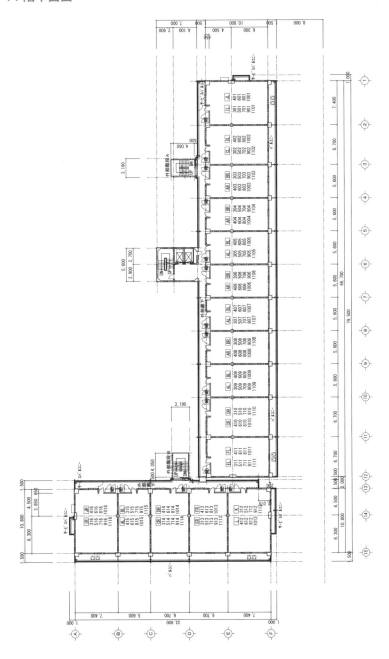

■タイプ別キープラン（抜粋）

中住戸

ALタイプ　　26戸	DLタイプ　　7戸

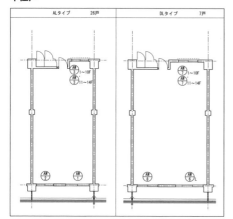

妻側住戸

Gタイプ　　2戸	Kタイプ　　7戸

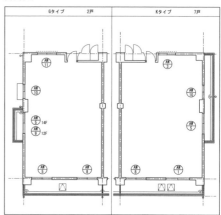

■建具表（抜粋）

記号・数量	AW① 168	AW② 123	AW⑤ 58	AW⑦ 17	AW⑩ 46
住戸タイプ	AL, AR, BL, BR, IL, IR, JL, JR, K, L	AL, AR, BL, BR, EL, FL	ER, FR, G, H, IL, IR, JL, JR, K, L	CL, CR, DL, DR, EL, ER, FL, FR（11階以上）	IL, IR, JL, JR, K, L
改修前型式	アルミ製引違い窓	アルミ製引違い窓	アルミ製引違い窓	アルミ製嵌め殺し窓付片引き窓	アルミ製引違い窓
改修前姿図	2,100 × 1,800	1,500 × 1,800	1,800 × 1,800	FIX / FIX　1,700 × 505 675 1,180	1,200 × 1,100
材料・仕上	アルミ製・シルバー仕上	アルミ製・シルバー仕上	アルミ製・シルバー仕上	アルミ製・シルバー仕上	アルミ製・シルバー仕上
見込	70	70	70	70	70
改修前サッシ性能	S-6, A-4, W-5, T-1	S-6, A-4, W-5, T-1	S-6, A-4, W-5, T-1	S-6, A-3, W-4, 防火設備	S-6, A-4, W-5, T-1
ガラス	透明ガラスt5.0	透明ガラスt5.0	型板ガラスt6.0	網入型板ガラスt6.8	網入型板ガラスt6.8
附属金物	クレセント、戸車、他附属金物一式	クレセント、戸車、他附属金物一式	クレセント、戸車、他附属金物一式	クレセント、戸車、他附属金物一式	クレセント、戸車、他附属金物一式
附属部材	可動網戸	可動網戸	可動網戸	可動網戸	可動網戸
備考			調査時ガラス確認要	外部面格子	
改修後型式	アルミ製引違い窓	アルミ製引違い窓	アルミ製引違い窓	アルミ製引違い窓	アルミ製引違い窓
改修後姿図					
材料・仕上	アルミ製	アルミ製	アルミ製	アルミ製	アルミ製
見込	70	70	70	70	70
改修後サッシ性能	S-6, A-4, W-5, T-2, H-2	S-6, A-4, W-5, T-2, H-2	S-6, A-4, W-5, T-2, H-2	S-6, A-4, W-5, T-2, H-2	S-6, A-4, W-5, T-2, H-2
ガラス	Low-E5+A12+透明ガラスt6.0	Low-E5+A12+型板ガラスt6.0	Low-E5+A12+型板ガラスt6.0	網入型板ガラスt6.8+A12+Low-E4	網入型板ガラスt6.8+A12+Low-E4
附属金物	クレセント、戸車、補助ロック、補助引手換気かまち、錠前、他附属金物一式	クレセント、戸車、補助ロック、補助引手換気かまち、錠前、他附属金物一式	クレセント、戸車、補助ロック、補助引手換気かまち、錠前、他附属金物一式	クレセント、戸車、補助ロック、補助引手換気かまち、錠前、他附属金物一式	クレセント、戸車、補助ロック、補助引手換気かまち、錠前、他附属金物一式
附属部材	可動網戸	可動網戸	可動網戸	可動網戸	可動網戸
備考				防火設備、外部面格子（既存のまま）	

マンションの外観

■ 科目内訳

名称	金額（円）	構成比（%）
1.共通仮設工事	4,730,000	3.60
2.直接仮設工事	4,076,000	3.10
3.アルミサッシ更新工事	114,152,900	86.78
4.その他工事	5,011,500	3.81
5.現場管理費	3,520,000	2.68
6.一般管理費	50,000	0.04
合計	131,540,400	100.0
端数調整	△ 400	
改め計	131,540,000	
消費税（10%）	13,154,000	
総計	144,694,000	

※見積書に記載の価格は、見積作成段階のものです。
　資材価格が高騰しており、現在の価格とは異なりますので、ご注意ください。

見積り実例

■ 構成比

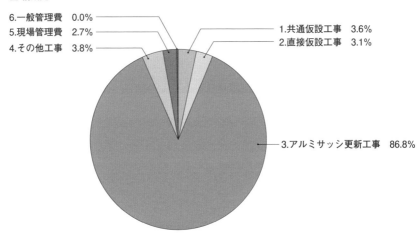

6.一般管理費　0.0%
5.現場管理費　2.7%
4.その他工事　3.8%
1.共通仮設工事　3.6%
2.直接仮設工事　3.1%
3.アルミサッシ更新工事　86.8%

■ 内訳明細

名称	規格・仕様	数量	単位	単価	金額
1.共通仮設工事					
現場事務所・資材置場	2.0間×4.0間×2階	1	棟	450,000	450,000
資材置場・作業員詰所	3.0間×3.0間×1階	2	〃	300,000	600,000
事務所内備品	掲示板・事務机・椅子・テーブル・棚・コピー機・消火器等	1	式		180,000
シンク	1槽シンク・給排水工事	1	カ所	80,000	80,000
仮設トイレ	大小別水洗式　1箇所	1	棟	130,000	130,000
仮設通信設備	カラー複合機、LANケーブル他	1	式		250,000
仮設電気設備	共用部分より分岐使用のケーブル・防水コンセント等設置	1	〃		380,000
発生材置場	コンパネ程度	1	〃		20,000
一般養生費	ベニヤ板、EV養生他	1	〃		60,000
安全対策費	カラーコーン、安全対策　注意標識	1	〃		60,000
廃材運搬処理費	処理費等　マニフェスト要	1	〃		1,600,000
掲示板		1	〃		20,000
清掃片付け	竣工時清掃（工事中を含む）	1	〃		100,000
既存サッシ調査費		1	〃		800,000
1.計					**4,730,000**
2.直接仮設工事					
サッシ改修用足場架け払い	鋼製枠組み足場　W=600	1	式	1,000,000	1,000,000
塗料飛散防止	前面メッシュシート張り（黒色新品）	1	〃	53,000	53,000
落下防止養生	朝顔養生	1	〃	30,000	30,000
サッシ改修用足場架け払い	鋼製枠組み足場　W=600	1	〃	735,000	735,000
塗料飛散防止	前面メッシュシート張り（黒色新品）	1	〃	42,000	42,000
サッシ改修用足場架け払い	鋼製枠組み足場　W=600	1	〃	840,000	840,000
塗料飛散防止	前面メッシュシート張り（黒色新品）	1	〃	46,000	46,000
仮設資材運搬費	7t車12台	1	〃	700,000	700,000
壁ツナギアンカー跡補修	速硬軽量モルタル　修繕塗料　※アスベスト対策費含む	1	〃	70,000	70,000
足場図面作成費		1	〃	170,000	170,000
警備員費	組立9日間解体6日間（1人工）	1	〃	780,000	390,000
2.計					**4,076,000**
3.アルミサッシ更新工事					
AW-1	Low-E5+G11+FL6.0	168	カ所	164,900	27,703,200
AW-2	Low-E5+G11+FL6.0	123	〃	133,300	16,395,900
AW-3	FW6.8+G12+Low-E5（防火設備）既存面格子有	101	〃	143,800	14,523,800
AW-3'	FW6.8+A15+Low-E5（防火設備）既存面格子有	29	〃	152,000	4,408,000
AW-5	Low-E5+G11+FL6.0	58	〃	149,000	8,642,000
AW-6L	Low-E5+G11+FL6.0	28	〃	218,000	6,104,000
AW-6R	Low-E5+G11+FL6.0	39	〃	218,000	8,502,000
AW-7	FW6.8+G12+Low-E5（防火設備）既存面格子有	50	〃	166,000	8,300,000
AW-7'	FW6.8+A15+Low-E5（防火設備）既存面格子有	17	〃	166,000	2,822,000
AW-8	Low-E5+G11+FL6.0	61	〃	117,800	7,185,800
AW-9	Low-E5+G11+FL6.0	1	〃	113,200	113,200
AW-10	Low-E5+G11+FL6.0	46	〃	85,000	3,910,000
AW-10'	PW6.8+G12+Low-E5	3	〃	95,600	286,800
AW-11	PW6.8+G12+Low-E5	3	〃	119,500	358,500
AW-12	PW6.8+G12+Low-E5	11	〃	109,000	1,199,000
AW-105	PW6.8	13	〃	246,300	3,201,900
AW-105'	PW6.8	2	〃	248,400	496,800
3.小計					**114,152,900**
4.その他（シーリング）工事					
サッシ回りシーリング	非防火（住戸部）	4,030.00	m	900	3,627,000
サッシ回りシーリング	防火（住戸部）	1,063.00	〃	1,200	1,275,600
サッシ回りシーリング	非防火（共用部）	121.00	〃	900	108,900
4.小計					**5,011,500**

名称	規格・仕様	数量	単位	単価	金額
5.現場管理費					
現場代理人費		1	式	1,450,000	1,450,000
労務管理費	次席担当者、作業員の安全衛生、厚生等	1	〃	1,000,000	1,000,000
保険料	請負賠償責任・生産物賠償責任	1	〃	420,000	420,000
事務経費	事務用品、通信交通費、雑費	1	〃	50,000	50,000
試験費	試験施工費等	1	〃	100,000	100,000
施工図・竣工図費		1	〃	500,000	500,000
5.小計					3,520,000
6.一般管理費					
一般管理費		1	式		50,000
6.小計					50,000
合計					131,540,400
端数調整					△ 400
改め計					131,540,000
消費税（10%）					13,154,000
総計					144,694,000

■資料提供　株式会社ハル建築設計　今井 章晴
　　　　　東京都千代田区飯田橋 4-10-1-1311
　　　　　TEL：03-6265-3639

見積り実例

落合パーク・ファミリア
アルミサッシ更新工事 その2

物件名	落合パーク・ファミリア(東京都新宿区)
築年数	築45年(1978年竣工)
構造・階数	SRC造、地上14階建て
総戸数	264戸
延床面積	18,122.25m²
建築面積	2,247.22m²
工事期間	2023年9月〜2023年11月(約3カ月予定)
工事項目	■共通仮設工事　■アルミサッシ更新工事 ■その他(シーリング)
工事総額	148,500,000円(税込) 戸当たり：562,500円 m²当たり：8,194円
助成金	環境省　既存住宅における断熱リフォーム支援事業(交付決定額：26,273千円) 東京都　既存住宅における省エネ改修促進事業(交付申請額(予定)：35,000千円)
発注者	落合パーク・ファミリア管理組合
設計監理者	(株)ハル建築設計、(有)高岡建築設計工房
施工者	(株)LIXILリニューアル

■工事に至るまでの経緯

　当マンションは築後45年になるマンションで、2011年に耐震診断、2013年に大規模修繕工事の際に玄関ドアを更新しました。その後2016年共用部分給水設備と共に専有部分給排水給湯設備の改修を実施したマンションです。

　管理組合は、アルミサッシ更新工事を2022年度の工事を目指して進めていましたが、住民の合意形成に至らず、その年の工事をいったん見送りました。そして以前大規模修繕工事や給水設備改修工事の設計監理を依頼したハル建築設計にコンサルタントを依頼し、2023年度の工事を目指すこととしました。

　当管理組合は計画修繕も理事会で進める管理組合です。5月末の通常総会で輪番制の理事の半数が交代する中で、翌年3月までに臨時総会を開催し、メーカーや工事費の承認を受けなければなりません。タイトなスケジュールでしたがステップを踏み、管理組合の勉強会を兼ね、メーカー3社からプレゼンテーションを受け、仕様や工事範囲について検討し、仕様書にまとめ、見積りを取得し、最後にメーカー3社のヒアリングを行い1社に絞り込みました。

■検討事項

　プレゼンテーションで、あるメーカーから、アルミ製ではなく、アルミ樹脂複合サッシを採用する提案がありました。断熱性がアルミ製サッシがH-2等級に対し、アルミ樹脂複合サッシ

はH-5となる断熱性能が向上する提案でした。反面、耐風圧性はS-6等級に対しS-5等級。水密性はW-5等級に対し一部W-4等級、遮音性はT-2等級に対しT-1等級と下がります。メーカーの説明では耐風圧性や水密性は計算上クリアしているとの事でしたが、当マンションは14階建であることや、2018年や2019年の台風で、新築マンションでも高層階でアルミサッシ下枠から雨水が吹上げたことを考えると、これら基本性能が下がることに懸念がありました。

さらに、延焼ラインが一部の住戸にかかり防火設備（防火戸）が求められ、18住戸でバルコニー側サッシ一枚にアルミ樹脂複合サッシを使えないことから不公平が生じ、合意形成上も難しいので採用を見送りました。

■工事の内容

環境省、東京都の各事業へ補助金申請を予定しています。住戸専用仕様部分を対象として、次頁の仕様へと更新します。

マンションの外観

メーカーの下見、サンプル調査

設計内容住民説明会

全戸実測調査

内窓設置住戸

■落合パークファミリア　年譜

2011年	耐震診断
2012年	大規模修繕工事　実施設計
2013年	大規模修繕工事(基本工事+玄関ドア更新)
2014年	給水設備改修工事　基本設計
2015年	給水設備改修工事　実施設計
2016年	給水設備改修工事(共用部分給水設備+専有部分給排水給湯設備更新)
2022年	アルミサッシ更新工事　仕様検討
2023年	アルミサッシ更新工事

	2011年	2012年	2013年	2014年	2015年	2016年		2022年	2023年
耐震精密診断									
大規模修繕　実施設計		■							
大規模修繕工事			■						
給水設備改修 基本設計				■					
給水設備改修 実施設計					■				
給水設備改修工事						■			
アルミサッシ更新工事仕様検討								■	
アルミサッシ更新工事									■

■更新後の基本性能・仕様

アルミサッシの基本性能	
耐風圧性	S-6 （2,800Pa）
気密性	A-4 （A-4等級線）
水密性	W-5 （500Pa）
遮音性	T-2 （T-2等級線）
断熱性	H-2 （4.07W/（m²・K））

ガラスの基本性能
高射熱断熱Low-Eペアガラス （サンバランスピュアクリア同等品以上）
G1グレード

参考：検討事項	アルミ製サッシ	アルミ樹脂複合サッシ
耐風圧性	S-6 （2,800Pa）	S-5 （2,400Pa）
気密性	A-4 （A-4等級線）	A-4 （A-4等級線）
水密性	W-5 （500Pa）	W-4 （350Pa）・W-5 （500Pa）
遮音性	T-2 （T-2等級線）	T-1 （T-1等級線）
断熱性	H-2 （4.07W/（m²・K））	H-5 （2.33W/（m²・K））

■2〜5F平面図

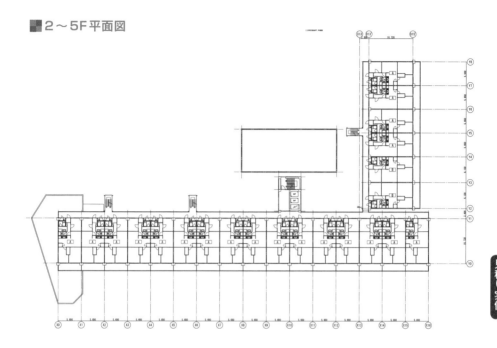

■タイプ別キープラン（抜粋）

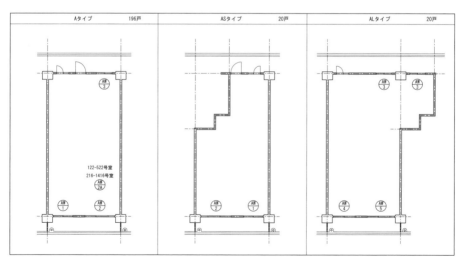

■建具表（抜粋）

記号・数量	AW/1		239	AW/2		198	AW/3		264
住戸タイプ	A, AS, B, BS			A, AS			A, AL, B, BL		
改修前型式	アルミ製引違い窓			アルミ製嵌め殺し窓付引違い窓			アルミ製引違い窓		
改修前姿図	1,750 / 1,500			1,700 / 520 / 80 / 2,300 / FIX / 1,750			1,000 / 1,200		
材料・仕上	アルミ製・シルバー仕上			アルミ製・シルバー仕上			アルミ製・シルバー仕上		
見込	60			60			70		
改修前サッシ性能 ガラス	透明ガラスア5.0			透明ガラスア5.0			網入型板ガラスア6.8		
附属金物	クレセント、戸車、他附属金物一式			クレセント、戸車、他附属金物一式			クレセント、戸車、他附属金物一式		
附属部材	可動網戸			可動網戸			可動網戸		
備考							防火設備、外部面格子		
改修後型式	アルミ製引違い窓			アルミ製嵌め殺し窓付引違い窓			アルミ製引違い窓		
改修後姿図				FIX					
材料・仕上	アルミ製			アルミ製			アルミ製		
見込	70			70			70		
改修後サッシ性能	S-6, A-4, W-5, T-2, H-2			S-6, A-4, W-5, T-2, H-2			S-6, A-4, W-5, T-2, H-2		
ガラス	Low-E5+A12+透明ガラスア6.0			Low-E5+A12+透明ガラスア6.0			網入型板ガラスア6.8+A12+Low-E4		
附属金物	クレセント、戸車、補助ロック、補助引手 他附属金物一式			クレセント、戸車、補助ロック、補助引手 他附属金物一式			クレセント、戸車、補助ロック 他附属金物一式		
附属部材	可動網戸、アルミ額縁			可動網戸、アルミ額縁			可動網戸、アルミ額縁		
備考				既存方立残し（内外アルミカバー）			防火設備、外部面格子（既存のまま）		

名称	金額（円）	構成比（%）
1.共通仮設工事	8,200,000	5.29
2.アルミサッシ更新工事	124,594,900	80.40
3.その他工事	7,041,000	4.54
4.現場管理費	9,624,000	6.21
5.一般管理費	5,500,000	3.55
合計	**154,959,900**	**100.0**
端数調整	△ 19,959,900	
改め計	**135,000,000**	
消費税（10%）	13,500,000	
総計	148,500,000	

※見積書に記載の価格は、見積作成段階のものです。
　資材価格が高騰しており、現在の価格とは異なりますので、ご注意ください。

■ 構成比

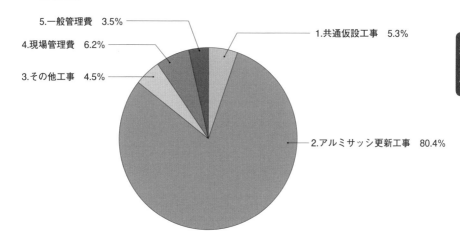

■ 内訳明細

名称	規格・仕様	数量	単位	単価	金額
1.共通仮設工事					
現場事務所・作業員詰所	2.0間×3.0間程度	2	棟	300,000	600,000
資材置場	1.5間×2.0間程度	3	式	250,000	750,000
事務所内備品	掲示板・事務机・椅子・テーブル・棚・コピー機・消火器	1	〃		100,000
仮設通信設備	電話回線・電話機・FAX	1	〃		
仮設トイレ	大小別水洗式 1箇所	1	棟	180,000	180,000
仮設給排水設備	共用部分より分岐使用の給排水管設置	1	式		150,000
仮設電気設備	共用部分より分岐使用のケーブル・防水コンセント等設置	1	〃		400,000
発生材置場	単管パイプ、コンパネ程度	1	〃		660,000
一般養生費	ベニヤ板他	1	〃		900,000
道具洗い場	沈殿層付き 1箇所	1	〃		30,000
安全対策費	カラーコーン、安全対策 注意標識	1	〃		100,000
ガードマン	足場材搬出入・組立・解体時	1	〃		0
植栽養生費	布シート他	1	〃		0
廃材運搬処理費	処理費等 マニフェスト要	1	〃		2,300,000
工事用看板		1	〃		14,000
掲示板		1	〃		10,000
工事用駐車場借用費		1	〃		0
清掃片付け	竣工時清掃（工事中を含む）	1	〃		906,000
各種申請費用	足場設置届等	1	〃		0
既存サッシ実測調査費		1	〃		1,100,000
1.計					**8,200,000**
2.アルミサッシ更新工事					
AW-1	Low-E5+A12+透明ガラス6.0	239	カ所	128,600	30,735,400
AW-2	Low-E5+A12+透明ガラス6.0	198	〃	215,900	42,748,200
AW-2A	網入透明ガラス6.8+A12+Low-E4（防火設備）	18	〃	333,500	6,003,000
AW-3	網入型板ガラス6.8+A12+Low-E4（防火設備）	264	〃	117,800	31,099,200
AW-4	Low-E5+A12+透明ガラス6.0	20	〃	138,800	2,776,000
AW-5	Low-E5+A12+透明ガラス6.0	20	〃	206,200	4,124,000
AW-6	Low-E5+A12+透明ガラス6.0	23	〃	230,700	5,306,100
AW-7	Low-E5+A12+透明ガラス6.0	5	〃	144,000	720,000
AW-8	Low-E5+A12+透明ガラス6.0	5	〃	216,600	1,083,000
2.計					**124,594,900**
3.その他（シーリング）工事					
サッシ回りシーリング		4,694.00	m	1,500	7,041,000
3.小計					**7,041,000**
4.現場管理費					
現場代理人費		1	式		2,400,000
労務管理費	作業員の安全衛生、厚生等	1	〃		2,300,000
保険料	請負賠償責任・生産物賠償責任	1	〃		0
事務経費	事務用品、通信交通費、雑費	1	〃		264,000
試験費	試験施工費等	1	〃		100,000
施工図・竣工図費		1	〃		4,560,000
4.小計					**9,624,000**
5.一般管理費					
一般管理費		1	式		5,500,000
5.小計					**5,500,000**
合計					**154,959,900**
端数調整					△ 19,959,900
改め計					135,000,000
消費税（10%）					13,500,000
総計					**148,500,000**

■ 資料提供　株式会社ハル建築設計　今井 章晴
東京都千代田区飯田橋4-10-1-1311
TEL：03-6265-3639

サンコート浜松

多能工を活用した給水システム変更と給水管更新工事

物 件 名	サンコート浜松(静岡県浜松市)
築 年 数	築36年(1987年竣工)
構造・階数	SRC造、地上10階建て
総 戸 数	79戸
延 床 面 積	7,253.80m²
建 築 面 積	1,171.51m²
工 事 期 間	2023年1月〜2023年4月(約4カ月)
工 事 項 目	■給水・排水工事
工 事 総 額	58,190,000円(税込) 戸当たり:736,582円 m²当たり:8,022円
発 注 者	サンコート浜松管理組合
設計監理者	共用給水設備改修工事設計・見積業者選定・入札まで 株式会社ファーマ一級建築士事務所
施 工 者	京浜管鉄工業株式会社

■工事に至るまでの経緯

6年前(平成29(2017)年)に実施した給排水設備劣化状況調査(内視鏡調査・サンプリング調査)により給水管の異種金属接合の劣化が判明し、修繕工事の必要性が確認されました。この診断結果のもと改修計画が作成されましたが、新型コロナウイルスの感染拡大により工事推進が一時困難に。一方、改修計画作成前に同マンションで起こった1階住戸床下排水管改修工事を京浜管鉄工業が施工したことをきっかけに競争入札の結果、給水設備改修工事も同社が選ばれました。

築35年を超えた令和4(2022)年にはようやく本格的な工事実施にたどり着き、同年夏には着工開始の予定でしたが、ロシアによるウクライナ侵攻が要因で増圧給水ポンプユニットの入荷時期が未定となり工事が延期に。令和5

(2023)年1月にようやく納期が確定したことから改めて着工、4カ月の工期をかけ引き渡しとなりました。

外観

■工事の具体的な内容

　主な工事は、①受水槽加圧給水システムから直結増圧システムへの給水システム変更、②公道内上水道配水管から地下1階ポンプ室内増圧ポンプまでの1次側給水管の高性能耐震ポリエチレン管への更新、③地下1階ポンプ室から各戸水道メーターまでの2次給水管の更新という3つでした。

　③では、1階住戸下や廊下のスラブ下配管の更新や各戸メーター内の配管の更新などを実施。地中を掘るほか、管の切断や新管の新設なども行うなどかなりの手間を要しましたが、施工者である京浜管鉄工業の高い技術力により、限られた予算の中で工夫のある施工が行われました。多能工の活用により「工事をやっている感じがしない」という住民の声も聞かれるなど、コロナ禍という状況下で職人の出入りを最小限にできたことは管理組合にも好評でした。

　このほか、各系統最上階へ吸排気弁の設置、各戸水道メーター（私設）の更新、各戸水道メーターユニット設置、システム変更完了後既設受水槽・加圧給水ポンプの撤去（受水槽はコンクリート基礎立上りまで撤去）、付帯建築補修工事といった工事が実施されました。

■工事の効果

　共用給水管が塩ビライニング鋼管（継手コア無し）だったため錆の発生が著しい状態でしたが、共用給水管を全て更新したので赤水などの発生や共用給水管の劣化破断の心配がなくなりました。

　また、新築時から各戸減圧弁が更新されずに使用されていたことにより、各戸の水圧が安定せず、一定ではなかったのですが、今回の工事による更新後は全戸一定で安定した水圧で供給されるようになったのも大きな成果です。

　浜松市の平地部は給水供給圧力が0.5Mpaと比較的高いため、増圧給水システムを採用していても、同時使用率が上がらない場合は増圧給水ポンプを稼働することなく給水できるため、省エネ効率も高くなっています。

■ 共用部給水設備改修工事　系統図

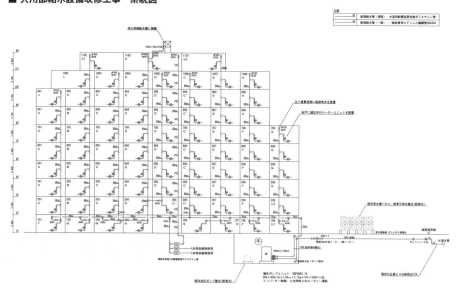

■ 施工写真

● 道路内配管工事

埋設配管工事（高性能耐震ポリエチレン管）

掘削部表層仕上げ（完了）

道路内新設配管（配管完了状況）

道路アスファルト復旧完了

● 駐車場内配管工事

駐車場内露出配管　施工前

駐車場内露出配管　仕上げ塗装中

● 増圧給水ポンプのシステム変更

既設ポンプ室施工前（切替後撤去）

増圧給水ポンプユニット試験調整中

● 1階天井・外壁部露出配管工事

1階天井・外壁部露出配管（施工前）

配管・保温完了 仕上げ塗装前

● 受水槽撤去

既設受水槽

受水槽・受水槽基礎撤去完了

■ 科目内訳

名称	金額（円）	構成比（%）
1.共通仮設工事	3,520,000	6.7
2.共用部給水設備改修工事	42,820,000	80.9
3.諸経費	6,560,000	12.4
合計	**52,900,000**	**100.0**
消費税（10%）	5,290,000	
総計	58,190,000	

■ 構成比

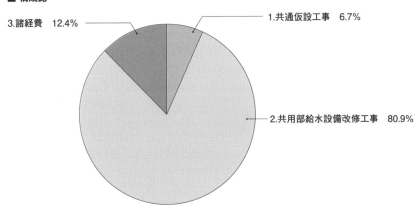

3.諸経費　12.4%

1.共通仮設工事　6.7%

2.共用部給水設備改修工事　80.9%

各戸水道メーター更新

新設増圧ポンプ

見積り実例

■ 内訳明細

名称	規格・仕様	数量	単位	単価	金額
1.共通仮設工事					
現場事務所・作業員詰所	集会室貸与 養生・清掃	1	式		455,000
仮設資材置場		1	〃		250,000
仮設廃材置場		1	〃		45,000
仮設便所	管理室脇トイレ貸与	1	〃		養生の上、借用します
仮設電源設備		1	〃		200,000
仮設給排水設備		1	〃		150,000
安全対策費	バリケード・標識・消火器等	1	〃		150,000
養生設置撤去費		1	〃		80,000
片付け清掃費		1	〃		60,000
廃材搬出処分費	アスベスト含有建材共	1	〃		1,350,000
事務備品費	掲示板、プリンター、配布紙等	1	〃		190,000
工事用車輌駐車場費		1	〃		200,000
アスベスト含有調査及び含有材撤去		1	〃		390,000
1.計					3,520,000
2.共用部給水設備改修工事					
2-1.増圧ポンプ設置工事					
増圧ポンプユニット	SDP80R3.7A（川本）80mm×403L/min×58m×3.7kw×3Φ×200V×2台	1	組	3,200,000	3,200,000
基礎工事費		1	式		95,000
搬入据付費	SUS製基礎ボルト（M12）	1	〃		210,000
電源及び警報配線工事		1	〃		250,000
試運転調整費		1	〃		90,000
給水装置改造申請費	検査立会共	1	〃		790,000
既存受水槽パネル撤去費	7.0m×3.5m×2.5mH	1	〃		545,000
既存受水槽鉄骨平架台コンクリート基礎撤去費	基礎立上りまで撤去	1	〃		1,599,000
既存加圧ポンプ撤去費		1	〃		150,000
2-1.小計					6,929,000
2-2.仮設給水管工事					
水道用硬質ポリ塩化ビニル管 VPW	75A	105.00	m	850	89,250
水道用硬質ポリ塩化ビニル管 VPW	50A	5.00	〃	440	2,200
水道用硬質ポリ塩化ビニル管 VPW	40A	280.00	〃	320	89,600
水道用硬質ポリ塩化ビニル管 VPW	20A	158.00	〃	130	20,540
同上継手類	TS継手	1	式		504,000
配管支持材料	電気亜鉛メッキ製	1	〃		55,000
仕切弁 青銅製鉛レス JIS10K	40A	9	個	13,100	117,900
ボール弁	20A	79	〃	2,930	231,470
フレキ管	20A	79	〃	1,100	86,900
消耗品雑材料		1	式		121,140
配管工事費		1	〃		568,000
切替工事費		1	〃		504,000
撤去工事費	配管、バルブ、支持材	1	〃		220,000
試験調整費	水圧テスト他	1	〃		90,000
2-2.小計					2,700,000
2-3.給水横引き管更新工事					
一般配管用ステンレス鋼鋼管 SUS304	75su	136.00	m	2,820	383,520
同上継手類（ハウジング継手,溶接継手）		1	式		1,150,000
同上加工費（グルービング,溶接 工場加工）		1	〃		1,342,320
一般配管用ステンレス鋼鋼管 SUS304	50su	4.00	m	1,390	5,560
一般配管用ステンレス鋼鋼管 SUS304	40su	54.00	〃	1,220	65,880
一般配管用ステンレス鋼鋼管 SUS304	25su	6.00	〃	740	4,440
同上継手類（拡管式）		1	式		225,600
配管支持材料	屋外:SUS 屋内:メッキ	1	〃		420,600
水道用耐震型高性能ポリエチレン管 AW	75A	63.00	m	1,428	89,964
水道用耐震型高性能ポリエチレン管 AW	25A	4.00	〃	204	816
同上継手類（EF継手）		1	式		544,680

名称	規格・仕様	数量	単位	単価	金額
ソフトシール弁　JIS10K	75A	1	個	45,240	45,240
同上バルブボックス	鋳鉄製	1	〃	60,720	60,720
バタフライ弁 ナイロンコーティング JIS10K	80A	2	〃	31,500	63,000
防振継手 ゴム製1山 SUSフランジ	80A	2	〃	69,300	138,600
水道メーター	50A　既設再使用	1	〃		水道局貸与品
メーター回り材料（土中）	50A（ゲート弁×2・伸縮補足管・上水F）	1	組	89,650	89,650
散水栓	ポンプ室内ホーム水栓	1	〃	2,960	2,960
消耗品雑材料		1	式		551,550
配管工事費　SUS	75su	136.00	m	21,000	2,856,000
配管工事費　SUS	50su	4.00	〃	12,600	50,400
配管工事費　SUS	40su	54.00	〃	10,900	588,600
配管工事費　SUS	25su	6.00	〃	7,560	45,360
配管工事費　AW	75A	63.00	〃	15,100	951,300
配管工事費　AW	25A	4.00	〃	5,040	20,160
器具取付費（バルブ類）		1	式		181,440
既存管撤去費	受水槽ポンプ回り	1	〃		672,000
保温工事（屋外:PE+カラーステンレスラッキング）	75su	124.00	m	8,600	1,066,400
保温工事（屋外:PE+カラーステンレスラッキング）	50su	4.00	〃	7,400	29,600
保温工事（屋外:PE+カラーステンレスラッキング）	40su	41.00	〃	7,200	295,200
保温工事（屋外:PE+カラーステンレスラッキング）	25su	3.00	〃	6,600	19,800
保温工事（屋内:GW+被覆付亀甲金網）	75su	12.00	〃	3,100	37,200
保温工事（屋内:GW+被覆付亀甲金網）	40su	13.00	〃	2,500	32,500
保温工事（屋内:GW+被覆付亀甲金網）	25su	3.00	〃	2,300	6,900
はつり補修費　外壁配管貫通部	モルタル補修	10	カ所	14,400	144,000
掘削埋め戻し工事費	敷地内　土被り600H程度	67.00	m	18,000	1,206,000
アスファルト舗装解体復旧費	歩道	16.00	㎡	12,000	192,000
試験調整費	水圧テスト他	1	式		90,000
2-3.小計					13,669,960
2-4.給水立て管更新工事					
一般配管用ステンレス鋼鋼管 SUS304	40su	228.00	m	1,220	278,160
一般配管用ステンレス鋼鋼管 SUS304	20su	10.00	〃	588	5,880
同上継手類（拡管式）		1	式		854,880
配管支持材料	屋外:SUS　屋内:メッキ	1	〃		238,000
仕切弁 青銅製鉛レス　JIS10K	50A	1	個	22,200	22,200
仕切弁 青銅製鉛レス　JIS10K	40A	9	〃	15,720	141,480
仕切弁 青銅製鉛レス　JIS10K	20A	9	〃	5,256	47,304
吸排気弁 青銅製　JIS10K	20A	9	〃	17,256	155,304
消耗品雑材料		1	式		387,230
配管工事費　SUS	40su	228.00	m	10,900	2,485,200
配管工事費　SUS	20su	10.00	〃	6,300	63,000
器具取付費（バルブ類）		1	式		289,900
既存管撤去費		1	〃		1,026,000
はつり補修費　床及び壁配管貫通部	モルタル補修	72	カ所	14,000	1,008,000
保温工事（屋外:PE+カラーステンレスラッキング）	40su	4.00	m	7,200	28,800
保温工事（屋内:GW+被覆付亀甲金網）	40su	224.00	〃	2,500	560,000
保温工事（屋内:GW+被覆付亀甲金網）	20su	10.00	〃	2,300	23,000
試験調整費	水圧テスト	1	式		90,000
2-4.小計					7,704,338
2-5.メーター回り給水管更新工事					
一般配管用ステンレス鋼鋼管 SUS304	20su	174.00	m	588	102,312
同上継手類（拡管式）		1	式		1,137,000
配管支持材料	屋内:メッキ	1	〃		522,000
各戸メーターユニット 減圧弁付	20A	79	組	23,600	1,864,400
各戸メーター	20A	79	台	9,940	785,260
消耗品雑材料		1	式		357,620

名称	規格・仕様	数量	単位	単価	金額
配管工事費　SUS	20su	174.00	m	6,300	1,096,200
器具取付費（バルブ類）		1	式		664,000
既存管撤去費		1	〃		658,000
切替工事費		79	戸	18,000	1,422,000
保温工事(屋内:GW+被覆付亀甲金網)	20su	174.00	m	2,300	400,200
試験調整費		1	式		90,000
水質試験費		1	検体	35,000	35,000
2-5.小計					**9,133,992**
2-6.共用系統給水管更新工事					
一般配管用ステンレス鋼鋼管　SUS304	25su	3.00	m	740	2,220
一般配管用ステンレス鋼鋼管　SUS304	20su	54.00	〃	588	31,752
同上継手類（拡管式）		1	式		102,000
配管支持材料	屋外:SUS　屋内:メッキ	1	〃		128,300
水道用耐震型高性能ポリエチレン管　AW	25A	5.00	m	204	1,020
水道用耐震型高性能ポリエチレン管　AW	20A	11.00	〃	170	1,870
同上継手類（EF継手）		1	式		17,600
水道メーター	20A	3	個		既存品再使用
メーター回り材料(土中)	20A	3	組	37,680	113,040
仕切弁　青銅製鉛レス　JIS10K	20A	1	個	7,260	7,260
仕切弁　青銅製鉛レス　JIS10K	20A	3	〃	5,256	15,768
逆止弁　青銅製鉛レス　JIS10K	20A	1	〃	2,928	2,928
吸排気弁　青銅製　JIS10K	20A	1	〃	17,256	17,256
ボールタップ　複式	20A	1	〃	19,210	19,210
ステンレスフレキシブル継手　SUSフランジ	20A	1	本	4,596	4,596
ホーム水栓		10	個	2,960	29,600
消耗品雑材料		1	式		119,210
配管工事費　SUS	25su	3.00	m	7,560	22,680
配管工事費　SUS	20su	54.00	〃	6,300	340,200
配管工事費　AW	25A	5.00	〃	5,040	25,200
配管工事費　AW	20A	11.00	〃	4,200	46,200
器具取付費（バルブ類）		1	式		141,400
既存管撤去費		1	〃		218,000
保温工事(屋外:PE+カラーステンレスラッキング)	25su	3.00	m	6,800	20,400
保温工事(屋外:PE+カラーステンレスラッキング)	20su	54.00	〃	6,600	356,400
はつり補修費　床配管貫通部	モルタル補修	9	カ所	14,400	129,600
掘削埋め戻し工事費	敷地内　土被り600H程度	16.00	m	18,000	288,000
タイル舗装解体復旧費	敷地内	4.00	㎡	55,000	220,000
開放廊下床解体復旧費	長尺シート部分貼替	4.00	〃	54,000	216,000
試験調整費	水圧テスト	1	式		45,000
2-6.小計					**2,682,710**
2.計					**42,820,000**
3.諸経費					
諸経費	法定福利費を含む	1	式		6,560,000
3.計					**6,560,000**
合計					**52,900,000**
消費税（10%）					5,290,000
総計					**58,190,000**

■資料提供　京浜管鉄工業株式会社　設備・リフォーム事業部
　　　　　　東京都豊島区目白 2-1-1　目白 NT ビル 6F
　　　　　　TEL：03-6871-9961

Nマンション
給排水管劣化診断調査

物 件 名	Nマンション（東京都世田谷区）
築 年 数	築45年：調査時（1976年竣工）
構造・階数	RC造、地上5階建て
総 戸 数	87戸
延床面積	6,908.059m²
建築面積	1575.661m²
工事期間	2021年11月〜2022年6月（約8カ月）
工事項目	■給排水管　X線撮影調査（共用部分給水管:8箇所、共用部分排水管・通気管:7箇所） ■排水管　管カメラ調査（雑排水立主管:3系統、汚水管:3系統、排水横主管・土中埋設排水管:全数） ■給水枝管・雑排水枝管　内視鏡調査（7住戸） ■給排水管の使用感・不具合に関するアンケート調査
工事総額	1,555,400円（税込） 戸当たり:17,878円 m²当たり:225円
発 注 者	世田谷区　Nマンション　管理組合
設計監理者	(株)ジェス診断設計
施 工 者	(株)ジャスコ

見積り実例

■業務受注に至るまでの経緯、依頼内容（目的）

　築45年を経過し、竣工時から大きな修繕が行われていない給排水管について、専有部分からの漏水事故や排水不具合が散見されるようになったとのことから、当時の管理組合理事長が改修工事の必要性判断や、改修実施範囲の検討に向けた劣化診断調査を検討していたところ、本誌に掲載のジェス診断設計の記事を見て、問い合わせされました。

　打合せの結果、調査診断業務に加え、専有部分の不具合状況の確認等のために区分所有者へのアンケート調査の実施すること、住民説明会への出席（給排水管改修工事の概要と概算費用の説明、および説明資料の作成）も業務対象としました。

外観

■業務の具体的な内容

　X線調査・内視鏡調査実施に先立ち、給排水設備の使用感・不具合に関するアンケート調査を実施し、住戸内設備の使用に違和感や不具合（排水の流れが悪い、排水が逆流する、給水の出が悪いなど）のある住戸を中心に、専有部分給水枝管・雑排水枝管　内視鏡調査の実施住戸を選定しました。

　X線調査は共用部分（共用廊下・メーター室・ピロティ）に露出している給排水管で調査個所を選定。汚水・雑排水立主管の管カメラ調査は屋上およびメーター室から実施し、排水横主管・土中埋設排水管は掃除口および汚水桝から実施しました。

　劣化診断調査は、1日目に専有部分内視鏡調査・X線調査を行い、2日目に排水管の管カメ

ラ調査というように2日間で実施。

　調査実施から約2か月で劣化診断調査結果 および給排水管改修工事の概要・概算工事費を作成、報告書をとりまとめて理事会への報告を行い、承認を得たのちに住民説明会資料の作成に着手。理事会と詳細部分についての打ち合わせ（2回程度）を重ね、住民説明会を実施、説明会上での質疑応答内容等のとりまとめを行い、業務完了となりました。

■業務成果から導かれた今後の計画

　劣化診断調査結果から改修工事の必要性について、理事会をはじめ住民内部で共有できたことから、改修工事の実施範囲と部位別改修手法、改修工事の手順・実施時期、概算工事費などさらに給排水管の改修工事の実施を前提とした基本設計業務の実施を検討するよう提案を行った。

部位	管種
共用部分・専有部分給水管	硬質塩化ビニルライニング鋼管
汚水立主管	排水用鋳鉄管
雑排水立主管	排水銅管
通気管	配管用炭素鋼管
専有部分排水枝管・排水横主管 土中埋設排水管	硬質ポリ塩化ビニル管

劣化診断結果概要
- ●給排水管全体に経年相応の劣化進行が確認された。
- ●汚水立主管・雑排水立主管の劣化進行が特に著しく、管・継手部分の錆瘤の成長や付着物の堆積による閉塞で管断面積が欠損しており、排水流下性能に影響を及ぼしている可能性が高い。
- ●排水枝管については、排水立主管から末端器具までの配管が長く、適切な排水勾配が確保されていない事から、専有部分ほぼ全箇所で勾配不良により排水が滞留している状況がみられた。
- ●特に台所排水については、アンケート調査結果でも不具合に関する回答が高い割合で見られる。それ以外にも排水枝管と排水立主管との接続に使用されているMD継手の腐食劣化が著しく、成長した錆瘤により排水流が阻害されている状況も確認された。
- ●排水横主管については、全体的に勾配不良が生じており、排水と汚物が常時滞留している箇所が多い。排水が滞留している箇所については、排水流量が多いタイミングでは満流となっている可能性が高く、排水性能に影響を及ぼして排水不具合の原因となっている可能性が高い。
- ●土中埋設部分でも排水継手の破断も確認されており、地中に排水が漏洩し臭気発生の原因となっている可能性が高く、衛生上好ましくない。

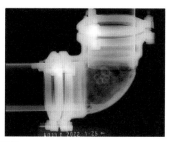

X線調査

内視鏡調査（給水管）

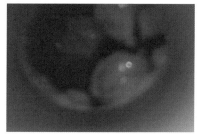

給水管内部

管カメラ調査（排水横主管）

雑排水立主管
－錆瘤の成長や付着物の堆積による閉塞

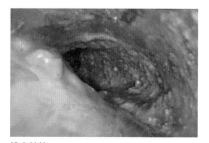

排水枝管
－ほぼ全箇所で勾配不良による滞留を確認

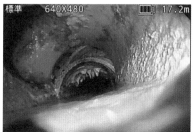

土中埋設排水管で排水継手の破断も確認
地中に排水が漏洩し臭気発生の原因

見積り実例

マンション 2023/2024 **179**

■ 給排水診断調査計画書（例）

A．建物概要
    1．マンション名：世田谷区Ｎマンション
    2．所在地　　　：東京都世田谷区
    3．構造　　　　：鉄筋コンクリート造
    4．階数　　　　：5階建＋塔屋2階
    5．敷地面積　　：5031.762 ㎡
    6．建築面積　　：1,575.661 ㎡
    7．延べ面積　　：6,908.059 ㎡
    8．戸　数　　　：87戸
    9．竣工年　　　：1976年（昭和51年）3月　築後45年

B．調査目的
    本調査は、建物内に敷設されている共用部分給水管・汚水管・雑排水管と各戸メーター二次側給水管の劣化進行状況を把握することにより、将来の予防保全および改修計画の立案 及び管理組合の合意形成に資することを目的とする。

C．調査日
    未定（作業は2日間を予定）

D．調査項目
    1．給排水管　Ｘ線撮影調査
    2．排水管　管カメラ調査
    3．給水枝管　内視鏡調査
    4．雑排水枝管　内視鏡調査
    5．アンケート調査

E．調査概要説明

1．給排水管　X線撮影調査

　　鋼管系の材料が使用されている給水管・排水管・通気管の外側にX線フィルムを取付け、微弱のX線を照射する事で配管内面を透過撮影し、X線フィルムに撮影された白黒の濃淡を解析する事で、配管や継手部分の腐食減肉量や錆瘤の発生状況、排水管内面の付着物堆積状況の確認を行います。

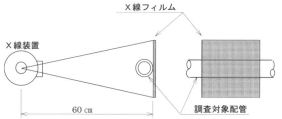

図−X線調査　配管撮影概要図

写真−X線調査使用器材（左）・X線フィルム写真ポジ（右）

□給水管の調査対象

　　給水管が露出していてX線調査が可能な各戸メーター室の給水立主管・メーター回り給水枝管で調査を行い、配管や継手部分の腐食減肉量や錆瘤の発生状況の確認を行います。

写真−給水立主管（左）・各戸メーター回り給水管（右）

□排水管・通気管の調査対象

　排水管・通気管が露出していてX線調査が可能な各戸メーター室・1階ピロティ天井で調査を行い、配管や継手部分の腐食減肉量や錆瘤の発生状況、付着物堆積状況の確認を行います。

写真－メーター室内の雑排水立主管（左）・通気管（右）

写真－1階ピロティの汚水管（左）・雑排水管（右）

表－X線調査　調査対象(案)

調査系統	調査場所	調査配管・管径		調査点数	備　考
給水管	メーター室（上層階）	給水立主管	40A	2箇所	
		給水枝管	20A	2箇所	
	メーター室（下層階）	給水立主管	25A～40A	2箇所	
		給水枝管	20A	2箇所	
排水管 通気管	メーター室	雑排水立主管	80CUP	3箇所	
		通気管	80A	2箇所	
	1階ピロティ	雑排水管	75CIP	1箇所	
		汚水管	100CIP	1箇所	

2．排水管　管カメラ調査

　汚水管は屋上通気管より、雑排水管はメーター室通気管よりへ管カメラを挿入し、1階～5階の配管内や継手部分の腐食減肉量や錆瘤の発生状況、付着物堆積状況の確認を行います。

　1階共用廊下　下部の排水横主管は掃除口より、土中埋設排水管は屋外桝より管カメラを挿入し、配管内の付着物堆積状況や勾配不良等による排水の滞留状況の確認を行います。

写真－汚水管　管カメラ挿入口（左）・雑排水管　管カメラ挿入口（右）

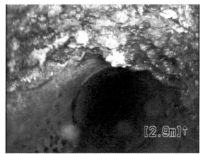

写真－排水立主管の管カメラ調査イメージ（左）・管カメラ調査写真（右）

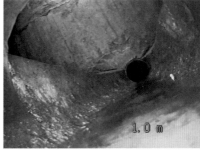

写真－土中埋設排水管の管カメラ調査イメージ（左）・管カメラ調査写真（右）

表－排水管　管カメラ調査　調査対象(案)

調査系統	調査場所	調査配管・管径		調査点数	備　考
排水管	5階メーター室	雑排水立主管	80CUP	3箇所	
	屋上	汚水立主管	100CIP	3箇所	
	1階共用廊下	排水横主管	100～125VP	1式	
	屋外桝	土中埋設排水管	150HP	1式	

3．給水枝管　内視鏡調査

　　各戸水道メーターから住戸導入部分の給水枝管については、水道メーターを取り外してメーター二次側給水枝管に内視鏡を挿入し、管内面の腐食進行状況や錆瘤発生状況の確認を行います。

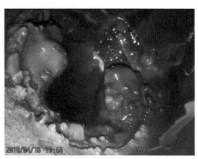

写真－給水枝管の内視鏡調査イメージ（左）・調査写真（右）

表－給水枝管　内視鏡調査　調査対象(案)

調査系統	調査場所	調査配管・管径		調査点数	備　考
給水枝管	メーター室	メーター二次側給水枝管	20A	7箇所※	

※給水枝管調査終了後に通水確認が必要となるため、「雑排水管内視鏡調査」と同一住戸

4．雑排水枝管　内視鏡調査

　　住戸から雑排水立主管までのメーター室床モルタル内に埋設されている排水枝管は、洗面化粧台の排水トラップを取り外して排水枝管へ内視鏡を挿入し、排水管内面の付着物の堆積状況や、排水立主管継手部分の腐食進行状況の確認を行います。

表－雑排水枝管　内視鏡調査　調査対象(案)

調査系統	調査場所	調査配管・管径		調査点数	備　考
排水枝管	洗面化粧台	雑排水枝管～雑排水立主管	50A	7箇所	

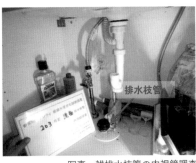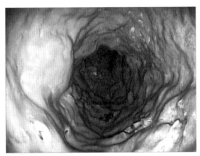

写真－雑排水枝管の内視鏡調査イメージ（左）・調査写真（右）

5．アンケート調査

　　物理的調査と並行してアンケート調査を実施し、居住者が日常的に感じている給排水設備の使用感や不具合、漏水事故等の発生状況などから、潜在的不具合や性能劣化の傾向を把握します。

F．調査に伴うお願い事項

　1）専有部分　調査対象住戸の選定

　　専有部分で給排水管の内視鏡調査を実施する住戸（7住戸）の選定をお願いします。

　2）給水枝管の内視鏡調査に伴う断水

　　水道メーターを外して給水枝管の内視鏡調査を行うため、作業対象住戸（7住戸）で30分程度の断水が発生します。詳細の時間については、作業工程作成後に広報させて頂きます。

　3）駐車場車両の移動

　　土中埋設排水管の調査に伴い、汚水マンホール直上の駐車車両の移動をお願いします。

　4）共用部分　コンセントの借用

　　X線装置電源として、共用部分のコンセント（100V）を借用致します。

　5）作業用車両用　駐車場の借用

　　作業用車両の駐車場として、2台分の駐車場を借用致します。

見積り実例

G．劣化診断調査以降の進め方

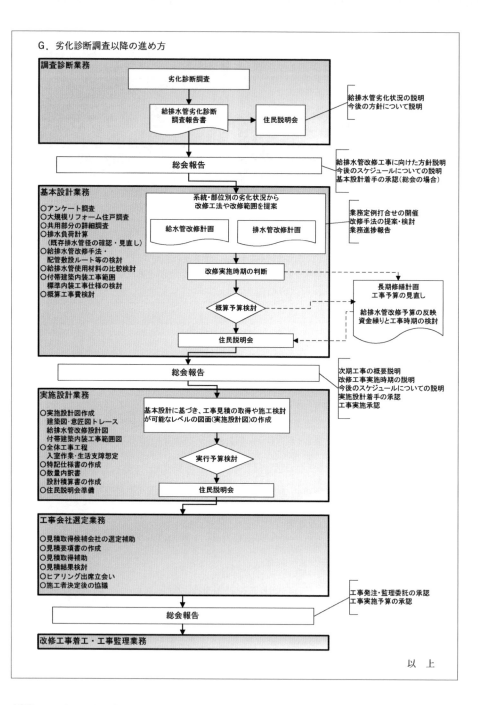

以　上

■ 科目内訳

名称	金額（円）	構成比（%）
1.給排水管　X線撮影調査	339,000	24.0
2.排水管　管カメラ調査	108,000	7.6
3.給水枝管　内視鏡調査	125,000	8.8
4.雑排水枝管　内視鏡調査	127,000	9.0
5.調査広報費	55,000	3.9
6.調査立会い・現場管理費	192,500	13.6
7.アンケート調査費	137,500	9.7
8.報告書作成費	192,500	13.6
9.住民説明会資料作成・出席説明費	137,500	9.7
合計	**1,414,000**	**100.0**
消費税（10%）	141,400	
総計	1,555,400	

■ 構成比

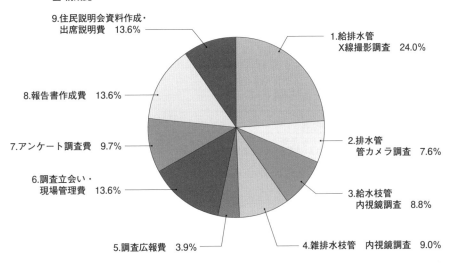

- 9.住民説明会資料作成・出席説明費　13.6%
- 1.給排水管　X線撮影調査　24.0%
- 8.報告書作成費　13.6%
- 2.排水管　管カメラ調査　7.6%
- 7.アンケート調査費　9.7%
- 3.給水枝管　内視鏡調査　8.8%
- 6.調査立会い・現場管理費　13.6%
- 5.調査広報費　3.9%
- 4.雑排水枝管　内視鏡調査　9.0%

見積り実例

■ 内訳明細

名称	規格・仕様	数量	単位	単価	金額
1.給排水管 **X線撮影調査**	**<調査箇所：15箇所>** **給水立主管：4箇所　給水枝管：4箇所** **雑排水立主管：3箇所** **ピロティ雑排水管：1箇所** **ピロティ汚水管：1箇所　通気管：2箇所**				
X線作業機材費	工業用X線装置(100V 管電圧200KV) 及び 現像車	1	式		90,000
調査技術者	X線作業主任技術者　1チーム3名	3	人工	38,000	114,000
X線フィルム 及び 現像料	4ツ切フィルム	15	枚	6,000	90,000
安全管理費		1	式		14,700
機材搬入搬出費・運搬交通費		1	〃		8,000
一般管理費	雑材消耗品を含む	1	〃		22,300
1.計					**339,000**
2.排水管 **管カメラ調査**	**雑排水立主管：3系統　汚水管：3系統** **共用廊下 下部横主管・土中埋設排水管** **(桝ー桝 間)：1式**				
管カメラ機材費	30m管カメラ装置　機器損料 記録装置共	1	日	50,000	50,000
調査技術者	カメラオペレーター	1	人工	32,000	32,000
安全管理費		1	式		5,740
機材搬入搬出費・運搬交通費		1	〃		8,000
一般管理費	雑材消耗品を含む	1	〃		12,260
2.計					**108,000**
3.給水枝管 **内視鏡調査**	**洗面化粧台排水枝管から雑排水立主管まで** **調査戸数：7戸**				
内視鏡機材費	3.5m 電子式内視鏡装置　機器損料 記録装置共	1	日	68,000	68,000
調査技術者	カメラオペレーター 排水管と同時実施	0.5	人工	32,000	16,000
メーター脱着費	配管工　※外注工事費 排水管と同時実施	0.5	〃	30,000	15,000
安全管理費		1	式		6,930
機材搬入搬出費・運搬交通費		1	〃		5,000
一般管理費	雑材消耗品を含む	1	〃		14,070
3.小計					**125,000**
4.雑排水枝管 **内視鏡調査**	**洗面化粧台排水枝管から雑排水立主管まで** **調査戸数：7戸**				
内視鏡機材費	3.5m 電子式内視鏡装置　機器損料 記録装置共	1	日	70,000	70,000
調査技術者	カメラオペレーター 給水管と同時実施	0.5	人工	32,000	16,000
洗面排水トラップ 脱着費	配管工　※外注工事費 給水管と同時実施	0.5	〃	30,000	15,000
安全管理費		1	式		7,070
機材搬入搬出費・運搬交通費		1	〃		5,000
一般管理費	雑材消耗品を含む	1	〃		13,930
4.小計					**127,000**
5.調査広報費					
調査広報費	住戸内調査の日程調整・配布物や掲示物の作成等	1	人工	55,000	55,000
5.小計					**55,000**
6.調査立会い・現場管理費					
調査立会い・現場管理費	調査2日間	3.5	人工	55,000	192,500
6.小計					**192,500**

名称	規格・仕様	数量	単位	単価	金額
7.アンケート調査費					
アンケート調査費	給排水管の使用感・不具合に関するアンケート調査。アンケート調査用紙の作成・集計作業。※印刷・配布・回収は別途	2.5	人工	55,000	137,500
7.小計					137,500
8.報告書作成費					
報告書作成費	X線フィルム解析・調査VTR編集を含む	3.5	人工	55,000	192,500
8.小計					192,500
9.住民説明会資料作成・出席説明費					
住民説明会資料作成・出席説明費	住民説明会用資料の作成 及び 出席説明 ※印刷・配布は別途	2.5	人工	55,000	137,500
9.小計					137,500
合計					1,414,000
消費税（10%）					141,400
総計					1,555,400

■資料提供　株式会社ジェス診断設計　一級建築士事務所
東京都千代田区二番町9-3　THE BASE 麹町
TEL：03-6403-9782

見積り実例

修繕履歴と現状調査を踏まえた長期修繕計画の見直しとコンサルタントの継続性

株式会社ファーマ1級建築士事務所　代表取締役社長　望月重美

> 長期修繕計画の見直しは一般的に5年程度毎に行なわれていますが、ここではより現実的な長期修繕計画書として見直すことを目的として実施した例を紹介します。

物件名：クリオ藤沢七番館

規模：14階建、111戸

1998年竣工

1回目大規模修繕工事実施2011年

2022年に長期修繕計画の見直しを行うにあたり、現行の管理会社作成の長期修繕計画で2023年度に予定されている2回目の大規模修繕工事の時期の妥当性、また今後大きな修繕積立金の値上げが想定される要因となっている、築後30年から50年に集中している設備関連の更新工事、サッシの更新時期の検討なども行うことになりました。

当マンションの管理組合の特徴として、毎年入れ替わる理事会とは別に、必要に応じて組織される修繕委員会があり、その際に参加する委員は竣工当時の初期不良への対応から始まり、1回目の大規模修繕工事の修繕委員、その後の問題など継続性をもって検討に加わってきた方々で構成されています。

この修繕委員会に、1回目の大規模修繕工事のコンサルタントであるファーマ1級建築士事務所が加わり、今までの経緯を十分に踏まえた上での長期修繕計画の見直し作業に入りました。

大規模修繕工事の実施時期の検討に際して、建物の安全性および長寿命化に影響する劣化状況の確認を中心に、建物調査診断を実施しました。外壁の写真の通り、当マンションの外周はタイル貼りの手摺壁が主体となっており、大規模修繕工事の大きな目的はタイル面の安全性の確保となります。1回目の大規模修繕工事ではこのタイル面に多くの剥離が発生しており、特に12階から14階では面積比で最大65%のタイルの貼替を実施した経緯があります。タイルが万一落下した場合は、周囲が歩道や駐車場などであるため大事故につながることを考慮し、注入工法は使わず全て貼替を行っています。そのデータをもとに、11年後のタイル面をサンプリングで調査した結果、貼替を行った部分、当時健全に付着していた部分ともに、微量の浮きはあるものの、安全は確保されていると判断しました。またバルコニーへの立ち入り調査や共用部の目視、打診調査においても、前回の大規模修繕工事が有効に行われたことが確認でき、総合判断として2回目の大規模修繕工事の実施

は今後5年程度先の2027年度頃へと設定を伸ばすこととしました。また、大規模修繕工事を今後も前回同様にきちんと行うことで、今回検証された16年サイクルを今後も採用することとしました。

給水管、排水管について築後24年目であることを考慮し、配管内の劣化状況を確認したうえで更新時期を検討することとしました。

給水管は、内視鏡調査と抜管調査により劣化状況を把握しました。

排水管は屋上の伸長通気管からカメラを挿入し共用竪管の調査を行い、外部桝からのカメラの挿入により、地下ピットの横引き排水管の滞留状況なども確認を行いました。撮影した動画は修繕委員会で情報共有し、排水管清掃の重要性についても確認しました。

1回目大規模修繕工事タイル不良状況

メーター廻りでの調査状況

手摺壁タイル状況

内視鏡調査状況

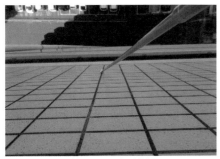

手摺壁タイル打診状況

抜管による詳細調査

見積り実例

見積り実例

経年による現状での劣化状況を判断することで更新が必要となるであろう時期の想定を行った上で当初の計画からの全体的な見直しを行い、関連する給排水関連設備も含めた修繕時期と金額の修正を行いました。

また同様に電気設備、消防関連設備も詳細調査を行い、それぞれ現況に基づいた修繕時期の修正を行いました。また、概算で入っていた各

項目の金額も、調査に合わせて数量の確認なども行い現実性のある金額へと修正しています。

サッシの更新に関しては、立入調査により現状確認し異音の発生原因やゆがみの状況、損耗箇所、作動不良個所などの把握を行いました。

この段階では部品調達や調整作業が可能であることが確認できたため、長期修繕計画書において部品交換、調整作業の盛り込みの時期とカ

屋上からの調査状況

電気設備調査状況（1）

外部桝からの調査状況

電気設備調査状況（2）

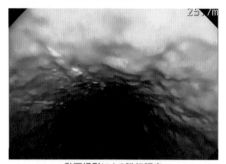

動画撮影による詳細調査

弱電設備調査状況

バー工法による更新時期の設定を行いました。

　なお、長期修繕計画上で大規模修繕工事や各更新工事の時期の設定を行うことで、工事時期を後ろへずらす場合に、部分修理などの延命措置が必要となる事項とその金額、またそのために部分的な足場の設置が必要な工事は、その足場の位置に関連する工事を同時に実施することで、大規模修繕工事の際に足場設置の再設置に

よる無駄が無いように計画に盛り込んでおくなど配慮を取り入れています。

　このような総合的な見直しにより全体的に長期修繕計画を見直した結果、今までの計画ではできるだけ早い時期に現行の1.5倍への増額が必要とされていた修繕積立金額が、2040年度から現行の1.2倍へ引き上げれば成り立つ計画となりました。

消防関連設備調査状況（1）

サッシ調査状況（1）

消防関連設備調査状況（2）

サッシ調査状況（2）

消防関連設備調査状況（3）

サッシ調査状況（3）

もちろん経年での劣化状況による修正や物価上昇率などの検証により、5年程度毎の見直しを行っていくことは今後も必要ですが、一旦このような詳細まで検討したものを作成しておけ

ば、今後は現状と照らしながら微調整をおこなえばよいこととなります。

長期的に今後の修繕計画を検討する際には、新築時からの修繕経緯、過去の大規模修繕工事

見積り実例

クリオ藤沢七番館建物調査診断結果（抜粋版：2022.07.02）

作成：㈱ファーマ1級建築士事務所

1. 物性試験結果

①タイル付着力試験

②塗膜付着力試験

③コンクリート中性化試験

物性試験の結果において劣化に関する大きな問題は無いと考えられる。

2. タイル面の状況

若干のひび割れ、タイルの浮きが見られるが、経年劣化としては概ね良好である。

3. 塗装面の状況

若干のひび割れ、塗膜の浮きが見られるが、経年劣化としては概ね良好である。

4. シーリングの状況

一部伸縮の大きい部分にひび割れの発生があるものの状況は良く、物性試験結果ともほぼ問題はない。

5. 屋上の状況

シート防水部分は表面劣化は見られるものの防水性は保たれていると考えられる。ウレタン塗布防水の庇や外周部分は紫等の影響により劣化が進行している。

長期修繕計画書添付　調査結果説明資料（1）

の経緯を考慮することが重要となります。そのためには、継続して関わってきた委員会の存在が大きな力となります。また合わせて、経緯を知るコンサルタントが補助を行うことも有効と

なるので、大規模修繕工事の際のコンサルタントの選定時の配慮、同一コンサルタントによる建築顧問契約の継続なども管理組合として合わせて検討をされることをお勧めします。

長期修繕計画書の作成を前提とした調査診断を実施いたしました。建物の現状を把握するとともに、設備関連の現状も確認した上で、今後想定される修繕や交換などの費用を算定し、長期修繕計画書の策定を行っています。

6. 廊下の状況

床シートは一部浮きや端部シールの劣化が見られる。アルミ部材の点錆（白錆）が進行しており美観的な問題が大きい。

7. ベランダの状況

手摺壁にコンクリートの伸縮によるひび割れが見られるが、天井、床は劣化が少なく良好な状態である。

8. 階段の状況

新築時に亜鉛メッキの表面に施工された塗膜の剥離が顕著である。踊り場床面の劣化が進んでいる部分が見られる。

9. 鉄部の状況

消火栓ボックスの錆の進行が顕著である。潮風の影響もあり全体的に鉄部の錆が進行している。

10. アルミサッシの状況

アンケートにより異音、開閉時の重さ、クレセントの不良、強風時の問題、網戸の不良など問題点が顕在化している。

11. 電気設備、給排水設備、消防設備等

外線

各設備の目視調査、抜管調査、内視鏡調査等をもとに、長期修繕計画の詳細内容について協議検討を進めて行く。

長期修繕計画書添付　調査結果説明資料 (2)

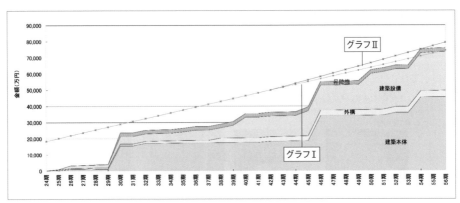

見直し後の長期修繕計画グラフ

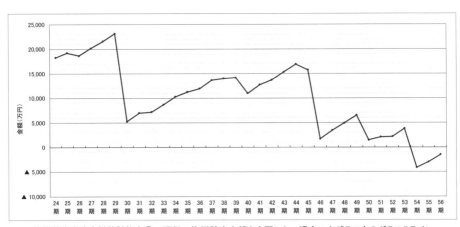

修繕積立金残高推移計算表①　現行の修繕積立金額を変更しない場合⇒上グラフ中のグラフⅠライン

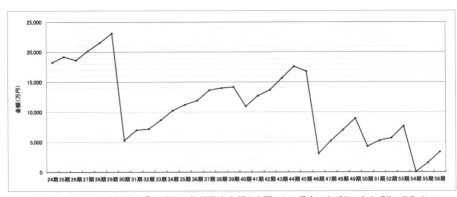

修繕積立金残高推移計算表②　現行の修繕積立金額を変更しない場合⇒上グラフ中のグラフⅡライン

四会連合協定 マンション
修繕設計・監理等業務委託契約書類の紹介

経済調査会　出版事業部

　マンションの建物調査・診断は、対象の構造、仕様、築年数や、調査診断の目的によって、調査の対象とする部分、範囲、そして方法などを適切に判断しなければなりません。

　ここでは、その判断の参考となる、また第三者に対して明確に提示できる資料として「四会連合協定 マンション修繕設計・監理等業務委託契約書類」のうち、「業務委託書」の一部（調査・診断）を抜粋して紹介いたしますので、参考としてください。

　その他関連する書式等も四会連合協定 建築設計・監理等業務委託契約約款調査研究会HPに公開されています（https://www.njr.or.jp/yonkai/）。

※本稿に掲載している資料は四会連合協定 建築設計・監理等業務委託契約約款調査研究会に許諾を得て転載しております。このため許可無く、掲載内容の一部およびすべてを複製、転載または配布、印刷など、第三者の利用に供することを禁止します。

見積り実例

　委託者が受託者に委託する業務（以下「委託業務」という）は、次のとおりとする。

　委託業務は、各業務の【業務一覧】の業務項目のチェックボックスを■としたものとする。

契約業務一覧表

Ⅰ．調査・診断に関する業務
調査・診断に関する業務
調査・診断
Ⅱ.改修（修繕及び改良）設計に関する業務
改修（修繕及び改良（レベル1））基本設計に関する業務
改修（修繕及び改良（レベル1））実施設計に関する業務
その他設計業務
Ⅲ．耐震診断・補強設計に関する業務
耐震診断に関する業務
耐震補強設計に関する業務
Ⅳ．工事施工者選定補助に関する業務
Ⅴ．監理（工事監理を含む）に関する業務
監理に関する業務
その他の監理業務
Ⅵ．その他の委託業務

I　調査・診断に関する業務

【業務一覧】

　調査・診断に関する業務の内容は、次による。

（1）調査・診断に関する業務

　委託者から提示された要求その他の諸条件の整理、調査・診断計画の立案及び（2）調査・診断に記載の各調査・診断結果に基づき報告書を作成し、その内容を説明する。

No		調査・診断に関する業務		委託者が対応する内容	
		業務項目	業務内容	委託前	委託後
1	☐	要求委託内容の整理	委託者の要求を理解した上で、業務提案を行い、調査・診断の基本方針及び行う業務、提出成果物を決定する。概ねの調査診断の業務報酬を提示する。	委託に先立ち委託者の要求を整理しておくことが望ましい。	調査・診断の業務内容を決定する。主な検討対象業務としては以下のとおり。1)計画修繕工事を前提とした調査・診断業務2)長期修繕計画策定業務3)長期修繕計画見直し業務4)その他の事由(災害、かし等)による調査・診断業務
2	☐	過去の調査・診断実施状況の確認	委託者が過去に行った調査・診断の内容、結果の上、新たに行うべき調査・診断業務の選別を行う。	過去に行った調査・診断資料を整理しておくことが望ましい。	受託者に対し、過去に行った調査・診断資料を提出する。
3	☐	調査・診断計画の策定	「(2)調査・診断に記載の表」を参照の上、調査の範囲や調査個所数等について建物状況を勘案し、必要な調査費用を提示する。委託者と協議の上、調査計画を策定する。	調査・診断に関する情報収集をしておくことが望ましい。	受託者からの説明及び提示された調査費用を勘案の上、調査・診断計画内容を決定する。実際の調査業務を設計業務と一括で委託するか別途とするか決定する。
4	☐	調査・診断報告書の作成	調査・診断計画の目的に基づいて行った調査・診断結果に基づき、できるだけ平易な表現を用いて報告書を作成する。作成する成果物は【成果物一覧】による。		調査・診断結果報告書を受領し、その内容を確認する。
5	☐	調査・診断結果の委託者への説明	調査・診断報告書類の作成が完了した時点において、報告書を委託者に提出し、委託者に対して診断結果及び今後の対策について総合的な説明を行い、承認を受ける。	調査・診断結果の説明を委託するかどうか決定する。	調査・診断結果報告書の内容について説明を受け、内容の確認を行う。
6	☐	調査・診断結果の居住者等への説明	調査・診断結果の委託者への説明の他、区分所有者や居住者等への説明会を行う。	調査・診断結果の居住者への説明業務を委託するかどうか決定する。	受託者が調査・診断結果を区分所有者や居住者等へ説明する場を設定する。

見積り実例

（2）調査・診断

各種調査・診断の具体的な内容を記載。

調査・診断について別途契約とする場合は、本表の各項目にチェックは行わない。

No		調査・診断の内容		
		業務項目	業務内容	
			委託前委託者検討事項	受託者実施事項
1	☐	事前調査 （アンケート調査、資料調査）	アンケート調査を行うかどうか、何を確認するかを事前に検討しておくことが望ましい。	調査・診断を行うにあたり、全戸対象のアンケート調査及び建築・設備に関する事前資料調査を実施する。
2		建築関係調査	建築関係の調査・診断の内容について受託者との協議により、本項の内容のうち、必要な調査・診断項目を定める。調査箇所、調査箇所数を受託者と協議の上、全数とするかサンプリング調査とするか、サンプリング調査とする場合はその箇所数を決定する。 ※調査費用は概ねサンプリング数に比例する。	
	☐	外壁調査	どの調査を行うかを検討する。	目視等により各種劣化状況及び劣化数量の概略を把握する。
	☐	一般共用部調査	どの調査を行うかを検討する。	目視等により各種劣化状況及び劣化数量の概略を把握する。
	☐	バルコニー立ち入り調査	どの調査を行うかを検討する。	目視等により各種劣化状況及び劣化数量の概略を把握する。
	☐	屋上、屋根関係防水調査	どの調査を行うかを検討する。	目視等により各種劣化状況及び劣化数量の概略を把握する。
	☐	塗膜付着力調査	どの程度の箇所数行うか検討する。	塗膜付着力試験機により、既存塗膜の付着力を測定する。
	☐	コンクリート中性化測定調査	コア採取場所の検討を行う。	小径コアの採取により中性化状況を確認する。
	☐	ゴンドラ等調査	ゴンドラ調査とするか赤外線調査とするか検討する。	ゴンドラ又はスカイチェアーによる打診調査を行う。
	☐	外装仕上げ赤外線調査	ゴンドラ調査とするか赤外線調査とするか検討する。	主にタイル面について赤外線により浮き部分を判定する。
	☐	塩分測定調査	どの程度の箇所数行うか検討する。	内在塩分又は飛来塩分の浸入が疑われる場合に、簡易測定（カンタブ）又はコア採取による塩化物イオン量の分析を行う。
	☐	配筋調査	どの程度の箇所数行うか検討する。	電磁誘導法による鉄筋探査装置を用いて配筋及びかぶり厚さの測定を行う。
	☐	コンクリート圧縮強度調査	どの程度の箇所数行うか検討する。	耐震診断などでコンクリート強度の確認が必要な場合に、反発硬度法による強度推定を行う。
	☐	タイル接着力調査	どの程度の箇所数行うか検討する。	既存タイルの接着力に不具合が想定される場合に接着力試験機を用いて測定を行う。
	☐	防水材物性試験	どの程度の箇所数行うか検討する。	アスファルト防水について、物性の確認が必要な場合に試験機関による分析を行う。

見積り実例

No	調査・診断の内容			
	業務項目		業務内容	
			委託前委託者検討事項	受託者実施事項
2	☐	シーリング材物性調査	どの程度の箇所数行うか検討する。	シーリング材の物性（性能劣化）の確認が必要な場合に現場での接着性、硬さの判定又は試験機関による引張試験を行う。
	☐	鉄部塗装付着力調査	どの程度の箇所数行うか検討する。	鉄部塗装の付着力試験を、機器を用いた試験又はクロスカット試験により行う。
	☐	建具（サッシ・玄関扉等）調査	どの程度の箇所数行うか検討する。	建具の目視調査及び機能回復方法の調査を行う。
	☐	石綿含有建材調査	どの程度の箇所数行うか検討する。	石綿含有が疑われる建材について図面による確認又は分析調査を行う。
	☐	水害対策調査	行う必要があるかどうか検討する。	ハザードマップ等により、建屋内浸水の危険性を調査する。
3		設備関係調査 （※法定点検は別途とする）	法定点検等、重複して調査を行わないため、過去の調査内容を明確化しておくことが望ましい。	設備関係の調査・診断の内容について、委託者との協議により、本項の内容のうち、必要な調査・診断項目を定める。
	☐	給水配管劣化調査	行う必要があるか、どの程度の箇所数行うか検討する。	内視鏡調査又は抜管により劣化状況を把握する。
	☐	雑排水配管劣化調査	行う必要があるか、どの程度の箇所数行うか検討する。	内視鏡調査又は抜管により劣化状況を把握する。
	☐	汚水排水配管劣化調査	行う必要があるか、どの程度の箇所数行うか検討する。	内視鏡調査又は抜管により劣化状況を把握する。
	☐	埋設排水管調査	行う必要があるか、どの程度の箇所数行うか検討する。	目視及び内視鏡調査により劣化状況を把握する。
	☐	電気設備機能的調査	行う必要があるか、どの程度の箇所数行うか検討する。	幹線容量、LED改修提案調査を行う。
	☐	TV共視聴設備機能的調査	行う必要があるか、どの程度の箇所数行うか検討する。	受信強度の測定調査又は改修提案のための調査を行う。
	☐	通信設備機能的調査	行う必要があるか、どの程度の箇所数行うか検討する。	通信環境の調査又は改修提案のための調査を行う。
		※管理委託契約による点検結果がある可能性のあるもの	管理委託契約によって点検を行っている調査を明確化しておくことが望ましい。	既に行っている調査と重複しない調査内容を特定する。
	☐	給水設備（配管以外）物理的調査	目視調査とするか点検記録から調査するか決定する。	水槽・ポンプ等の目視調査又は点検記録により調査する。
	☐	給水設備（配管以外）機能的調査	機能調査によって調査するか決定する。	警報盤の機能調査又は点検記録により調査する。
	☐	排水設備機能的調査	機能調査とするか点検記録によって調査するか決定する。	排水関係警報盤の機能調査又は点検記録により調査する。
	☐	防火設備調査	目視調査とするか点検記録から調査するか決定する。	防火設備を目視調査又は点検記録により調査する。
	☐	TV共視聴設備物理的調査	目視調査とするか点検記録から調査するか決定する。	アンテナ、機器類を目視調査又は点検記録により調査する。
	☐	避雷設備調査	目視調査とするか点検記録から調査するか決定する。	目視調査又は点検記録により調査する。

見積り実例

No	調査・診断の内容		
	業務項目 ※法定点検及び国の指針による点検結果がある可能性のあるもの	業務内容	
		委託前委託者検討事項	受託者実施事項
3	☐ 自家用受変電設備調査	法定点検記録を整理しておく。	法定点検記録を確認する。
	☐ 自家発電設備調査	法定点検記録を整理しておく。	法定点検記録を確認する。
	☐ 昇降機設備調査	法定点検記録を整理しておく。	法定点検記録を確認する。
	☐ 消防用設備等調査	法定点検記録を整理しておく。	法定点検記録を確認する。
	☐ ガス設備	法定点検記録を整理しておく。	法定点検記録を確認する。
	☐ 機械式駐車設備	メンテナンス事業者の点検記録を整理しておく。	メンテナンス事業者の点検記録を確認する。
4	その他の建築・設備関係調査	委託者のその他希望項目があれば下記に記載する。	
	☐		
	☐		
	☐		
	☐		
	☐		
5	その他調査業務		
	☐ 劣化図面作成業務	劣化図面作成業務については、その目的により平面図、立面図等作成する図面を明確にする。	劣化図面を作成し、委託者の確認を受ける。
	☐ 長期修繕計画書作成業務	長期修繕計画については、根拠とする工事金額算定方法及び計画年数を明確にする。	長期修繕計画を作成し、委託者の確認を受ける。
	☐ 長期修繕計画書見直し業務	長期修繕計画については、根拠とする工事金額算定方法及び計画年数を明確にする。	長期修繕計画を見直して作成し、委託者の確認を受ける。
	☐		
	☐		

見積り実例

【成果物一覧】

調査・診断に関する業務の成果物及び提出要領等は、次による。

（□部分を■とした図書等を成果物とする。）

提出成果物	備　考
□　要求委託内容表	確認した要求内容を整理したもの
□　調査・診断計画書	
□　アンケート結果集計表	
□　調査診断結果	各調査診断の結果に関する資料
□　調査・診断報告書	「調査・診断業務」の各種調査結果及び診断結果に基づく報告
□　劣化図面	
長期修繕計画	
□　長期修繕計画書（　　　年間）	

　成果物提出要領（時期、体裁、部数等）

【特記事項】

調査・診断に関する業務の特記事項は、次による。

価格編

仮設 ······················ 215

建物 ······················ 231

設備 ······················ 301

外構 ······················ 379

調査・診断 ············· 393

共用部分管理 ········· 403

価格編の見方

●掲載価格

　掲載価格は、当会が調査し決定した（調査価格）と、メーカー 公表価格 を掲載しています。調査手法と調査時期は下記のとおりです。

掲載価格の種類	調査手法	調査期間・地域
調査価格（経済調査会調べ） 民間での一般的なマンション(共同住宅)等の共用部修繕工事において、主に受注者(マンション修繕事業者等)が施主(管理組合)に提示する見積書等の記載価格を対象としています。そのため、実際の取引価格は対象としていません。なお、掲載価格は各々の取引価格を拘束するものではありません。	1.調査対象 マンション大規模修繕工事の設計・施工監理および工事実績のある設計事務所、工事業者を対象としています。 また、受注者(元請)が外注する工事については、専門工事業者等も対象にしています。 2.価格の決定までの流れ ①対象事業者に調査を依頼→②調査票の回収ならびに面接等→③粗集計→④当会による検証・価格決定	調査は3～5月に実施しています。調査地域は、首都圏および京阪神地域を基本とします。地域・工種によっては価格差が顕著な場合もありますのでご留意ください。
メーカー 公表価格 メーカーや販売店等、資器材の供給者が公表している価格（カタログ価格・設計価格）です。受注者が施主に提示する見積書等の記載価格とは異なる場合があります。	流通実績のある工法や商品情報を当会が調査・収集し、掲載しています。価格は、一般に公表されている販売希望価格で、面接および書面を併用して確認しています。	調査は3～5月に実施しています。 本書発行後に仕様・価格等が変更される場合がありますので、採用に当たっては、メーカー・取扱店等に確認してください。

そのほか欄外の注記等にご留意ください。

●調査段階

　本誌では工事業者から管理組合に提出する見積記載単価を調査価格として掲載しています。

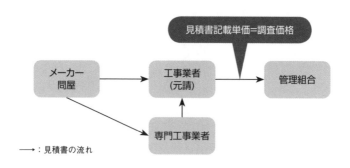

[工事費の構成]

　建築工事費は一般的に図のような内容で構成されています。この中で、本誌の掲載価格は、「直接工事費」および「共通仮設費」に該当します。

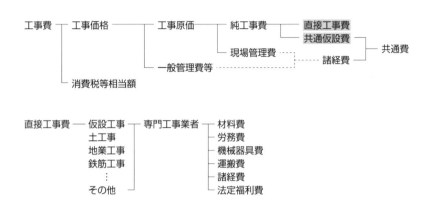

●価格条件

1. 金額単位・消費税

　金額単位は全て円です。原則として消費税抜きの価格を表示しています。消費税を含む場合は誌面に表記していますので、ご留意ください。

2. 諸経費・法定福利費

　価格には、専門工事業者の諸経費・法定福利費を含みますが、元請である工事業者の諸経費は含んでいません。元請工事業者の諸経費は、工事費総合計額に会社所定の割合を乗じた金額を元請の諸経費として計上するのが一般的です。

3. 寸法表示

　寸法は原則として、㎜単位で表記しています。寸法表示に以下の記号を使っています。

　W：幅　D：奥行き　H：高さ　L：長さ　t：厚さ　φ：直径

4. 作業条件

　原則として各事業者が定める所定時間内における通常作業を対象としています。各職種の通常の作業条件または作業内容を超えた労働に対する費用等は含んでいません。

修繕工事単価の推移

●マンションの修繕工事単価の推移

　本誌で掲載している調査価格の価格推移を、表およびグラフにまとめています。

　号数にして11号、年数にして15年分の価格推移になります。

　表-1では、各工種から指標となる品目を選定し、その掲載価格を上段に、下段には2008年を100とした指数を表示しています。指標品目については、長期に市況を追えることを念頭に選定しておりますが、電灯設備のように選定した品目の市場性がなくなった場合には、品目を変更し、その内容を欄外に注記しております。また、図-1では、この価格推移を容易に把握できるよう、表に示した指数をグラフ化していますので参考にしてください。

表-1　マンション修繕工事単価の推移

工種	指標とした品目	単位	上段：調査価格／下段：指数（2008＝100）										
			2008/8	2009/7	2010/7	2011/7	2012/7	2013/7	2015/5	2017/5	2019/5	2021/6	2023/5
共通仮設	仮設トイレ水洗式 期間3カ月	棟	86,400	84,800	84,800	84,800	85,000	87,700	92,500	92,500	92,500	97,100	101,000
			100.00	98.15	98.15	98.15	98.38	101.50	107.06	107.06	107.06	112.38	116.90
直接仮設	枠組本足場 幅600mm　期間3カ月	m²	1,290	1,290	1,330	1,380	1,450	1,490	2,320	2,370	2,430	2,430	2,490
			100.00	100.00	103.10	106.98	112.40	115.50	179.84	183.72	188.37	188.37	193.02
屋上防水	ウレタン塗膜防水 通気緩衝工法	m²	5,690	6,100	6,210	5,900	5,900	5,900	6,010	6,310	6,490	6,490	7,130
			100.00	107.21	109.14	103.69	103.69	103.69	105.62	110.90	114.06	114.06	125.31
外壁塗装	微弾性フィラー ＋ 水性シリコン薄塗	m²	1,580	1,560	1,560	1,510	1,450	1,450	1,550	1,620	1,680	1,650	1,950
			100.00	98.73	98.73	95.57	91.77	91.77	98.10	102.53	106.33	104.43	123.42
鉄部塗装	玄関ドア枠塗装 片面　ウレタン塗装	戸	4,060	4,090	4,180	4,360	4,000	4,000	4,300	4,800	4,930	5,010	6,470
			100.00	100.74	102.96	107.39	98.52	98.52	105.91	118.23	121.43	123.40	159.36
建具・金物等	金属笠木 直線部　幅150mm	m	5,180	5,000	5,340	5,550	5,500	5,500	6,150	6,150	6,340	6,340	6,970
			100.00	96.53	103.09	107.14	106.18	106.18	118.73	118.73	122.39	122.39	134.56
給水設備	塩ビライニング鋼管 屋内配管　20A	m	3,760	4,210	4,070	4,300	4,300	4,210	4,420	4,640	4,870	5,110	6,770
			100.00	111.97	108.24	114.36	114.36	111.97	117.55	123.40	129.52	135.90	180.05
受水槽	FRP製 容量20m³	基	153,000	160,000	181,000	187,000	144,000	144,000	144,000	144,000	144,000	144,000	144,000
			100.00	104.58	118.30	122.22	94.12	94.12	94.12	94.12	94.12	94.12	94.12
電灯設備等	屋内共用電灯 FL20型相当	第	7,690	6,970	6,050	6,420	6,610	6,720	6,810	11,400	11,700	11,700	14,300
			100.00	90.64	78.67	83.49	85.96	87.39	88.56	148.24	152.15	152.15	185.96

注）調査価格の「年/月」は調査時期を示す。
　　「電灯設備等」の指標品目は、2015年まで蛍光灯器具、2017年からLED器具。

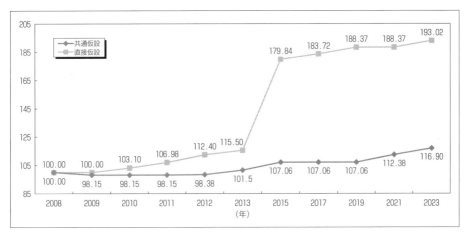

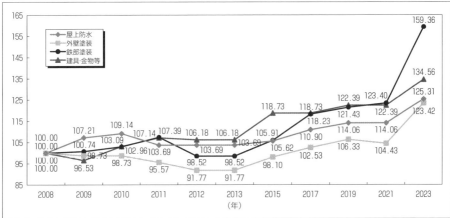

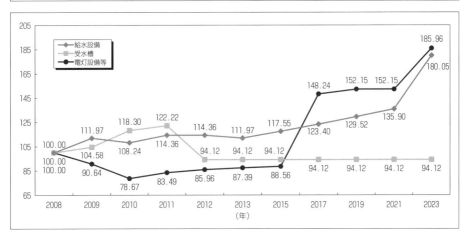

図-1　マンション修繕工事単価の推移グラフ

諸経費・法定福利費とは

●諸経費とは

　一般的に建築工事費は「直接工事費」と「共通費」で構成され、「共通費」はさらに「共通仮設費」、「現場管理費」、「一般管理費等」に区分されます（111頁［工事費の構成］参照）。大規模修繕工事の工事業者見積りを見ても、「現場管理費」や「一般管理費」、またはその二つをまとめて「諸経費」として計上されています。

　「直接工事費」とは、工事に使用される材料費、労働者の人件費（労務費）などの「工事に直接かかわる費用」を指します。「共通仮設費」は、工事を行うための準備費や、現場事務所などの仮設建物費や安全管理のための工事施設費など「工事全体に共通して必要な仮設費用」となります。「現場管理費」は、現場労働者の労務管理費から現場事務所で使用される事務用品費などまでを含む「工事現場の管理運営に必要な費用」で、「一般管理費等」は経理、事務、営業などを担当する役職員の給与手当や本支店事務所の賃貸料などの一般管理費に、付加利益を加えた「（工事を請け負う）企業の継続運営に必要な費用」になります。それぞれの詳細な内容については表-1〜表-3を参照ください。また、これらの共通費を工事ごとに積み上げていると大変な作業量となるので、直接工事費などに一定の率を掛けて算出するのが一般的です。

●法定福利費とは

　表-2、3の通り「現場管理費」および「一般管理費」の他に法定福利費（法令上事業主に負担する義務のある社会保険料相当額）が計上されます。

　国土交通省では、建設業における社会保険の加入を促進する取り組みを継続的に行っています。そのためには、労働者を雇用する企業にとって義務的な経費である法定福利費を確保することが重要であり、労働者にとって働きやすい環境を整えることは、中長期的な担い手確保のためにも重要な取り組みと考えられています。

　受注競争などにより、本来固定費であるべき法定福利費が変動費化して（値引きの対象となり）請負金額の中で十分に確保されない状況を是正する方策として、必要な法定福利費を諸経費とは別に内訳として明示した標準見積書を活用することとされています。

　必要な経費を適切に見込んだ価格（見積り）は、一企業だけでなく建設業界全体の持続的な発展に寄与することを認識し、適正な法定福利費を計上することが必要です。

表-1　共通仮設費

項　目	内　容
準　備　費	敷地測量、敷地整理、道路占用・使用料、仮設用借地料、その他の準備に要する費用
仮 設 建 物 費	監理事務所、現場事務所、倉庫、下小屋、宿舎、作業員施設等に要する費用
工 事 施 設 費	仮囲い、工事用道路、歩道構台、場内通信設備等の工事用施設に要する費用
環 境 安 全 費	安全標識、消火設備等の施設の設置、交通誘導・安全管理等の要員、隣接物等の養生及び補償復旧並びに台風等災害に備えた災害防止対策に要する費用
動力用水光熱費	工事用電気設備及び工事用給排水設備に要する費用並びに工事用電気・水道料金等
屋外整理清掃費	屋外・敷地周辺の跡片付け及びこれに伴う発生材処分並びに端材等の処分及び除雪に要する費用
機 械 器 具 費	共通的な工事用機械器具（測量機器、揚重機械器具、雑機械器具）に要する費用
情報システム費	情報共有、遠隔臨場、BIM、その他情報通信技術等のシステム・アプリケーションに要する費用
そ　の　他	材料及び製品の品質管理試験に要する費用、その他上記のいずれの項目にも属さない費用

表-2　現場管理費

項　目	内　容
労 務 管 理 費	現場雇用労働者（各現場で元請企業が臨時に直接雇用する労働者）及び現場労働者（再下請を含む下請負契約に基づき現場労働に従事する労働者）の労務管理に要する費用 ・募集及び解散に要する費用 ・慰安、娯楽及び厚生に要する費用 ・純工事費に含まれない作業用具及び作業用被服等の費用 ・賃金以外の食事、通勤費等に要する費用 ・安全、衛生に要する費用及び研修訓練等に要する費用 ・労災保険法による給付以外に災害時に事業主が負担する費用
租 税 公 課	工事契約書等の印紙代、申請書・謄抄本登記等の証紙代、固定資産税・自動車税等の租税公課、諸官公署手続き費用
保 険 料	火災保険、工事保険、自動車保険、組立保険、賠償責任保険、法定外の労災保険及びその他の損害保険の保険料
従業員給料手当	現場従業員（元請企業の社員）及び現場雇用従業員（各現場で元請企業が臨時に直接雇用する従業員）並びに現場雇用労働者の給与、諸手当（交通費、住宅手当等）、賞及び外注人件費（「施工図等作成費」を除く。）に要する費用
施工図等作成費	施工図・完成図等の作成に要する費用
退 職 金	現場従業員に対する退職給付引当金繰入額及び現場雇用従業員、現場雇用労働者の退職金
法 定 福 利 費	現場従業員、現場雇用従業員、現場雇用労働者及び現場労働者に関する次の費用 ・現場従業員、現場雇用従業員及び現場雇用労働者に関する労災保険料、雇用保険料、健康保険料及び厚生年金保険料の事業主負担額 ・現場労働者に関する労災保険料の事業主負担額 ・建設業退職金共済制度に基づく証紙購入代金
福 利 厚 生 費	現場従業員に対する慰安、娯楽、厚生、貸与被服、健康診断、医療、慶弔見舞等に要する費用
事 務 用 品 費	事務用消耗品費、OA機器等の事務用備品費、新聞・図書・雑誌等の購入費、工事写真・完成写真代等の費用
通 信 交 通 費	通信費、旅費及び交通費
補 償 費	工事施工に伴って通常発生する騒音、振動、濁水、工事用車両の通行等に対して、近隣の第三者に支払われる補償費。ただし、電波障害等に関する補償費を除く
そ の 他	会議費、式典費、工事実績の登録等に要する費用、各種調査に要する費用、その他上記のいずれの項目にも属さない費用

表-3　一般管理費

項　目	内　容
役 員 報 酬 等	取締役及び監査役に要する報酬及び賞与（損金算入分）
従業員給料手当	本店及び支店の従業員に対する給与、諸手当及び賞与（賞与引当金繰入額を含む）
退 職 金	本店及び支店の役員及び従業員に対する退職金（退職給与引当金繰入額及び退職年金掛金を含む）
法 定 福 利 費	本店及び支店の従業員に関する労災保険料、雇用保険料、健康保険料及び厚生年金保険料の事業主負担額
福 利 厚 生 費	本店及び支店の従業員に対する慰安、娯楽、貸与被服、医療、慶弔見舞等の福利厚生等に要する費用
維 持 修 繕 費	建物、機械、装置等の修繕維持費、倉庫物品の管理費等
事 務 用 品 費	事務用消耗品費、固定資産に計上しない事務用備品、新聞参考図書等の購入費
通 信 交 通 費	通信費、旅費及び交通費
動力用水光熱費	電力、水道、ガス等の費用
調 査 研 究 費	技術研究、開発等の費用
広 告 宣 伝 費	広告、公告又は宣伝に要する費用
交 際 費	得意先、来客等の接待、慶弔見舞等に要する費用
寄 付 金	社会福祉団体等に対する寄付
地 代 家 賃	事務所、寮、社宅等の借地借家料
減 価 償 却 費	建物、車両、機械装置、事務用備品等の減価償却額
試験研究償却費	新製品又は新技術の研究のための特別に支出した費用の償却額
開 発 償 却 費	新技術又は新経営組織の採用、資源の開発並びに市場の開拓のため特別に支出した費用の償却額
租 税 公 課	不動産取得税、固定資産税等の租税及び道路占有料その他の公課
保 険 料	火災保険その他の損害保険料
契 約 保 証 費	契約の保証に必要な費用
雑 費	社内打合せ費用、諸団体会費等の上記のいずれの項目にも属さない費用

表-1〜3の出典：『公共建築工事積算基準』

●単位・記号表示

区分	表示	内　容
単価欄	…	サンプル数が十分得られない場合や、取引実例の確認ができない場合
単位欄	m、m²、m³	表示単位は原則的にSI単位（国際単位系）での表記
規格記号・部品認定記号	JIS	日本工業規格
	JWWA	日本水道協会規格

●部位の名称

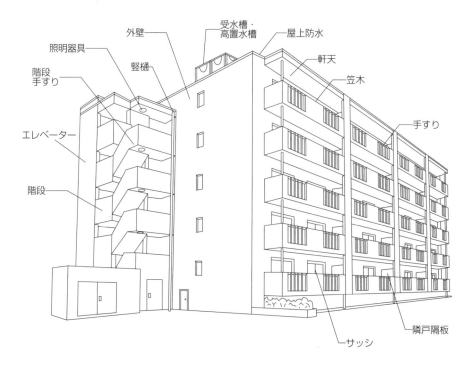

●掲載項目の分類

　本価格編では国土交通省による「長期修繕計画標準様式」様式第3-2号の記載例一部に基づき、工事項目を掲載しており、下表はその修繕工事項目に本誌参照頁を付加したものです。調査価格についてはこのほかに維持管理に必要な管理費用（法定点検、清掃費用）についても掲載しています。

修繕工事項目と本誌参照頁

推定修繕工事項目		対象部位等	工事区分	修繕周期（参考）	本誌参照頁
Ⅰ 仮設	1　仮設工事				
	①共通仮設		仮設	12〜15年	216〜229
	②直接仮設		仮設	12〜15年	
Ⅱ 建物	2　屋根防水				
	①屋上防水（保護）	屋上、塔屋、ルーフバルコニー	補修・修繕	12〜15年	232〜249
			撤去・新設		
	②屋上防水（露出）	屋上、塔屋	補修・修繕	12〜15年	
			撤去・新設		
	③傾斜屋根		補修・修繕	12〜15年	
			撤去・葺替		
	④庇・笠木等防水	庇天端、笠木天端、パラペット天端・アゴ、架台天端等	修繕	12〜15年	
	3　床防水				
	①バルコニー床防水	バルコニーの床（側溝、幅木を含む）	修繕	12〜15年	240,241
	②開放廊下・階段等床防水	開放廊下・階段の床（側溝、幅木を含む）	修繕	12〜15年	
	4　外壁塗装等				
	①躯体コンクリート補修	外壁、屋根、床、手すり壁、軒天（上げ裏）、庇等（コンクリート、モルタル部分）	補修	12〜15年	250〜270
	②外壁塗装（雨掛かり部分）	外壁、手すり壁等	塗替	12〜15年	
			除去・塗装		
	②外壁塗装（非雨掛かり部分）	外壁、手すり壁等	塗替	12〜15年	
			除去・塗装		
	③軒天塗装	開放廊下・階段、バルコニー等の軒天（上げ裏）部分	塗替	12〜15年	
			除去・塗装		
	④タイル張補修	外壁・手すり壁等	補修	12〜15年	
	⑤シーリング	外壁目地、建具回り、スリーブ回り、部材接合部等	打替	12〜15年	272〜279

推定修繕工事項目		対象部位等	工事区分	修繕周期（参考）	本誌参照頁
II 建物	**5 鉄部塗装等**				
	①鉄部塗装（雨掛かり部分）	（鋼製）開放廊下・階段、バルコニーの手すり	塗替	5〜7年	280〜285
		（鋼製）屋上フェンス、設備機器、竪樋・支持金物、架台、避難ハッチ、マンホール蓋、隔板枠、物干金物等			
		屋外鉄骨階段、自転車置場、遊具、フェンス			
	②鉄部塗装（非雨掛かり部分）	（鋼製）住戸玄関ドア	塗替	5〜7年	
		（鋼製）共用部分ド＋Ｂ36			
	③非鉄部塗装	（アルミ製・ステンレス製等）サッシ、面格子、ドア、手すり、避難ハッチ、換気口等	清掃・塗装	12〜15年	
		（ボード、樹脂、木製等）隔板・エアコンスリーブ・雨樋等			
	6 建具・金物等				
	①建具関係	住戸玄関ドア、共用部分ドア、自動ドア	点検・調整	12〜15年	286〜299
			取替	34〜38年	
		窓サッシ、面格子、網戸、シャッター	点検・調整	12〜15年	
			取替	34〜38年	
	②手すり	開放廊下・階段、バルコニーの手すり、防風スクリーン	取替	34〜38年	
	③屋外鉄骨階段	屋外鉄骨階段	補修	12〜15年	
			取替	34〜38年	
	④金物等（集合郵便受等）	集合郵便受、掲示板、宅配ロッカー等	取替	24〜28年	
		笠木、架台、マンホール蓋、階段ノンスリップ、避難ハッチ、タラップ、排水金物、室名札、立て樋・支持金物、隔板、物干金物、スリーブキャップ等			
		屋上フェンス等			
	⑤金物等（メーターボックス扉等）	メーターボックスの扉、パイプスペースの扉等	取替	34〜38年	
	7 共用内部				
	①共用内部	管理員室、集会室、内部廊下、内部階段等の壁、床、天井	張替・塗替	12〜15年	—
		エントランスホール、エレベーターホールの壁、床、天井			
III 設備	**8 給水設備**				
	①給水管	屋内共用給水管	更生	19〜23年	302〜336
		屋内共用給水管、屋外共用給水管	(更生後)取替	30〜40年	
			(更生なし)取替	28〜32年	
	②貯水槽	受水槽	補修	12〜15年	
			取替	26〜30年	
		高置水槽	補修	12〜15年	
			取替	26〜30年	
	③給水ポンプ	揚水ポンプ、加圧給水ポンプ、直結増圧ポンプ	補修	5〜8年	
			取替	14〜18年	
	9 排水設備				
	①排水管	屋内共用雑排水管	更生	19〜23年	302〜336
		屋内共用雑排水管、汚水管、雨水管	(更生後)取替	30〜40年	
			(更生なし)取替	28〜32年	
	②排水ポンプ	排水ポンプ	補修	5〜8年	
			取替	14〜18年	
	10 ガス設備				
	①ガス管	屋外埋設部ガス管、屋内共用ガス管	取替	28〜32年	337〜341
	11 空調・換気設備				
	①空調設備	管理室、集会室等のエアコン	取替	13〜17年	342〜345
	②換気設備	管理員室、集会室、機械室、電気室等の換気扇、ダクト類、換気口、換気ガラリ	取替	13〜17年	

推定修繕工事項目		対象部位等	工事区分	修繕周期（参考）	本誌参照頁
Ⅲ設備	12　電灯設備等				
	①電灯設備	共用廊下・エントランスホール等の照明器具、配線器具、非常照明、避難口・通路誘導灯、外灯等	取替	18〜22年	346〜354
	②配電盤類	配電盤・プルボックス等	取替	28〜32年	
	③幹線設備	引込開閉器、幹線（電灯、動力）等	取替	28〜32年	
	④避雷針設備	避雷突針・ポール・支持金物・導線・接地極等	取替	38〜42年	
	⑤自家発電設備	発電設備	取替	28〜32年	
	13　情報・通信設備				
	①電話設備	電話配線盤（MDF）、中間端子盤（IDF）等	取替	28〜32年	355〜364
	②テレビ共聴設備	アンテナ、増幅器、分配器等※同軸ケーブルを除く	取替	15〜20年	
	③インターネット設備	住棟内ネットワーク	取替	28〜32年	
	④インターホン設備等	インターホン設備、オートロック設備、住宅情報盤、防犯設備、配線等	取替	15〜20年	
	14　消防用設備				
	①屋内消火栓設備	消火栓ポンプ、消火管、ホース類、屋内消火栓箱等	取替	23〜27年	365〜373
	②自動火災報知設備	感知器、発信器、表示灯、音響装置、中継器、受信器等	取替	18〜22年	
	③連結送水管設備	送水口、放水口、消火管、消火隊専用栓箱等	取替	23〜27年	
	15　昇降機設備				
	①昇降機	カゴ内装、扉、三方枠等	補修	12〜15年	374,375
		全構成機器	取替	26〜30年	
	16　立体駐車場設備				
	①自走式駐車場	プレハブ造（鉄骨造＋ALC）	補修	8〜12年	376〜378
			建替	28〜32年	
	②機械式駐車場	二段方式、多段方式（昇降式、横行昇降式、ピット式）、垂直循環方式等	補修	5年	
			取替	18〜22年	
Ⅳ外構・その他	17　外構・付属施設				
	①外構	平面駐車場、車路・歩道等の舗装、側溝、排水溝	補修・取替	24〜28年	380〜391
		囲障（塀、フェンス等）、サイン（案内板）、遊具、ベンチ等			
		埋設排水管、排水ます等※埋設給水管を除く			
	②付属施設	自転車置場、ゴミ集積所	取替・整備	24〜28年	
		植樹			
	18　調査・診断、設計、工事監理等費用				
	①点検・調査・診断	大規模修繕工事の実施前に行う点検・調査・診断		10〜12年	394〜402
	②設計、コンサルタント	計画修繕工事の設計（基本設計、実施設計）・コンサルタント		12〜15年	
	③工事監理	計画修繕工事の工事監理		12〜15年	
	④臨時点検（被災時）	建物、設備、外構		―	
	19　長期修繕計画作成費用				
	①見直し	長期修繕計画の見直しのための点検・調査・診断、長期修繕計画の見直し		5年	394〜402

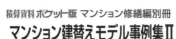

仮設

仮設工事·· 216

仮設工事

●仮設工事とは

　目的の建築物を建てる、もしくは修繕するために必要な施設、設備を一時的に設置する工事を一般的に仮設工事といいます。仮設工事は、その目的によってさらに共通仮設工事と直接仮設工事に区分されます。

●共通仮設

　共通仮設とは、工事現場を運営する上で必要な仮設であり、その工事の目的物（建築物自体）の形状や数量ではなく、敷地形状や周辺インフラ（道路状況・電力供給状況・水道供給状況等）、建物の建ち並び、発注者が提供できる作業スペースなどに左右される仮設項目を指します。公共工事においては、表－1のように定義され、その費用の多くは、直接工事費に一定の率（共通仮設費率）を掛けることで算出されますが、一部費目（表－1内の下線部）は積上げで算出されます。

●直接仮設

　直接仮設とは、その工事の目的物（建築物、工作物）を施工するために必要な仮設であり、建築物および敷地の図面ならびに仕様書の仮設

仕様の記述だけで、直接数量が決定する（指定される）仮設項目を指します。代表的なものはやり方、墨出し、養生、作業用足場、清掃後片付けが挙げられます。

●修繕、改修工事における仮設費

　修繕、改修工事の費用を新築工事と比較すると、基本的にはまず躯体工事が除外されます。また、建具を含めた外装や内装工事も、工事箇所は限定されますし、電気、給排水衛生、空調などの設備工事も限定もしくは除外される場合があります。

　では、これに応じて仮設費も減額されるかというと、足場や養生の設置面積は新築工事とほぼ変わらない、もしくは近隣や現場条件によっては増えてしまうことさえあります。つまりは、総工事費の中で仮設費が占める割合が、新築と比較して大きくなります。しかし、仮設費用はなかなか発注者にとって理解の難しい費目であり、事前にその必要性を十分に検討し、いつでも説明できる準備をしておきましょう。もちろん、現場作業員や居住者の安全確保や、工事を支障なく進めるために必要な仮設計画であることは当然に求められますので、必要十分かつ無駄のない計画を心掛けましょう。

表-1　共通仮設費

項目	内容
準　　備　　費	敷地測量、敷地整理、道路占用・使用料、仮設用借地料、その他の準備に要する費用
仮 設 建 物 費	監理事務所、現場事務所、倉庫、下小屋、宿舎、作業員施設等に要する費用
工 事 施 設 費	仮囲い、工事用道路、歩道構台、場内通信設備等の工事用施設に要する費用
環 境 安 全 費	安全標識、消火設備等の施設の設置、交通誘導・安全管理等の要員、隣接物等の養生及び補償復旧並びに台風等災害に備えた災害防止対策に要する費用
動力用水光熱費	工事用電気設備及び工事用給排水設備に要する費用並びに工事用電気・水道料金等
屋外整理清掃費	屋外・敷地周辺の跡片付け及びこれに伴う発生材処分並びに端材等の処分及び除雪に要する費用
機 械 器 具 費	共通的な工事用機械器具(測量機器、揚重機械器具、雑機械器具)に要する費用
情報システム費	情報共有、遠隔臨場、BIM、その他情報通信技術等のシステム・アプリケーションに要する費用
そ　　の　　他	材料及び製品の品質管理試験に要する費用、その他上記のいずれの項目にも属さない費用

また、工事に伴う各行政庁への申請費用も忘れてはならない費用です。必要な申請が漏れなく行われていることが円滑な工事の第一歩となりますので、その申請先や手順なども事前に十分な確認を行いましょう。

●安全対策の強化とウイルス感染対策

厚生労働省では、建設業の死亡事故で最も多い墜落・転落事故防止のため、「足場からの墜落・転落災害防止総合対策要綱」に基づき、より安全な措置を適切に講じることやフルハーネス型墜落制止用器具の着用などの徹底を各建設関連団体に要請しています。

2019年2月に施行された墜落制止用器具に係る改正安衛則の変更では、フルハーネス型の墜落制止用器具の使用が義務付けられ、その特別教育の実施が必要となりました。

これに伴い、「墜落制止用器具の安全な使用に関するガイドライン」も策定されています。

このように、安全対策にかかわる規則はより厳しくなっており、それにかかる経費も増えてきます。

また、2020年から世界的に感染が拡大している新型コロナウイルスの感染対策については、国が「建設業における新型コロナウイルス感染予防対策ガイドライン」を、一般社団法人　マンション計画修繕施工協会が「マンション計画修繕工事における新型コロナウイルス対策ガイドライン」を策定していましたが、新型コロナウイルス感染症の感染症法上の位置づけが令和5年5月8日に変更されたことに伴い、上記の各ガイドラインは廃止となりました。しかし、今後も一定の感染対策は必要です。

仮設

共通仮設費 ①

名称	規格・仕様	単位	単価 (材工共)
◆ 仮設建物			
仮設事務所・作業員詰	移動式ハウス 2.4×3.69m 期間2カ月	棟	176,000
所・仮設倉庫	〃 〃 3カ月	〃	203,000
	〃 〃 4カ月	〃	231,000
	〃 〃 5カ月	〃	258,000
	〃 2.4×5.51m 2カ月	〃	220,000
	〃 〃 3カ月	〃	253,000
	〃 〃 4カ月	〃	286,000
	〃 〃 5カ月	〃	319,000
仮設資材置場	単管パイプ 3.6×0.6×1.8m 外部コンパネ・棚3段設置 期間2カ月	式	40,200
	〃 〃 〃 3カ月	〃	42,900
	〃 〃 〃 4カ月	〃	45,600
	〃 〃 〃 5カ月	〃	48,500
	〃 3.6×1.2×1.8m 〃 2カ月	〃	55,100
	〃 〃 〃 3カ月	〃	58,300
	〃 〃 〃 4カ月	〃	61,700
	〃 〃 〃 5カ月	〃	64,900
仮設トイレ	水洗式 (大小兼用) 期間2カ月	棟	93,600
	〃 3カ月	〃	101,000
	〃 4カ月	〃	110,000
	〃 5カ月	〃	117,000
仮設シンク	1槽式 期間2カ月	カ所	71,600
	〃 3カ月	〃	93,600
	〃 4カ月	〃	115,000
	〃 5カ月	〃	137,000

1．掲載価格には、搬入・搬出費、設置・解体費、リース料・損料を含む。
2．仮設事務所・作業員詰所・仮設倉庫の配線工事は含まない。ただし、仮設トイレ、仮設シンクの配管工事は含む。

共通仮設費 2

名称	規格・仕様				単位	単価(材工共)
◆ 工事施設						
仮囲い	成形鋼板　高3.0m　設置延長100m程度		期間2カ月		m	7,160
	〃	〃	〃	3カ月	〃	7,600
	〃	〃	〃	4カ月	〃	8,040
	〃	〃	〃	5カ月	〃	8,480
	〃	〃	200m	2カ月	〃	6,610
	〃	〃	〃	3カ月	〃	7,050
	〃	〃	〃	4カ月	〃	7,490
	〃	〃	〃	5カ月	〃	7,930
仮設鉄板敷き	厚22mm　期間2カ月				m²	4,180
	〃　　　　3カ月				〃	4,630
	〃　　　　4カ月				〃	5,070
	〃　　　　5カ月				〃	5,510
フェンスバリケード	高1.8m×幅1.8m　期間3カ月				台	2,360
仮設電気工事	共用部より分岐、使用料組合負担				式	141,000
	東電・関電電柱から引込工事　使用料組合負担				〃	284,000
仮設水道工事	共用部より分岐、使用料組合負担				〃	92,600
仮設電話	電話機リース（FAX切り替え）　リース期間3カ月				〃	70,000
	〃　　　　〃　　　　4カ月				〃	90,000
電線保護管	径 90mm				m/月	900
	径100mm				〃	1,050
◆ 養生・清掃						
エレベーター内養生	ベニヤ				基	25,400
エントランス床養生	ノンスリップシート				m	380
アルミ手すり養生	アルミサッシ用表面保護材（SPVテープ相当品）				〃	300
場内清掃・片付け	通常清掃・竣工前清掃				戸	5,000
◆ その他						
発生材置場設置	1.8×1.8m程度　外部・底部コンパネ				式	30,000
〃	1.8×3.6m程度　　　〃				〃	46,000
申請書類作成費	足場関係等（図面作成、強度計算書作成等）				式	164,000

1．掲載価格には、搬入・搬出費、設置・解体費、リース料・損料を含む。
2．発生材処分費ならびに収集運搬費は、巻末の参考資料416頁参照。
3．道路使用許可申請や道路占用料などの各種申請費用は、申請地や内容により費用が異なる。

仮設

直接仮設工事 ①　　　　　　　　　　調査価格 (経済調査会調べ)

名　称	規格・仕様			単位	単価 (材工共)
◆ 外部足場					
枠組本足場 建地幅600mm	高20m未満　形状単純		存置　1カ月	架m²	2,150
	〃　　　　　〃		存置期間1カ月延長ごとに	〃	170
	高20m以上　形状複雑		存置　1カ月	〃	2,230
	〃　　　　　〃		存置期間1カ月延長ごとに	〃	170
枠組本足場 建地幅900mm	高20m未満　形状単純		存置　1カ月	〃	2,470
	〃　　　　　〃		存置期間1カ月延長ごとに	〃	190
	高20m以上　形状複雑		存置　1カ月	〃	2,560
	〃　　　　　〃		存置期間1カ月延長ごとに	〃	190
枠組本足場 建地幅1200mm	高20m未満　形状単純		存置　1カ月	〃	2,800
	〃　　　　　〃		存置期間1カ月延長ごとに	〃	210
	高20m以上　形状複雑		存置　1カ月	〃	2,900
	〃　　　　　〃		存置期間1カ月延長ごとに	〃	210
枠組本足場手すり先行方式 建地幅600mm	高22m未満　形状単純		存置　1カ月	〃	2,360
	〃　　　　　〃		存置期間1カ月延長ごとに	〃	170
	高22m以上　形状複雑		存置　1カ月	〃	2,450
	〃　　　　　〃		存置期間1カ月延長ごとに	〃	170
枠組本足場手すり先行方式 建地幅900mm	高22m未満　形状単純		存置　1カ月	〃	2,710
	〃　　　　　〃		存置期間1カ月延長ごとに	〃	190
	高22m以上　形状複雑		存置　1カ月	〃	2,820
	〃　　　　　〃		存置期間1カ月延長ごとに	〃	190
枠組本足場手すり先行方式 建地幅1200mm	高22m未満　形状単純		存置　1カ月	〃	3,060
	〃　　　　　〃		存置期間1カ月延長ごとに	〃	210
	高22m以上　形状複雑		存置　1カ月	〃	3,190
	〃　　　　　〃		存置期間1カ月延長ごとに	〃	210

1．掲載価格には、搬入・搬出費、架払い手間、リース料・損料を含み、盛替えの費用は含まない。
2．手すり先行方式は「手すり先行工法等に関するガイドライン」（厚生労働省・労働安全衛生規則）に準拠。

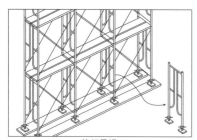

枠組足場

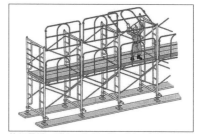

枠組足場・手すり先行工法 手すり据置き方式

出典：「手すり先行工法及び働きやすい安心感のある足場」建設業労働災害防止協会

直接仮設工事 ②

名称	規格・仕様		単位	単価（材工共）
◆ 外部足場				
単管ブラケット一側足場	高10m未満	存置　1カ月	架m²	1,960
	〃	存置期間1カ月延長ごとに	〃	70
	高20m未満	存置　1カ月	〃	2,030
	〃	存置期間1カ月延長ごとに	〃	70
	高30m未満	存置　1カ月	〃	2,110
	〃	存置期間1カ月延長ごとに	〃	70
くさび緊結式足場 幅600mm	高10m未満	存置　1カ月	〃	1,910
	〃	存置期間1カ月延長ごとに	〃	200
	高20m未満	存置　1カ月	〃	2,010
	〃	存置期間1カ月延長ごとに	〃	200
くさび緊結式足場 幅900mm	高10m未満	存置　1カ月	〃	2,200
	〃	存置期間1カ月延長ごとに	〃	220
	高20m未満	存置　1カ月	〃	2,310
	〃	存置期間1カ月延長ごとに	〃	220

仮設

1．掲載価格には、搬入・搬出費、架払い手間、リース料・損料を含み、盛替えの費用は含まない。

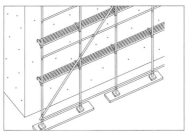

単管ブラケット一側足場

直接仮設工事 ③

仮設

名　称	規格・仕様		単位	単価 (材工共)
◆ 外部足場				
くさび緊結式足場手すり 先行方式　幅600mm	高10m未満	存置　1カ月	架m²	2,110
	〃	存置期間1カ月延長ごとに	〃	200
	高20m未満	存置　1カ月	〃	2,210
	〃	存置期間1カ月延長ごとに	〃	200
くさび緊結式足場手すり 先行方式　幅900mm	高10m未満	存置　1カ月	〃	2,430
	〃	存置期間1カ月延長ごとに	〃	220
	高20m未満	存置　1カ月	〃	2,540
	〃	存置期間1カ月延長ごとに	〃	220
くさび緊結式足場 抜け止め機能付き型 幅600mm	高10m未満	存置　1カ月	〃	2,690
	〃	存置期間1カ月延長ごとに	〃	250
	高20m未満	存置　1カ月	〃	2,840
	〃	存置期間1カ月延長ごとに	〃	250
	高30m未満	存置　1カ月	〃	2,990
	〃	存置期間1カ月延長ごとに	〃	250
くさび緊結式足場 抜け止め機能付き型 幅900mm	高10m未満	存置　1カ月	〃	3,090
	〃	存置期間1カ月延長ごとに	〃	260
	高20m未満	存置　1カ月	〃	3,250
	〃	存置期間1カ月延長ごとに	〃	260
	高30m未満	存置　1カ月	〃	3,400
	〃	存置期間1カ月延長ごとに	〃	260

1．掲載価格には、搬入・搬出費、架払い手間、リース料・損料を含み、盛替えの費用は含まない。
2．くさび緊結式足場抜け止め機能付き型については、次世代足場・新世代足場・進化する足場などと呼ばれる足場材を対象とする。
3．手すり先行方式は「手すり先行工法等に関するガイドライン」（厚生労働省・労働安全衛生規則）に準拠。

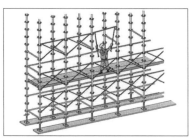

くさび緊結式足場・手すり先行工法 手すり据置き方式
出典：「手すり先行工法及び働きやすい安心感のある足場」建設業労働災害防止協会

直接仮設工事 ④

名称	規格・仕様		単位	単価 (材工共)
◆ 外部足場				
登り桟橋	仮設足場高20m未満	存置　1カ月	カ所	62,700
	〃	存置期間1カ月延長ごとに	〃	5,300
	仮設足場高20m以上	存置　1カ月	〃	76,600
	〃	存置期間1カ月延長ごとに	〃	5,300
張り出し足場受構台	ブラケット構台	存置　1カ月	m	19,500
	〃	存置期間1カ月延長ごとに	〃	1,060
ゴンドラ (幅1.8m)	基本料 (設置・解体・運搬費を含む)		台	84,800
	使用料 (1カ月未満)		台/日	7,190
	〃 　 (1カ月以上)		〃	6,670
ゴンドラ (幅2.4m)	基本料 (設置・解体・運搬費を含む)		台	90,400
	使用料 (1カ月未満)		台/日	7,700
	〃 　 (1カ月以上)		〃	7,190
ゴンドラ (幅3.6m)	基本料 (設置・解体・運搬費を含む)		台	92,500
	使用料 (1カ月未満)		台/日	8,220
	〃 　 (1カ月以上)		〃	7,700
ゴンドラ用発電機	発電機使用料	使用期間1カ月未満	〃	4,510
	〃	〃 　1カ月以上	〃	4,260
スカイチェア	基本料 (設置・解体・運搬費を含む)		台	66,700
	使用料 （2週間未満)		台/日	5,390
	〃 　 （2週間以上)		〃	5,130

1．掲載価格には、搬入・搬出費、架払い手間、リース料・損料を含み、盛替えの費用は含まない。
2．張り出し足場受構台の掲載価格には、あと施工アンカー打込み費用を含む。

登り桟橋

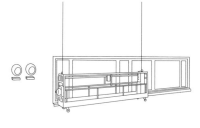

ゴンドラ

仮設

直接仮設工事 ⑤

調査価格（経済調査会調べ）

名称	規格・仕様				単位	単価 (材工共)
◆ 外部足場						
システムゴンドラ	高35m以下	施工規模 500m²	期間2週間	(500m²ごと幅3.6mゴンドラ1台)	m²	2,920
〃	〃	〃	1カ月	〃	〃	3,180
〃	〃	〃	2カ月	〃	〃	3,640
〃	〃	施工規模1000m²	期間1カ月	〃	〃	3,070
〃	〃	〃	2カ月	〃	〃	3,540
〃	〃	〃	3カ月	〃	〃	3,790
〃	〃	施工規模3000m²	期間2カ月	〃	〃	3,390
〃	〃	〃	3カ月	〃	〃	3,640
〃	〃	〃	4カ月	〃	〃	3,900
〃	〃	施工規模5000m²	期間2カ月	〃	〃	3,330
〃	〃	〃	3カ月	〃	〃	3,590
〃	〃	〃	4カ月	〃	〃	3,840
高所作業車	揚程	6m	（オペレータ付）		台/日	57,200
〃	〃	9m	〃		〃	63,600
〃	〃	12m	〃		〃	71,500
〃	〃	20m	〃		〃	103,000
◆ 内部足場						
ローリングタワー足場	幅1.5m	高2.0m以下	1段	期間1カ月	台	26,700
〃	〃	3.0m	2段	〃	〃	33,400
〃	〃	3.5m	3段	〃	〃	44,200

1．掲載価格には、搬入・搬出費、架払い手間、リース料・損料を含み、盛替えの費用は含まない。
2．システムゴンドラは、日本ビソー「SSP足場システム」相当とし、施工条件は以下の通り。
　　①高さ35mまで　②養生メッシュ標準30mまで　③吊元機材：仮設ゴンドラ標準金具（自在フック・突梁タイプ）
3．ローリングタワーには足場板の費用を含む。

ローリングタワー足場

直接仮設工事 [6]

名 称	規格・仕様			単位	単価 (材工共)
◆ 災害防止設備					
外部落下養生	朝顔 幅2.0m		期間1カ月	m	6,120
	〃	〃	存置期間1カ月延長ごとに	〃	630
開口部養生	開口部養生・補強 長3.6m程度		1カ月毎に	カ所	20,600
	〃	〃	存置期間1カ月延長ごとに	〃	1,060
	〃	5.4m程度	1カ月毎に	〃	30,900
	〃	〃	存置期間1カ月延長ごとに	〃	1,580
侵入防止金網	高1.8mまで金網設置		期間1カ月	m²	870
	〃		存置期間1カ月延長ごとに	〃	70
◆ 外部養生					
シート養生	隣接部等の養生白シート	防災1類	期間1カ月毎に	m²	650
	〃		存置期間1カ月延長ごとに	〃	40
	メッシュシート (新品)	〃	期間1カ月毎に	〃	590
	〃		存置期間1カ月延長ごとに	〃	40
	メッシュシート (中古)	〃	期間1カ月毎に	〃	430
	〃		存置期間1カ月延長ごとに	〃	20
	ブラックメッシュシート (新品)	〃	期間1カ月毎に	〃	830
	〃		存置期間1カ月延長ごとに	〃	70
	ブラックメッシュシート (中古)	〃	期間1カ月毎に	〃	600
	〃		存置期間1カ月延長ごとに	〃	30
ネット養生	水平安全ネット ネット幅500㎜		期間1カ月毎に	m	620
	〃	〃	存置期間1カ月延長ごとに	〃	30

1．掲載価格には、搬入・搬出費、架払い手間、リース料・損料を含み、盛替えの費用は含まない。

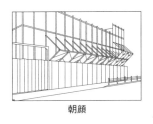

朝顔

開口部養生

水平安全ネット

仮設

品名・品番	仕様	単位	単価	メーカー
◆仮設トイレ				
バイオラックス　GKL-22	大小兼用　水不要・糞尿分解・工事現場用　処理能力:約 35〜45回/日　材料費	台	2,000,000	正和電工
GKM-W18	大1・小1　〃　〃　〃　　25〜35　〃	〃	1,930,000	☎0166-39-7611
22	〃　〃　〃　〃　　35〜45　〃	〃	2,130,000	
43	〃　〃　〃　〃　　80〜100　〃	〃	2,670,000	
GX-WCP快適	男女兼用　洋式　簡易水洗式　　基本料金	台	30,000	日野興業
	W850×D1590×H2590　賃貸料金	台/日	1,000	☎047-318-8761
◆高機能仮設トイレ（快適トイレ）				
快適トイレ　KKL-W18T	大小兼用　水不要・糞尿分解　女性専用　処理能力:約 25〜35回/日　材料費	台	3,360,000	正和電工
〃　SKL-25	〃　〃　〃　サイディングタイプ　40〜50　〃	〃	2,860,000	☎0166-39-7611
〃　GKL-Wm2-76	〃　〃　〃　観光地用　140〜160　〃	〃	6,330,000	
WGX-WCLHP快適	男女兼用・洋式　簡易水洗式　　基本料金	台	80,000	日野興業
	W1705×D1590×H2590　賃貸料金	台/日	1,000	☎047-318-8761
Cu・to	ユニットハウス型　女性専用　水洗式　　賃貸料金	棟/月	45,000※1	東山産業
	W2250×D4560×H2600　休憩室・更衣室付き　材料費	棟	2,090,000	☎03-3719-0301
ユニトイレ	ユニットハウス型　男女別一体型　水洗式　　賃貸料金	棟/月	42,000※2	賃貸基本料別途
	W2250×D4560×H2600　材料費	棟	1,960,000	※1　100,000円 ※2　80,000円
快適トイレ　コンラット	ユニットハウス型　男女別単独型　水洗式　　賃貸料金	棟/月	43,000	ビスダックジャパン
	W1165×D2165×H2287　材料費	棟	1,590,000	☎072-361-8880
快適トイレ　コンラットWM	ユニットハウス型　男女別一体型　水洗式　　賃貸料金	棟/月	49,000	
	W2165×D2165×H2287　材料費	棟	1,880,000	
◆手洗器賃貸料金				
Kシンク	フットポンプ式　W625×D610×H1204mm　基本料金	台	24,000	日野興業
	賃貸料金	台/日	200	☎047-318-8761
◆目隠しフェンス賃貸料金				
ルーバーフェンス	トイレ目隠しフェンス用パネル　W900×H1800mm　基本料金	スパン	5,000	日野興業
	賃貸料金	スパン/日	100	☎047-318-8761
◆足場賃貸料金				
先行手摺枠（据置き方式）BRA06	W　376×H1269　　期間1カ月　架払い含む	本	660〜720	アルインコ
09	680　〃　〃　〃	〃	660〜720	☎03-3278-5890
12	985　〃　〃　〃	〃	660〜720	
15	1290　〃　〃　〃	〃	660〜720	
18	1595　〃　〃　〃	〃	660〜720	
アルバトロス	手すり先行工法クサビ緊結式足場	m²	2,500〜	

仮設

品名・品番	仕様				単位	単価	メーカー
◆ 足場賃貸料金							
クサビ緊結式足場	本足場	建地W600	H10m以下	期間2カ月	m²	1,750	KRH本店 ☎0584-68-0068
〃	〃	〃	〃	3	〃	2,010	KRH関東支社
〃	〃	〃	H20m以下	2	〃	1,850	☎03-5436-8001
〃	〃	〃	〃	3	〃	2,110	足場架払工事のみ
〃	〃	〃	H30m以下	2	〃	1,910	後踏み：先行手すり設置
〃	〃	〃	〃	3	〃	2,170	前踏み：手すり・中桟・幅
〃	〃	〃	H31m以上	2	〃	2,000	木（上記項目以外含まず）
〃	〃	〃	〃	3	〃	2,260	
〃	〃	W900	H10m以下	2	〃	1,900	
〃	〃	〃	〃	3	〃	2,200	
〃	〃	〃	H20m以下	2	〃	2,000	
〃	〃	〃	〃	3	〃	2,300	
〃	〃	〃	H30m以下	2	〃	2,150	
〃	〃	〃	〃	3	〃	2,400	
〃	〃	〃	H31m以上	2	〃	2,320	
〃	〃	〃	〃	3	〃	2,500	
次世代足場 レボルト	手すり先行型	W900	H10m未満	存置3カ月	架m²	2,220	ダイサン ☎06-6243-7825
〃	〃	〃	〃	6	〃	2,950	
〃	〃	〃	H20m未満	3	〃	2,260	手すり・中桟・
〃	〃	〃	〃	6	〃	2,990	幅木含む
〃	〃	〃	H30m未満	3	〃	2,320	
〃	〃	〃	〃	6	〃	3,050	
〃	〃	W600	H10m未満	3	〃	1,910	
〃	〃	〃	〃	6	〃	2,600	
〃	〃	〃	H20m未満	3	〃	1,940	
〃	〃	〃	〃	6	〃	2,640	
〃	〃	〃	H30m未満	3	〃	1,970	
〃	〃	〃	〃	6	〃	2,670	
◆ 仮設足場用防犯システム賃貸料金							
アイ・システム	片廊下型マンション対応	5階建	システム設置期間75日		式	495,000	アルインコ ☎06-4797-2191
〃		7		〃	〃	565,000	
〃		9		〃	〃	630,000	
〃		11		〃	〃	705,000	
〃		13		〃	〃	775,000	
〃		15		〃	〃	845,000	
◆ 仮設防犯扉賃貸料金							
クラレスドア	W600／W900		設置期間30日		枚	15,100	三共 ☎044-850-3260
〃	〃	〃	60		〃	23,200	基本料含む、搬入出費別途
〃	〃	〃	90		〃	31,300	

●共通仮設・直接仮設の掲載価格は賃貸料金。

仮設

品名・品番	仕様			単位	単価	メーカー
◆ ゴンドラ賃貸料金						
SSPシステムゴンドラレンタル料						日本ビソー
システムゴンドラ	施工規模500m²		1カ月	式	712,500	仮設ゴンドラ事業本部
〃	〃 〃		2 〃	〃	1,200,000	☎03-5444-3887
〃	〃 〃		3 〃	〃	1,687,500	
〃	〃	1000m²	1 〃	〃	1,411,500	
〃	〃 〃		2 〃	〃	2,373,000	
〃	〃 〃		3 〃	〃	3,334,500	
〃	〃	3000m²	2 〃	〃	7,092,000	
〃	〃 〃		3 〃	〃	9,963,000	
〃	〃 〃		4 〃	〃	12,834,000	
〃	〃	5000m²	2 〃	〃	11,811,000	
〃	〃 〃		3 〃	〃	16,591,500	
〃	〃 〃		4 〃	〃	21,372,000	
仮設ゴンドラレンタル料						
スモールデッキゴンドラ	幅3.6m型		30日	式	285,000	
チェア型ゴンドラ	チェア型		〃	〃	222,000	
バッテリーゴンドラ	KBD-600型		〃	〃	504,000	
〃	KBM-900型		〃	〃	852,000	
〃	KBL-1200型		〃	〃	852,000	
◆ メッシュシート						
ボウエンメッシュ UK333	W1800×L5100	充実率0.90	仮設工業会認定品 材料費	枚	9,000	キョーワ
UK777	〃 〃	0.67	〃 〃	〃	8,500	☎06-6244-7200
#10000L	〃 〃	0.78	〃	〃	3,000	☎03-3456-6530
ターポスクリーン #1003	W1800×L5100	充実率0.70	仮設工業会認定品 材料費	枚	8,500	平岡織染
#1004	〃 〃	〃	〃 〃	〃	9,500	☎03-3876-2111
#1034	〃 〃	0.90	〃 〃	〃	9,500	☎06-6209-7000
#2024	〃 〃	0.39	〃	〃	3,800	
#2054	〃 〃	0.71	〃	〃	3,200	

共通仮設・直接仮設 ④

品名・品番	仕様	単位	単価	メーカー
◆ 建築工事用シート				
ポリエステル　KS-400	W1800×L5100　T0.40　　　　　　材料費	枚	4,500	キョーワ
KE-200	〃　　　〃　　　0.30　　　　　　〃	〃	4,000	☎06-6244-7200
◆ 防音シート				
防音シート　#1000	W1800×L3400　T1.00　　　　　　材料費	枚	25,000	キョーワ ☎06-6244-7200
サウンドシャッター　KN-800	W1800×H3400　T0.70　仮設工業会認定品　材料費	枚	25,000	平岡織染
〃　　　　　　〃 1000	〃　　　〃　　T1.00　　　〃　　　〃	〃	26,000	☎03-3876-2111 ☎06-6209-7000
◆ 内装工事用仮設間仕切賃貸料金				
パパっとE3パネル(不燃仕様)	基本料金含む　搬入出費、施工費別途			三共
基本パネル	W　450×H1850～3300　　期間30日	枚	3,300	☎048-669-6660
〃	〃　　　　〃　　　　60	〃	4,950	
引き違いドア	1800　　　〃　　　　30	式	25,400	
〃	〃　　　　〃　　　　60	〃	32,500	
◆ 養生材				
マジキリン　M-3D	防塵シート(室内)　W4000×H2800　PE製シート1枚 収納袋1枚　ポール3本　　　　　　材料費	セット	24,400	ふたば商事 ☎03-3923-8544
スッキリくん	コード4本迄集結可　PP製　　　　　〃	個	680	
◆ 清掃用品				
ワケタイ (分袋)	カラー分別ゴミ袋　600×900　PP製　材料費 6色　最小発送ロット400枚	枚	80	ふたば商事 ☎03-3923-8544
立っちゃん	ゴミ袋の補助スタンド　PP製　10枚入　〃	ケース	9,600	

● 〈素材記号〉PE：ポリエチレン、PP：ポリプロピレン

仮設

建物

屋根防水・床防水工事⋯⋯⋯⋯⋯⋯⋯⋯ 232

外壁塗装等工事⋯⋯⋯⋯⋯⋯⋯⋯⋯⋯⋯ 250

シーリング工事⋯⋯⋯⋯⋯⋯⋯⋯⋯⋯⋯ 272

鉄部塗装等工事⋯⋯⋯⋯⋯⋯⋯⋯⋯⋯⋯ 280

建具・金物等工事⋯⋯⋯⋯⋯⋯⋯⋯⋯⋯ 286

屋根防水・床防水工事

●防水工事とは

瓦をはじめとする屋根葺材を使うことができない傾斜屋根以外の屋根（陸屋根）では、コンクリートなどでできた水平な屋根面を漏水から守るために、アスファルトなどで雨水の浸入を防ぐ層（防水層）を作って対応しています。

この防水層を設ける工事を防水工事といい、防水層を構成する資材の種類やその組合せによって、さまざまな工法があります。

●防水改修とは

屋根は、常に日射や夜間の低温、季節ごとの温度差、風雨、降雪など、建物の外部として最も過酷な環境にさらされています。

そのため、屋根面に設けられた防水層は、その劣化を避けることができず、予想される耐用年数をもとにあらかじめ修繕計画を立案して、一定の時期に更新をはかる必要があります。ここでいう更新とは既存の防水層を一斉に新規の防水層に替える全面改修を指しています。もちろん更新の時期に至る前でも、防水層の弱点といわれる立上り部に特別のトラブルが発生して、漏水などの事故が起きる場合があり、これに対する補修も必要になります。

●防水改修はなぜ必要になる？

特に雨漏りなどの被害が発生していない場合でも、計画的に防水改修を行うことがマンション改修の常識になってきていますが、これはなぜでしょうか。屋根・屋上の改修は、漏水が始まってからでは遅いということが基本にあります。

居住者が現に住んでいる建物で漏水事故が発生すると、その被害は居住者の専有部分を直撃することになり、管理組合は管理範囲外（専有

部）での被害の復旧費を求められるなど、予想外の出費を強いられることがあります。さらに防水層の耐用年数が比較的確実に特定できる場合、耐用年数が切れているのを知ったまま放置したことによる漏水事故となり、管理組合は管理責任を問われます。

●防水改修の方法

これまでの防水改修の例をみると、既存の防水と同じ仕様による更新が当たり前のこととして繰り返されてきました。従って、問題になるのは、旧防水層を撤去するか、これを残してかぶせ施工を選ぶかの判断に限られていたようです（図-1参照）。

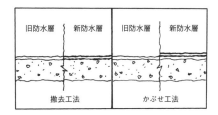

図-1　防水改修の方法区分

しかし、長い目でみてそれでメリットがあるか、ほかの選択肢の有無について、コンサルタントは専門家としての提案をすべきで、また、管理組合もそれを積極的に検討したいものです。

特に断熱防水は、建物の躯体部分を過酷な温度変化による変形や亀裂から守る効果があり、結果として屋根面からの漏水を長期にわたり安定的に防ぐことができます。外断熱防水は、居住環境が向上するだけでなく、躯体や防水層の劣化を防ぐ効果も期待できるところから、防水層の耐用年数の延伸につながるようです。

●修繕工事の中の防水改修工事

修繕工事全体の中で、防水改修という工種がどんな位置にあるかをみてみたいと思います。

1．工事が必要になる主要な場所

マンションの修繕で、防水改修が必要になる場所は、どの建物でもほぼ共通です。

主な改修部位は、屋根、庇、外部廊下・階段、バルコニー等の平面部分などです。外部階段は階段の蹴込みに当たる平面でない立上りの部分もあります。

2．仮設工事との関連

足場を設置しなくても工事は可能ですが、法律上、手すりが必要になったり、昇降の利便性を考慮すれば、足場がある方があらゆる面で有利です。

3．費用

工事の範囲にもよりますが、修繕工事全体の中で防水改修は金額の大きな科目となっています。主な理由は延床面積当たりの改修面積が大きくなること、防水工事が比較的高額であることが挙げられます。

●工事費の面からみた防水改修工事

1．住みながらの工事は割高に？

ルーフバルコニーを除く、外階段、開放廊下は、いずれも居住者の生活動線を確保しながらの工事になるため、比較的高価になりがちです。この場合、養生期間の短い超速硬化ウレタン防水を使う場合が多くなりますが、最近では長尺塩ビシートを採用するケースが増えています。

2．単独発注の例もある防水改修工事

防水改修工事だけでほかの工事に比べてまとまった金額になることもあり、防水改修工事だけを単独で発注する事例も少なくありません。

●工事発注の工夫

1．足場のある現場が有利

防水改修工事の対象部位のほとんどで、足場は必要ないか、スタンションのような簡易な安全柵で施工が可能ですが、できれば外壁改修な

どの足場が必要な工種と一緒に発注できれば、安全性だけでなく資材の搬入搬出などの点でも有利になる場合が多いようです。

2．既存防水と同じ仕様でよいか

工事仕様の決定は新築建物以上に慎重に検討して建物を長持ちさせる工夫を盛り込みたいものです。

そのためにも、既存防水の調査はもちろん、その建物全体、特に躯体に関わる問題点を十分考慮に入れて改修設計と仕様の策定を進める必要があります。

●防水改修工事の概要

防水工事は、材質、工法ともに多様な展開をみせており、製品の種類も多岐にわたっています。背景には、防水工事には長い歴史がありながら、防水効果を長期にわたって発揮できる工法、材質が確立しにくいという事情を反映しているものとみられます。

一方、実験室で作られたモデルと異なり、現実の建物防水では、施工時期に風雨にさらされるなど、マニュアルどおりの施工が困難な部位があります。そのため、現場施工を担う技能者の腕に頼る部分が多くなるため、品質管理の難しい工種といえます。

防水工事には、まず、材質、工法の選択というステップがあり、さらに、品質管理を確実にできる設計が必要とされます。改修工事の場合は、加えて、在来建物の履歴や問題点の確認と分析が必要で、この条件を折り込んだ工法等の決定が必要になります。

1．防水改修工事部位

マンションの防水改修の主な部位は、屋根、庇、外部廊下・階段、バルコニーなどです。ただ、階段室型と廊下型では、防水の施工範囲が異なってきますし、建物の形状によっても部位や範囲に違いが生じてくることが予想されます。図-3にマンション全体の防水改修部位をまとめておきます。

図-3のAグループは、改修施工に当たって居住者の生活に直接支障をもたらすことがほとんどなく、工事の発注や改修設計の条件として

は、最も制約が少ない部位です。その理由は、共用部分の中でも、実際に共同で使用されることがないか、少ないからです。

一方、Bグループは、いずれも常時共同で使用される場所で、生活上不可欠なスペースといえます。居住者の生活を維持するには、基本的にここを通行禁止にすることができないという制約が発生します。

Cグループは、共用部分とはいいながら、日常的な使われ方は、各住戸の専有部分に直結した位置になります。Bグループに比べて施工上の制約は少ないものの、足場がない場合は専有部分への立入りが必要になります。

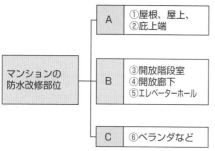

図-3　防水改修部位

2．改修工法の種類と選定要件

防水改修の工法や材質を決めるためには、次表に示す要素の確認と検討が必要になります。

2-1．既存防水の確認

図-4の「1下地条件」は、既存防水の材料と工法、そして、防水層が露出したタイプか、保護層でカバーされているかの違いであり、これが改修工法選定の決め手の一つになります。

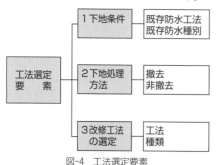

図-4　工法選定要素

2-2．防水工事の種類

防水工事には、大きく分けると3種類あります。図-5はそれを示したものです。アスファルト系防水は「塗る」＋「貼る」の複合工法、シート防水は「貼る」工法、塗膜防水は「塗る」工法です。

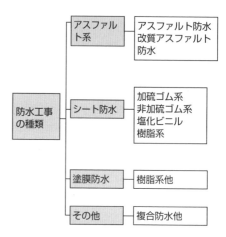

図-5　防水工事の種類

2-3．既存保護層の確認

既存防水に保護層がある場合は、その確認が必要です。保護層には、コンクリート、コンクリートブロック、タイルなどがあります。

2-4．既存防水下地の確認

既存建物の躯体や屋根スラブの材質を確認することで、防水層に影響を与える下地の状態などが予想できます。RC造、PC造、ALC造などが考えられます。

屋根防水工事 1

名 称	規格・仕様	単位	単 価 (材工共)
◆ 下地調整等			
既存防水層撤去 (仮防水共)	施工面積300m²未満	m²	2,590
	〃　　300m²以上	〃	2,250
下地調整等	ケレン、水洗い・清掃　施工面積300m²未満	〃	440
	〃　　　　　〃　　　　　300m²以上	〃	370
	下地補修 (ポリマーセメントモルタル)　防水面積300m²未満	〃	1,620
	〃　　　　　　〃　　　　　　　〃　　　300m²以上	〃	1,290
	表面処理 (ポリマーセメントモルタル薄塗り)　防水面積300m²未満	〃	880
	〃　　　　　　〃　　　　　　　〃　　　300m²以上	〃	780
	プライマー塗布　防水面積300m²未満	〃	630
	〃　　　　　300m²以上	〃	550
	端末押え金物撤去	m	660
	端末押え金物設置　アルミアングル40×40程度　アスファルトコーキング共	〃	2,150
	〃　　　　　アルミフラットバー40程度　　　　〃	〃	1,880
	〃　　　　　アルミアングル40×40程度　ウレタンコーキング共	〃	2,260
	〃　　　　　アルミフラットバー40程度　　　　〃	〃	1,960
	伸縮目地撤去・充填	〃	1,610
	ドレンまわり補修	カ所	3,780
	改修用ドレン設置　鋳鉄製横引用　ドレンキャップ共　φ100	〃	22,000
	〃　　　　　〃　縦引用　　　〃　　　〃	〃	20,200
	〃　　　　　塩ビ製横引用　　〃　　　〃	〃	17,000
	〃　　　　　〃　縦引用　　　〃　　　〃	〃	15,600
	脱気筒 (盤) 取付け　ステンレス製	〃	11,500

1．既存防水層の撤去には、全面撤去方式と部分撤去方式がある。掲載価格は両者に差を設けていないが、著しく施工難
　易度に違いが生じる場合は別途考慮すること。
2．掲載価格は平面部 (水平面) であり、立上り部 (垂直面) は別途。

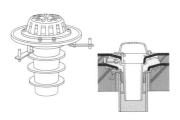

改修用ドレン　　　　　　　　　　　脱気筒 (盤)

屋根・床防水

名称	規格・仕様	単位	単価 (材工共)
◆屋上・ルーフバルコニー・屋根防水			
改質アスファルト防水 （屋上）	トーチ工法 1層張り　（既存）露出アスファルト防水　施工面積300m²未満	m²	6,820
	〃　　　　　〃　　　　　　〃　　　　　　　　　〃　　300m²以上	〃	6,300
	〃　　　2層張り　　　　　〃　　　　　　　　　〃　　300m²未満	〃	8,520
	〃　　　　　〃　　　　　　〃　　　　　　　　　〃　　300m²以上	〃	7,860
	〃　　　1層張り　（既存）押えコンクリート　　　〃　　300m²未満	〃	6,360
	〃　　　　　〃　　　　　　〃　　　　　　　　　〃　　300m²以上	〃	5,880
	〃　　　2層張り　　　　　〃　　　　　　　　　〃　　300m²未満	〃	8,170
	〃　　　　　〃　　　　　　〃　　　　　　　　　〃　　300m²以上	〃	7,560
	常温工法 1層張り　（既存）露出アスファルト防水　　〃　　300m²未満	〃	7,220
	〃　　　　　〃　　　　　　〃　　　　　　　　　〃　　300m²以上	〃	6,670
	〃　　　2層張り　　　　　〃　　　　　　　　　〃　　300m²未満	〃	9,370
	〃　　　　　〃　　　　　　〃　　　　　　　　　〃　　300m²以上	〃	8,640
	〃　　　1層張り　（既存）押えコンクリート　　　〃　　300m²未満	〃	6,740
	〃　　　　　〃　　　　　　〃　　　　　　　　　〃　　300m²以上	〃	6,230
	〃　　　2層張り　　　　　〃　　　　　　　　　〃　　300m²未満	〃	8,980
	〃　　　　　〃　　　　　　〃　　　　　　　　　〃　　300m²以上	〃	8,310
	保護塗装　防水層の保護塗装（シルバートップ2回塗）	〃	1,020
	〃　　　　　　　〃　　　　　（シリコントップ2回塗）	〃	1,490
	〃　　　　　　　〃　　　　　（遮熱塗装）	〃	1,950
ウレタン塗膜防水（屋 上・ルーフバルコニー）	塗膜通気緩衝工法　（既存）押えコンクリート　施工面積300m²未満	〃	7,570
	〃　　　　　　　　　　　　〃　　　　　　　　　〃　　300m²以上	〃	7,130
	〃　　　　　（既存）シート・塗膜防水　　　　　〃　　300m²未満	〃	7,530
	〃　　　　　　　　　〃　　　　　　　　　　　　〃　　300m²以上	〃	7,100
	密着工法　（既存）押えコンクリート　施工面積300m²未満	〃	5,960
	〃　　　　　　　〃　　　　　　　　　　　〃　　300m²以上	〃	5,630
	〃　　（既存）シート・塗膜防水　　　　　〃　　300m²未満	〃	5,920
	〃　　　　　　　〃　　　　　　　　　　　〃　　300m²以上	〃	5,590
	保護塗装　防水層の保護塗装（ウレタントップ2回塗）	〃	1,020
	〃　　　　　　　〃　　　　　（シリコントップ2回塗）	〃	1,490
	〃　　　　　　　〃　　　　　（フッ素トップ2回塗）	〃	1,940
	〃　　　　　　　〃　　　　　（遮熱塗装）	〃	1,950

1．掲載価格は平面部（水平面）であり、立上り部（垂直面）は別途。
2．防水層の保護塗装でプライマー処理が必要な場合は前頁参照。

屋根・床防水

屋根防水工事 ③

名 称	規格・仕様	単位	単 価 (材工共)
◆ 屋上・ルーフバルコニー・屋根防水			
塩ビシート防水 （屋上）	機械的固定工法（既存）露出アスファルト防水　厚1.5㎜　施工面積300㎡未満	m²	8,400
	〃　　　　　　〃　　　　　　〃　　〃　300㎡以上	〃	7,850
	〃　　（既存）押えコンクリート　　〃　　〃　300㎡未満	〃	7,990
	〃　　　　　　〃　　　　　　〃　　〃　300㎡以上	〃	7,460
	密着工法　（既存）押えコンクリート　厚1.5㎜　施工面積300㎡未満	〃	6,860
	〃　　　　　　〃　　　　　　〃　　　300㎡以上	〃	6,410
ゴムシート防水 （屋上）	通気層付工法　（既存）露出アスファルト防水　施工面積300㎡未満	〃	7,090
	〃　　　　　　〃　　　　　　〃　　　300㎡以上	〃	6,640
	〃　　（既存）押えコンクリート　　〃　300㎡未満	〃	6,680
	〃　　　　　　〃　　　　　　〃　300㎡以上	〃	6,250
	密着工法　（既存）押えコンクリート　施工面積300㎡未満	〃	5,310
	〃　　　　　　〃　　　　　　〃　300㎡以上	〃	4,970

●掲載価格は平面部（水平面）であり、立上り部（垂直面）は別途。

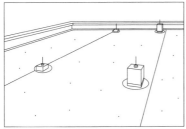

マンションの屋上（陸屋根）

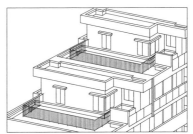

ルーフバルコニー

屋根・床防水

名 称	規格・仕様	単位	単価 （材工共）
◆ 屋上・ルーフバルコニー・屋根防水			
アスファルトシングル 改修（勾配屋根など）	ルーフィング張り+シングル張り　屋根勾配1/10〜5/10　　施工面積300m²未満	m²	9,080
	〃　　　　　　　　　　〃　　　　　　　　　　〃　　300m²以上	〃	8,780
	〃　　　　　　屋根勾配6/10〜10/10以上　〃　　300m²未満	〃	9,540
	〃　　　　　　　　　　〃　　　　　　　　　　〃　　300m²以上	〃	9,240
	保護塗装　防水層の保護塗装（専用下塗材、縁切り共、ウレタントップ2回塗）	〃	1,570
	〃　　　　〃　　　　（　〃　　　　〃　　シリコントップ2回塗）	〃	2,040
	〃　　　　〃　　　　（　〃　　　　〃　　フッ素トップ2回塗）	〃	2,490
	〃　　　　〃　　　　（　〃　　　　〃　　遮熱塗装）	〃	2,500

1．アスファルトシングルは、フェルト類にアスファルトを浸透させ、表面を砂粒で着色した軽量のもの。

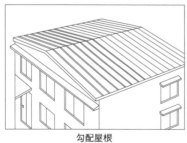

勾配屋根

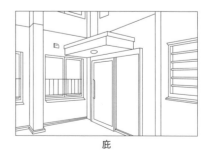

庇

屋根・床防水

屋根防水工事 ⑤

調査価格（経済調査会調べ）

名称	規格・仕様	単位	単価 (材工共)
◆庇・笠木等付属物防水			
ウレタン塗膜防水（庇・ハト小屋）	下地補修含む　厚2.0㎜程度　施工面積50m²未満	m²	5,100
	〃　　　　　　　　　〃　　　　　　　　　〃　　50m²以上	〃	4,870
ウレタン塗膜防水（笠木・バルコニー笠木）	笠木幅200㎜程度　水洗い・清掃、下地補修含む　厚2.0㎜程度　施工規模150m未満	m	2,650
	〃　　　　　　　　　〃　　　　　　　　　〃　　　　　　　　　〃　　150m以上	〃	2,220
	笠木幅400㎜程度　　　〃　　　　　　　　　〃　　　　　　　　　〃　　150m未満	〃	3,530
	〃　　　　　　　　　〃　　　　　　　　　〃　　　　　　　　　〃　　150m以上	〃	3,240
パラペット天端・顎見切防水	アクリルゴム系壁面化粧防水材（トップコートウレタン）　幅300〜500㎜	〃	2,320
	〃　　　　　　　　　　　　　　　　　　　500〜1000	〃	3,310
屋上歩行用ブロック敷設	歩行用屋根仕上材　施工面積300m²未満	m²	10,400
	〃　　　　　　　　　〃　　300m²以上	〃	10,200
	軽歩行用化粧仕上材　施工面積300m²未満	〃	10,600
	〃　　　　　　　　　〃　　300m²以上	〃	10,400
	断熱歩行用屋根仕上材　施工面積300m²未満	〃	15,200
	〃　　　　　　　　　〃　　300m²以上	〃	14,800

●笠木とは一般に塀、手すり、腰壁、パラペットの上部材を示す。手すりの場合、歩行者の手が掛かる部分。マンションの屋上パラペットでは立上り防水層の上端部を保護する。

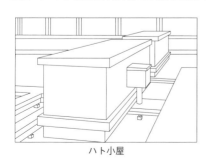

ハト小屋

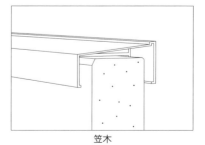

笠木

床防水工事 ①

調査価格 （経済調査会調べ）

名 称	規格・仕様	単位	単価 (材工共)
◆ バルコニー防水（1カ所10m²程度）			
塩ビシート防水	長尺塩ビシート　厚2.5mm　端部シール共　施工面積200m²未満	m²	5,720
	〃　　　　　〃　　　　〃　　　　　〃　　200m²以上	〃	5,340
	〃　　　　　〃　　　　〃　　　　　〃　　500m²以上	〃	5,120
ドレンレール設置	ドレンレール（ドレンホルダ溶接込み）	m	2,940
ウレタン塗膜防水	下地補修含む　施工面積300m²未満	m²	5,400
	〃　　　　　〃　　300m²以上	〃	5,110
超速乾ウレタン吹付防水	厚1.5mm　下地補修含む　施工面積300m²未満	〃	6,620
	〃　　　　　〃　　　　〃　　300m²以上	〃	6,380
	厚2.0mm　　〃　　　　　〃　　300m²未満	〃	7,420
	〃　　　　　〃　　　　〃　　300m²以上	〃	7,150
複合防水	床：長尺塩ビシート（端末シール共）床以外：ウレタン塗膜防水　施工面積300m²未満	〃	6,670
	〃　　　　　〃　　　　〃　　300m²以上	〃	6,090
FRP防水	床・ガラスマット2層仕上げ　トップコート・合成樹脂塗料　施工面積300m²未満	〃	13,200
	〃　　　　　〃　　　　〃　　300m²以上	〃	11,900
◆ 廊下・階段防水			
開放廊下防水	超速乾ウレタン防水（吹付工法）　厚1.5mm　施工面積200m²未満	m²	6,660
	〃　　　　　〃　　　　〃　　200m²以上	〃	6,320
	〃　　　　　〃　　　　〃　　500m²以上	〃	6,090
	長尺塩ビシート　厚2.5mm　端部シール共　200m²未満	〃	5,630
	〃　　　　　〃　　　　〃　　200m²以上	〃	5,260
	〃　　　　　〃　　　　〃　　500m²以上	〃	5,060

●掲載価格は平場（水平面）であり、立上り部（垂直面）は別途。

屋根・床防水

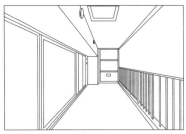

バルコニー

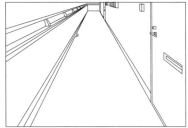

廊下、幅木、側溝

床防水工事 ②

名 称	規格・仕様	単位	単 価 (材工共)
◆ 廊下・階段防水			
ドレンレール設置	ドレンレール（ドレンホルダー、溶接込み）	m	2,940
幅木ウレタン防水	高100mm程度　厚2.0mm程度	〃	1,240
側溝ウレタン防水	幅300mm程度　　　〃	〃	2,060
外階段防水	超速乾ウレタン防水（吹付工法）　厚1.5mm　施工面積200m²未満	m²	6,880
	〃　　　　　　〃　　　　　　〃　　200m²以上	〃	6,510
	〃　　　　　　〃　　　　　　〃　　500m²以上	〃	6,270
	ノンスリップタイル埋め戻し補修　樹脂モルタル使用	m	1,820
	ササラウレタン防水（密着工法　高さ200mm程度）　厚2.0mm程度	〃	1,840
	排水溝部ウレタン防水　厚2.0mm程度	〃	1,740
	踏面・蹴込用長尺シート（一体型）幅 900mmタイプ　モルタル・コンクリート用	枚	7,480
	〃　　　　　　　　幅1200mmタイプ　　　　〃	〃	9,110
	踏面用長尺シート（専用）幅 900mmタイプ　モルタル・コンクリート用	〃	5,770
	〃　　　　　幅1200mmタイプ　　　　〃	〃	7,300
	蹴込用シート（専用）	m²	5,130
	踊り場用長尺シート（専用）	〃	5,200
	蹴込ウレタン防水（密着工法）　厚2.0mm程度	〃	5,060
	鋼板用消音シート張り　幅 900mm	枚	7,650
	〃　　　　　幅1200mm	〃	9,540

1. 開放廊下防水の掲載項目で使用する材料はすべて防水・防滑性能を有している。開放廊下では床面、幅木、側溝のすべてに施工することで、完全な防水性能を発揮する。
2. 幅木とは床と壁の境目の、壁側最下部に取り付ける細長い横板状の部分。壁側の下部を保護する。

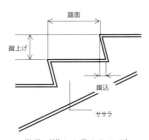

階段（横から見たところ）

メーカー **公表価格**

品名・品番	仕様	単位	単価 (材工共)	メーカー
◆ 下地調整材				
クイック・セラミック・フロー (左官工事、セルフレベリング材)	超速硬型特殊セメント系セルフレベリング材 T10　施工規模400m²以上	m² 〃	3,300	宇部興産建材 ☎03-5419-6205
タフレベラー　Gプラス (左官工事、セルフレベリング材)	高強度・速硬型セメント系床下地調整材 T10　施工規模400m²以上	〃	4,700	
パラベースNEO	カチオン系下地調整材　T1.0　施工規模300m²	m²	2,200	大関化学工業 ☎078-841-1141
仮防水材OZ	仮防水材兼下地調整材　ポリマーセメント系仮防水材　0.5kg/m²	〃	2,700	
◆ FPR防水調整用下地材				
パワーボンド　Pb-1	T1.0　施工規模300m²基準	m²	4,400	ボース ☎048-755-1905
Pb-2	2.0　　　〃	〃	7,000	
◆ 特殊下地調整用ポリマーモルタル				
ベースタック　A工法	T1.0　施工規模300m²基準	m²	2,200	ボース ☎048-755-1905
〃	2.0　　　〃	〃	2,700	
◆ 改質アスファルト防水（常温工法）				
RAMシート(UBE防水シート)	屋上・ベランダ等			宇部興産建材 ☎03-5419-6203
MRM-321	露出　　　　下地：アスファルト露出防水他	m²	10,400	
PRM-326W	露出通気絶縁　　　　　コンクリート他	〃	13,400	
ケミアスルーフ防水　NCA-501	保護密着　屋上　　　　　　　施工規模300m²以上	m²	12,300	エイ・アール・センター ☎03-5614-6295
NCA-503TC	露出密着　〃　骨材入トップコート仕上げ　〃	〃	14,600	
ガムクール　GSS-2S・SF	絶縁　　下地：砂付ルーフィング適応	m²	18,000	田島ルーフィング ☎03-6837-8888
GPS-2S・SF	〃　　　　高分子系適応	〃	16,800	
GCS-2S・SF	断熱　　　コンクリート・モルタル適応	〃	16,300	
クルタル建築シート　TK-310	露出密着　単層　屋上平場　別途トップコート各色あり	m²	8,750	東和工業 ☎03-3968-2301
TK-340	露出絶縁　複層　〃	〃	12,500	
カスタムEE　ESA-110	露出密着　　単層　平場　仕上塗料別途	m²	10,100	日新工業 ☎03-3882-2613
ESA-120	〃　　　　複層　〃	〃	14,800	
EFC-120	保護密着　〃　　〃	〃	13,300	
メカトップ　RM1	機械的固定　　〃　　仕上塗料別途	〃	9,900	
◆ 改質アスファルト（防水熱工法）				
タフネス防水　S200B	露出　屋根等　下地：各種防水層(改質アスファルト)	m²	12,600	昭石化工 ☎03-6212-6253
F200B	押え　〃　　　　〃　　　　　〃	〃	13,100	
東西アス仕様　JSX-020・SF	露出　　　ノンケトル冷熱	m²	17,400	田島ルーフィング ☎03-6837-8888
JSX-020G・SF	露出断熱　　　〃　　　　断熱材厚35	〃	25,100	
JPX-035G・BC	軽歩行断熱　バリキャップ仕上げ	〃	30,800	
JPX-035R・EB	〃　　エイブロック仕上げ	〃	40,300	
JPX-035G・ST	〃　　ステップ仕上げ	〃	43,400	
◆ 改質アスファルト防水（トーチ工法）				
メルトーチ (UBE防水シート) TS-101W	保護打設　　　下地：コンクリート・モルタル他	m²	11,300	宇部興産建材 ☎03-5419-6203
TA-321	露出　　密着単層　　　〃	〃	9,200	
TA-322	〃　　　絶縁単層　　　〃	〃	9,200	

屋根・床防水

屋根防水・床防水工事 ②

品名・品番	仕様	単位	単価 (材工共)	メーカー
◆ 改質アスファルト防水（トーチ工法）				
アスファロン防水　　AT-T2	露出密着　単層　屋上　施工規模300m²以上	m²	9,600	エイ・アール・センター
AT-T1	〃　　　　複層　　〃　　　　　〃	〃	15,400	☎03-5614-6295
パラフォル・ソロ GFX-JS	機械的固定　非歩行　屋上　下地：RC・PC	m²	9,000	シバタ工業 ☎078-946-1515
ラピネス防水　　TS20R	露出　　　　　　　屋根等　下地：各種防水層	m²	10,000	昭石化工
TF20R	押え　　　　　　　〃　　　　　　〃	〃	11,300	☎03-6212-6253
TSK20R	露出　機械式固定　〃　　　　　　〃	〃	10,400	
ポリマリット　　PT-10LC	下地：砂付ルーフィング適応	m²	12,800	田島ルーフィング
PST-20LC	〃	〃	18,200	☎03-6837-8888
PST-200C	断熱複層　屋上　コンクリート下地改修用	〃	25,700	
アプトーチ工法　　CT-310	露出密着　単層　屋上平場　別途トップコート各色あり　施工規模300m²	m²	7,550	東和工業
CT-340	露出絶縁　複層　　　〃	〃	12,700	☎03-3968-2301
ポリベスト RMS-PB-1	PBメカニカル固定　非歩行　屋上・平場　砂付露出仕上げ 下地：各種防水層　施工規模300m²以上	m²	10,010	七王工業 ☎0877-62-0951
メルタン21　　MSA-110	露出密着　単層　屋上・平場　仕上塗料別途	m²	10,100	日新工業
MSA-120	〃　　　複層　　　〃	〃	14,000	☎03-3882-2613
MFC-110	保護密着　単層	〃	10,600	
MFC-120	〃　　　複層　　　〃	〃	13,400	
◆ 複合防水				
プレストシステム　PR-11	常温積層アスファルト工法 露出　屋上・平場　仕上塗料別途	m²	10,000	日新工業 ☎03-3882-2613
◆ シート防水（EVA系）				
サンエーシート　SA-111	T1.1　W1×25m　屋上・バルコニー 下地：RC等　保護層別途　施工規模300m²以上	m²	9,690	長谷川化学工業 ☎047-484-7141
〃　　　　　SA-211	T1.1　W1×25m　屋内	〃	10,560	
◆ シート防水（塩ビ系）				
リベットルーフ COOL MIH-COOL15	T1.5　アンカー固定　　　　　高反射	m²	10,300	アーキヤマデ
MIH-COOL15NU	〃　　　〃　　　　断熱　　〃　　　断熱材厚25〜	〃	15,000	☎06-6385-8545
SGM MIH-SGM15	〃　　　〃　　　　　非歩行　平場	〃	9,300	
MIH-SGM15NU	〃　　　〃　　　　断熱　　〃　　　断熱材厚25〜	〃	14,000	
SW MIHFD-SW15NU	〃　LCS　　　　　〃　　　〃　　　　　　30〜	〃	15,300	
ナイン F-N20	2.0　接着　　　　　歩行　　〃	〃	8,300	
サンロイドDN	SL-15-D　　　T1.5　機械的固定　露出　非歩行　屋上	m²	10,700	住べシート防水
サンロイドDN HFX(太陽熱高反射タイプ)	HF-15-D　　　〃　　　〃　　　〃　　　〃　　　〃	〃	12,500	☎03-5462-8960
ダンスラントルーフ(勾配屋根防水工法)	DSR-1522-D　　2.2　　　〃　　切妻4寸勾配未満	〃	20,300	
ビュージスタ　　VP-2	T2.5(凸部厚さ)　　W1350×10m	m²	8,490	田島ルーフィング
ビュートップ　　VT-M920	2.0　接着	〃	9,400	☎03-6837-8888
ビュートップU　VT-U815	1.5　機械的固定	〃	11,700	
メカファイン　　MF-15F	T1.5　接着　　　　屋上	m²	6,600	日新工業
MF-20F	2.0　　〃　　　　　〃	〃	7,800	☎03-3882-2613
MF-15M	1.5　機械的固定　　〃	〃	9,900	
MF-20M	2.0　　〃　　　　　〃	〃	11,100	

品名・品番	仕様					単位	単価 (材工共)	メーカー
◆シート防水（塩ビ系）								
サンタックIB　LL-HD15L	T1.5	機械的固定	非歩行	屋上	施工規模300m²	m²	18,500	早川ゴム
LL-HDF5L	〃	機械的固定断熱	〃	〃	〃	〃	25,000	☎03-3642-9434
ロンシールシート防水システム　NBP-210	T1.5	機械的固定	屋上	ニューベストプルーフ		m²	10,400	ロンシール工業
LA-210	2.0	〃	〃	ロンプルーフエース		〃	11,700	☎03-5600-1866
遮熱防水システム　BSN-110	1.5	接着	〃	ベストプルーフシャネツ		〃	9,300	
BSN-210	〃	機械的固定	〃			〃	12,000	
BSN-225	〃	断熱機械的固定	〃			〃	16,100〜 18,800	
長期防水保証システム　LSP-210	2.0	機械的固定	〃	ロンプルーフSP		〃	17,500	
LSP-225	〃	断熱機械的固定	〃			〃	22,100〜 24,500	
◆シート防水（加硫ゴム系）								
ゴムシート防水補修EP工法	EPDMゴムシート用							アサヒボンド工業
ゴムエース	接着材				材料費	kg	4,600	☎03-3972-4929
〃　　LC	〃	補強テープW80×L1000	4kg/セット		〃	セット	36,000	
〃　　P	ウレタン防水材被せ用プライマー	6			〃	kg	4,000	
エスシート　EP-H101	T1.5	機械的固定	屋上・平場	下地：RC・PC	シルバー仕上げ	m²	9,000	シバタ工業
〃　　EP-R101	T1.2	密着				〃	6,200	☎078-946-1515 施工規模300m²以上
プラストシート　PS-12B	T1.2	密着	下地：RC			m²	7,900	田島ルーフィング
PS-12C	〃	〃	〃			〃	8,100	☎03-6837-8888
◆塗膜防水（ウレタン系）								
ARウレタン防水　X-1工法	露出通気緩衝	屋上		トップコート仕上げ		m²	13,300	エイ・アール・センター
X-2工法	露出密着	〃		〃		〃	10,400	☎03-5614-6295
AU工法	〃	バルコニー		〃		〃	7,900	施工規模300m²以上
ND工法	〃	屋上		〃		〃	8,900	
サラセーヌ　AV-EZ50TJ	通気緩衝	屋上		環境対応型		m²	11,800	AGCポリマー建材
QV-EZ50TJ	通気緩衝自着	〃		〃		〃	12,600	☎03-6667-8421
SD-EZ20TJ	密着	ベランダ等		〃		〃	7,100	施工規模300m²
QV-SB50TJ	通気緩衝自着	屋上		1液環境対応型		〃	13,600	
SD-EZ30TJ	密着	〃		環境対応型		〃	9,900	
SDN-SB30TJ	〃	〃		1液環境対応型		〃	9,700	
リムスプレー　RP-PP22 フッ素	密着	プール				〃	14,600	
MR-RR20CR サーモ	〃	金属屋根				〃	10,800	
エバーコートZero-1 SI工法　ZST-200	通気緩衝	平場	ウレタン平均厚2㎜	環境対応型1成分系		m²	13,600	シーカ・ジャパン
ZST-300	〃	〃	3	〃		〃	16,500	☎03-6434-7291
ZSR-300	機械的固定	〃	〃	〃		〃	18,300	施工規模300m²
ZSM-200	密着	ベランダ	2			〃	9,400	
エバーコートZero-1H改修シリーズ　ZHAK-200		平場				〃	15,600	
ZHEK-200		〃				〃	14,700	
ZHSK-200		〃				〃	16,200	
DSカラー・ゼロ工法　DSR-300ゼロ	機械的固定	〃	3	環境対応型2成分系		〃	17,000	

屋根防水・床防水工事 ④

品名・品番	仕様				単位	単価 (材工共)	メーカー
◆ 塗膜防水（ウレタン系）							
クイックスプレー工法　SPM-160KR	密着	解放廊下　ウレタン平均厚1.6 ㎜		超速硬化	m²	11,000	シーカ・ジャパン
VM工法　VM-S	通気緩衝	平場	2		〃	19,900	☎03-6434-7291
VS工法　VS-R	機械固定	〃		〃	〃	24,400	施工規模300m²
サルコート防水　ST-30-A	X-1適合	屋根・ベランダ等	下地：各種防水層（ウレタンゴム系高伸長形）		m²	15,500	昭石化工
SG-30-A	X-2適合				〃	9,900	☎03-6212-6253
オルタックサンキュア　OSCM-3QA	密着（メッシュ入り）	屋上　使用量3.5kg/m²		速硬化OTコートA仕上げ	m²	11,600	田島ルーフィング
〃　　　OSCM-3QA-OSS		機械圧送　〃			〃	11,600	☎03-6837-8888
オルタックエース							施工規模300m²以上
OATW-3A	複合	屋上	使用量3.5kg/m²	OTコートA仕上げ	m²	15,000	
OATM-3A	密着（メッシュ入り）	〃	〃	〃	〃	11,500	
OATL-6VA	〃（メッシュなし）	ベランダ	3.0		〃	7,900	
OATL-8VA	〃	〃	2.5		〃	7,300	
GO-JIN　GOW-2VA	複合	屋上	使用量2.6kg/m²	OTコートA仕上げ	〃	16,400	
〃　　GOW-2VA-OSS	〃	機械圧送　〃			〃	16,400	
〃　　GO-2VA	密着	ベランダ			〃	11,700	
〃　　GO-2VA-OSS	〃	機械圧送　〃			〃	11,700	
セピロン防水　UF30Q-Q	密着	屋上			m²	11,900	日新工業
UD30QA-Q	通気緩衝	〃			〃	14,400	☎03-3882-2613
UB20Q-Q	密着	パラペット部			〃	9,500	
プルーフロンエコ　PM-E20G	密着	屋上・ベランダ・ひさし	エコタイプ		m²	6,900	日本特殊塗料
プルーフロンバリュー　PM-V20G	〃	〃			〃	6,700	☎03-3913-6153
PM-V30G	〃	〃			〃	8,300	施工規模300m²以上
プルーフロンエコHG　PM-HG20GE	〃	〃			〃	10,000	
DX　PM-D20GE	〃	〃			〃	7,400	
ウレポンR-200　RC-200	密着	軽歩行　ひさし・ベランダ・屋上	トップコートG		m²	5,500	ボース
RC-300	〃	歩行　　　〃	〃	X-2仕様	〃	8,000	☎048-755-1905
ワンレタン　SP-200	〃	軽歩行　　〃			〃	5,000	施工規模300m²
SP-300	〃	〃	〃	X-2仕様	〃	7,500	
SP-300X	通気緩衝	〃	〃	X-1仕様	〃	9,000	
HCエコプルーフET　DET-30-D	絶縁	屋上・ルーフバルコニー	施工規模 300m²		m²	14,400	保土谷建材
KET-30-D	密着（クロス挿入）	屋上			〃	11,600	☎03-6852-0478
ET-20-D	密着	ベランダ・庇	80		〃	11,400	
凄極膜（すごまく）MD-25	〃	屋上・ルーフバルコニー	300		〃	13,000	
〃　　　MEX-25	密着（既存露出アス）	〃	〃		〃	16,200	
HCセルディ　CS-35-A	密着重歩行	屋上	〃		〃	15,300	
HCパーク　CP-25NS1	砂撒	駐車場	1000		〃	18,500	
◆ 塗膜防水（ポリマーセメント系）							
アクアシャッターAC　ACN-1P	PA-1　ベランダ・開放廊下・庇・急勾配屋根・サッシ回り				m²	4,500	宇部興産建材
ACN-3P	〃　　〃	〃　　〃	〃	〃	〃	5,500	☎03-5419-6203
ACB-1P	PA-2　〃	〃	ルーフバルコニー		〃	6,300	施工規模300m²以上
ACR-1P	C-PF　バルコニー・屋根				〃	8,200	

屋根・床防水

品名・品番	仕様	単位	単価 (材工共)	メーカー
◆ 塗膜防水（ポリマーセメント系）				
パライージー	仕上一体型	m²	5,900	大関化学工業 ☎078-841-1141
パラテックスA-1工法	一般室内外　保護仕上げ別途	〃	5,300	
A-2工法	軽歩行　〃　保護仕上げ	〃	8,100	施工規模300m² C-BR（D、Q）工 法は高強度バサ ルトメッシュ補 強仕様
A-3工法	歩行　〃　〃	〃	8,600	
A-4工法	軽歩行　〃　〃	〃	8,300	
A-5工法	〃　〃　光沢滑らか仕上げ	〃	7,600	
A-6工法	遮熱軽歩行　〃　〃	〃	7,800	
B-1工法	耐水圧　保護仕上げ別途	〃	7,800	
B-2工法	〃　一般保護仕上げ	〃	9,900	
B-3工法	〃　軽防食保護仕上げ	〃	11,200	
B-4A工法	〃　防食保護仕上げ	〃	15,000	
B-5A工法	飲料用水槽　厚生労働省令水道施設基準適合	〃	16,700	
B-6D工法	ビルピット・汚水槽　保護仕上げ	〃	26,600	
C-1工法	屋上・ルーフバルコニー　保護仕上げ別途	〃	8,200	
C-2工法	軽歩行　〃　保護仕上げ	〃	11,000	
C-3工法	歩行　〃　〃	〃	11,500	
C-4工法	軽歩行　〃　〃	〃	11,200	
C-5工法	〃　〃　光沢滑らか仕上げ	〃	10,500	
C-6工法	遮熱軽歩行　〃　〃	〃	10,700	
C-BR（D、Q）-1工法	屋上　モルタル・石材・長尺シート等　保護層別途	〃	10,700	
C-BR（D、Q）-2工法	軽歩行　屋上　カラーコート保護仕上げ	〃	13,500	
C-BR（D、Q）-3工法	歩行　〃　カラーコートS保護仕上げ	〃	14,000	
C-BR（D、Q）-4工法	軽歩行　〃　カラーコート＋トップコートAU保護仕上げ	〃	13,700	
C-BR（D、Q）-5工法	〃　〃　トップコートV光沢滑らか仕上げ	〃	13,000	
C-BR（D、Q）-6工法	遮熱軽歩行　〃　ヒートバリアトップ光沢滑らか仕上げ	〃	13,200	
AP-2工法　平場	通気緩衝工法　軽歩行用保護仕上げ	〃	14,500	
AP-4工法　〃	〃　〃	〃	14,700	
AP-5工法　〃	〃　軽歩行用光沢滑らか仕上げ	〃	14,000	
AP-6工法　〃	〃　軽歩行用遮熱光沢滑らか仕上げ	〃	14,200	
ネオドライ工法	ND-5工法　露出　非歩行　屋上　NDトップ#2000仕上げ 塗布量3.85kg/m²　施工規模300m²以上	m²	7,100	菊水化学工業 ☎052-300-2222
ビックサン　RA-3工法	ベランダ等　仕上げ別途	m²	4,300	大日化成 ☎06-6909-6755
RA-4工法	軽歩行　〃　トップ仕上げ	〃	6,500	
RB-5工法	屋上・バルコニー等　仕上げ別途	〃	6,500	施工規模300m²以上
RB-6工法	軽歩行　〃　トップ仕上げ	〃	8,700	
RB-7工法	屋上・バルコニー・便所等　仕上げ別途	〃	8,400	
RB-8工法	軽歩行　屋上・バルコニー等　トップ仕上げ	〃	10,600	
RX工法	〃　通気緩衝　〃　〃	〃	11,000	
MR工法	MR-1　金属屋根専用　遮熱トップ仕上げ	〃	7,800	
セミガードK	コテ塗り	m²	3,000	日本躯体処理 ☎048-229-7222

屋根防水・床防水工事 ⑥

品名・品番	仕様	単位	単価 (材工共)	メーカー
◆ 塗膜防水（アクリルゴム系）				
HYDRA（ハイドラ）	金属屋根防水　防錆・遮熱仕様	m²	7,400	大関化学工業 ☎078-841-1141
リアルーフ工法	脱気工法　軽歩行　平場　施工規模500m²以上	m²	8,700	コンステック ☎03-6450-0634
〃	〃　　　　〃　　　立上り　　　　〃	〃	12,400	
アロンコートSQ　SQ-S	露出密着　　　陸屋根　標準仕上げ	m²	8,700	東亞合成 ☎03-3597-7341 施工規模300m²
SQ-KS	露出通気緩衝	〃	11,400	
◆ 塗膜防水（ポリエステルFRP系）				
ポリルーフFRP防水システム　PS-1D工法	露出　　　　　　屋上・バルコニー(小面積)	m²	11,000	双和化学産業 ☎078-651-6272 施工規模300m²
PP-8V工法	〃　　　　　　　　〃　　　　(大面積)	〃	13,000	
AVS-1工法	〃　通気緩衝シート　〃　(主に改修)	〃	14,000	
コンパック　　JT絶縁工法	露出絶縁　　屋上・ベランダ	m²	12,000	大泰化工 ☎072-654-5121 施工規模300m²以上
SP絶縁工法	〃　　　　〃	〃	13,800	
R-2工法	〃　密着	〃	10,200	
R-3工法	〃　　　　木造住宅ベランダ・開放廊下	〃	12,700	
SP植栽工法	〃　絶縁　屋上植栽・屋上緑化	〃	18,000	
SP断熱工法	〃　　　　屋上断熱（新設工事不可）	〃	19,300	
タフシール　TS-B工法	防火工法　1プライ　平滑仕上げ	m²	11,600	日本特殊塗料 ☎03-3913-6153
〃	〃　　　　　　　防滑仕上げ	〃	11,500	
TW-B工法	〃　　　2プライ　平滑仕上げ	〃	16,400	
〃	〃　　　　　　　防滑仕上げ	〃	16,300	
エフパック　1-P工法	ベランダ・屋根　トップコート151仕上げ	m²	9,200	ボース ☎048-755-1905 施工規模300m²
2-P工法	〃　　　　　〃	〃	13,000	
◆ 浸透性塗布防水（ケイ酸系）				
RCガーデックス	防水用　無機質浸透性躯体改質材　2回塗	m²	4,000	日本躯体処理 ☎048-229-7222
	タイル外壁用(コンディショナー込)　タイル目地、下地の改質	〃	4,400	
	塩害用　塩害対策	〃	4,000	
RCガーデックスPROTECT	表面保護用　コンクリート劣化抑制　屋内外		2,600	
エバープロロング工法	含侵コンクリート表面防水保護材	m²	6,000	日本プロロング ☎03-3680-3533
◆ 浸透性塗布防水（無機質系）				
ハイドロサームGT-100	吸水・止水・汚染防止　　　　　　　材工共	m²	1,900	ハイドロ ☎03-3537-1720
GT-50	吸水・止水・染み出し防止　　　　　〃	〃	2,900	
P	塗装補修下地強化　アルカリ性回復　〃	〃	1,800	
RX	躯体強化　吸水防止　　　　　　　　〃	〃	2,000	
S	〃　　　洗浄　吸水抑制　　　　　〃	〃	1,700	
◆ 防滑性ビニル床シート				
タキストロンタフスリップタイプ				タキロンシーアイ ☎03-5781-8150
QA	W1250/1350/1620/1820×10m×T2.5　屋上・廊下・バルコニー	m²	3,750	
BA	1350/1820　　　　〃　　　〃　　　〃	〃	3,750	

屋根・床防水

品名・品番		仕様				単位	単価 (材料費)	メーカー
◆ 防滑性ビニル床シート								
タキストロンタフスリップタイプ								タキロンシーアイ ☎03-5781-8150
ZA		W1350/1820	×10m×T2.5	屋上・廊下・バルコニー		m²	3,950	
NA		1350/1620/1820	〃 〃	〃		〃	3,950	
RA		1250/1350/1620/1820	〃 〃	〃		〃	3,950	
FH		1350/1820	〃 〃	〃		〃	3,950	
MR		〃	〃 〃	〃		〃	3,950	
SA		〃	〃 〃	〃		〃	4,150	
PRENTO		〃	〃 〃	〃		〃	4,550	
グラストウエーブAHT		〃	〃 2.0	〃		〃	4,550	
AHL		〃	〃 〃	〃		〃	4,550	
プラスケアPGE		〃	〃 3.5	〃		〃	5,400	
タキストロンバルコニーシート								
LX(遮熱・赤外線反射タイプ)		W1820	×10m×T2.0	バルコニー		m²	4,950	
LB		1350/1620/1820	〃 〃	〃		〃	4,600	
WB (木目調)		1350/1820	〃 〃	〃		〃	4,550	
SL (スロープ用)		1820	〃 2.5	スロープ		〃	5,300	
ファインウォーク	JP	W1250/1350/1620/1820×L9m×T2.5		廊下		m²	3,550	日新工業 ☎03-3882-2613
	CA	〃	〃 〃 〃			〃	3,550	
	AT	1350/1820				〃	4,000	
ロンマットME	パセラット	W1350/1820	×L9m×T2.5	廊下		m²	4,200	ロンシール工業 ☎03-5600-1821
	ジャスパー	1250/1350/1620/1820	〃 〃	〃		〃	3,550	
	カステル	1350/1620/1820	〃 〃	〃		〃	3,550	
	ロゼッタ	1250/1350/1620/1820	〃 〃	〃		〃	3,550	
	トリコ	1350/1820	〃 〃	〃		〃	3,750	
	アルモストーン	〃	〃 〃	〃		〃	3,750	
	ランダムヘリン	〃	〃 〃	〃		〃	3,750	
	ホルツウッド	〃	〃 〃	〃		〃	3,750	
	ツイルⅡ	1250/1350/1620/1820	〃 〃	〃		〃	4,150	
	スコア	1350/1620/1820	〃 〃	バルコニー		〃	4,200	
◆ 防滑性階段用床材								
タキステップ	3W、MW	W900×D320×T4.2	塩ビ樹脂			枚	5,000	タキロンシーアイ ☎03-5781-8150
	3W、MW	1200 〃 〃	〃			〃	6,700	
	3K	900 〃 〃	〃	黄色段鼻		〃	5,000	
	3K	1200 〃 〃	〃	〃		〃	6,700	
	3C	900 〃 〃	〃	蓄光タイプ 受注生産品		〃	6,300	
	3C	1200 〃 〃	〃	〃		〃	8,300	
	3S	900 〃 9.2	〃	縞鋼板製階段用		〃	6,750	
	3S	1200 〃 〃	〃	〃		〃	8,980	
	5W	920 500 4.2	〃			〃	6,250	
	5W	1230 〃 〃	〃			〃	8,350	
	5Y	920 〃 〃	〃	黄色段鼻		〃	6,250	
	5Y	1230 〃 〃	〃	〃		〃	8,350	

屋根防水・床防水工事 ⑧

品名・品番		仕様	単位	単価(材料費)	メーカー
◆ 防滑性階段用床材					
タキステップ 5C		W920×D500×T4.2　塩ビ樹脂　蓄光タイプ　受注生産品	枚	7,300	タキロンシーアイ ☎03-5781-8150
5C		1230　〃　〃　〃　〃　〃	〃	9,800	
RAステップ 6W		910　〃　〃　〃	〃	6,350	
6W		1200　〃　〃　〃	〃	8,500	
6Y		910　〃　〃　〃　黄色段鼻	〃	6,350	
6Y		1200　〃　〃　〃　〃	〃	8,500	
6C		910　〃　〃　〃　蓄光タイプ　受注生産品	〃	7,500	
6C		1200　〃　〃　〃　〃　〃	〃	9,900	
タキステップ 8W		900　〃　〃　〃	〃	6,350	
8W		1200　〃　〃　〃	〃	8,500	
8Y		900　〃　〃　〃　黄色段鼻	〃	6,350	
8Y		1200　〃　〃　〃　〃	〃	8,500	
8C		900　〃　〃　〃　蓄光タイプ　受注生産品	〃	7,100	
8C		1200　〃　〃　〃　〃　〃	〃	9,400	
ファインステップ FZKタイプ		W 915×D500×T4.3　フラット防滑タイプ　段鼻材・踏み面シート・蹴込シート一体型	枚	6,700	日新工業 ☎03-3882-2613
		1215　〃　〃　〃	〃	8,900	
FZタイプ		900　320　〃　エンボス防滑タイプ　段鼻材・踏み面シート一体型	〃	4,900	
		1215　〃　〃　〃	〃	6,700	
ロンステップME FZタイプ		W 900×D300×T2.4　エンボス防滑タイプ（ジャスパー）段鼻材・踏み面シート一体型	枚	5,100	ロンシール工業 ☎03-5600-1821
		1200　〃　〃　〃	〃	7,000	
FZKタイプ		915　580　〃　エンボス防滑タイプ（ジャスパー）段鼻材・踏み面シート・蹴込シート一体型	〃	6,300	
		1215　〃　〃　〃	〃	8,400	
		915　〃　〃　エンボス防滑タイプ（トリコ）　段鼻材・踏み面シート・蹴込シート一体型	〃	6,600	
		1215　〃　〃　〃	〃	8,800	
		915　480　〃　フラット防滑タイプ（パセラット）段鼻材・踏み面シート・蹴込シート一体型	〃	7,000	
		1215　〃　〃　〃	〃	9,300	
◆ 高輝度蓄光式防滑階段材					
アルシオールステップ		テーパー無し　防滑帯10 ＋蓄光帯10＋防滑帯11　SUS金具付　40×1000	本	16,800	ドベル ☎03-6810-8712
		〃　有り　16.5　〃　〃　44　〃	〃	16,800	

外壁塗装等工事

●外壁塗装等工事とは

外壁も経年により劣化し、ひび割れや欠損、剥離などが発生するため、建物の延命や事故防止ならびに美観維持の観点から定期的な補修が不可欠です。

改修には、コンクリートのひび割れや欠損部の補修、洗浄、塗装、タイルの補修や張替えなどがあり、その劣化状態により適切な改修を必要とします。

外壁改修の数量算出は、足場を掛けた状態で調査しないと難しいことから、目視可能範囲の事前調査による想定数量にて積算を行い、工事着手後に数量を確定させた上で精算する実数精算方式となります。

既存外壁面と改修仕上げの組合せについて、以下のようなパターンがあります。

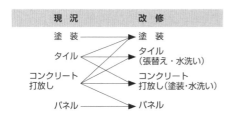

現　況	改　修
塗　装	塗　装
タイル	タイル（張替え・水洗い）
コンクリート打放し	コンクリート打放し（塗装・水洗い）
パネル	パネル

●外壁の全面調査

外壁の調査は、外壁全面に足場が掛かったところで、劣化状況の調査を行います。下記に下地別の調査方法を示します。

コンクリート下地の場合：ひび割れ（クラック）は目視調査し、それぞれのクラック幅に応じて、あらかじめ決めている処理方法別に色分けスプレーなどでマークします。

モルタル下地の場合：クラックは下地モルタルによるものか、躯体にまで達しているものか

を見極める必要があります。モルタル下地のクラックはモルタルの浮きの修復と同時に処理することができますが、躯体にまで影響している場合は別に補修を考慮します。下地の浮きに関しては、全壁面にテストハンマーなどで打診を行い下地の浮き箇所を確認してマークします。

こうして全面の調査が済んだところで、下地補修箇所および補修方法などを記入した図書、写真などを作成して、契約時の予測値との相違を、監理者と管理組合の双方で確認する必要があります。これは、外壁改修では前述したように正確な調査が足場を掛けた状態でないとできないため、契約時に想定した数量での見積りと異なることがあるためです。

写真1　開口部回りのひび割れ

●下地補修と確認

調査で発見された下地のひび割れや欠損部は、その程度や状態に合わせた補修を行います。補修後、補修箇所が十分に補修されたかの検査が必要です。タイミングとしては、補修方法が一様でなく、場所も広範にわたることから、全てが完了してからではなく、次の工程に入る前に検査することが多くなります。

●高圧洗浄、ケレン

　外壁改修塗装において一般的な工法としては、下地の補修が完了した段階で、下地調整として既存塗膜の汚れ、ゴミを高圧洗浄によって洗い落とし、表面が白亜化（チョーキング）または浮いている箇所はワイヤブラシやディスクサンダーなどで除去します。油汚れはシンナーなどで拭き取り、表面を清浄な状態にします。この作業が不十分だと塗膜の密着不良によって新たに浮きや剥れなどを引き起こす原因となるので、大変重要な工程と言えるでしょう。

●外壁の塗装

　下地の調整が済んだ段階で塗装工事に入りますが、この部分は仕様によって材料、工法、工程などが異なります。下地塗りの具合で最終仕上がりが異なってきますので、いくつかの見本塗りを作成して、色、つや、凹凸などを確認して決定するのがよいでしょう。

●塗装の各工程

　現場では下塗り、中塗り、上塗りなどが複数箇所で並行して進みます。従って、作業状況を十分把握して、各工程の確認をしなければなりません。特に養生ネットなどが張ってある関係で、外部から一望に確認することは困難であるため、工程に合わせて確認箇所を特定するのがよいでしょう。

写真2　Uカット部シーリング充填

●天井塗装

　軒天などの天井部分は、直接雨水で洗い流されることがないため、汚れが目立ちます。また、仕上げ材料によっても劣化状況が異なる場合があるので、修繕工事においては仕上げに見合った修繕方法を行う必要があります（天井部分は部位により軒天、軒裏、上げ裏、段裏などといいます）。

　近年では、耐久性、透湿性、防汚性などに優れた軒天専用の塗料もあります。

写真3　上げ裏塗膜の浮き

●タイル張り補修

　タイル仕上げの場合も、仕上げ面の浮きなどの修繕を行う前に、下地調整として高圧洗浄を行います。ひび割れや浮きなどのタイルの修復に際して、全く同じタイルを入手することは難しく、現状に合わせた色やツヤのタイルを新規で焼くケースが多く発生します。

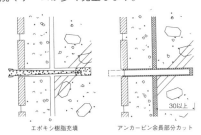

エポキシ樹脂充填　　　アンカーピン余長部分カット

タイル浮き部分補修

写真提供：「新築現場が知らない知識」
　　　　　発行　日刊建設通信新聞社

名称	規格・仕様	単位	単価（材工共）
◆ 外壁洗浄・剥離			
エアブロー清掃（ブラッシング併用）	内部・階段室等　施工規模1000m²未満	m²	160
	〃　　　　　　〃　　1000m²以上	〃	150
	〃　　　　　　〃　　3000m²以上	〃	120
高圧水洗浄	水洗浄　120〜150kgf/cm²（≒12〜15MPa）程度　施工規模1000m²未満	m²	240
	〃　　　　　　〃　　　　　　　　　　　　〃　　1000m²以上	〃	220
	〃　　　　　　〃　　　　　　　　　　　　〃　　3000m²以上	〃	180
	温水洗浄　120〜150kgf/cm²（≒12〜15MPa）程度　施工規模1000m²未満	〃	510
	〃　　　　　　〃　　　　　　　　　　　　〃　　1000m²以上	〃	460
	〃　　　　　　〃　　　　　　　　　　　　〃　　3000m²以上	〃	370
剥離	塗膜剥離（剥離剤併用）　施工規模1000m²未満	m²	3,190
	〃　　　　　　　　〃　　1000m²以上	〃	2,900
	〃　　　　　　　　〃　　3000m²以上	〃	2,290
	超音波剥離　施工規模1000m²未満	〃	4,230
	〃　　　　　〃　　1000m²以上	〃	3,870
	〃　　　　　〃　　3000m²以上	〃	3,740
タイル洗浄	中性洗剤洗浄　施工規模1000m²未満	m²	840
	〃　　　　　〃　　1000m²以上	〃	780
	〃　　　　　〃　　3000m²以上	〃	600
	環境保護薬品洗浄　施工規模1000m²未満	〃	1,030
	〃　　　　　　〃　　1000m²以上	〃	980
	〃　　　　　　〃　　3000m²以上	〃	860
石張仕上洗浄	弱アルカリ等薬品洗浄　施工規模1000m²未満	m²	990
	〃　　　　　　　〃　　1000m²以上	〃	940
	〃　　　　　　　〃　　3000m²以上	〃	790

外壁塗装等

外壁塗装等工事 ②　　　　　　　　　　調査価格 (経済調査会調べ)

名称	規格・仕様		単位	単価 (材工共)
◆ コンクリート補修				
欠損部補修	エポキシ樹脂モルタル (防錆処理・肌合わせ含む)	100×100㎜	カ所	1,990
	〃	300×100	〃	2,780
	〃	500×100	〃	3,980
	樹脂モルタル (防錆処理・肌合わせ含む)	100×100㎜	〃	1,850
	〃	300×100	〃	2,650
	〃	500×100	〃	3,690
躯体欠損部および 鉄筋露出部補修	100×100×50㎜		カ所	3,110
	100×300×50		〃	4,350
	はつり面上端 (トップ) を雨落とし形状となるよう カットする場合 (下図) の加算額		〃	730

【躯体欠損部および鉄筋露出部補修】
1. 鉄筋露出箇所および鉄筋の発錆によるひび割れは、場所・数量などを事前に図面に記録し、監理者の指示を受けた上で行う。
2. φ4㎜、L60㎜以上のSUS304ナベブタねじピンまたは二重ナット付全ねじピン (皿ビスでなければ他の頭のねじでも良い) をエポキシ樹脂併用によるピンニング工法により躯体に定着し (@50程度)、ピン頭部をSUSワイヤー (単線0.7㎜程度) にて緊結させる。穴を開けた日に、清掃、エポキシ注入のピン打ちまでを完了させ、翌日に持ち越さないようにする (ピンの躯体定着は30㎜以上を原則とする)。
3. 作業手順　(a)鉄筋部発錆による浮きの状況を目視で点検し、状況に応じ、ケレン、はつりによって確認する。(b)はつり (鉄筋健全部が露出するまで、かつ鉄筋半径を越えるところまで行う)。(c)さび落とし　(d)鉄筋のみ、黒錆還元材添加浸透性エポキシさび止め剤を塗布する。(e)躯体はつり面に躯体下地強化剤 (中性化防止剤) を全面に塗布する。その後、合成高分子エマルションモルタルおよび合成高分子エマルションセメントペーストを塗布、充填補修を行う。(f)段違いの処理 (充填樹脂がやせて、段違いが生じた場合は、再度樹脂モルタルを充填する)。
4. SUSワイヤーは、ピン上部に躯体から浮かせて2回巻きとし、しっかりと張る。
5. 補修部は健全部と遜色のない仕上げに復旧する。
6. 補修部は、残存塗膜面と極力同様とする。また、この工程終了後 (外装材施工前) に監理者の検査を受ける。

躯体欠損部補修
(上端を雨落とし形状にカットする場合)

名　称	規格・仕様		単位	単価 (材工共)
◆ コンクリート補修				
ひび割れ部補修	フィラー処理工法（0.3㎜未満） 施工規模100m未満		m	490
	〃	〃　　　100m以上	〃	470
	〃	〃　　　300m以上	〃	440
	〃	〃　　　500m以上	〃	410
	エポキシ樹脂低圧注入工法（0.3㎜以上） 施工規模100m未満		〃	4,590
	〃	〃　　　100m以上	〃	4,410
	〃	〃　　　300m以上	〃	4,190
	〃	〃　　　500m以上	〃	3,980
	ダイレクトシール工法（0.2〜0.9㎜） 施工規模100m未満		〃	2,620
	〃	〃　　　100m以上	〃	2,490
	〃	〃　　　300m以上	〃	2,370
	〃	〃　　　500m以上	〃	2,250
	〃 （1.0㎜以上） 施工規模100m未満		〃	2,950
	〃	〃　　　100m以上	〃	2,800
	〃	〃　　　300m以上	〃	2,660
	〃	〃　　　500m以上	〃	2,530
	Uカットシール工法 （0.3㎜以上） 施工規模100m未満		〃	2,810
	〃	〃　　　100m以上	〃	2,700
	〃	〃　　　300m以上	〃	2,650
	〃	〃　　　500m以上	〃	2,560

1．単価には、肌合わせの費用を含む。
2．工法については以下のとおり。
　①フィラー処理工法…外壁のクラック（ひび割れ）幅が極めて小さい場合（0.3㎜未満）にセメントフィラーなど充填材をすり込んで補修する。
　②ダイレクトシール工法…ひび割れ部分が比較的小さい場合に、補修箇所を削らずに直接シール材を注入する。肌合わせをしなくても補修跡があまり目立たない。
　③Uカットシール工法…作業手順　(a)ダイヤモンドカッターを用いて、クラックに沿って幅10㎜深さ10〜15㎜程度にU字型の溝を設ける。(b)カット面を清掃後、プライマーを溝内部に均一に塗布する。(c)アクリルウレタン２成分形シーリング材を深さの６分程度充填し、平滑に仕上げる。１週間程度養生し、硬化させる。(d)仕上り面までポリマーセメントモルタルを充填する。(e)３日以上養生し、セメント系弾性フィラーで平滑処理を行う。

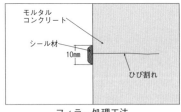

フィラー処理工法

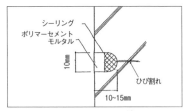

Uカットシール工法

外壁塗装等工事 ④

名称	規格・仕様	単位	単価 (材工共)
◆ 下地補修			
浮き補修	部分エポキシ樹脂注入工法	穴	300
	アンカーピンニング部分エポキシ樹脂注入工法	〃	360
	アンカーピン部　16穴/m²	m²	5,760
	〃　　　　　　25穴/m²	〃	9,000
	アンカーピンニング全面エポキシ樹脂注入工法		
	アンカーピン部　8穴/m²　エポキシ樹脂注入　8穴/m²	m²	5,280
	〃　　　　　13穴/m²　エポキシ樹脂注入　12穴/m²	〃	8,280
	注入口付アンカーピンニング部分エポキシ樹脂注入工法	穴	460
	注入口付アンカーピン部　16穴/m²	m²	7,360
	〃　　　　　　　　　　25穴/m²	〃	11,500
	注入口付アンカーピンニング全面エポキシ樹脂注入工法		
	注入口付アンカーピン部　8穴/m²　エポキシ樹脂注入　8穴/m²	m²	6,080
	〃　　　　　　13穴/m²　エポキシ樹脂注入　12穴/m²	〃	9,580
	ピンネット工法　施工規模10m²未満	〃	10,600
	〃　　　　　　　　10m²以上	〃	10,400
	〃　　　　　　　　20m²以上	〃	10,100
	〃　　　　　　　　30m²以上	〃	9,920
◆ タイル部補修			
陶片浮き補修	注入口付アンカーピンニング部分エポキシ樹脂注入タイル固定工法	穴	930
タイル張替え補修	磁器質タイル　小口 (108×60mm)	枚	950
	〃	m²	73,100
	磁器質タイル　二丁掛け (227×60mm)	枚	1,080
	〃　　　　　　〃	m²	61,900
	磁器質タイル　50二丁掛け (95×45mm)	枚	900
	〃　　　　　　〃	m²	77,400
	磁器質タイル　50角モザイク (45×45mm)	枚	860
	〃　　　　　　〃	m²	80,800
	磁器質タイル　ボーダー (227×40mm)	枚	990
	〃　　　　　　〃	m²	61,900
タイル目地補修	目地モルタル	m	1,720

【タイル張替え補修】
1．単価には既存タイルの撤去を含む。
2．「㎡あたり」単価は、0.25㎡以上のまとまった範囲で、かつシート張りが可能な場合に適用。
3．補修に用いるタイル材料費を含むが、既存タイルにあわせて新たにタイルを焼く場合は、その費用として同系色
　　3色混合で一窯当たり（50㎡程度）640,000円程度必要。また納品には3か月程度を要する。

外壁塗装等工事 ⑤

調査価格 (経済調査会調べ)

名称	規格・仕様			単位	単価(材工共)
◆ 外壁塗装					
微弾性フィラー 可とう形改修塗材E相当	薄塗 (0.5kg/m²程度) +水性ウレタン系2回塗	施工規模	1000m²未満	m²	1,780
	〃	〃	1000m²以上	〃	1,720
	〃	〃	3000m²以上	〃	1,690
	水性シリコン系2回塗	〃	1000m²未満	〃	2,020
	〃	〃	1000m²以上	〃	1,950
	〃	〃	3000m²以上	〃	1,910
	水性シリコン系2回塗 (超低汚染型)	〃	1000m²未満	〃	2,140
	〃	〃	1000m²以上	〃	2,070
	〃	〃	3000m²以上	〃	2,030
	水性フッ素系2回塗	〃	1000m²未満	〃	2,490
	〃	〃	1000m²以上	〃	2,410
	〃	〃	3000m²以上	〃	2,360
	弱溶剤ウレタン系2回塗	〃	1000m²未満	〃	1,920
	〃	〃	1000m²以上	〃	1,860
	〃	〃	3000m²以上	〃	1,820
	弱溶剤シリコン系2回塗	〃	1000m²未満	〃	2,120
	〃	〃	1000m²以上	〃	2,050
	〃	〃	3000m²以上	〃	2,010
	厚塗 (1.0kg/m²程度) +水性ウレタン系2回塗	施工規模	1000m²未満	m²	2,190
	〃	〃	1000m²以上	〃	2,120
	〃	〃	3000m²以上	〃	2,080
	水性シリコン系2回塗	〃	1000m²未満	〃	2,420
	〃	〃	1000m²以上	〃	2,340
	〃	〃	3000m²以上	〃	2,290
	水性シリコン系2回塗 (超低汚染型)	〃	1000m²未満	〃	2,550
	〃	〃	1000m²以上	〃	2,470
	〃	〃	3000m²以上	〃	2,420
	水性フッ素系2回塗	〃	1000m²未満	〃	2,910
	〃	〃	1000m²以上	〃	2,820
	〃	〃	3000m²以上	〃	2,760
	弱溶剤ウレタン系2回塗	〃	1000m²未満	〃	2,330
	〃	〃	1000m²以上	〃	2,260
	〃	〃	3000m²以上	〃	2,210
	弱溶剤シリコン系2回塗	〃	1000m²未満	〃	2,520
	〃	〃	1000m²以上	〃	2,440
	〃	〃	3000m²以上	〃	2,390

外壁塗装等

外壁塗装等工事 ⑥

◆ 外壁塗装

名称	規格・仕様			単位	単価(材工共)
エポキシ系微弾性フィラー 可とう形改修塗材RE相当	薄塗 (0.5kg/m²程度)+水性ウレタン系2回塗	施工規模	1000m²未満	m²	2,050
	〃	〃	1000m²以上	〃	1,980
	〃	〃	3000m²以上	〃	1,940
	水性シリコン系2回塗	〃	1000m²未満	〃	2,290
	〃	〃	1000m²以上	〃	2,220
	〃	〃	3000m²以上	〃	2,170
	水性シリコン系2回塗 (超低汚染型)	〃	1000m²未満	〃	2,410
	〃	〃	1000m²以上	〃	2,330
	〃	〃	3000m²以上	〃	2,280
	水性フッ素系2回塗	〃	1000m²未満	〃	2,770
	〃	〃	1000m²以上	〃	2,680
	〃	〃	3000m²以上	〃	2,630
	弱溶剤ウレタン系2回塗	〃	1000m²未満	〃	2,190
	〃	〃	1000m²以上	〃	2,120
	〃	〃	3000m²以上	〃	2,080
	弱溶剤シリコン系2回塗	〃	1000m²未満	〃	2,380
	〃	〃	1000m²以上	〃	2,300
	〃	〃	3000m²以上	〃	2,260
	厚塗 (1.0kg/m²程度)+水性ウレタン系2回塗	施工規模	1000m²未満	m²	2,450
	〃	〃	1000m²以上	〃	2,370
	〃	〃	3000m²以上	〃	2,320
	水性シリコン系2回塗	〃	1000m²未満	〃	2,670
	〃	〃	1000m²以上	〃	2,580
	〃	〃	3000m²以上	〃	2,530
	水性シリコン系2回塗 (超低汚染型)	〃	1000m²未満	〃	2,810
	〃	〃	1000m²以上	〃	2,720
	〃	〃	3000m²以上	〃	2,660
	水性フッ素系2回塗	〃	1000m²未満	〃	3,160
	〃	〃	1000m²以上	〃	3,060
	〃	〃	3000m²以上	〃	3,000
	弱溶剤ウレタン系2回塗	〃	1000m²未満	〃	2,590
	〃	〃	1000m²以上	〃	2,510
	〃	〃	3000m²以上	〃	2,460
	弱溶剤シリコン系2回塗	〃	1000m²未満	〃	2,770
	〃	〃	1000m²以上	〃	2,680
	〃	〃	3000m²以上	〃	2,630

外壁塗装等

名　称	規格・仕様			単位	単価 (材工共)
◆ 外壁塗装					
ポリマーセメント系フィラー 可とう形改修塗材CE相当	薄塗 (0.5kg/m²程度)＋水性ウレタン系2回塗	施工規模	1000m²未満	m²	2,230
	〃	〃	1000m²以上	〃	2,160
	〃	〃	3000m²以上	〃	2,110
	〃	水性シリコン系2回塗	1000m²未満	〃	2,460
	〃	〃	1000m²以上	〃	2,380
	〃	〃	3000m²以上	〃	2,330
	〃	水性シリコン系2回塗 (超低汚染型)	1000m²未満	〃	2,590
	〃	〃	1000m²以上	〃	2,510
	〃	〃	3000m²以上	〃	2,460
	〃	水性フッ素系2回塗	1000m²未満	〃	2,950
	〃	〃	1000m²以上	〃	2,860
	〃	〃	3000m²以上	〃	2,800
	〃	弱溶剤ウレタン系2回塗	1000m²未満	〃	2,370
	〃	〃	1000m²以上	〃	2,290
	〃	〃	3000m²以上	〃	2,250
	〃	弱溶剤シリコン系2回塗	1000m²未満	〃	2,560
	〃	〃	1000m²以上	〃	2,480
	〃	〃	3000m²以上	〃	2,430
	厚塗 (1.0kg/m²程度)＋水性ウレタン系2回塗	施工規模	1000m²未満	m²	2,630
	〃	〃	1000m²以上	〃	2,550
	〃	〃	3000m²以上	〃	2,490
	〃	水性シリコン系2回塗	1000m²未満	〃	2,840
	〃	〃	1000m²以上	〃	2,750
	〃	〃	3000m²以上	〃	2,690
	〃	水性シリコン系2回塗 (超低汚染型)	1000m²未満	〃	2,990
	〃	〃	1000m²以上	〃	2,900
	〃	〃	3000m²以上	〃	2,840
	〃	水性フッ素系2回塗	1000m²未満	〃	3,340
	〃	〃	1000m²以上	〃	3,230
	〃	〃	3000m²以上	〃	3,170
	〃	弱溶剤ウレタン系2回塗	1000m²未満	〃	2,770
	〃	〃	1000m²以上	〃	2,680
	〃	〃	3000m²以上	〃	2,630
	〃	弱溶剤シリコン系2回塗	1000m²未満	〃	2,940
	〃	〃	1000m²以上	〃	2,850
	〃	〃	3000m²以上	〃	2,790

外壁塗装等

外壁塗装等工事 ⑧

名 称	規格・仕様			単位	単 価 (材工共)
◆ 塗装-その他部位別					
天井塗装	専用塗料 2回塗	施工規模	1000m²未満	m²	1,340
（軒天・上裏・段裏）	〃 〃		1000m²以上	〃	1,290
	〃 〃		3000m²以上	〃	1,270
	合成樹脂エマルションペイント (EP) 2回塗	〃	1000m²未満	〃	980
	〃 〃		1000m²以上	〃	950
	〃 〃		3000m²以上	〃	930
	アクリル樹脂非水分散型塗料 (NAD) 2回塗	〃	1000m²未満	〃	1,110
	〃 〃		1000m²以上	〃	1,070
	〃 〃		3000m²以上	〃	1,050
外部・準外部塗装	合成樹脂エマルションペイント (EP) 2回塗	施工規模	1000m²未満	m²	860
開放廊下・階段室など	〃 〃		1000m²以上	〃	830
	〃 〃		3000m²以上	〃	810
	つや有合成樹脂エマルションペイント (EP-G) 2回塗	〃	1000m²未満	〃	860
	〃 〃		1000m²以上	〃	830
	〃 〃		3000m²以上	〃	810
	アクリル樹脂非水分散型塗料 (NAD) 2回塗	〃	1000m²未満	〃	990
	〃 〃		1000m²以上	〃	960
	〃 〃		3000m²以上	〃	940
打放し仕上げ部塗装	水性シリコン樹脂クリヤー仕上げ 3回塗	施工規模	1000m²未満	m²	2,920
	〃 〃		1000m²以上	〃	2,830
	〃 〃		3000m²以上	〃	2,770
	水性シリコン樹脂カラークリヤー仕上げ 3回塗	〃	1000m²未満	〃	3,000
	〃 〃		1000m²以上	〃	2,910
	〃 〃		3000m²以上	〃	2,850
	水性フッ素樹脂クリヤー仕上げ 3回塗	〃	1000m²未満	〃	3,360
	〃 〃		1000m²以上	〃	3,250
	〃 〃		3000m²以上	〃	3,190
	水性フッ素樹脂カラークリヤー仕上げ 3回塗	〃	1000m²未満	〃	3,430
	〃 〃		1000m²以上	〃	3,320
	〃 〃		3000m²以上	〃	3,250
陶磁器質タイル部塗装	超低汚染型アクリルシリコン樹脂クリヤー 2回塗	施工規模	1000m²未満	m²	1,760
	〃 〃		1000m²以上	〃	1,700
	〃 〃		3000m²以上	〃	1,670
遮熱塗装	シーラー＋水性シリコン樹脂系遮熱塗料 2回塗	施工規模	1000m²未満	m²	2,810
	〃 〃		1000m²以上	〃	2,720
	〃 〃		3000m²以上	〃	2,660

外壁塗装等

外壁塗装等工事 ①

メーカー 公表価格

品名・品番	仕様	単位	単価(材工共)	メーカー
◆ 塗膜除去・洗浄工事				
バイオハクリ工法(外壁塗膜剥離工法)	外装薄膜塗材E （アクリルリシン）	m²	6,703	山一化学工業 ☎03-3835-8660
	可とう形外装塗材E （弾性リシン）	〃	7,034	
	防水型外装薄膜塗材E （単層弾性）	〃	7,034	施工規模1000m²以上
	複層塗材E （アクリルタイル）	〃	7,718	無機質系塗膜は除去不可能
	防水型複層塗材E （弾性タイル）	〃	8,382	
	防水型複層塗材RE （水性エポキシタイル）	〃	10,104	
	バイオハクリRE 溶剤系 材料費	kg	1,600	
	〃 AQ 水系 〃	〃	1,600	
◆ 下地調整				
アンダースプレーセット	セメント系ひび割れぼかしスプレー アンダースプレー400cc 3本他 材料費	セット	8,000	アサヒボンド工業 ☎03-3972-4929
レジアンダー	水性エポキシ樹脂混入 セメント系下地調整塗材 28kgセット 〃	kg	900	
エラスティックリーマット工法	セメント系コンクリートモルタル・磁器タイル下地・クラック補修 W100	m	3,200	シード ☎090-7659-7580
	〃 〃 防水処理他	m²	15,000	
デカデックスリーマット工法	水性系 W100	m	1,600	
		m²	13,000	
ティエスサンド	セメント混和用軽量骨材 内部用 材料費	袋	1,575	積水化成品工業 ☎03-3347-9639
	〃 外部用 ボンモルA 〃	〃	2,575	
	〃 外部・内部用 ウスヌリ 〃	〃	2,290	セメント25kg対応品
Nタイプ	〃 〃	〃	1,075	
ⅡFタイプ	〃 〃	〃	2,575	
外部用ミックスⅡ	セメント系下地調整厚塗材 〃	〃	3,575	
NSカチオンワン#1	カチオン系一材型下地調整塗材 塗厚0.5~2 20kg/袋 材料費	袋	9,600	日本化成 ☎0120-97-4237
#2	〃 1.5~2 〃 〃	〃	9,600	
#3	〃 1.5~4 〃 〃	〃	9,600	
Q	カチオン系一材型速硬下地調整塗材 1.0~10.0 20kg/箱 〃	箱	16,500	
◆ コンクリートひび割れ改修工法				
アサヒボンドEL55	Uカットシール材充填工法 エポキシ系 10kg/セット ひび割れ補修用・Uカットシール材 材料費	kg	3,600	アサヒボンド工業 ☎03-3972-4929
551	アサボンスクイズ工法 〃 6 JISA6024 低粘度形 ひび割れ注入用 〃	〃	3,800	
505	コンクリートひび割れ改修 〃 3 ひび割れシール 注入パイプ取付用シール状 〃	〃	2,700	
外壁改修工法	樹脂注入工法 施工規模100m以上 コンクリートのひび割れ部にエポキシ樹脂を注入する場合に適用 ひび割れ幅0.2~1.0mm程度	m	5,100~	エービーシー商会 ☎03-3507-7216
	低圧注入工法 施工規模100m以上 0.2~1.0mm程度のコンクリートひび割れ部にエポキシ樹脂を低圧で注入する場合に適用	〃	8,200~	
	Uカットパイプセットエポキシ樹脂充填工法 施工規模100m以上 ひび割れ幅が2.0mm以上の大きなクラックで強度を要する場合に適用	〃	8,400~	
	エポキシ樹脂パテシール工法 施工規模100m以上 ひび割れ幅0.2mm未満の比較的小さなクラックに適用する塗付シール工法	〃	1,400	
eiプラス	エポキシ樹脂ひび割れ補修材(幅0.5mm未満) 10kg/セット 材料費	セット	117,260	
ehプラス	〃 （幅0.5mm以上） 〃	〃	117,260	

外壁塗装等

外壁塗装等工事 ②

品名・品番	仕様	単位	単価 (材工共)	メーカー
◆ コンクリートひび割れ改修工法				
ボンドシリンダー工法（自動式低圧樹脂注入工法）	ひび割れ幅1.0以下　壁厚150	m	9,360	コニシ
ボンド　OGグラウト工法	1液弾性注入材の機械注入	〃	3,870	☎048-637-9950
A-NC工法（ノンカットフィルム工法）	ひび割れ幅2.0迄　施工規模150m	m	3,950	田島ルーフィング
	ひび割れ幅が1.0以上の場合には事前に			☎03-6387-8880
	A-NCコートのすり込みを行う(＋300円/m加算)			
マトロン工法	自動式低圧樹脂注入工法　コンクリート厚150　クラック幅1.0　施工規模100m以上	m	11,700	ミクロカプセル
ターパンⅠ型工法	〃　　　〃　　　〃　　　〃	〃	12,700	☎06-6930-0396
ミクロカプセル工法	〃　　　〃　　　〃　　　〃	〃	13,900	
エアロプレート工法	自動式低圧樹脂注入工事	m	9,300	リノテック
	クラック幅1.0以下　4個/m　施工規模100m			☎052-774-6621
◆ コンクリート欠損部改修工法				
アサヒボンドBE2	欠損部エポキシ樹脂モルタル充填工法　6kg(8ℓ)/セット	kg	4,100	アサヒボンド工業
	コンクリート・モルタルの欠損補修用　　　材料費			☎03-3972-4929
外壁改修工法	鉄筋露出部補修　アルカリ付与剤・防錆剤・ポリマーセメントモルタル充填工法	m	8,700	エービーシー商会
	ポリマーセメントモルタル充填工法　100×300×10	カ所	2,100	☎03-3507-7216
	エポキシ樹脂モルタル充填工法　〃　　〃　　〃		7,400	施工規模10カ所以上
ボンドEモルタル	エポキシ樹脂モルタル　　　　　材料費	kg	2,900	コニシ
ボンドKモルタル	〃	ℓ	3,400	☎048-637-9950
EP80	エポキシ系　欠損露筋補修	kg	4,000	セメダイン
	軽量樹脂モルタル　6kg(8ℓ)セット　材料費			☎03-3442-1343
NSドカモル	欠損部補修用軽量プレミックスモルタル（再乳化形粉末樹脂混入タイプ）　15kg/袋　材料費	袋	6,000	日本化成
NSドカモルQ	〃　速硬軽量モルタル（再乳化形粉末樹脂混入タイプ）　10kg/箱　〃	箱	12,000	☎0120-97-4237
NSドカモルハード	欠損部補修・断面修復用プレミックスモルタル（再乳化形粉末樹脂混入タイプ）　20kg/袋　〃	袋	7,400	
NSドカモルハードQ	〃　　〃　　20kg/箱　〃	箱	14,000	
◆ 吹付補修・補強工法				
サーブ15D工法	吹付厚30　10m²未満　1層/日	m²	36,600	サンメイツ
	50　〃　　2　〃	〃	61,000	☎097-504-7122
15工法	22　100　D6-100×100	〃	48,800	
	30　〃　　〃	〃	81,400	
SP断面修復工法	吹付厚30　10m²以上　1層/日	m²	42,232	太平洋マテリアル
	50　〃　　2　〃	〃	70,386	☎03-5832-5217
RF-100	下地補強剤標準400g/m²	〃	3,700	
RF厚付モルタル	T5　ポリマーモルタル	〃	6,400	
RF防錆ペースト	2　防錆ポリマーモルタル	〃	3,450	
NS-RLモルタル	速硬軽量モルタル　22kg/ペール缶　　　　材料費	缶	19,300	日本化成
NSハイハード	水性シリケート系コンクリート強化・保護材　18kg/缶　　〃	〃	169,000	☎0120-97-4237
NSメンテペースト	初期補修用プレミックスポリマーセメントペースト　16kg/ペール缶　〃	〃	12,400	
NSメンテモルタル	〃　　〃　　モルタル 21.6　〃　　〃	〃	11,700	

外壁塗装等

外壁塗装等工事 ③

品名・品番	仕様	単位	単価(材工共)	メーカー
◆ 打放し改修工法				
ARICEハイブリッド外壁改修構工法	打放しリシン仕上　施工規模100m²以上	m²	8,500	建築構工法研究所 ☎045-772-1817
ダイヤ水系CRPシステム	打放しコンクリート表面保護工法	m²	5,800〜	シーカ・ジャパン ☎03-6434-7291
タケモルネット貼り工法	打放しコンクリートリシン面　　　既存塗材処理費を含む	m²	9,900	全日本外壁ピンネット 工事業協同組合 ☎03-3906-1503
	〃　　　　　複層仕上げ面　　　　　　　〃	〃	10,300	
アクアトップF工法	一液常乾型フッ素樹脂塗料　打放しコンクリート素地仕上	m²	3,800	大同塗料 ☎06-6308-6281
アクアトップSF水性カラークリヤー工法	一液型シランフッ素仕上材　カラークリヤー仕上	〃	2,570	
アクアトップSFマイルド	〃	〃	2,370	
ランデックスコート				大日技研工業 ☎03-3639-5131
P-5000	無機高分子系仕上材　　　　　　　　　内外壁面	m²	3,000	
〃　　NT	〃　　　　　（低汚染タイプ）　　　　〃	〃	2,800	
PB-5000	〃　　　　　（防カビ防藻タイプ）　　〃	〃	3,200	
〃　　NT	〃　　　（防カビ防藻・低汚染タイプ）　〃	〃	2,900	
WS疎水剤	A工法　疎水性仕上材　（内壁用）	〃	2,600	
WS疎水剤	B工法　　〃　　（外壁用）	〃	2,800	
P-5000クール&エコ(遮熱塗料)	無機高分子系仕上げ材　内外壁用	〃	3,600	
スーパーエコ・体感P-8000(遮断熱塗料)	外壁　フラット仕上	〃	3,800	
クラウディ工法	水性4Fプーレシステム／コンクリート着色工法仕上 ※化粧仕上の内容により、価格に幅が生じます	m²	9,370	日本ペイント 製品の問い合わせ 先については、HP にて確認ください。 施工規模300m²以上
◆ ALC板改修工法				
ARICEハイブリッド外壁改修構工法	ALC板リシン仕上　施工規模100m²以上	m²	9,850	建築構工法研究所 ☎045-772-1817
タケモルネット貼り工法	ALCリシン面　　　既存塗材処理費を含む　新設目地造形費は別途	m²	10,400	全日本外壁ピンネット 工事業協同組合 ☎03-3906-1503
	ALC複層仕上げ面　　　　　〃　　　　　　　〃	〃	10,700	
◆ PC板改修工法				
ARICEハイブリッド外壁改修構工法	PC板リシン仕上　施工規模100m²以上	m²	12,500	建築構工法研究所 ☎045-772-1817
タケモルネット貼り工法	PC板複層仕上げリシン面 既存塗材処理費を含む　新設目地造形費は別途	m²	8,750	全日本外壁ピンネット 工事業協同組合 ☎03-3906-1503
◆ アスベスト対策				
アスベロックI	アスベスト飛散防止　　　　　　　　材料費	m²	200	日本躯体処理 ☎048-229-7222
IV	非飛散性アスベスト建材浸透固化材　　　〃	〃	1,000	

外壁塗装等

外壁塗装等工事 ④

品名・品番	仕様	単位	単価 (材工共)	メーカー
◆ 外壁塗り仕上げ改修工法				
クリーンマイルドウレタン	超低汚染・高耐久性・NAD型	m²	2,130	エスケー化研
弾性クリーンマイルドウレタン	〃　　　　〃　　　　〃	〃	2,340	☎072-621-7733
クリーンマイルドシリコン	〃　　　超耐久性　　〃	〃	2,590	シーラー別途
弾性クリーンマイルドシリコン	〃　　　〃　　　〃	〃	2,950	
クリーンマイルドフッソ	〃　　　〃　　弱溶剤型	〃	3,330	
弾性クリーンマイルドフッソ	〃　　　〃　　　〃	〃	3,560	
タイルセラクリーン	陶磁器タイルの目地部の劣化防止、タイル表面の汚染防止	〃	2,860	
水性コンポウレタン	高耐久・水性反応硬化型ポリウレタン樹脂塗料	〃	1,900	
シリコン	超耐久・　　　アクリルシリコン樹脂塗料	〃	2,380	
水性セラタイトF	〃　超低汚染型水性ふっ素樹脂塗料	〃	3,090	
Si	〃　　〃　水性アクリルシリコン樹脂塗料	〃	2,500	
水性セラミシリコン	〃　低汚染型一液水性セラミックシリコン樹脂塗料	〃	2,250	
水性弾性セラタイトF	〃　超低汚染型水性弾性ふっ素樹脂塗料	〃	3,340	
セラタイトSi	〃　　〃　水性弾性アクリルシリコン樹脂塗料	〃	2,840	
セラミシリコン	〃　一液水性弾性セラミックシリコン樹脂塗料	〃	2,420	
水性ソフトサーフSG	一液水性微弾性サーフェーサー	〃	1,100〜	
水性弾性サーフエポ	一液水性反応硬化形微弾性サーフェーサー	〃	1,900〜	
アレスホールド工法	アレスホルダーHG　　アレスアクアレタン　　さざ波模様　塗布量1.0kg/m²	m²	3,300	関西ペイント
	〃　　　　　〃　　　　平滑　　　0.5	〃	2,750	☎03-5711-8904
	〃　　　　　〃　シリコンACⅡ　さざ波模様　1.0	〃	3,750	
	〃　　　　　〃　　〃　　平滑　　0.5	〃	3,200	
アレス弾性ホールド工法	アレス弾性ホルダー防水形　〃　レタン　さざ波模様　1.0	〃	3,550	
	〃　　　　　〃　アクアセラシリコンOne　〃　〃	〃	4,250	
	〃　　　　　〃　シリコンACⅡ　　〃　　〃	〃	4,000	
	〃　　　　　〃　セラフッソⅡ　　〃　　〃	〃	4,500	
リベルマイスター工法	リベルマイスター　リベルセラトップSiⅡ　さざ波模様　塗布量1.5kg/m²	〃	4,550	
アレスセラホールド工法	アレスホルダーHG　セラMレタン　さざ波模様　塗布量1.0kg/m²	〃	3,500	
	〃　　　　　〃　　平滑　　　0.5	〃	2,950	
	〃　セラMシリコンⅢ　さざ波模様　1.0	〃	3,750	
	〃　　　　　〃　　平滑　　　0.5	〃	3,200	

外壁塗装等

品名・品番	仕様	単位	単価 (材工共)	メーカー
◆外壁塗り仕上げ改修工法				
キクスイBR工法	中性化防止　塩害対策　下地調整 (BR-AD吹付、刷毛)	m²	1,500	菊水化学工業
〃	〃　　　〃　　　〃　　 (BR-Dコテ塗用)	〃	2,500	☎052-300-2222
〃	〃　　　〃　　含浸団結 (BR-Bローラー、刷毛)	〃	1,200	
〃	〃　　　〃　　鉄筋防錆 (BR-X　〃　)	〃	1,500	施工規模300m²以上
〃	アルカリ骨材反応抑制　〃　 (BR-Z　〃　)	〃	3,500	
水系ファインコートフッ素	1液水系フッ素樹脂塗料	〃	2,900	
キクスイロイヤルシリコン	1液水系シリコン樹脂塗料	〃	2,250	
キクスイSPパワーフッ素	2液弱溶剤型オールマイティーフッ素樹脂塗料	〃	2,850	
キクスイSPパワーシリコン	2液弱溶剤型オールマイティーシリコン樹脂塗料	〃	2,450	
ラーテル	2液弱溶剤W無機　ハイブリッド塗料	〃	4,000	
キクスイSPパワーフッ素クリヤー	サイディング・磁器タイル面　2液弱溶剤型フッ素樹脂クリヤー	〃	2,800	
ナノペイント	超低汚染　艶消し塗料	〃	3,300	
ダイヤカレイド	水性シリコン系微光沢多彩模様塗料	m²	5,800~	シーカ・ジャパン ☎03-6434-7291
マスチック　A	外装用マスチック仕上塗材	m²	1,624~	全国マスチック事業
AE	〃	〃	2,720~	協同組合連合会
CE	〃	〃	2,967~	☎03-3496-3861
マスチック塗材　NANO	外装用　上塗　高耐候　低汚染　　15kg缶　材料費	缶	16,500	施工規模300m²以上
インディアートセラ	意匠系仕上 (エントランス部等)　じゅらく風 (吹付)	m²	4,350	日本ペイント
〃	〃　　　　〃　　　ウェーブ (コテ塗)	〃	5,610	製品の問い合わせ
〃	〃　　　　〃　　　ローラーレリーフ (ローラー塗)	〃	6,980	先については、HP
インディフレッシュセラ	砂壁状意匠塗材　改修用シリコン系つや消し塗料 (ローラー塗)	〃	3,520	にて確認ください。
パワーオーデフレッシュF	超低汚染水性2液形フッ素樹脂塗料	〃	6,570	施工規模300m²以上
	下塗：DANフィラーリフレックスなみがた模様			
〃　　　Si	超低汚染水性2液形シリコン樹脂塗料	〃	5,910	
	下塗：DANフィラーリフレックスなみがた模様			
オーデリウォールシステム	完全水性改修システム　シリコン・平滑仕上	〃	4,190	
〃	〃　　　　〃　　なみがた仕上	〃	4,990	
〃	〃　　超低汚染形シリコン・平滑仕上	〃	4,440	
〃	〃　　　　〃　　なみがた仕上	〃	5,240	
〃	〃　　フッ素・平滑仕上	〃	5,180	
〃	〃　　　　〃　　なみがた仕上	〃	5,980	
〃	〃　　超低汚染形フッ素・平滑仕上	〃	5,240	
〃	〃　　　　〃　　なみがた仕上	〃	6,040	
DANフィラーエポ	防水形エポキシ含有架橋エマルションフィラー (JIS K6909可とう形改修塗材RE、防水形複層塗材RE主材)	〃	2,620~4,750	
DANフィラーリフレックス	可とう形エポキシ含有架橋エマルションフィラー (JIS A6909可とう形改修塗材RE相等)	〃	2,420~1,430	
ジキトーンセラ	陶磁器タイル・パネル調多彩模様仕上 (厚付)	〃	7,770~	
セラローラー	石材調模様仕上 (エントランス部など)	〃	9,320~	
御影	御影石調模様仕上　　〃	〃	13,020~	
アプラウド　シェラスターⅡ	超高耐候超低汚染水性2液形無機塗料	〃	4,910~5,120	
ファイン4Fセラミック	超低汚染4フッ化フッ素セラミック樹脂塗料　なみがた仕上	〃	6,510~7,220	

外壁塗装等工事 ⑥

品名・品番	仕様	単位	単価 (材工共)	メーカー
◆ 外壁塗り仕上げ改修工法				
ファイングラシィSiクリヤー	陶磁器タイル用改修システム	m²	4,470	日本ペイント
ファインシリコンフレッシュⅡ	超低汚染溶剤系システム　なみがた仕上	〃	5,740~6,470	製品の問い合わせ
ファインプーレシステム	コンクリート生地仕上 (シリコン)	〃	4,860~	先については、HP
水性4Fプーレシステム	コンクリート生地仕上(水性4フッ化フッ素樹脂)	〃	5,420~	にて確認ください。
クリスタコート	無機系超低汚染コーティング剤	〃	1,450	施工規模300m²以上
ニューアールダンテ	多彩色仕上塗材 施工規模100m²以上	m²	3,400	フジワラ化学 ☎0898-64-2421
◆ 天井・軒天井塗装				
水性エコファイン	反応硬化形低VOC水性塗料	m²	1,560	エスケー化研 ☎072-621-7733
ケンエースG-Ⅱ	カチオン形アクリル樹脂塗料仕上　　　施工規模300m²以上	m²	2,350	日本ペイント
水性ケンエース	機能形合成樹脂エマルションペイント仕上　　　〃	〃	2,190	製品の問い合わせ
ノキテンエース	水性反応硬化形軒天専用塗料　　　　　　　〃	〃	2,480~	先については、HP
〃　　　セラ	水性反応硬化形軒天専用シリコン系塗料　　　〃	〃	2,750~	にて確認ください。
◆ 無機質浸透性防水強化材				
リアルガード　A	早期撥水タイプ　0.2kg/m²　2回塗	m²	2,500	TSC ☎03-6709-8216
B	撥水遅延タイプ　　〃　　　　〃	〃	2,500	
◆ アラミド繊維シート工法				
フィブラシート工法(2方向)	耐力10t/10t　1層張　施工規模100m²以上	m²	23,818	ファイベックス ☎03-5579-8291
	20t/20t　　〃　　　　　〃	〃	27,211	
	40t/40t　　〃　　　　　〃	〃	36,130	仕上別途
	50t/50t　　〃　　　　　〃	〃	43,109	
フィブラシート工法	40t　　　　〃　　　　　〃	〃	25,604	
	〃　　　　2層張　　　　〃	〃	40,496	
	60　　　　1　　　　　　〃	〃	29,874	
	〃　　　　2　　　　　　〃	〃	49,036	
	90　　　　1　　　　　　〃	〃	34,089	
	〃　　　　2　　　　　　〃	〃	57,466	
	120　　　1　　　　　　〃	〃	38,939	
	〃　　　　2　　　　　　〃	〃	67,166	
フィブラシート工法(メッシュ)	5t/5t　　1　　　　　　〃	〃	21,178	
	10t/10t　〃　　　　　　〃	〃	24,291	
◆ 炭素繊維シート工法				
フォルカトウシート工法	FTS-C1-20　柱　1層張　施工規模100m²以上	m²	32,461	日鉄ケミカル&マテリアル コンポジット事業部
	〃　　　　　〃　2　　　　　〃	〃	48,689	☎03-3510-0341
	30　　　　〃　1　　　　　〃	〃	36,993	
	〃　　　　　〃　2　　　　　〃	〃	57,753	仕上別途
プレート工法	FTP-C1-20-50　スラブ・梁　　　〃	m	19,975	

外壁塗装等

外壁塗装等工事 ⑦

品名・品番	仕様	単位	単価 (材工共)	メーカー
◆ 袖壁付柱の耐震補強				
サイド・ポ・スト工法	袖壁付柱を特殊な鉄筋とポリマーモルタルセメントで一体化。柱のせん断耐力をアップ	m²	200,000	三和テクノス ☎03-5952-0224
◆ 外壁剥落防止工法				
ARICEハイブリッド外壁改修構工法	モルタル塗リシン仕上　　　施工規模100m²以上	m²	11,500	建築構工法研究所 ☎045-772-1817
	〃　　　吹付タイル仕上　　　　〃	〃	11,500	
	〃　　　弾性タイル仕上　　　　〃	〃	11,500	
	小口タイル仕上	〃	12,500	
GNSグラナイト工法	モルタル塗リシン仕上　　　施工規模100m²以上	m²	31,500	全国ビルリフォーム 工事業協同組合 ☎03-3454-4371
	〃　　　吹付タイル仕上　　　　〃	〃	31,800	
	〃　　　弾性タイル仕上　　　　〃	〃	32,100	
	二丁掛タイル仕上　　　　　　　〃	〃	33,000	
	小口タイル仕上　　　　　　　　〃	〃	36,800	
タケモルピンネット工法	モルタル下地　吹付リシン面　既存塗材処理費を含む　新設目地造形費は別途	m²	13,000	全日本外壁ピンネット 工事業協同組合 ☎03-3906-1503
	〃　　　　複層仕上面　　　〃　　　　　　〃	〃	13,200	
	〃　　　　弾性タイル面　　　〃　　　　　　〃	〃	13,200	
◆ 外壁塗り替えシステム				
ビフレッシュタイル工法	張りタイル面　吸水防止工法	m²	2,600〜	シーカ・ジャパン ☎03-6434-7291
アクアトップSEP工法	水性無機系塗料　白　　　フラット仕上	m²	4,320	大同塗料 ☎06-6308-6281
	〃　　　　　　淡彩色　　　　〃	〃	3,640	
クリアウォール	タイル張り仕上外壁用改修工法　S-1仕様　一般外壁	m²	6,500	東亞合成 ☎03-3597-7341
	〃　　　　　　　　　　S-2　　斜壁・漏水面	〃	9,600	
タイルピカ	アクリルシリコン樹脂　艶あり仕上　施工規模300m²以上	m²	2,500	日本特殊塗料 ☎03-3913-6153
	〃　　　　　　　艶消し仕上　　　　〃	〃	2,600	
ハイパービルロックセラ	一液反応硬化型水性シリコン仕上	m²	3,300	ロックペイント ☎03-3640-6000
ユメロック塗替工法	ターペン可溶型シリコンウレタン樹脂塗料仕上	〃	3,000	
サンフロンアクア	一液反応硬化型水性フッ素仕上	〃	3,800	
◆ 外壁防水				
クリアコートeco	水性外壁透明防水	m²	7,500	大関化学工業 ☎078-841-1141
パラテックスDW-A工法	EVA樹脂防水+トップコート　アクリル系	〃	5,500	
DW-Si法	〃　　　　　〃　　　シリコン系	〃	5,900	
DW-U工法	〃　　　　　〃　　　ウレタン系	〃	5,700	
パラトーンS-Si工法	アクリルゴム系+トップコート　シリコン系　スチップル模様	〃	8,100	
T-Si工法	〃　　　　　〃　　　　　〃　　　玉吹き模様	〃	9,300	
K-Si工法	〃　　　　　〃　　　　　〃　　　ヘッドカット模様	〃	9,300	

外壁塗装等

品名・品番		仕様		単位	単価 (材工共)	メーカー
◆ 外壁防水						
リベルマイスター21工法		リベルマイスター21 リベルセラトップSiⅡ さざ波 模様 塗布量2.5 (JIS A 6021 外壁防水改修仕様)		m²	6,500	関西ペイント ☎03-5711-8904
アロンウォール	ST工法	アクリルゴム系外壁化粧水 オール水性 吹付		m²	7,700	東亞合成 ☎03-3597-7341
	STM工法	〃	〃 ローラー	〃	8,200	
	NEO工法	〃	〃 ローラー (改修専用)	〃	7,700	
ハーゲンZ (JIS A 6021)		HF(平吹)工法	スーパーカラーW(水系アクリルシリコン仕様)	m²	4,800	フジワラ化学 ☎0898-64-2421
		HT(玉吹)工法	〃	〃	5,600	
		HR(スチップル)工法	〃	〃	5,100	施工規模300m²以上
ハーパス (JIS A 6021)		HP-F(ゆず肌)工法	〃	〃	5,000	
		〃 T(玉吹)工法	〃	〃	5,800	
		〃 R(スチップル)工法	〃	〃	5,300	
ウォーターカット		モルタル・コンクリート・ALC等 塗厚0.2〜0.4ℓ/m²		m²	2,400	ボース ☎048-755-1905
〃		〃 0.5〜0.7		〃	3,200	施工規模300m²
◆ 静電反撥防汚塗装工事						
STiチタニア・ハイコートZ		静電反撥 内外部の無機建材：タイル		m²	3,200	サスティナブル テクノロジー ☎03-6403-3467
		〃 ガラス(下地処理含む)・金属板(SUSその他)		〃	4,900	
		〃 透明有機建材：ポリカーボネート・アクリル(下地処理含む)		〃	4,900	
		〃 コンクリート打放し・モルタル・石		〃	5,500	施工規模300m²以上 足場費用含まず
		〃 屋内外の有機建材		〃	3,200	
		〃 撥水性の強い建材：塩ビ・ふっ素・アクリル・テフロン		〃	3,200	
◆ 光触媒塗装工事						
ビストレイター		常温硬化型光触媒酸化チタンコーティング		m²	4,800	日本曹達 ☎03-3245-6291
エヌティオ		PC-10工法		m²	4,500	日本特殊塗料 ☎03-3913-6153
	G	ガラス用 (ガラス素地調整費含む)		〃	7,300	
	R	Rローラー工法		〃	5,200	施工規模300m²以上
◆ 浸透性吸水防止材						
アクアシール	200S	コンクリートモルタル	0.3〜0.4 ℓ/m²(3回塗)	m²	1,800	大同塗料 ☎06-6308-6281
	500S	タイル・石材および目地	0.2〜0.24 (2回塗)	〃	1,800	
	700S	一液溶剤タイプ 表面撥水持続性アップ	0.2 (〃)	〃	2,520	
	50E	水性タイプ 打放コンクリート・モルタル	0.16〜0.20kg/m²(〃)	〃	1,620	
アクアトップSF水性		シランフッ素仕上げ材 打放コンクリート・モルタル 〃 (〃)		〃	2,370	
NSシランガードS		シラン系浸透性吸水防止材 16ℓ/缶 材料費		缶	40,000	日本化成 ☎0120-97-4237
◆ 浸透撥水剤						
水性浸透撥水剤		水性エクセラ		m²	1,240	関西ペイント ☎03-5711-8904

外壁塗装等

外壁塗装等工事 ⑨

品名・品番	仕様	単位	単価(材工共)	メーカー
◆ 吹付工事・左官工事				
リフリート工法 DS-HG仕様	DS-400 0.2kg/m² DS防錆ペースト 厚2.0mm	m²	13,640	太平洋マテリアル ☎03-5832-5217
NSハイフレックス	HF-1000 吸水調整材 セメント混和用ポリマーディスパージョン 18kg/缶 材料費	缶	21,600	日本化成 ☎0120-97-4233
◆ 特殊塗料				
AQシールド				AQ ☎03-6311-7674
ナノグラス クリアー	建築物、コンクリート構造物、金属、木材、旧塗膜の残存する外壁、屋根	m²	3,300	
カラー	外壁、屋根、タイル、ウッドデッキ、アルミサッシ、各種金属	〃	4,300	
ハイバリア クリアー	プラスチック、コンクリート、石材等の美観維持と長寿命化 コンクリート、木材の長寿命化と美観維持、サイディング	〃	3,800	
フロアーコート X1	玄関タイルの長寿命化 浴室床保護、マットのすべり止め、かびの発生防止	〃	6,000	
グラスコート クリアー	床用グラスコート、ノンスリップコート、防滑、滑り止め	〃	6,000	
グラスゴッド クリアー	屋内施設の美観維持、保護塗装(落書き、張り紙防止) 電気・電子機器、機械部品	〃	4,800	
強力防錆プライマー		〃	3,800	
ガラス用遮熱断熱UVコート Z2	窓ガラス用遮熱・断熱・IR・UVカット	〃	15,000	
ノンウェットシーラー	吸い込み濡れ色防止剤	〃	1,800	
ウイルスバスター	抗除菌・抗ウイルス 液体ガラス塗料	〃	8,000	
◆ 断熱セラミック				
ガイナ	高性能セラミック塗材 14kg/缶 標準塗布面積30〜35m² ※価格は白色、施工規模300m²以上の屋根の場合	m²	4,200	快適環境 ☎03-3257-5858
◆ 遮熱塗装				
クールテクト工法	外壁用遮熱塗装工法 モルタル、コンクリート、PC部材、窯業系サイディング	m²	3,300〜	エスケー化研 ☎072-621-7733
アドクールAqua 3分艶/5分艶	水系アクリルシリコン樹脂 屋根、外装用 14kg/缶 施工規模300m²	m²	3,700〜	NCK ☎03-6453-7666
ミラクール	溶剤系シリコン樹脂、水性アクリルシリコンエマルション樹脂、フッ素樹脂 屋根、外壁用	m²	4,500〜	ミラクール ☎03-5835-3521
◆ モルタル・タイル浮き改修工法				
アサヒボンド576	アンカーピンニング部分エポキシ樹脂注入 6kg/セット JISA6024高粘度形モルタル浮き・ひび割れ注入用 材料費	kg	4,500	アサヒボンド工業 ☎03-3972-4929
PDピンニングエポキシ樹脂注入工法	直張りタイル仕上	本	918	
〃	下地調整有タイル仕上 下地調整有モルタル仕上	〃	1,044	
PDピンニング弾性G注入工法	直張りタイル仕上	〃	931	
〃	下地調整有タイル仕上 下地調整有モルタル仕上	〃	1,158	
プレスダウングラウト工法	直張りタイル仕上 注入材：アサヒボンド576 25本/m²	m²	82,000	
〃	〃 アサボン弾性G 〃	〃	83,000	
外壁改修工法	アンカーピンニング全面エポキシ樹脂注入工法(一般部分25穴) 施工規模100m²以上	m²	23,000	エービーシー商会 ☎03-3507-7202
〃 〃	〃 (〃 40) 〃	〃	35,000	
〃 部分 〃	(〃 16) 〃	〃	14,300	
〃 〃	〃 (指定部分25) 〃	〃	21,000	

品名・品番	仕様	単位	単価 (材工共)	メーカー
◆ モルタル・タイル浮き改修工法				
ボンド エフレックスタイルワン	タイル張付用弾性エポキシ樹脂接着剤　材料費	kg	2,100	コニシ ☎048-637-9950
ボンド カーボピンネット工法 (外壁複合改修構工法)	既存下地：モルタル塗りリシン仕上　（塗装・タイル張りの新規仕上可）ピンネット上塗工及び新規仕上除く	m²	11,900	
	〃　吹付タイル・弾性タイル（　　　　　　） 〃	〃	13,000	
	〃　モザイクタイル貼り仕上（　　　　　　） 〃	〃	14,700	
	〃　二丁掛・小口タイル張仕上（　　　　　） 〃	〃	17,000	
ボンド ピンニング工法	浮き部補修　ピンニング16カ所	〃	16,000	
	13　　+注入12カ所	〃	23,920	
リアネットE工法	耐震・剥落防止兼防水仕上げ改修工法 既存仕上：モルタル+リシン　（技術審査証明有）	m²	14,500	コンステック ☎03-6450-0634 施工規模500m²以上
	〃　　　　　〃　　　　弾性タイル 〃	〃	15,500	
	〃　　　　　〃　　　　小口タイル 〃	〃	16,500	
GNSネット工法	既存仕上：打放し　リシン仕上　　　　ピン長50㎜	m²	8,500	全国ビルリフォーム 工業業協同組合 ☎03-3454-4371
GNSピンネット工法	モルタル塗・リシン仕上 〃	〃	12,000	
	〃　吹付タイル仕上 〃	〃	12,300	施工規模100m²以上
	〃　弾性タイル仕上 〃	〃	12,600	
	小口モザイク張り 〃	〃	13,500	GNSアンカー工法は 施工規模300m²以上
	2丁掛けタイル仕上 〃	〃	17,300	GNSアンカー工法 (9本/m²)のモルタル
GNSアンカー工法 (16本/m²)	アンカー長さ　GNS535R　50角タイル　45×45	〃	15,200	下地の厚みは10mm以下
	GNS550R　　〃　　　　　　〃	〃	16,300	
	GNS570R　　〃　　　　　　〃	〃	17,300	
	GNS535R　45二丁タイル　45×95	〃	16,000	
	GNS550R　　〃　　　　　　〃	〃	17,100	
	GNS570R　　〃　　　　　　〃	〃	18,200	
	GNS550R　小口平タイル　60×108	〃	17,100	
	GNS570R　　〃　　　　　　〃	〃	18,200	
	GNS550R　二丁掛タイル　60×227	〃	17,100	
	GNS570R　　〃　　　　　　〃	〃	18,200	
〃　　　(9本/m²)	GNS350R　50角タイル　45×45	〃	9,200	
	GNS550R　　〃　　　　　　〃	〃	9,700	
	GNS530R　50二丁タイル　45×95	〃	9,200	
	GNS550R　　〃　　　　　　〃	〃	9,700	
エクセルピンネット工法	既存仕上の剥落防止 施工規模300m²以上　新規仕上・役物別途	m²	9,800	東邦レオ ☎03-5907-5600
JKテラピン工法φ3.8	注入口付アンカーピンニングエポキシ機脂タイル固定工法 化粧キャップ仕上 (直張タイル専用) 10年保証	穴	2,100	日本樹脂施工協同組合 ☎03-3831-6185
〃　　　φ4.5	化粧キャップ仕上	〃	2,500	
ネットバリヤー工法	モザイクタイル仕上　　　　　施工規模200m²　洗浄別途	m²	10,900	リノテック ☎052-774-6621
〃　　　　ST	コンクリート・モルタル (アンカーなし) 〃	〃	7,300	
〃　　　　M2	小口 モザイクタイル張　塗装仕上 〃	〃	13,700	
〃　　　　P1	モザイクタイル仕上 〃	〃	11,200	
〃　　　　CM2	モザイクタイル弾性接着材張り 〃	〃	14,700	
ノックスアンカー部分エポキシ樹脂注入	ノックスアンカーピン9本/m²　30g/穴　　100	〃	14,000	

外壁塗装等

品名・品番	仕様	単位	単価(材工共)	メーカー
◆ ラスモルタル剥落防止工法				
タケモル・ラスモルタル補強工法	鉄骨造ラスモルタル外壁リシン面　既存塗材処理費を含む	m²	18,500	全日本外壁ピンネット工業協同組合 ☎03-3906-1503
〃	木造ラスモルタル外壁リシン面　　　　　〃	〃	17,900	
◆ タイル落下防止工法				
タイルガードネット工法	ピンニング数　4本/m²　新設目地造形費は別途	m²	13,500	全日本外壁ピンネット工業協同組合 ☎03-3906-1503
タイルガード工法	ウマ目地　タイル3枚	穴	2,100	
〃	イモ目地　　〃　4　〃	〃	2,100	
JKセライダー工法	透明樹脂系外壁複合改修工法 (繊維入特殊アクリル)　　　10年保証 アンカーピン4本/m²、シーラー1回・セライダー2回・トップ2回	m²	18,000	日本樹脂施工協同組合 ☎03-3831-6185
JKセライダーU工法	透明樹脂系外壁複合改修工法 (繊維入特殊ウレタン)　　　10年保証 アンカーピン4本/m²、シーラー1回・セライダーU3回・トップ2回	〃	21,000	
JKクリアファイバーW工法	オール水性透明樹脂系外壁複合改修工法 (繊維入特殊ウレタン) 10年保証 アンカーピン4本/m²、プライマー1回・クリアファイバーW3回・トップ2回	〃	21,000	
モザイクアンカーピン固定工法	タイル1枚/1本　施工規模1000穴以上	カ所	1,700	リノテック ☎052-774-6621
◆ 外壁タイル・防水・保全				
JKコート工法	透明樹脂塗膜防水・保護工法 (繊維入特殊アクリル)　　　10年保証 ガラスブロック可 シーラー1回・セライダー2回・トップ2回	m²	7,400	日本樹脂施工協同組合 ☎03-3831-6185
JKクリアコート工法	オール水性透明樹脂塗膜防水・保護工法 (繊維入特殊ウレタン) 10年保証 ガラスブロック可 プライマー1回・クリアファイバーW2回・トップ2回	〃	8,400	
◆ 外断熱工法				
アウサレーション湿式外断熱工法				サンクビット ☎03-5226-5637
クォーツプッツ/サンドブラストNTX	湿式外断熱工法　EPS断熱材　厚50mm	m²	18,600	
サンドペブル	〃　　　　〃　　　〃	〃	18,700	施工規模500m²以上
アメリストーン	〃　　　　〃　　　〃	〃	22,700	
フリースタイル	〃　　　　〃　　　〃	〃	19,700	
吹付タイル模様	〃　　　　〃　　　〃	〃	18,800	
ウッドブリース外断熱工法				高本コーポレーション ☎03-6915-4708
クラスPB (意匠性左官仕上)	湿式外断熱工法　EPS断熱材：厚20～100mm	m²	14,500～	
クラスTIL (タイル張り仕上)		〃	24,500～	施工規模200m²以上
湿式外断熱システム エコサーム (改修用)				東邦レオ ☎03-5907-5600
ランダム、グラニュール	湿式外断熱工法　EPS断熱材　厚30～70mm (標準厚50mm) 湿式仕上含む	m²	12,800	
グリッツ	〃　　　　〃　　　　〃　　　　〃	〃	14,500	新規仕上・役物別途
エクセルピンネット外断熱工法	既存仕上の剥落防止＋外断熱　湿式左官仕上	〃	21,800	施工規模300m²以上

外壁塗装等

浸透性吸水防止材
アクアシール
URL http://www.aquaseal.jp

大同塗料(株)／アクアシール会
〒532-0032　大阪市淀川区三津屋北2-14-18
☎06(6308)6281　FAX.06(6308)3512
〒135-0031　東京都江東区佐賀1-18-8
☎03(3642)8431　FAX.03(3643)5660

浸透性吸水防止材「アクアシール」とは

　「アクアシール」は、コンクリート、モルタル、レンガ等の吸水率の高い基材に塗布、浸透させることにより、基材の風合いを変えずに通気性をもった吸水防止層を形成することができる。この吸水防止層は、水による種々の弊害から躯体を保護している。

主 な 特 長

■吸水防止機能
　吸水率の高い基材に塗布することにより無塗布と比較し、吸水比を約1／10に低減することができる。

■基材の質感を変えない
　アクアシールを基材に塗布浸透させることにより、基材の質感を変えずに、通気性がある吸水防止層を形成することができる。

■白華（エフロレッセンス）抑制機能
　塗布されたアクアシールは、基材内部に深く浸透し（コンクリート面：2～5mm）、化学反応により吸水防止層を形成する。この層が外部および基材内部からの水の移動を低減し、白華析出を抑制することができる。

■防汚性
　基材の吸水率を低減させることにより雨水とともに浸入する塵、ほこりなどの汚れがつきにくくなる。

用 途

打放しコンクリート、モルタル、ブロック、レンガ、素焼きタイルなど

●アクアシールの主なグレード●

打放しコンクリート、モルタル面　◆アクアシール200S　◆アクアシール50E＊
　　　　　　　　　　　　　　　　＊内・外部用（ホルムアルデヒド放散等級F☆☆☆☆）

タイルおよびモルタル目地用　◆アクアシール500S

塗装仕様書

打放しコンクリート

工程	製 品	塗布量(ℓ/㎡)	塗 布 方 法
1	アクアシール200S	0.1～0.12	刷毛、ローラー
2	アクアシール200S	0.1～0.12	
3	アクアシール200S	0.1～0.12	

タイルおよびモルタル目地部

工程	製 品	塗布量(ℓ/㎡)	塗 布 方 法
1	アクアシール500S	0.1～0.12	刷毛、ローラー
2	アクアシール500S	0.1～0.12	

施 工 例

アクアシール200S　　　アクアシール500S

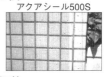

◀未施工面▶ 施工面

設 計 価 格

製 品	材工価格	適 用 基 材
アクアシール200S	1,700円／㎡	打放しコンクリート モルタル、ブロックレンガ等
アクアシール500S	1,700円／㎡	タイルおよびモルタル目地用

＊500㎡以上を基準
下地調整費、足場代、諸経費等除く

シーリング工事

●シーリングとは

シーリングは、防水工事の一部とされることが多く、建物の部材、部品同士や継ぎ目に充填したり、サッシにガラスなどを取り付ける場合に使われる資材、あるいはこれを使う工事のことをいいます。

シーリング材には、使用前は粘着性の柔らかい材料の「不定形シーリング材」と、ガラス等をサッシに固定する際に使われる「定形シーリング材（ガスケット、ビート）」があり、一般的には前者をシーリング材と呼びます。シーリングの目的として、充填、止水、絶縁などが考えられ、建物の水密性、気密性を得ることができます。

●シーリングの改修

共用部分でシーリングが必要になる箇所は建物の外部が主で、防水改修と似た条件になります。さらに、シーリングに使われる材料は、その全てが有機質材料に属するといってよく、防水材料と同様に一定の耐用年限を超えると、材質の劣化のためシーリング本来の機能を果たせなくなり更新が必要になります。

シーリングの改修は、使われているシーリングの材質によって特定される耐用年数と、事前調査によって施工時期を決定しますが、シーリング工事単体の発注ではなく、大規模修繕等の機会にほかの改修と一緒に発注される事例が多くみられます。

●なぜシーリング改修が必要になるか

シーリング材は、防水材とは異なるものとされていますが、外壁面等の材料や部品同士の継ぎ目に「ふた」をする役目をしており、材料自体は、合成樹脂や合成ゴムのペースト状のもの

をシーリングガン等の機材を使ってあらかじめ設けてあるシーリング目地（10mm幅等）に充填していきます。

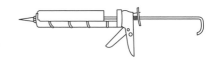

シーリングポンプまたはシーリングガン

このシーリング材がもつ弾性効果により、部材間の継ぎ目の気密性、水密性を保つほか、その緩衝効果によって部材同士の動きにも追従できます。

しかし耐用年数を超えると、これらシーリング材の弾性効果が失われ、劣化が進むと表面の著しい風化により、躯体との接着破壊、表面のひび割れ、破断が起こり、シーリング材の役割を果たせなくなります。結果として目地からの漏水などの被害が起こりはじめるので、防水の改修と同様に、被害が生じる前に対応が必要になってきます。

●シーリング改修の実際

1．既存シーリングの撤去

鉄筋コンクリート外壁などの打継目地の場合は、事前調査で確認された箇所を、所定の目地幅、深さを確保しながら、既存のシーリング材を完全に撤去し、併せて更新のための完全な目地を形成します。

開口部、サッシ回り目地の場合は、既設のシーリング材、金属建具の表面のさび、汚れを、所要の機材で完全に除去して所定の目地を形成します。

２．プライマーの塗布

　シーリング材は、下地となる部材に接着して初めてその防水あるいは気密性能を発揮するものなので、接着性能の確保が必須の条件となります。そのため、旧材を除去した目地内部にプライマー（下塗材）を均一に塗布します。このプライマーの選定とシーリング材の決定は改修の大切なポイントになります。

３．シーリング材の充填

　目地に新規のシーリング材を充填します。

　充填に当たって、隙間、打残しのない入念な施工が求められ、充填後には、支障のない状態になるまで不用意に触れないように十分な養生が必要です。

●修繕工事の中のシーリング改修

１．工事が必要になる主要な場所

　外壁等の鉄筋コンクリート打継ぎ目地、外部開口部サッシ回りの目地が代表的な施工箇所になります。

２．仮設工事との関連

　外壁の改修とセットで施工される例が一般的で、バルコニーに面した開口部や外壁の打継ぎ目地以外の全ての同種の部分は、足場がないと調査も施工もできない範囲になり、全体でいえば、足場が必要な工事になります。

３．費用

　改修部分の総延長当たり単価で積算されますが、修繕工事全体あるいは防水工事の中に占めるシーリング工事の費用の割合は小さいため、シーリング改修のためだけに、足場を設置するような発注事例は考えられないといえます。

●工事費との関連と工事発注の工夫

　先にも触れたように、シーリング工事を単独で発注することはまずないといってよく、外壁、サッシなどの改修工事に必要になる関連工事の一つとして発注されるものが普通です。これは費用対効果のこともありますが、改修工事の仕上げを正当に完成させるためにも必要な条件であり、当然この条件を満足する内容の発注が望まれることになります。

●シーリング材の材質と性能

　主なシーリング材の材質には、①ポリサルファイド系、②変成シリコン系、③ポリウレタン系、④シリコン系、⑤シリル化アクリレート系が挙げられます。分類上は、ほかに油性コーキングやブチルゴムといった種類もありますが、マンションの改修では、先に挙げた①〜④の４種類が多く使われます。

　性能やコストの違いはそれぞれ一長一短があり、基本的には目的の状況や仕上げ方法についてよく検討し、シーリング材を使い分けることが大切です。

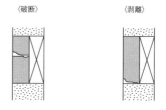

〈破断〉　　　〈剥離〉

シーリング材の破壊パターン

シーリング工事 ①

名称	規格・仕様		単位	単価 (材工共)	
				2成分形	1成分形
◆ 外壁目地シーリング					
変成シリコン系	幅10×深10mm	施工規模500m未満	m	1,160	1,330
	〃	〃 500m以上	〃	1,050	1,200
	幅15×深10mm	〃 500m未満	〃	1,270	1,460
	〃	〃 500m以上	〃	1,160	1,330
	幅15×深15mm	〃 500m未満	〃	1,400	1,610
	〃	〃 500m以上	〃	1,280	1,470
	幅20×深15mm	〃 500m未満	〃	1,570	1,800
	〃	〃 500m以上	〃	1,430	1,640
	幅25×深15mm	〃 500m未満	〃	1,720	1,970
	〃	〃 500m以上	〃	1,580	1,810
	幅25×深20mm	〃 500m未満	〃	1,870	2,150
	〃	〃 500m以上	〃	1,720	1,970
	幅30×深15mm	〃 500m未満	〃	2,010	2,310
	〃	〃 500m以上	〃	1,840	2,110
	幅30×深20mm	〃 500m未満	〃	2,240	2,570
	〃	〃 500m以上	〃	2,040	2,340
アクリルウレタン系	幅10×深10mm	〃 500m未満	〃	1,080	1,240
	〃	〃 500m以上	〃	990	1,130
	幅15×深10mm	〃 500m未満	〃	1,190	1,360
	〃	〃 500m以上	〃	1,080	1,240
	幅15×深15mm	〃 500m未満	〃	1,330	1,520
	〃	〃 500m以上	〃	1,200	1,380
	幅20×深15mm	〃 500m未満	〃	1,480	1,700
	〃	〃 500m以上	〃	1,360	1,560
	幅25×深15mm	〃 500m未満	〃	1,620	1,860
	〃	〃 500m以上	〃	1,480	1,700
	幅25×深20mm	〃 500m未満	〃	1,780	2,040
	〃	〃 500m以上	〃	1,610	1,850
	幅30×深15mm	〃 500m未満	〃	1,900	2,180
	〃	〃 500m以上	〃	1,720	1,970
	幅30×深20mm	〃 500m未満	〃	2,110	2,420
	〃	〃 500m以上	〃	1,920	2,200

シーリング

●掲載価格には、原則として既存シーリングの撤去と、バックアップを含む。ただし、既存シーリングが油性コーキング材の場合や、小端（こば）磨きとして「被着面の旧塗材、油分、ほこり、さびなどの付着物は、ディスクサンダー、皮すき、ウエスなどを用いて完全に除去、清掃する」旨の指示が仕様書にあるときは、120円/m加算する。

シーリング工事 2

名称	規格・仕様		単位	単価(材工共) 2成分形	1成分形
◆外壁目地シーリング					
ポリサルファイド系	幅10×深10mm	施工規模500m未満	m	1,170	1,340
〃	〃	500m以上	〃	1,060	1,210
	幅15×深10mm	〃 500m未満	〃	1,280	1,470
	〃	〃 500m以上	〃	1,170	1,340
	幅15×深15mm	〃 500m未満	〃	1,410	1,620
	〃	〃 500m以上	〃	1,290	1,480
	幅20×深15mm	〃 500m未満	〃	1,590	1,820
	〃	〃 500m以上	〃	1,450	1,660
	幅25×深15mm	〃 500m未満	〃	1,740	2,000
	〃	〃 500m以上	〃	1,590	1,820
	幅25×深20mm	〃 500m未満	〃	1,890	2,170
	〃	〃 500m以上	〃	1,730	1,980
	幅30×深15mm	〃 500m未満	〃	2,030	2,330
	〃	〃 500m以上	〃	1,850	2,120
	幅30×深20mm	〃 500m未満	〃	2,260	2,590
	〃	〃 500m以上	〃	2,060	2,360
ポリウレタン系	幅10×深10mm	〃 500m未満	〃	1,070	1,230
	〃	〃 500m以上	〃	980	1,120
	幅15×深10mm	〃 500m未満	〃	1,180	1,350
	〃	〃 500m以上	〃	1,070	1,230
	幅15×深15mm	〃 500m未満	〃	1,300	1,490
	〃	〃 500m以上	〃	1,190	1,360
	幅20×深15mm	〃 500m未満	〃	1,470	1,690
	〃	〃 500m以上	〃	1,340	1,540
	幅25×深15mm	〃 500m未満	〃	1,600	1,840
	〃	〃 500m以上	〃	1,450	1,660
	幅25×深20mm	〃 500m未満	〃	1,760	2,020
	〃	〃 500m以上	〃	1,590	1,820
	幅30×深15mm	〃 500m未満	〃	1,870	2,150
	〃	〃 500m以上	〃	1,710	1,960
	幅30×深20mm	〃 500m未満	〃	2,080	2,390
	〃	〃 500m以上	〃	1,900	2,180

シーリング

●掲載価格には、原則として既存シーリングの撤去と、バックアップを含む。ただし、既存シーリングが油性コーキング材の場合や、小端(こば)磨きとして「被着面の旧塗材、油分、ほこり、さびなどの付着物は、ディスクサンダー、皮すき、ウエスなどを用いて完全に除去、清掃する」旨の指示が仕様書にあるときは、120円/m加算する。

シーリング工事 ③

名称	規格・仕様		単位	単価(材工共) 2成分形	1成分形
◆建具回りシーリング					
変成シリコン系	幅10×深10mm	施工規模500m未満	m	1,170	1,340
〃	〃	500m以上	〃	1,030	1,180
	幅15×深10mm	〃 500m未満	〃	1,300	1,490
	〃	〃 500m以上	〃	1,150	1,320
	幅20×深10mm	〃 500m未満	〃	1,440	1,650
	〃	〃 500m以上	〃	1,280	1,470
アクリルウレタン系	幅10×深10mm	〃 500m未満	〃	1,140	1,310
	〃	〃 500m以上	〃	1,000	1,150
	幅15×深10mm	〃 500m未満	〃	1,260	1,440
	〃	〃 500m以上	〃	1,120	1,280
	幅20×深10mm	〃 500m未満	〃	1,400	1,610
	〃	〃 500m以上	〃	1,240	1,420
ポリサルファイド系	幅10×深10mm	〃 500m未満	〃	1,180	1,350
	〃	〃 500m以上	〃	1,050	1,200
	幅15×深10mm	〃 500m未満	〃	1,320	1,510
	〃	〃 500m以上	〃	1,170	1,340
	幅20×深10mm	〃 500m未満	〃	1,470	1,690
	〃	〃 500m以上	〃	1,300	1,490
ポリウレタン系	幅10×深10mm	〃 500m未満	〃	1,070	1,230
	〃	〃 500m以上	〃	960	1,100
	幅15×深10mm	〃 500m未満	〃	1,200	1,380
	〃	〃 500m以上	〃	1,070	1,230
	幅20×深10mm	〃 500m未満	〃	1,350	1,550
	〃	〃 500m以上	〃	1,190	1,360

●掲載価格には、原則として既存シーリングの撤去と、バックアップを含む。ただし、既存シーリングが油性コーキング材の場合や、小端(こば)磨きとして「被着面の旧塗材、油分、ほこり、さびなどの付着物は、ディスクサンダー、皮すき、ウエスなどを用いて完全に除去、清掃する」旨の指示が仕様書にあるときは、120円/m加算する。

名称	規格・仕様			単位	単価（材工共）	
					2成分形	1成分形
◆給排気ベントキャップ回りシーリング						
変成シリコン系	径180mm程度　施工規模50カ所程度			カ所	890	1,020
〃	〃	〃	50カ所以上	〃	760	870
アクリルウレタン系	〃	〃	50カ所程度	〃	880	1,010
〃	〃	〃	50カ所以上	〃	750	860
ポリサルファイド系	〃	〃	50カ所程度	〃	900	1,030
〃	〃	〃	50カ所以上	〃	780	890
ポリウレタン系	〃	〃	50カ所程度	〃	860	980
〃	〃	〃	50カ所以上	〃	740	850
◆手すり根元回りシーリング						
変成シリコン系	丸：径60mm、角：一辺50mm程度　施工規模100カ所程度			カ所	630	720
〃	〃	〃	100カ所以上	〃	550	630
アクリルウレタン系	〃	〃	100カ所未満	〃	600	690
〃	〃	〃	100カ所以上	〃	530	600
ポリサルファイド系	〃	〃	100カ所未満	〃	640	730
〃	〃	〃	100カ所以上	〃	560	640
ポリウレタン系	〃	〃	100カ所未満	〃	590	670
〃	〃	〃	100カ所以上	〃	520	590
◆避難ハッチ回りシーリング						
変成シリコン系	施工規模20カ所未満			カ所	2,870	3,300
〃	20カ所以上			〃	2,640	3,030
アクリルウレタン系	〃	20カ所未満		〃	2,760	3,170
〃	〃	20カ所以上		〃	2,460	2,820
ポリサルファイド系	〃	20カ所未満		〃	2,920	3,350
〃	〃	20カ所以上		〃	2,680	3,080
ポリウレタン系	〃	20カ所未満		〃	2,750	3,160
〃	〃	20カ所以上		〃	2,450	2,810

シーリング

●掲載価格には、原則として既存シーリングの撤去と、バックアップを含む。ただし、既存シーリングが油性コーキング材の場合や、小端（こば）磨きとして「被着面の旧塗材、油分、ほこり、さびなどの付着物は、ディスクサンダー、皮すき、ウエスなどを用いて完全に除去、清掃する」旨の指示が仕様書にあるときは、120円/m加算する。

シーリング工事 ①

メーカー 公表価格

品名・品番	仕様				単位	単価(材工共)	メーカー
◆ シーリング材							
オートンシーラー101NB	ポリウレタン系	1成分形	目地10×10	施工規模500m	m	2,190	オート化学工業 ☎03-5812-7310
〃　　101Aノンブリード	〃	〃	〃　〃	〃	〃	1,960	
オートンスマートシールWJ	〃	〃	〃　〃	〃	〃	2,190	
オートンクリオNeo	〃	〃	〃　〃	〃	〃	3,800	
オートンQイックシーラント	〃	〃	〃　〃	〃	〃	3,800	
オートン超耐シーラーTF2000	〃	〃	〃　〃	〃	〃	2,190	
オートンイクシード	〃	〃	〃　〃	〃	〃	3,460	
ボンド　MSシール	変成シリコーン系	2成分形	目地10×10	施工規模500m	m	1,640	コニシ ☎048-637-9950
FRシール	〃	〃	〃　〃	〃	〃	2,220	
ビルドシールSR	シリコーン系	〃	〃　〃	〃	〃	2,500	
PSシール	ポリサルファイド系	〃	〃　〃	〃	〃	1,640	
ビューシール6909	ポリウレタン系	〃	〃　〃	〃	〃	1,510	
AUシール	アクリルウレタン系	〃	〃　〃	〃	〃	1,640	
変成シリコーンシーラント	変成シリコーン系	1成分形	目地10×10	施工規模500m	m	1,600	信越ポリマー ☎048-652-6287
シリコーンシーラント　SA-45	シリコーン系	〃	〃　〃	〃	〃	1,800	
SA-4588	〃	〃	〃　〃	〃	〃	2,000	
EXCELⅡ	シリル化アクリレート系	2成分形	目地10×10	施工規模500m	m	1,800	セメダイン ☎03-3442-1343
POSシールタイプⅡ	変成シリコーン系	〃	〃　〃	〃	〃	1,444	
POSシールタイプⅡ超耐候S-525	〃	〃	〃　〃	〃	〃	1,602	
ポリシールN	ポリサルファイド系	〃	〃　〃	〃	〃	1,444	
S751NB	ポリウレタン系	〃	〃　〃	〃	〃	1,163	

シーリング

シーリング工事 ②

品名・品番	仕様				単位	単価 (材工共)	メーカー
◆ シーリング材							
ハマタイト SC-MS2NB/SUPERⅡ	変成シリコーン系	2成分形	目地10×10	施工規模500m	m	1,830	シーカ・ジャパン ☎03-6434-7291
SC-MS1NB-LM	〃	1成分形	〃	〃	〃	2,660	
SC-SR2	シリコーン系	2成分形	〃	〃	〃	2,380	
SC-SR1	〃	1成分形	〃	〃	〃	2,450	
SC-PS2	ポリサルファイド系	2成分形	〃	〃	〃	1,830	
SC-DM2	〃	〃	〃	〃	〃	2,310	
SC-PS1NB	〃	1成分形	〃	〃	〃	2,660	
SC-PU2NB	ポリウレタン系	2成分形	〃	〃	〃	1,370	
SC-PU1NB	〃	1成分形	〃	〃	〃	2,510	
SC-PU1	〃	〃	〃	〃	〃	2,510	
SC-SA2/EVOMAX	シリル化アクリレート系	2成分形	〃	〃	〃	2,210	
アークシールS-200	変成シリコーン系	1成分形	容量333mℓ	材料費	本	1,030	タイルメント ☎052-412-7321
◆ 外壁窓枠シーリング用バックアップ材							
小丸棒	6 ×250m巻／1箱入り			材料費	m	16.5	ハイランド ☎03-6458-1252
	8 200	〃		〃	〃	22.4	
	10 250	〃		〃	〃	28.2	
	11.5 200	〃		〃	〃	33	
	13 150	〃		〃	〃	41	
	15 100	〃		〃	〃	57	
	18 80	〃		〃	〃	79	
	20 60	〃		〃	〃	104	
	21 〃	〃		〃	〃	111	
	25×2m×100本／1箱入り			〃	〃	124	
	30 〃 80	〃		〃	〃	181	
	35 〃 60	〃		〃	〃	232	
	40 〃 50	〃		〃	〃	296	
	50 〃 30	〃		〃	〃	398	

シーリング

鉄部塗装等工事

●鉄部塗装等工事とは

　鉄部塗装工事とは、建物外部における手すり、物干し金物、換気口、玄関扉枠やメーターボックス、端子盤等の鉄扉などに対し、耐久性や美観向上のために行う工事です。

　鉄部のさびが進むと断面が小さくなり、その結果強度不足から危険性が生じます。また、腐食がひどくなると、塗装の塗替えが困難となり、部材を取り替える必要が発生し、より費用がかさんでしまいます。従って、この部分の修繕は極めて重要です。

　さびを防ぐには鉄部が空気や水と直接触れないように、膜を作って遮断することが重要です。その一つの方法が塗装なのですが、経年により塗膜が劣化すると、防錆性を維持できなくなるため、定期的な塗替えが必要となります。

●屋外の鉄部塗装（雨掛かり部分）

　屋外の鉄部は一般的に3～5年ごとの再塗装が必要といわれています。ただ外部環境や塗装材料、塗装方法などの違いも影響するため、再塗装の時期は状況により異なります。

　手すりなどの修繕で重要な部分は、支柱の根元回りです。（写真1）鉄の支柱がコンクリート躯体やモルタルと接する部分は、人が寄りかかって動いたり、温度変化によって膨張・収縮を繰り返すことから、完全密着は難しく、微細な隙間を生じることがあります。このような部分は逆に大きく目地を取って少々の動きにも追随できるシーリングを施す方がよいでしょう。

●修繕方法

　鉄部の塗装に当たっては、十分に調査した上で仕様を決める必要があります。鉄部の再塗装は状況に応じて修繕工事の仕様が大きく異なります。できるだけこまめ（3～5年ごと）に定期的な塗装を行えば、部材が長持ちし、メンテナンス費用も安価に済みますが、放置してさびが進み中程度、重程度の損傷となった場合は、費用も工事期間も大きくなってしまいます。

　下地の処理状況にかかわらず、さびの上から塗装しても一見同じように見えますが、その後のもちは全く異なってきますので、しっかりした計画と施工、工事管理を行うことが重要です。

　写真2は管理状態の極めて悪い例で、雨のあたる下部にさびが集中しています。改修時にさび止めを塗っていますが、さび落としの工程が不十分なために塗膜にはがれが生じています。

写真1　鉄部のさび

写真2　鉄部の塗膜のはがれ

塗装の工程としては、既存鉄部に塗装されている旧塗膜やさび、汚れなどを除去する下地調整（ケレン）を行い、次にさび止め塗装、最後に仕上げ塗装を中塗り、上塗りと２回行います。

　塗装の耐久性や防錆性などを高めるためには、まずは、塗装前の下地処理を十分に行うことが重要です。また、使用する塗料をグレードアップすることにより、塗り替え周期を延ばすことができ、トータルコストの低減につながります。実施に当たっては、塗装部位、下地の処理方法、さび止め材料、塗装材料の選定、工事時期などを十分に検討することが大事です。部位により劣化状態が異なるため、塗替え周期が必ずしも一致しない場合もありますが、大規模修繕時に各部位の塗装をできるだけまとめて行えるよう計画すると、より効率的です。

●屋内の鉄部塗装（非雨掛かり部）

　非雨掛かり部の鉄部には、エレベーターのかごや扉、分電盤の扉、消火栓ボックスなどのように工場で塗装されたもの、またパイプシャフトの扉、防火扉などのように現場で塗装されたものがあります。鉄部以外にも天井や廊下・階段室などの壁のように、外部とは違った材料の塗装（EP・VPなど）を施しているものがあります。

　工場で塗装、搬入されたものであっても長年の間にできた傷や汚れが目立つようになると再塗装が必要になります。新築時と同じような仕上げを期待するには工場へ持ち帰るか現場で入念な塗装工事を行うかですが、いずれにしても相当な費用負担を生じることとなります。どの程度を目標とするか、事前に仕様を明確にしておく必要があります。

　住戸の扉などは外部塗装に準じて良いと思いますが、塗装の傷みは外部と比べると少ないので再塗装の時期は状況や目的によって異なります。

●非鉄部の塗装

　鉄部以外の塗装については、壁面や天井面の汚れを一掃するための塗装工事があります。これには一般的内装用の塗料（EP・NADなど）や部位別の専用塗料が用いられます。また、機能や見栄えだけではなく室内空気汚染、シックハウス症候群、化学物質過敏症などを回避するためにも材料や工法の選択について、十分配慮する必要があります。

　バルコニー各戸間の隔板は、非常時において避難のための通路となる部分であるため、一定の力で破壊できる材料が用いられています。再塗装を行う場合はステッカーをはがして塗装を行い、完了した上で新しいステッカーを貼り替えます。補修に当たって損傷の激しい場合や塗装が困難な場合は取替えも有効な方法です。

●アルミニウムの塗装

　アルミニウムは表面に皮膜を作ってアルミ自体を保護していますが、経年劣化などで表面の白亜化が進んできます。見た目で白亜化の判断ができる程度になると、修繕が必要といえます。

　具体的には、クリーニングや塗装で対応します。さびの発生が著しい場合は、取替えも検討します。さびの発生が少ない場合は、専用洗浄剤により、アルミの汚れやさびを除去し、さびの発生が多く汚れも付着している場合は、汚れやさびの除去後、塗装を行います。塗装の仕様は鉄部塗装に準じます。

写真３　排気の影響によるアルミ部材の劣化

写真２、３ 提供：「新築現場が知らない知識」
　　　　　発行　日刊建設通信新聞社

名称	規格・仕様			単位	単価 (材工共)
◆ 塗装仕様別					
合成樹脂調合ペイント	4種ケレン	変性エポキシ樹脂系さび止め1回	上塗2回	m²	1,740
	3種ケレンC	〃	〃	〃	2,190
弱溶剤形ウレタン樹脂塗料	4種ケレン	〃	〃	〃	2,030
(ターペン可溶ウレタン樹脂塗料)	3種ケレンC	〃	〃	〃	2,480
	3種ケレンB	〃	〃	〃	2,480
弱溶剤形シリコン樹脂塗料	4種ケレン	〃	〃	〃	2,310
(ターペン可溶シリコン樹脂塗料)	3種ケレンC	〃	〃	〃	2,760
	3種ケレンB	〃	〃	〃	2,760
弱溶剤形フッ素樹脂塗料	4種ケレン	〃	〃	〃	2,860
(ターペン可溶フッ素樹脂塗料)	3種ケレンC	〃	〃	〃	3,340
	3種ケレンB	〃	〃	〃	3,340
完全水性ウレタン樹脂塗料	4種ケレン	水性さび止め1回	上塗2回	〃	1,930
	3種ケレンC	〃	〃	〃	2,380
	3種ケレンB	〃	〃	〃	2,380
完全水性シリコン樹脂塗料	4種ケレン	〃	〃	〃	2,210
	3種ケレンC	〃	〃	〃	2,660
	3種ケレンB	〃	〃	〃	2,660
◆ 塗装部位別（片面）					
各戸玄関ドア枠	3種ケレンC	変性エポキシ樹脂系さび止め1回	弱溶剤形ウレタン系2回	戸	6,470
片面　W900×H2000mm程度	〃	〃	弱溶剤形シリコン系2回	〃	7,200
パイプスペース扉	〃	〃	弱溶剤形ウレタン系2回	〃	10,900
W900×H2000mm程度	〃	〃	弱溶剤形シリコン系2回	〃	12,100
メーターボックス扉	〃	〃	弱溶剤形ウレタン系2回	〃	8,130
W600×H2000mm程度	〃	〃	弱溶剤形シリコン系2回	〃	9,050
各種盤等扉	〃	〃	弱溶剤形ウレタン系2回	〃	4,100
W600×H1000mm程度	〃	〃	弱溶剤形シリコン系2回	〃	4,560
床下点検口（鉄部）	〃	〃	弱溶剤形ウレタン系2回	〃	2,520
W600×L600mm程度	〃	〃	弱溶剤形シリコン系2回	〃	2,810
消火栓ボックス	〃	〃	弱溶剤形ウレタン系2回	〃	10,200
W750×H1300×D200mm程度	〃	〃	弱溶剤形シリコン系2回	〃	11,300
消火器ボックス(埋込型露出部)	〃	〃	弱溶剤形ウレタン系2回	〃	3,390
W235×H600×210mm程度	〃	〃	弱溶剤形シリコン系2回	〃	3,770
バルコニー隔板	〃	〃	弱溶剤形ウレタン系2回	枚	7,270
W1200×H1800mm程度	〃	〃	弱溶剤形シリコン系2回	〃	8,280
避難ハッチ	〃	〃	弱溶剤形ウレタン系2回	台	5,310
W600×H600mm程度	〃	〃	弱溶剤形シリコン系2回	〃	6,040

1．ケレンについては以下のとおりとする。
・3種ケレンA：点さびがかなり点在している程度。発さび面積は20%程度
・3種ケレンB：点さびが少し点在している程度。発さび面積は10%程度
・3種ケレンC：点さびがほんの少し点在している程度。発さび面積は5％程度
・4種ケレン：発さびは無いが、われ・ふくれ・はがれの発生が少し認められる程度。発さび面積は5％未満

鉄部塗装等

鉄部塗装等工事 2

名称	規格・仕様			単位	単価(材工共)
◆ 塗装部位別					
手すり	3種ケレンC	変性エポキシ樹脂系さび止め1回	弱溶剤形ウレタン系2回	m	2,600
縦格子タイプ 高さ1200㎜程度	〃	〃	弱溶剤形シリコン系2回	〃	2,890
照明器具(逆富士型) L600㎜程度	4種ケレン	〃	弱溶剤形ウレタン系2回	台	1,720
〃 〃	〃	〃	弱溶剤形シリコン系2回	〃	1,960
〃 L1250㎜程度	〃	〃	弱溶剤形ウレタン系2回	〃	2,130
〃 〃	〃	〃	弱溶剤形シリコン系2回	〃	2,420
換気口(ベントキャップ)	3種ケレンC	変性エポキシ樹脂系さび止め1回	弱溶剤形ウレタン系2回	カ所	1,040
φ100〜200㎜	〃	〃	弱溶剤形シリコン系2回	〃	1,150
とい SGP管	〃	〃	弱溶剤形ウレタン系2回	m	1,240
φ100㎜程度	〃	〃	弱溶剤形シリコン系2回	〃	1,380
とい 塩化ビニル管	素地調整 弱溶剤形ウレタン系2回			〃	1,140
φ100㎜程度	〃 弱溶剤形シリコン系2回			〃	1,300
ルーフドレン	〃 ノンタール変性エポキシ系2回			個	1,130
自転車置場	3種ケレンB	変性エポキシ樹脂系さび止め1回	溶剤形ウレタン系2回	基	65,900
機械式駐車場	〃	〃	〃	パレット	83,200
貯水槽	3種ケレンC	〃	弱溶剤型ウレタン系2回	m²	2,580
〃	〃	〃	弱溶剤型シリコン系2回	〃	3,460

1．ケレンについては以下のとおりとする。
　　・3種ケレンA：点さびがかなり点在している程度。発さび面積は20%程度
　　・3種ケレンB：点さびが少し点在している程度。発さび面積は10%程度
　　・3種ケレンC：点さびがほんの少し点在している程度。発さび面積は5%程度
　　・4種ケレン：発さびは無いが、われ・ふくれ・はがれの発生が少し認められる程度。発さび面積は5%未満

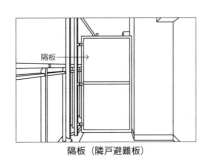

隔板（隣戸避難板）

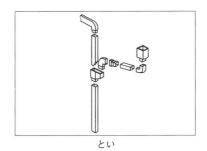

とい

鉄部塗装等

鉄部塗装等工事 ①

品名・品番	仕様	単位	単価 (材工共)	メーカー
◆ さび止め塗料（鉛・クロムフリー）				
ラスゴンセーフティ（K）	20kg/缶　塗回数1	m²	690	関西ペイント ☎03-5711-8904
速乾PZヘルゴンエコ	20kg/缶　塗回数1　施工規模300m²以上	m²	950	日本ペイント 製品の問い合わせ先については、HPにて確認ください。
◆ さび止め塗料（エポキシ系）				
水性エポサビアンダー	一液形水性特殊変性エポキシさび止め塗料　　16kg/缶	m²	890	エスケー化研 ☎072-621-7733
ミラクボーセイM	特殊変性エポキシ樹脂さび止め塗料　　18kg/セット	〃	1,120	
スーパーボーセイエポ	二液弱溶剤形特殊変性エポキシ樹脂さび止め塗料　16kg/セット	〃	1,080	
SKマイルドボーセイ	二液弱溶剤形エポキシ樹脂系さび止め塗料　　〃	〃	1,000	
マイルドサビガード	ターペン可溶一液特殊変性エポキシ樹脂さび止め塗料　16kg/缶	〃	950	
エスケーエポサビα	一液弱溶剤特殊変性エポキシ樹脂新型さび止め塗料　〃	〃	950	
スーパーザウルスⅡ	ターペン可溶変性エポキシ樹脂系万能下塗り　16kg/セット	m²	800	関西ペイント ☎03-5711-8904
アクアマックスEXⅡ	水性特殊変性エポキシさび止め塗料　16kg/セット	〃	730	
1液ハイポンファインデクロ	ターペン可溶一液速乾変性エポキシ系さび止め塗料 16kg/缶	m²	1,130	日本ペイント 製品の問い合わせ先については、HPにて確認ください。
ハイポンファインプライマーⅡ	弱溶剤形2液エポキシさび止め塗料 16kg/セット	〃	1,200	
1液水性デクロ	水性1液変性エポキシ樹脂さび止め塗料　　〃	〃	800	施工規模300m²以上
◆ 鉄部塗装（屋外）				
オール水系高性能防錆工法 　アンダーフィックス	アサボンUF工法 水性アクリル樹脂　　下塗　　　材料費	kg	3,850	アサヒボンド工業 ☎03-3972-4929
UF-P	〃　　　　　中塗　　　　〃	〃	1,800	
UF-1	〃　　　　　上塗　　　　〃	〃	6,000	
ワンツーマイルドU/Si	さび止め兼用NAD型特殊樹脂金属部用塗料	m²	2,660〜	エスケー化研 ☎072-621-7733
クリーンマイルドシリーズ	超低汚染弱溶剤形樹脂塗料	〃	1,890〜	
コスモマイルドシリコンⅡ	2液ターペン可溶アクリルシリコン樹脂塗料 スーパーザウルス+コスモマイルドシリコンⅡ	m²	3,360	関西ペイント ☎03-5711-8904
カンペ1液MシリコンHG	1液ターペン可溶アクリルシリコン樹脂塗料 ザウルスEXⅡ+カンペ1液MシリコンHG	〃	2,860	
セラMレタン	2液ターペン可溶ウレタン樹脂塗料 ザウルスEXⅡ+セラMレタン	〃	2,750	
カンペ1液MレタンHG	1液ターペン可溶ウレタン樹脂塗料 ザウルスEXⅡ+カンペ1液MレタンHG	〃	2,680	
パワーMレタンEX	ターペン可溶ウレタン変性上塗下塗兼用塗料	〃	2,340	

鉄部塗装等

鉄部塗装等工事 ②

品名・品番	仕様	単位	単価 (材工共)	メーカー
◆ 鉄部塗装（屋外）				
ファイン4Fセラミック	ターペン可溶2液超低汚染形4フッ化フッ素樹脂塗料	m²	5,930	日本ペイント <small>製品の問い合わせ先については、HPにて確認ください。</small>
	ハイポンファインプライマーⅡ+ファイン4Fセラミック			
ファインシリコンフレッシュⅡ	超低汚染形ターペン可溶アクリルシリコン樹脂塗料	〃	1,130	
	ハイポンファインプライマーⅡ+ファインシリコンフレッシュⅡ			<small>施工規模300m²以上</small>
水性ファインSi	1液水性反応硬化形鉄部・外壁兼用シリコン塗料	〃	3,760	
	1液水性デクロ+水性ファインSi			
ファインウレタンU100	ターペン可溶2液形ポリウレタン樹脂塗料	〃	4,050	
	ハイポンファインプライマーⅡ+ファインウレタンU100			
1液ファインウレタンU100	1液反応硬化形ウレタン樹脂塗料	〃	3,760	
	1液ハイポンファインデクロ+1液ファインウレタンU100			
1液ファインシリコンセラUV	1液反応硬化形シリコン樹脂塗料	〃	4,200	
	1液ハイポンファインデクロ+1液ファインシリコンセラUV			
Hi-CRデラックスエコⅡ	環境配慮形合成樹脂調合ペイント仕上	〃	2,800	
	速乾PZヘルゴンエコ+Hi-CRデラックスエコⅡ			
ハイポンダブルガード　U	弱溶剤形下塗・上塗兼用塗料　ウレタン樹脂系	〃	3,390	
〃　　　　Si	〃　　　　シリコン樹脂系	〃	4,400	
スーパーヘルゴン	さび止め上塗り兼用　合成樹脂調合ペイント	〃	2,300	
ダイナロックⅢ	1液弱溶剤ウレタン仕上　サビカットⅡ+ダイナロックⅢ	m²	2,350	ロックペイント ☎03-3640-6000
ユメロック	2液弱溶剤シリコンウレタン仕上　サビカットⅡ+ユメロック	〃	2,650	
◆ 鉄部塗装（屋内）				
オーデノータック	塗膜の手あか汚れ・皮脂軟化対策水性内部用塗料	m²	3,230	日本ペイント <small>製品の問い合わせ先については、HPにて確認ください。</small>
	水性ハイポンプライマー+オーデノータック			<small>施工規模300m²以上</small>
ユニロックV.O-Ⅱ	室内環境対応型合成樹脂つや有エマルション工法	m²	2,050	ロックペイント ☎03-3640-6000
	水性さび止ペイントV.O+ユニロックV.O-Ⅱ			
◆ 雨とい用塗料				
コスモマイルドシリコンⅡ	2液ターペン可溶アクリルシリコン樹脂塗料	m²	2,560	関西ペイント ☎03-5711-8904
カンペ1液MシリコンHG	1液ターペン可溶アクリルシリコン樹脂塗料	〃	2,140	
セラMレタン	2液ターペン可溶ウレタン樹脂塗料	〃	2,040	
カンペ1液MレタンHG	1液ターペン可溶ウレタン樹脂塗料	〃	1,960	
ファイン4Fセラミック	ターペン可溶2液超低汚染形4フッ化フッ素樹脂塗料	m²	4,580	日本ペイント <small>製品の問い合わせ先については、HPにて確認ください。</small>
ファインシリコンフレッシュ	超低汚染形ターペン可溶アクリルシリコン樹脂塗料	〃	3,790	<small>施工規模300m²以上</small>
◆ 立体駐車場床面塗装				
ニッペ立駐機床用	2液形ウレタン樹脂立駐機床用塗料	m²	4,220	日本ペイント <small>製品の問い合わせ先については、HPにて確認ください。</small>
	ハイポン20デクロ+ニッペ立駐機床用			<small>施工規模300m²以上</small>

鉄部塗装等

建具・金物等工事

●建具・金物等工事とは

共用部分に設置される建具・サッシや各種金物に関しては、自然環境に大きく左右されることが多く、劣化の進み具合もコンクリートの躯体部分よりも早くなる傾向があります。鋼製建具や外部鉄骨階段、手すりの表面は、通常3〜6年周期で塗替えを行います。しかし、そのほかの金物類に関しては塗替えをせず、劣化程度によって10数年〜20数年周期の交換で対応することが一般的です。

●鋼製建具

各住戸玄関の鋼製ドアは専有部分と共用部分の境界にあって、ドア自体は共用部分です。従って、ドアに取り付けられた金物類も共用部分であり、ドアの外部を居住者の個人的な好みの形や色に勝手に変更することはできません。また、外壁に取り付けられた鋼製建具やアルミサッシも共用部分であり、サッシのサイズ変更やそこにはめ込まれるガラスの仕様などの変更も勝手にできません。

鋼製建具類に、塗装の浮きや剥がれやさびが発生した場合には、3〜6年周期で塗り替えるのが一般的ですが、玄関ドアの塩ビパネルや焼付け塗装製品は簡単に塗装処理ができないこともあり、ドアやサッシ自体を交換する場合も出てきます。

大規模修繕で鋼製建具を修繕する場合に、最も調査・検討を必要とするのは、雨水が直接かかる建具・建具枠の取付部分の、躯体の鉄筋と溶接下地金物の劣化状態とその後の対応です。

この部分は、コンクリート内の鉄筋と建具枠を取り付ける下地金物が複雑に入り組み、鉄筋のかぶり不足や、取付部分のモルタル・コンクリートなどの補修部分剥離・亀裂がほかの部分よりも多く、そこから雨水が浸入し、コンクリートの中性化を進行させ、下地取付部分の鉄部を腐食させます。建具の修繕を行う場合には、取付枠やその周辺の躯体の劣化状態を事前に確認することが重要です。

また、鋼製建具の修繕・交換時には、最近問題になっているピッキングの被害防止の配慮も必要と思われます。大規模修繕時に二重ロック方式や指紋錠、カードキー、そのほか隠し丁番などの検討も必要だと思われます。

サッシの計画修繕も、古いマンションでは一部でスチールサッシが使われていますし、アルミサッシの場合でも、建付けが悪かったり、アルミ手すりの支柱同様、電食によって取付部分に腐食が進んだ場合には、更新の必要が出てきます。この場合も、躯体との取付部分の施工を十分に検討してください。

なお、直接外部に接するサッシ枠の交換工事は躯体を傷めるだけでなく、漏水などの心配も出てくるので、最近では、既存サッシ枠に新しいサッシ枠をかぶせて改装するかぶせ工法（カバー工法）や、既存のサッシ枠を利用して、サッシだけを防音効果のあるペアガラスサッシに交換する工法なども行われてます。

●金属手すり・金属笠木・手すりカバー

金属手すりもサッシ同様、外部に直に接する部分に設置されています。サッシ同様、外部手すりもマンションの外観デザインや機能上からみて重要な要素の一つです。特に劣化が進み、修繕・交換を行う場合には機能・安全面の配慮とともに、デザインの配慮も必要です。

開放廊下・外部階段・バルコニー・屋上などの金属手すりは、安全上最も大切な部分であり、経年劣化や取付不備による事故の頻度が多いところです。鋼製建具やサッシ同様、取付部

分のひび割れや雨水の浸入状態と、これらによる劣化状態の調査に加え、手すり支柱の取付状態の確認、雨水の浸入防止や躯体補修方法の検討も重要になります。

2回目以降の大規模修繕での交換時には、腐食防止のために、アルミやステンレス製品に取り換え、取付金物の埋込ボルトやナット類についても、既設のスチール製のものは全てステンレス製に交換すると良いでしょう。

●その他金物類

マンションには、手すりや笠木の他、金物類としてたてどいと支持金物、換気口、点検・避難ハッチ、物干金物などの多くの金物類が使用されており、これらの点検・修繕が必要です。主な修繕としては、劣化・損傷した金物の部分補修、または取替えとなります。取替えの際は、耐久性に優れたアルミやステンレス製にするとよいでしょう。

●エキスパンションジョイント

長い住棟の接続部分や、構造上異なる住棟を分割して、地震の揺れなどに対応できるように配慮されたジョイント金物が取り付けられている場合、基本的な性能が現在も継続的に確保されているかを確認することが必要です。

修繕時には、金物の腐食とその周辺のコンクリート部分の損傷状態を調査して、床面の仕上げカバー金物を取り外して内部を点検・清掃して、防錆処理などを行います。

次に、地震の振動などで、異なる2つの住棟の床や壁の躯体が、互いに接触して破損しないような納まりを考えることが重要ですが、金物で接続させてある仕上げ部分も、滑ったりつまずかない工夫や、平滑で歩行時に歩行音を出さない配慮が必要です。なお、鉄製のジョイント金物は、防錆性、耐久性が高く腐食しにくいアルミやステンレス製に取り替えると良いでしょう。

ジョイント部分で最も問題となるのは、上階の廊下・バルコニー部分などからの、降雨時やその後の溜り水による漏水です。適切な雨仕舞

いを検討することと、スラブ下に設置される雨水受け用金属どいの納まりの検討も重要です。

そのほか、設備配線・配管の渡り部分の納まりも気を付けて計画することも大切です。

●屋外鉄骨避難階段

外部避難階段の場合は、鉄骨階段が一般的です。2回目の大規模修繕時点における鉄骨階段の改修では、現状の問題点を調査し、雨掛かり部分の塗装や腐食の激しい部分の部材交換を行い、当座の解決を図ります。

しかし、大規模修繕周期が3回目(建築後30〜40年)程になると劣化が激しくなってくるため、階段全体を交換する検討が必要になります。

1．既存鉄骨階段の改修工事

具体的には、手すりをスチール製からアルミやステンレス製に交換する、階段の踏み板や踊り場の雨水などによる腐食については、雨水勾配を考慮して腐食部分を取り除き、鉄板溶接や防腐塗装などの改修を行います。踏み板には塩ビシートを貼るなど遮音・防滑対応も必要です。

また、マンション本体と階段の基礎部分が一体になっていない場合もあり、マンション本体から単にアンカーで繋げた程度のもので、地震時に階段だけ単独で揺れる場合があります。このような避難階段では、アンカーが振り切れないように、躯体との接続部分のアンカーの再点検を行い、必要に応じて腐食しない鋼材による補強・交換が必要です。

2．既存鉄骨階段の取替工事

劣化が著しい場合は、階段全体の交換が必要になります。

取替えの場合、既存の階段を撤去する際、避難上の代替措置が必要となります。

また、新しい階段の鋼材は可能な限り軽量にして、耐久性・耐火性・耐塩性・消音性などに優れた材料を使用することが必要でしょう。

建具・金物等工事 ①

名　称	規格・仕様			単位	単価
◆建具					
ドア交換	玄関鋼製扉の交換（扉のみ）		手間	カ所	40,300
〃	〃　　　　（カバー工法）		〃	〃	55,000
ドア開閉調整	玄関鋼製扉、PS（パイプスペース）扉等		〃	〃	4,560
	ドア枠エアタイトゴム更新		〃	m	1,680
ドア 新聞受け口更新	ステンレス製ヘアーライン　H62×W258		材工共	戸	4,230
	〃　　アンバー　　〃		〃	〃	4,620
サッシ改修	既存サッシ撤去（障子）		手間	カ所	16,200
	アルミシルバー（カバー工法）	1100× 900mm程度	材工共	〃	166,000
	〃	1500×1000	〃	〃	213,000
	〃	1800×1800	〃	〃	283,000
	既存サッシ撤去（枠+障子）		手間	〃	26,900
	アルミシルバー（はつり工法）	1100× 900mm程度	材工共	〃	176,000
	〃	1500×1000	〃	〃	223,000
	〃	1800×1800	〃	〃	293,000
ガラス交換	既存ガラス撤去		手間	〃	13,000
	Low-E5+A12+FL5	1000×1000mm程度	材工共	〃	20,600
	〃	1500×1000	〃	〃	31,400
	〃	1800×1800	〃	〃	61,700
サッシ戸車調整	障子の戸車調整		手間	〃	5,630
〃　交換・調整	障子の戸車交換・調整共		材工共	〃	16,500
ガラスフィルム貼付工事	75μm		〃	m²	7,680
共用廊下側窓 面格子更新	アルミシルバー（縦格子タイプ）	1100×1000mm程度	〃	カ所	27,900
	〃	1500×1100	〃	〃	32,700
	〃	1800×1300	〃	〃	34,800
	アルミブロンズ（縦格子タイプ）	1100×1000	〃	〃	29,200
	〃	1500×1100	〃	〃	34,100
	〃	1800×1300	〃	〃	40,400
共用廊下側窓 面格子脱着（クリーニング含む）	縦格子タイプ　1100×1000mm程度		手間	〃	3,300
	〃　　1500×1100		〃	〃	3,600
	〃　　1800×1300		〃	〃	3,900

1. ドア開閉調整は丁番、建付けの調整程度とする。
2. サッシ改修は複層ガラスタイプの製品を適用する。
3. ガラス交換は複層ガラスを複層Low-Eガラスに更新する費用とする。

建具・金物等工事 ②

調査価格 (経済調査会調べ)

名称	規格・仕様	単位	単価 (材工共)
◆ 金物等			
手すり改修	アルミ製シルバー縦格子タイプ　高1000～1200㎜程度　ボルト止め	m	22,500
	〃　　ブロンズ　　〃　　　　　〃　　　　　　〃	〃	24,000
	アルミ製シルバー縦格子タイプ　高1000～1200㎜程度 コア抜き工法 (樹脂埋戻し)	〃	26,400
	〃　　ブロンズ　　〃　　　　　〃　　　　　　〃	〃	28,400
	ステンレス製縦格子タイプ　高1000～1200㎜程度　ボルト止め	〃	47,500
	〃　　　　　　〃　　　　コア抜き工法 (樹脂埋戻し)	〃	53,600
手すり支柱足元のエポキシ樹脂充填補修	支柱下部側面に1穴、または支柱上部と下部の2穴をあけ、ポンプ吸引による排水、エポキシ樹脂充填の後、等圧雨水浸入防止キャップで穴をふさぐ	カ所	3,710
手すり支柱足元のセメント系グラウト材充填補修	支柱上部と下部の2穴をあけ、ポンプ吸引による排水、亜硝酸リチウム入りモルタル等のセメント系グラウト材を充填 (埋込み位置から30㎜立ち上がったところまで) 後、穴はシーリングでふさぐ	〃	2,920
金物取付部回り補修	手すり支柱付根部、たてどい支持金物埋込み部回り等	〃	5,110
たてどい改修	支持金物取替え　径100㎜程度　バンド・羽子板共	〃	3,800
	〃　　　　　　〃　　　バンドのみ	〃	2,650
	たてどい (塩ビ製) 取替え　径100㎜程度　VU管	m	5,590
	〃　　　　　　〃　　　　　　〃　　　　VP管	〃	6,630
集合郵便受取替え	ステンレス製扉部アルミダイキャスト　A4サイズ前入前出　デジタル錠	個	18,200
	〃　　　　　　〃　　前入後出　〃	〃	22,800
	〃　　A4サイズ前入前出　ダイヤル錠	〃	17,700
	〃　　　　　　〃　　前入後出　〃	〃	22,200
宅配ボックス新設	扉部ステンレス製　1850×1500×600㎜　ダイヤル錠 12ボックス程度	セット	1,070,000
消火器ボックス取替え	ステンレス製　200×600×250㎜	カ所	27,600
物干金物取替え	アルミ製　天吊り自在型　2本/カ所	〃	23,800
階段ノンスリップ改修	アルミ製　　踏幅35㎜　タイヤ入れタイプ	m	3,460
	ステンレス製　　〃　　　　　〃	〃	4,260
エキスパンションジョイントカバー取替え	アルミ製　床+床　　　　　　幅200㎜	〃	47,500
	〃　　天井+天井　内壁+内壁　〃	〃	38,800

1. 手すり改修は既存撤去費を別途計上する。
2. 手すり支柱足元のセメント系グラウト材充填補修は、アルミ製手すりには使用不可。
3. 金物取付部回り補修は溶断、溶接程度とする。
4. 集合郵便受取替えは壁面直付を原則とし、既存撤去費を含むが、取合補修費は別途計上する。

建具・金物等

名称	規格・仕様	単位	単価 (材工共)
◆金物等			
金属笠木	既存笠木撤去	m	1,760
	既存笠木コーナー部撤去	カ所	1,940
	笠木新設（シルバー）　直線部　幅150㎜	m	6,970
	〃　（　〃　）　コーナー部　〃	カ所	11,500
	〃　（　〃　）　直線部　幅200㎜	m	8,230
	〃　（　〃　）　コーナー部　〃	カ所	11,900
	〃　（ブロンズ）　直線部　幅150㎜	m	7,370
	〃　（　〃　）　コーナー部　〃	カ所	12,100
	〃　（　〃　）　直線部　幅200㎜	m	8,700
	〃　（　〃　）　コーナー部　〃	カ所	12,200
避難ハッチ取替え	ステンレス被せ工法（撤去・取付含む）　はしごステンレス製に交換	台	115,000
	〃　（　〃　）　はしごスチール製に交換	〃	100,000
隣戸避難板取替え	フレキシブルボード　厚5㎜程度　800×1800㎜程度	枚	10,400
	避難標示シール貼　アルミ箔製	〃	770

建具・金物等

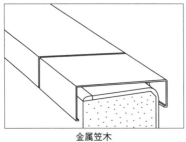

金属笠木

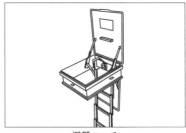

避難ハッチ

建具・金物等工事 ①

品名・品番	仕様	単位	単価 (材料費)	メーカー
◆ 改修用玄関ドア				
改修用玄関ドア	W800×H1900　扉：塩ビ化粧鋼板　金物一式　楽フィット工法（ドアのみ交換）	枚	125,000	アイ・エス ☎03-3249-3531
ラポート　1〜4型	W800×H1900　扉：化粧鋼板　アルミモール、プッシュプル錠、ポストセット ドア枠：焼付塗装、SUS下枠　カバー工法　標準枠+対震丁番	枚	156,000	三協アルミ ☎0120-53-7899
ラポート　T、L型	W800×H1900　扉：化粧鋼板　ステンレスモール、プッシュプル錠、ポストセット ドア枠：焼付塗装、SUS下枠　カバー工法　標準枠+対震丁番	〃	163,500	
EXIMA　80St	W850×H2000　プッシュプルグリップ錠 対震防犯仕様　カバー工法	枚	185,000	YKK AP ☎0120-72-4134
◆ 建具金物				
F22	シリンダー錠　鍵3本付き	個	8,800	シブタニ ☎06-6211-5855
Tebra　cell	玄関電気錠　テブラタグ別	〃	100,000	
Tebra　one	共用部ハンズフリー非接触キーシステム　テブラタグ別	〃	100,000	
DHT-18S	対震丁番　ステンレスヘアライン仕上げ　適応扉重量50kg	枚	3,800	
◆ 面格子				
トビデール望70	非常開放式　縦格子型　　W1400×H1000　アルミ	台	56,800	ナカムラ ☎06-6488-0801
アミダーブル（網戸付）	固定式　　〃　　　　〃　　　　〃　　　〃	〃	48,100	
Vテクト	〃　　　可動ルーバー　〃　　〃　　〃	〃	61,500	
〃　　UT（網戸付）	内倒し窓用　　　　500　　500　　〃	〃	29,200	
ツバーサAK（網戸付）	固定式　　〃　　　1400　1000　〃	〃	86,900	
〃　　AS（〃）	非常開放式　〃　　　〃　　〃　　〃	〃	118,600	
〃　　NK	固定式　　〃　　　　〃　　〃　　〃	〃	64,300	
〃　　NS	非常開放式　〃　　　〃　　〃　　〃	〃	108,200	
〃　　UT（網戸付）	内倒し窓用　　　　500　　500　　〃	〃	31,400	
◆ 装飾面格子				
面格子・FIXパネル	MAB-9002　W 700×H1900　アルミ	枚	110,000	アルテック ☎03-3764-5811
	9004　　　550　　2000　　〃	〃	172,000	
M-80美装面格子シリーズ	MU-10　　1000　　1000　　〃	m²	67,600	
◆ 外装目隠しパネル				
スダレール　ストリンガーF100	目隠しタイプ　シルバー　4m　アルミ	本	4,680	ダイケン ☎06-6392-5321
Cパネル	〃　　　　　　　〃　　　　〃	m	910	
◆ ベランダ間仕切				
サンシキール　PT-F	H1800×W900　カラーボード付　アルミ(シルバー)	台	54,000	サンレール ☎0584-23-3131

建具・金物等

品名・品番	仕様	単位	価格 (材料費)	メーカー
◆ サッシ				
シャノンウインドRI　　NSIN	W1800×H1800　樹脂サッシ　ガラス込　H-6　S-5　A-4　W-5　T-1・2	窓	404,000	エクセルシャノン
シャノンウインドRI　　HIN	W750×H2000　樹脂サッシ　ガラス込　H-6　S-5　A-4　W-5　T-1・2	〃	293,000	☎03-6458-2941
ノンシール工法改装用サッシ	W1600×H1800　アルミサッシ　Low-Eガラス込	窓	102,000	三協アルミ
MTG-70series　HOOK SLIM	H-2　S-5　A-4　W-5　T-1			☎0120-53-7899
サンミッテⅡ100断熱	W1800×H2100　アルミサッシ（熱遮断構造）	組	159,000	
	H-3　S-5　A-4　W-5　T-2			
ウォーキング100断熱	W2000×H2000　アルミサッシ（熱遮断構造）	〃	216,000	
	H-3　S-7　A-4　W-5　T-2			
エピソードNEO-LB〔GRAF工法〕	W1700×H1800　アルミ樹脂複合サッシ	組	124,400	YKK AP
	H-5　S-4　A-4　W-4　T-1			☎0120-72-4134
EXIMA31〔GRAF工法〕	W1700×H1750　アルミサッシ	〃	76,540	
	H-1・2　S-4〜7　A-3・4　W-5　T-1・2			
◆ 二重窓				
まどまど std				AGCグラスプロダクツ
引き違い窓2枚・テラス窓	エコガラス仕様　FL3-A6-LowE-3　W1700×H1800	セット	128,000	WEB「Glass Plaza」
	合わせガラス仕様FL3-膜0.8-FL3　　〃　　　　〃	〃	140,900	https://www.asahi
引き違い窓2枚・腰窓	エコガラス仕様　FL3-A6-LowE-3　　〃　　900	〃	77,900	glassplaza.net/con
	合わせガラス仕様FL3-膜0.8-FL3　　〃　　　　〃	〃	83,800	tact/
内開き窓	エコガラス仕様　FL3-A6-LowE-3　700　1100	〃	95,700	
	合わせガラス仕様FL3-膜0.8-FL3　　〃　　　　〃	〃	94,900	まどまどは5色有
FIX窓	エコガラス仕様　FL3-A6-LowE-3　800　　〃	〃	62,100	
	合わせガラス仕様FL3-膜0.8-FL3　　〃　　　　〃	〃	65,700	
楽窓2	引違い2枚建　ポリカ3mm透明　W1700×H1350	セット	71,300	セイキ販売
				☎042-433-9881
◆ 網戸				
アルマーデⅢ　アコーディオン網戸	W 800×H 950　片引きタイプ　アルミ形材色6色　防虫網：ポリエステル製	セット	17,700	セイキ販売
	1800　2400　両引きタイプ　　〃　　　　　〃	〃	59,500	☎042-433-9881
マドロール　横引きロール網戸	W 750×H1000　アルミ形材色6色　防虫網：ポリエステル製・グラスファイバー製	〃	22,800	
	1700　2400　　　　　　　　〃　　　　　　　〃	〃	70,500	
室内付パネル網戸	W1500（網戸幅754）×H1100　アルミ形材色3色　防虫網：グラスファイバー製	〃	21,400	
ビルマンション用パネル網戸	W900×H2150　引違いサッシ2枚建用　PP18メッシュSAタイプ	〃	23,600	
◆ ガラスフィルム工事				
レフテル　ZC05G	透明熱線反射　遮熱・断熱　通年省エネ　飛散防止　57μm　材工共	m²	14,650	帝人フロンティア
ZC06T	高透明熱線反射　　〃　　　　〃　　　　〃　　82　　　〃	〃	14,650	☎03-6402-7006
ZH05G	透明熱線反射　日照調整　飛散防止　　　　　78　　　〃	〃	15,000	施工規模50m²以上
WH03	透明熱線反射　低可視光反射　日照調整　飛散防止　〃　　〃	〃	16,500	
ZS05G	透明熱線反射　外貼りタイプ　日照調整　飛散防止　75　　〃	〃	16,500	

建具・金物等

メーカー 公表価格

品名・品番	仕様	単位	価格 (材料費)	メーカー
◆ ガラスフィルム工事				
ウインコス				リンテック ☎03-3868-7733
アーキテクチュアルフィルム　1501UH	透明・飛散防止用　　　　　内貼用　材工共	m²	11,300	
1521UH	透明・飛散防止・防災対策用　〃　　〃	〃	12,400	施工規模50m²以上
1561UH-F	透明・防犯対策・防災対策用　〃　　〃	〃	24,000	
IR-50HD	日射調整 (透明タイプ)　　　〃　　〃	〃	14,000	
WH03	〃　　　　　　　　　　　　〃　　〃	〃	18,000	
ZH05G	〃　　　　　　　　　　　　〃　　〃	〃	16,000	
ビジョンコントロールフィルム　Y-2555	視界制御フィルム　25°〜55°　〃　〃	〃	33,000	
デコラティブフィルム　MST-5002 (N) ミスト	目隠し・飛散防止用　　　　〃　　〃	〃	11,000	
◆ ガラス工事				
光触媒ガラスコート　クリーンなの工法®	常温硬化型　現場施工　施工規模300m²以上　材工共	m²	6,000	石原産業 ☎03-6256-9200
◆ 複層ガラス				
ペヤプラス				AGCグラスプロダクツ WEB「Glass Plaza」 https://www.asahi glassplaza.net/con tact/
高遮熱・断熱 (アクアグリーン)　PH12	Low-E3＋Ar6＋FL3　　(2.0W/m²・K)　透明	m²	39,900	
〃	〃　　5　F4K　　　(2.3W/m²・K)　型板	〃	39,900	
〃	4　4　FL4　　　(2.6W/m²・K)　透明	〃	44,800	
〃	〃　〃　F4K　　　　　〃　　　　型板	〃	44,800	
PH16	5　6　FL5　　　(2.0W/m²・K)　透明	〃	63,700	
〃	3　〃　PL6-60　(2.0W/m²・K)　〃	〃	86,200	
〃	〃　〃　PFL6B-45　　　〃　　　型板	〃	86,200	
ペヤレックス (遮熱) ツインガードグリーン	Low-E3＋A12＋FL3　(1.6W/m²・K)	m²	25,500	セントラル硝子プロダクツ ☎0570-020-223
〃	〃　　G12　〃　(1.3W/m²・K)	〃	32,000	
ペヤレックス (断熱) ヒートガードシルバー	FL3＋A12＋Low-E3　(1.8W/m²・K)	〃	23,300	
	〃　G12　　　　(1.5W/m²・K)	〃	29,500	
スペーシア	Low-E3　　　＋真空層0.2+FL3　(1.4W/m²・K)　透明	m²	45,000	日本板硝子 ☎0120-498-023
	5　　　　　　〃　〃　　(1.4W/m²・K)　透明	〃	55,000	
	〃　　　　　〃　5　　(1.4W/m²・K)　透明	〃	58,000	施工規模0.3m²以上
	網入り磨き板ガラス6.8　〃　Low-E3　(1.3W/m²・K)　〃	〃	67,000	
	Low-E3　　　　　〃　すり板ガラス3 (1.4W/m²・K)　不透明	〃	45,000	
	5　　　　　　　〃　　〃　5　(1.4W/m²・K)　〃	〃	59,000	
	網入りすり板ガラス6.8　〃　Low-E3　(1.3W/m²・K)　〃	〃	75,000	
スペーシアクール	Low-E3＋真空層0.2+FL3　　　(1.0 W/m²・K)　透明	〃	48,000	
スペーシア静	FL2.5+特殊中間膜0.5+Low-E3＋真空層0.2+FL3 (1.4 W/m²・K)　〃	〃	75,000	
スペーシア21断熱クリア	Low-E3＋Ar9+FL3+真空層0.2+Low-E3　(0.91W/m²・K)　〃	〃	64,000	
スーパースペーシア	Low-E4＋真空層0.2+FL4 (0.65W/m²・K)　透明	〃	55,000	
	5　　　　　〃　　〃　5　(0.65W/m²・K)　〃	〃	55,000	
	網入り磨き板ガラス6.8+真空層0.2+LowE4　(0.65W/m²・K)　透明	〃	77,000	
	〃　　　　　　〃　　〃　5　(0.65W/m²・K)　〃	〃	77,000	

●仕様欄の ( ) 内は熱貫流率、FL：フロートガラス、Low-E：Low-Eガラス、A：中空層、Ar：アルゴンガス層

建具・金物等

品名・品番		仕様	単位	価格 (材料費)	メーカー
◆ 装飾ガラス（壁装ガラス）					
ハイシルエ	t5	×W3048×L1829　マットタイプ	m²	37,300	日本板硝子
オプティホワイト	5	3600　2300　高透過ガラス	〃	28,700	☎0120-498-023
◆ 装飾ガラス（瞬間調光ガラス）					
ウム　スマートウインドウ	t3+3×W2100×L1420　8m²以上　材工共		m²	400,000	日本板硝子 ☎0120-498-023
◆ ガラスブロック					
NEGガラスブロック					電気硝子建材
ベーシック・クリア	t95×145×145		m²	89,040	☎06-6392-2711
〃	〃　190　190		〃	65,500	
〃	98　300　300		〃	79,600	
ベーシック・セラミックカラー	95　145　145		〃	101,640	
〃	〃　190　190		〃	74,750	
カクテルカラーシリーズ	〃　145　145		〃	151,620	
オパリーン	〃　〃　〃　透光性乳白色		〃	175,140	
フロストプレーン（両面）	〃　〃　〃		〃	115,080	
〃	〃　190　190		〃	86,750	
◆ アルミ庇					
グロンダート　アルミ型材庇					ツヅキ
Gシリーズ　GG-1000	W901〜1000×L2000　色：シルバー (R)、ステンカラー (T)　取付部品別途		枚	152,500	☎03-5651-8816
Fシリーズ　GF-900	801〜 900　〃　　〃　　〃		〃	144,500	
Bシリーズ　GB-300	W300×L1701〜2000　色：シルバー (R)		〃	32,900	
Lシリーズ　GL-150	150　〃　　〃		〃	15,500	
Sシリーズ　GS-700	700　〃　　〃		〃	81,500	

建具・金物等

品名・品番	仕様	単位	価格 (材料費)	メーカー

◆ 雨とい

品名・品番	仕様	単位	価格	メーカー
シルバーライン				井上商事 ☎0776-27-8386
軒とい　アルノキ　9号	材厚1.6　吊金具間隔606　シルバー　アルミ　材工共	m	16,000	
〃　　〃　　12号	1.8　　〃　　　〃　　　〃　　　〃	〃	31,400	
〃　　〃　　15号	2.0　　〃　　　〃　　　〃　　　〃	〃	39,400	
たてとい　アルトイ　丸型　φ60	1.3　バンドレスタイプ　〃　　〃　　〃	〃	11,200	
〃　　〃　　〃　φ89	〃　　〃　　　〃　　　〃　　　〃	〃	13,800	
〃　　〃　　〃　φ114	1.5　　〃　　　〃　　　〃　　　〃	〃	15,200	
〃　　〃　　〃　φ140	1.6　　〃　　　〃　　　〃　　　〃	〃	18,500	
〃　　〃　　〃　φ165	2.0　　〃　　　〃　　　〃　　　〃	〃	31,400	
〃　　〃　　〃　φ216	3.0　　〃　　　〃　　　〃　　　〃	〃	53,400	
〃　　〃　　角型　75角	1.3　　〃　　　〃　　　〃　　　〃	〃	16,000	
〃　　〃　　〃　100角	1.5　　〃　　　〃　　　〃　　　〃	〃	18,600	
〃　　〃　　〃　125角	1.8　　〃　　　〃　　　〃　　　〃	〃	24,000	
〃　　〃　　〃　150角	3.0　　〃　　　〃　　　〃　　　〃	〃	46,300	
ビルステン				タニタハウジングウェア ☎0120-011-849
丸たてとい　φ80	材厚0.6　　　　　　ステンレス　材工共	m	14,500	
バンドレス丸たてとい　φ80	〃　　　　　　　　　〃　　　〃	〃	14,900	
デカノキ　R12号	〃　吊金具間隔600　　〃　　　〃	〃	34,200	
〃　　角12号	〃　　〃　　　　　　〃　　　〃	〃	34,200	
ビルアルミ				
丸たてとい　φ60	材厚1.3　バンドレス　ステンカラー　アルミ　材工共	m	10,800	
〃　　φ114	1.6　　〃　　　〃　　　〃　　　〃	〃	15,800	
〃　　φ165	2.0　　〃　　　〃　　　〃　　　〃	〃	32,400	
デカノキ　H9号	1.5　吊金具間隔600　〃　　　〃　　　〃	〃	16,800	
〃　　H12号	2.0　　〃　　　〃　　　〃　　　〃	〃	24,500	
大型ガルバリウム雨とい				
大型軒とい　GH12号	材厚0.5　吊金具間隔600　　　ガルバリウム材　材工共	m	11,500	
〃　　GH15号	〃　　〃　　　　　　　　〃　　　〃	〃	15,600	
丸たてとい　φ90	〃　支持金具間隔1200　　　〃　　　〃	〃	9,700	
〃　　φ114	〃　　〃　　　　　　　　〃　　　〃	〃	11,800	

◆ ガラリ

品名・品番	仕様	単位	価格	メーカー
防音型　丸型ガラリ				アイエム ☎03-5325-6501
フラッティー防音型100	φ100　ステンレス　水切付　防音装置付	個	11,800	
150	150　　〃　　　〃　　　〃	〃	14,200	
FD100	100　　〃　　　〃　　　〃　　防火ダンパー付	〃	18,700	
デバッティー防音型100	〃　アルミ　　　　〃	〃	10,300	
150	150　　〃　　　　〃	〃	12,600	
FD100	100　　〃　　　　〃　　　　防火ダンパー付	〃	17,600	

品名・品番	仕様	単位	単価(材料費)	メーカー
◆アルミスパンドレル				
形材スパンドレル RA-100	不燃NM-3448 t1.0×働き幅110 シルバー	m²	12,800	理研軽金属工業 ☎054-281-1111
〃 〃	〃 〃 カラー	〃	15,900	
〃 15-3	〃 120 シルバー	〃	15,700	
〃 〃	〃 〃 カラー	〃	19,400	
〃 10-4	〃 100 シルバー	〃	18,000	
〃 〃	〃 〃 カラー	〃	22,300	
〃 25-2	〃 〃 シルバー	〃	14,500	
〃 〃	〃 〃 カラー	〃	18,100	
〃 9-3	1.3 〃 シルバー	〃	25,400	
〃 〃	〃 〃 カラー	〃	31,700	
〃 13-1	1.4 120 シルバー	〃	34,500	
〃 〃	〃 〃 カラー	〃	42,800	
◆外装ルーバー				
トップクリーン SLD-3060	ピッチ75 アルミ スチールストリンガー	m²	39,380	ダイケン ☎06-6392-5321
◆物干金物				
腰壁用ホスクリーン ポール上下スライドタイプ LP-70型	高さ4段階調整（斜め上30度）＋収納 LP-70-LB/DB/W L700	セット	33,600	川口技研 ☎048-255-5411
スタンダードタイプ HC-65型	角度2段階調整（水平・斜め45度）＋収納 HC-65-LB/DB/W 650	本	6,400	
ローコストタイプ HD-55型	〃 （ 〃 40度）〃 HD-55-ST/DB/W/S/BL 550	〃	4,750	ポール上下スライドタイプはシルバー以外の価格
物干金物(壁面直付+上下可動式ポール)	KS-DA707AB-SV+KS-DA-APN-SV シルバー色＋シルバー色	組	26,900	ナスタ ☎03-3660-1815
	KS-DA707AB-ST+KS-DA-APN-ST ステンカラー色＋ステンカラー色	〃	26,900	
	KS-DA707AB-DB+KS-DA-APN-DB ダークブロンズ色＋ダークブロンズ色	〃	26,900	
	KS-DA556ASPN-SV シルバー色 2本入	セット	18,000	
バルコニー物干金物(天井取付)	KS-DA516AT 取付穴ピッチ300 M10アンカーボルト対応	組	17,000	
◆手すり				
バルコニー手すり VU-9002	W1300×H1100 アルミ バルコニー用	m	106,000	アルテック ☎03-3764-5811
VAP-9003	〃 〃 〃 〃	〃	112,000	
VAP-9020	〃 〃 〃 〃	〃	105,000	
シルバーライン 改修用アルミ手すり 150型K(タテ格子)タイプ	シルバー 直線 H≦1200 材工共	m	45,000	井上商事 ☎0776-27-8386
150型P(パネル)タイプ	〃 〃 〃 〃		38,600	
BL認定 改修用墜落防止手すり81型 格子タイプ	H1000 アルミ 格子・ガラス・パネル 方立支持納まり・壁支持納まり	m	35,000	三協アルミ ☎0120-53-7899
パネルタイプ	〃 〃 〃 〃		45,000	
サンレール	W1000×H1100 アルミ アルミ手すり 立格子	m	33,000	サンレール ☎0584-23-3131
	〃 300 〃 〃 トップレール	〃	7,700	
カサレール KSR(180)	〃 1100 〃 笠木付アルミ手すり	〃	45,100	
KST(180)	〃 300 〃 〃	〃	24,000	
クネット樹脂 QPVC-(色)	φ34 被覆樹脂＋アルミ 階段用 波形部	m	18,000	ロンシール機器 ☎03-3862-9825
	〃 〃 〃 直棒部	〃	10,000	

品名・品番	仕様	単位	単価 (材料費)	メーカー
◆ 手すり支柱根元補修				
太平洋防錆グラウト	支柱形状50角　埋込長100　注入口φ100　材工共	カ所	6,989	太平洋マテリアル ☎03-5832-5217
◆ 手すり支柱内の特殊発泡材完全充填補修				
ポールガード工法	アルミ手すり支柱内の残留水を排出後、支柱内全体を 特殊発泡材で充填。止水構造に改造する工法　材工共	本	7,500	三和テクノス ☎03-5952-0224
◆ 宅配ボックス				
宅配ボックス　IEB-70	基本ユニットI型　前入れ前出し　W500×H1800×D600　SECC粉体塗装	台	1,080,000	アルファ ☎045-787-8431
宅配ボックスmini　屋内仕様	2ボックスタイプ　W450×H950×D450　スチール焼付塗装　4桁暗証番号式	台	123,500	オプナス ☎03-6861-5177
TBX-D3型	前入れ前出し　W1350×H1850×D515　スチール扉　ダイヤル錠　N・S・Lユニット	セット	862,000	ダイケン ☎06-6392-5321
TBX-BD3型	〃　　　　〃　　　　〃　　　　〃　　　　〃　　プッシュボタン錠　SSN・S・Lユニット	〃	929,000	
宅配ボックス　KS-TL03R　01A	1列　5ボックス　W500×H1780×D535	台	358,000	ナスタ ☎03-3660-1815
〃　　01AN (捺印付)	1〃　5　〃　　　〃　　　　〃　　　　〃	〃	374,000	
〃　　02A	1〃　4　〃　　　〃　　　　〃　　　　〃	〃	325,000	捺印付との組み合 わせで使用。
〃　　02AN (捺印付)	1〃　4　〃　　　〃　　　　〃　　　　〃	〃	341,000	
〃　　03A	1〃　4　〃　　　〃　　　　〃　　　　〃	〃	325,000	
〃　　03AN (捺印付)	1〃　4　〃　　　〃　　　　〃　　　　〃	〃	341,000	
〃　　04A	1〃　3　〃　　　〃　　　　〃　　　　〃	〃	308,000	
〃　　05A	1〃　2　〃　　　〃　　　　〃　　　　〃	〃	253,000	
プチ宅　KS-TLP36R　2A-S	W360×H200×D317　ステンレスヘアライン仕上げ　プッシュボタン錠	台	57,000	
2AN-S (捺印付)	〃　　　　〃　　　　〃　　　　〃　　　　　　　　　〃	〃	72,000	
4A-S	〃　　400　〃　　　　〃　　　　　　　　　〃	〃	66,000	
4AN-S (捺印付)	〃　　　〃　　　〃　　　　〃　　　　　　　　　〃	〃	81,000	
6A-S	〃　　600　〃　　　　〃　　　　　　　　　〃	〃	90,000	
6AN-S (捺印付)	〃　　　〃　　　〃　　　　〃　　　　　　　　　〃	〃	105,000	
KS-TLP360LB-SH100 (幅木)	〃　　100　300　　　　〃	〃	20,000	

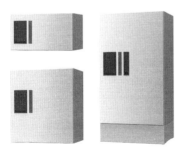

プチ宅　　　　　　　[ナスタ]　　　　　宅配ボックス

建具・金物等

品名・品番	仕様	単位	単価 (材料費)	メーカー
◆ 集合郵便受				
ポステック(静音ダイヤル錠)	CSP-121T-3D　H360×W300×D277　前入れ前出し　縦型省スペース　3戸用	台	34,500	ダイケン
	CSP-105D　　　240　　　310　　　140　薄型壁付タイプ	〃	19,500	☎06-6392-5321
一番星(2戸用・myナンバー錠)	F3049-2　H240×W280×D400　前入れ後出し　フェライト系ステンレス	台	25,000	田島メタルワーク
（3戸用　〃　　）	F3049-3　　360　　〃　　〃　　〃　　　〃	〃	37,500	☎03-5977-1761
集合郵便受箱(2戸用・静音大型ダイヤル錠)	KS-MB6102PY-2L-S　H240×W280×D423.2　前入れ後出し	台	26,600	ナスタ
〃　(3戸用　　〃　　)	KS-MB6102PY-3L-S　　360　　〃　　〃　　〃　　　〃	〃	39,900	☎03-3660-1815
〃　(2戸用・静音ラッチ錠)	KS-MB6102PY-2R-S　　240　　〃　　〃　　〃　　　〃	〃	26,600	
〃　(3戸用　〃　　)	KS-MB6102PY-3R-S　　360　　〃　　〃　　〃　　　〃	〃	39,900	
〃　(2戸用・静音大型ダイヤル錠)	KS-MB6002PY-2L-S　　240　　〃　　406.2　前入れ前出し	〃	24,400	
〃　(3戸用　　〃　　)	KS-MB6002PY-3L-S　　360　　〃　　〃　　〃　　　〃	〃	36,600	
〃　(2戸用・ラッチ錠)	KS-MB6002PY-2R-S　　240　　〃　　〃　　〃　　　〃	〃	24,400	
〃　(3戸用　〃　　)	KS-MB6002PY-3R-S　　360　　〃　　〃　　〃　　　〃	〃	36,600	
◆ 室名札				
室名札　KS-N39S	H125×W210　ステンレス(本体、化粧カバー)、アクリル板(名札部)　付属ねじ付	個	6,800	ナスタ
KS-N53S	130　　220　　〃　　ヘアラインクリア塗装	〃	4,200	☎03-3660-1815
KS-NR2S	145　　282　　〃　　〃	〃	4,400	
KS-NR2A	〃　　〃　アルミ　アルマイト処理クリア塗装	〃	3,300	
公団型アルミ室名札　KS-N22A	125　250　〃　　室番号、名札部別プレート　色：シルバー	〃	2,500	
インターホンパネル	KS-NPC780S-9021-L-N-ST　W212×H1000×D73　ステンレス LED照明、名札プレート、マルチバー付　ステンレスカラー	台	33,500	
◆ 各種表示板・サインスタンド				
掲示板(屋外・屋内兼用タイプ)	KS-TS-HB5690-A　W900×H600×D44.5　アルミ　ビニールレザー貼り	基	118,000	ナスタ ☎03-3660-1815
SVサインスタンド	本体：W240×H1000×D350　スチール製　シルバーメタリック塗装　材工共 板面：W208×H715　アクリル板(ホワイトパール)	台	30,900〜	蜂屋 ☎03-3748-3388
ステンレスサインスタンド	本体：W240×H1000×D350　ステンレス　鏡面&ヘアライン仕上　〃 板面：W208×H715　アクリル板(ホワイトパール)	〃	50,900〜	価格は材工共 原稿または文
スリムステンレススタンド	本体：W400×H1000×D400　枠・ベース　鏡面&ヘアライン仕上　〃 板面：W275×H580　アルミ複合板	〃	41,300〜	字仕様により 変動あり
ステンレスフィットスタンド	本体：W240×H1000×D300　枠・ベース　鏡面&ヘアライン仕上　〃 板面：W200×H435　アルミ複合板	〃	41,300〜	
ステンレススクエアサイン	本体：W440×H600×D300　ステンレスヘアライン仕上げ　〃 板面：W400×H400　アルミ複合板	〃	30,900〜	
ステンレスA型スタンド	本体：W200×H700×D250　ステンレス　ヘアライン仕上　〃 文字面：W200×H610	〃	21,300〜	
ステンレススレンダーサイン	本体：W240×H1100×D300　ステンレス　鏡面&ヘアライン仕上　〃 板面：W200×H200　アクリル板(スモークブラウン等)	〃	50,900〜	
置看板　粉体塗装	本体：W490×H1000×D490　枠・ベース　スチール製粉体塗装　〃 重量20kg　板面：W300×H600　アルミ複合板	〃	26,950〜	
ステンレスL型サイン	本体：W90×H160×D40　ステンレス加工品　〃 板面：W160×H40　透明アクリル板(裏刷り)　マグネット脱着式	セット	8,500〜	
掲示板	本体：600×900　アルミ枠・ビニールレザー貼り　〃 板面色グリーン・ライトグレー・ライトベージュ等	枚	18,000〜	

建具・金物等

建具・金物等工事 ⑨

品名・品番	仕様	単位	単価(材料費)	メーカー
◆ 避難はしご				
OA避難はしご　OA41-42-43	有効長3630	台	76,000	オリロー
OA71-72-73	6600	〃	109,000	☎03-3814-7744
OA用BOX　S	OA41-42-43用　SUS	〃	45,000	
M	OA71-72-73用　〃	〃	57,000	
避難ロープ　オリロープ13段	カラビナフック式　有効長4080±80	〃	16,000	
〃　　　　〃	可変フック式　　　　〃	〃	19,000	
タスカールリニューアル	RPC-107　7段　適用階高2560≦H≦2900	台	270,000~	ナカ工業
	外形寸法H235×□700　開口寸法□560　ケース：SUS304			☎03-5826-2716
◆ 避難ハッチ				
ORIRO				オリロー
リフレッシュハッチ(改修ハッチ)	7段　有効長2040　2550≦適用高さ≦2935	台	300,000~	☎03-3814-7744
◆ アルミ笠木				
シルバーライン　SL-175	W175　t1.5　シルバー　材工共	m	8,900	井上商事
SL-225	225　1.6　〃　　　〃	〃	10,400	☎0776-27-8386
SL-250	250　〃　　〃　　　〃	〃	11,300	
サンカサ　SKS130	W130　t1.3　シルバー	m	6,000	サンレール
SKS200	200　1.4　〃	〃	7,760	☎0584-23-3131
SKS225	225　1.6　〃	〃	8,800	
アルロード　KLE150	W150　t1.3　シルバー	m	6,700	ダイケン
KLE200	200　1.6　〃	〃	9,100	☎06-6392-5321
KLE300	300　2.2　〃	〃	15,300	
アルトップ　AT-AA-175	W175　t1.3　シルバー	m	6,275	ツヅキ
AT-AA-200	200　1.4　〃	〃	7,250	☎03-5651-8816
AT-AA-225	225　1.6　〃	〃	8,250	
AT-AA-250	250　1.8　〃	〃	9,600	
◆ ルーフドレン				
アルドレックス　DY15-50VN	屋上・ベランダ用　よこ引シート防水用　適用パイプ呼び径50　アルミダイカスト製	セット	6,400	アルテック
DCRS22-100	屋上用　たて引一般防水用　100　〃	〃	10,500	☎03-3764-5811
DCRS26-125	〃　　　　〃　　　125　〃	〃	21,000	
DSB-08	改修用ストレーナキャップ　小型たて引き　30~65　〃	〃	1,000	
DSYS-20	〃　　　大型よこ引き　50~100　〃	〃	4,000	
DST-26	〃　　　大型たて引き　75~125　〃	〃	8,000	
DSY-08	改修用ミニストレーナキャップ　よこ引き　40~65　〃	〃	1,400	
DSH-08	〃　　　　　たて引き　30~65　〃	〃	1,200	
◆ オーバーフロー管カバー				
アルドレックス　VPF-30	外側カバー、内側キャップ、FRP用オーバーフロー管セット　適用パイプ呼び径30	セット	5,000	アルテック
VPF-50	〃　　　　　　　　　　〃　　50　〃	〃	6,000	☎03-3764-5811
◆ 換気用丸形防音装置				
IM-サイレント　サイレント75	丸型スリーブ管用グラスウール吸音材　φ 75×60	個	3,300	アイエム
100	〃　　　　　　　100　〃	〃	3,500	☎03-5325-6501
150	〃　　　　　　　150　〃	〃	5,100	

建具・金物等

技術知識と工程から導き出す
住宅リフォーム 見積り作成の手引き

永元 博（株式会社住宅価値創造研究所 代表取締役）著

B5判 172頁 定価 3,850円（本体3,500円＋税）

2018年 2月発刊

- ●お客様に「わかりやすく」事業者には「つくりやすい」見積書の作成手法を図や表を用いて詳細に解説
- ●リフォーム工事の見積書作成に不安や疑問を感じている方へ
- ●受講者から好評を得た、目からウロコの『リフォーム工事見積り作成講習会』のテキストを書籍化

目次

序章　住宅リフォームの市場に関して
－住宅ストック活用型市場のなかで、工務店が担うものとは－

第1章　リフォーム工事の見積り・積算方法
－お客様に「わかりやすく」、事業者には「つくりやすい」見積書のルール－
1-1　見積書作成のポイント
1-2　リフォーム工事の見積り

第2章　メンテナンス工事の見積書作成のポイント
－建物の価値を維持するメンテナンスがリフォームの基本－
2-1　メンテナンス工事とは
2-2　再防蟻工事
2-3　足場工事
2-4　屋根再塗装工事
2-5　外壁再塗装工事
2-6　バルコニーの再防水工事

第3章　部分リフォーム工事の見積書作成のポイント
－部分リフォームの見積りは工程管理がカギ－
3-1　部分リフォーム工事とは
3-2　養生に関して
3-3　木製フローリングの張り替え
3-4　壁・天井クロスの貼り替え
3-5　内部建具の交換

3-6　キッチンセットの交換
3-7　在来浴室からシステムバスへの交換
3-8　洗面化粧台の交換
3-9　便器の交換
3-10　屋根の葺き替え
3-11　窯業系サイディングからガルバリウム鋼板の外壁材への交換

第4章　性能向上リフォーム工事の見積書作成のポイント
－知っておきたい！快適な暮らしに欠かせない性能向上リフォームの知識と事例－
4-1　省エネ改修工事
4-2　バリアフリー工事
4-3　耐震改修工事

第5章　全面リフォーム工事の見積り事例
－全面リフォームの事例で見積書作成のポイントをまとめて解説－
5-1　リフォーム計画の内容
5-2　見積書の作成
5-3　見積書の内訳
5-4　その他の見積書の体系

第6章　長寿命化リフォーム工事の事例紹介
－長期優良住宅化リフォーム推進事業の採択事例－
6-1　長期優良住宅化リフォーム推進事業とは
6-2　見積り事例

● お申し込み・お問い合わせは ●

経済調査会出版物管理事務代行
KSC・ジャパン (株) ☎ **0120-217-106** FAX **03-6868-0901**

詳細・無料体験版・ご購入はこちら！
BookけんせつPlaza 検索

設備

給水・排水設備工事……………………… 302

配管更生工事……………………………… 329

ガス設備工事……………………………… 337

空調・換気設備工事……………………… 342

電灯設備等工事…………………………… 346

情報・通信設備工事……………………… 355

消防用設備工事…………………………… 365

昇降機設備工事…………………………… 374

立体駐車場設備工事……………………… 376

給水・排水設備工事

給水・排水設備工事とは、給水管および排水管の発錆や腐食による管の改修工事をいいます。

給水設備工事

●給水管の種類

1．水道用硬質塩化ビニルライニング鋼管

配管用炭素鋼鋼管の内面あるいは内外面に硬質塩化ビニル管をライニングしたものです。鉄の強度と塩化ビニルの耐食性を持たせた配管です。一般的な接合方法は、ネジ接合。

（水マーク）（商品名）（呼び径）（製造年月）
（水協認証マーク）（商標）（種類の記号）（長さ）

⊛ ㊌ JFE NK-LP SGP-VA 50A×4000 2003.4

表示色 VA：白 VB：赤 VD：白

2．一般配管用ステンレス鋼管

ステンレス鋼管は、高い耐食性と樹脂ライニング鋼管に比べ軽量であり、施工性にも優れています。薄肉のものが主流です。

一般的な接合方法は、メカニカル接合（小口径に適合）、溶接接合、フランジ、ハウジング接合。

3．架橋ポリエチレン管

超高分子量ポリエチレンを材料とした合成樹脂管で、耐寒性・耐熱性に優れるほか、水道水に含まれる塩素にも耐食性を有します。

一般的な接合方法は、EF接合（電気融着）。

4．水道用硬質ポリ塩化ビニル管

塩ビ管の略称で知られ、給水用には水道用硬質塩化ビニル管（VP）、水道用耐衝撃性硬質塩化ビニル管（HIVP）が使われます。

一般的な接合方法は、接着剤接合。

5．水道配水用・給水用高密度ポリエチレン管 水道配水用ポリエチレン管

高い耐久性、耐食性を有した樹脂管で、サビや腐食の心配がなく、衛生的です。また、軽量なため施工性にも優れています。

柔軟性に富み、EF（電気融着）接合により管路を一体化できるため、耐震性にも優れた配管材です。接合方法は、EF接合。

このほか、ポリブテン管、水道用銅管などが給水用の配管材料として用いられます。

●給水設備機器

飲料水や炊事洗濯・浴室用の水を溜める受水槽があります。そして揚水ポンプで高置水槽（受水槽と同様の役目）に水を送り、ここからは重力によって集会所や住居の各必要箇所に配管を通って給水します。これを重力給水方式といいます（図-1）。

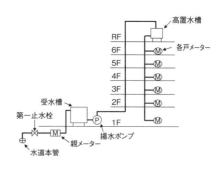

図-1 重力給水方式

給水・排水

また、給水方式には、受水槽から加圧給水ポンプユニットで各必要箇所に給水する加圧給水方式があります。どの器具が使用されても必要な水量と圧力が確保されるように、この方式では負荷変動に応じてインバーター制御でポンプが稼動します。これを**加圧給水方式**といいます（図-2）。

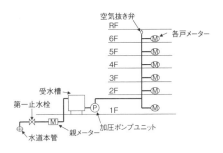

図-2　加圧給水方式

水道施設整備が進んだことから、水道本管から直接ポンプによって圧力を加え、各必要箇所に供給する増圧直結給水ポンプ方式も採用されています。このポンプもインバーター制御です。（図-3）。

この方式は、ランニングコストやメンテナンスの面で有利なため、受水槽を使用していた給水方式からこちらに変更する改修が増えています。

また、この方式は受水槽が不要となり、ポンプユニットがキャビネット型でコンパクトなので機械室も不要です。ただし、受水槽がないこ

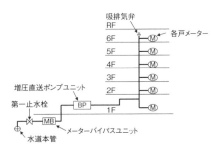

図-3　増圧直結給水方式

とから地震災害時および水道本管システムに異常が発生した時はポンプの運転が不可能になり、飲料水が確保できないことを想定して対策を立てておかなくてはなりません。

改修パターンとしては、従来の受水槽を撤去するほかに、災害時の水の確保を考慮して、受水槽をそのまま残すパターン、高置水槽を残すパターンなどがあります。

給水方式にはそれぞれ特徴があるため、変更する際には十分な検討が必要です。

ポンプは赤水対策のためナイロンコーティングしたものやステンレス製が現在では使用されています。

受水槽と高置水槽はコンクリート基礎上に専用架台により据え付けられます。耐震強度が違うだけで、両者の構造に違いはありません。

高置水槽は最上階で使用される器具に必要な圧力を確保するために、架台で設置位置を高くすることもあります。FRP樹脂製やステンレス鋼板製の水槽が多く使われており、構造は現場で組み立てるパネル組立式が多く、一体型もあります。

また、形状は角型・円筒型・球型があります。パネル型には保温材をサンドイッチ構造にし、結露防止や凍結しにくい複合板（保温形）と保温材のない単板があります。材質や形状は設置場所や予算に応じて選択され、屋外に設置される水槽には太陽光による藻の発生を防止する工夫もされています。

なお、建築基準法により水槽は六面が外部点検できるように規定されています。

このほか、給水設備には、必要な水量を制御するためや修理する時の止水用として仕切り弁（GV）、逆流防止用として逆止弁（CV）、ポンプモーターの回転による振動を吸収するための防振継手（FJ）などの付属品が必要となります。

給水・排水

排水設備工事

●排水管の種類

1．排水用硬質塩化ビニルライニング鋼管

配管用炭素鋼鋼管に準じる薄肉鋼管の内面に硬質塩化ビニル管をライニングした管です。薄肉鋼管を原管としているため、軽量で取り扱いやすいものの、ねじ切り加工ができないため、排水管専用のMDジョイントなどのメカニカル継手を用いて接合します。

2．配管用炭素鋼鋼管

通称ガス管と呼ばれ、黒管と亜鉛めっきを施した白管の2種類があります。水（給水用を除く）、ガス、蒸気などの腐食性の少ない流体の輸送用で、圧力はほぼ1MPa以下の範囲で使用されます。これは、消火用としても用いられます。接合はねじ接合のため、劣化や伸縮でねじ部が破断することがあります。

3．排水用鋳鉄管

古くから汚水配管材として使用され、耐食性、可とう性、耐振動に対する水密性および管内流水音の遮音性に優れています。管重量が重いことが難点でしたが、軽量タイプのメカニカル形も出ています。接合部の可とう性が良いので、高層建築での需要がありましたが、現在は代替品の普及が進んだため、製造していません。

4．排水用硬質ポリ塩化ビニル管

略称は塩ビ管で、排水用としては一般管（VP）と薄肉管（VU）があります。耐食性、耐久性に優れ、軽量で運搬しやすく、施工性も良く鋼管より安価なことから多用されています。土中埋設にも使用されますが、熱や衝撃に弱い欠点があります。継手の接合方法は接着剤接合が主となります。

5．排水用耐火二層管

耐火構造建築物の排水・通気管、ドレン排水管として用いられます。内管は、排水用硬質塩化ビニル管を使用しています。繊維モルタルで加工された外管は、吸水性、吸湿性があり、流水音の遮音性や耐食性、耐震性もあります。軽量で経済的（保温を必要としない）であることと、防火区画貫通対策の面から採用されています。継手の接合方法は塩化ビニル管と同様です。

6．建物用耐火性硬質ポリ塩化ビニル管

三層構造の塩ビ管で、内外面の硬質ポリ塩化ビニル層と高温になると大きく膨張し断熱・耐火層を形成する中間層からなる耐火性のプラスチック管です。

耐火性があるため、建築物の防火区画の貫通部分に耐火処理が不要です。主な継手の接合方法は、接着接合またはゴム輪接合です。

このほか、排水用タールエポキシ塗装鋼管など、特殊な樹脂をコーティングした管があります。

7．排水用特殊継手（排水用集合管）

中高層住宅のために開発された特殊継手です。この継手を排水立て管に取り付けることにより、台所、浴室、トイレ、洗面所などの枝管を複数接続できるようになり、通気管も不要となりました。

●塩ビ製小口径ます

底部をインバート、泥だめ、浸透用に一体成形した、水密性・耐食性に優れた硬質塩化ビニル樹脂製のますです。汚水・雑排水用と雨水用があり、小口径のため狭い場所でも設置が可能です。軽量で、ます底部と深さ調整用立管は接着剤で接合するためコンクリート製より施工時間が短く、安価なため多用されます。荷重や衝撃に弱いので設置場所には注意が必要ですが、荷重対策がなされた蓋もあります。

●排水システム

マンションの排水は、大きく分けると生活排水を排除する系統（公共下水道の区分では「汚水」という）と雨などの自然界からの水を排除する系統（同様に「雨水」という）がありま

給水・排水

す。さらに、生活排水は便器からの「汚水」と、台所、浴室、洗面などからの「雑排水」に分けることができます。生活排水の管は各階で立て管に順次接続され、通常では1階や2階で横主管に流れるようになっています。一般の排水は重力だけで流れていきますが、管内の空気圧が重要です。空気圧に問題があると異臭の発生や流れが悪くなるなど不具合が生じます。そのため、排水管には必要に応じて「通気管」を設置します。排水立て管の頂部から外気に開放するように設置する通気管を「伸頂通気管」（図-4　伸頂通気方式）、排水立て管の最下部から立ち上がる通気管を「通気立て管」または「通気本管」（図-5　通気方式）と呼び、ある程度の階数以上の場合は通気立て管が必要になります。ただし、高層階でも通気立て管が不要な方法もあります。それが「単管方式」あるいは「排水用集合管方式」と呼ばれている方法（図-6）で、排水の合流部や配管本体の内部構造に独特の工夫をした継手や配管を使用することで、配管内部の通気を確保するものです。

●排水管更新の住戸内作業の留意点

　排水管更新工事の際、居住者の各住戸室内に排水管が敷設されている場合は、壁や床を解体し、作業を行います。

　その場合は、居住者の立会や事前の案内など、共用部の改修以上に工事業者と居住者間の調整・理解が必要となります。

　また、住戸内の工事になるため、室内養生や騒音対策が必要です。

●防火区画の貫通処理

　一定の建築物については、建築物内への火災の拡大を防ぐため建築物の内部を耐火構造等の壁、床材などで区画する必要があります。その防火区画となる床や壁を排水管等が貫通する場合には、貫通部の排水管等の材質や仕様が建築基準法施行例等に定められています。

　このため、防火区画貫通処理には十分な注意が必要です。

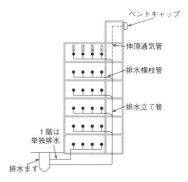

図-4　伸頂通気方式

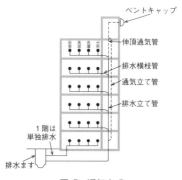

図-5　通気方式

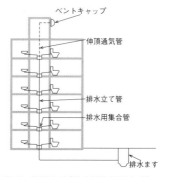

図-6　単管方式（排水用集合管方式）

給水・排水

●参考資料

表-1　主な配管材料

名称	記号	接合	外面色相	使用区分
水道用硬質塩化ビニルライニング鋼管	SGP-VA	ねじ接合	茶色	屋内配管
	SGP-FVA	フランジ		
	SGP-VB	ねじ接合	亜鉛めっき	屋内配管 屋外露出配管
	SGP-FVB	フランジ		
	SGP-VD	ねじ接合	青色	屋外露出配管 地中埋設配管
	SGP-FVD	フランジ		
一般配管用ステンレス鋼管	SUS304	－	ステンレス	屋内配管
水道用耐衝撃性硬質ポリ塩化ビニル管	HIVP		濃紺色	屋内配管 地中埋設配管
水道配水用ポリエチレン管	JWWA※/ PWA/JP	EF接合	青色	屋内配管 地中埋設配管
排水用硬質塩化ビニルライニング鋼管	D-VA	－	こげ茶色	屋内配管（排水）
排水用鋳鉄管	CIP	－	茶色	屋内配管（排水）

※50A未満にはJWWA規格がないため、各メーカーによりPWA規格・JP規格とされています。
　水道配水用ポリエチレン管は、主に埋設に使用されます。（50A以上）
　マンション修繕工事では、埋設部分を含めPWA規格やJP規格のパイプを使用しています。

表-2　接合方法による耐用年数（給水管）

配管材料	呼称	ねじ接合			溶接		はんだ	機械的接合	その他
		めっき継手	管端コア使用	管端防食継手	フランジ	TIG溶接	はんだ	ゴム止水	接着剤
給水用鋳鉄管	CIP							40年	
水道用亜鉛めっき鋼管	SGPW	15年							
水道用硬質塩化ビニルライニング鋼管	SGP-VA・VB・VD		15年	25年	40年				
一般配管用ステンレス鋼管	SUS					40年		40年	
配用銅管（給水）	CUP						40年	40年	
硬質ポリ塩化ビニル管	VP								40年
耐衝撃性硬質ポリ塩化ビニル管	HIVP								40年
ポリブテン管	PB							40年	

表-3　接合方法による耐用年数（給湯管）

配管材料	呼称	配管の接合方法				
		ねじ接合	溶接	はんだ	機械的接合	その他
		めっき継手	TIG溶接	はんだ	ゴム止水	接着剤
水道用亜鉛めっき鋼管	SGPW	15年				
一般配管用ステンレス鋼管	SUS		40年		40年	
配管用銅管（給湯）	CUP			20年	40年	
耐熱性硬質ポリ塩化ビニル管	HT					20年
ポリブテン管	PB				40年	

給水・排水

表-4　接合方法による耐用年数（排水管）

配管材料	呼称	ねじ接合	機械的接合	その他	
		めっき継手	ゴム止水	接着剤	鉛コーキング
排水用鋳鉄管	CIP		40年		40年
配管用炭素鋼鋼管(白)	SGP	15年			
排水用塩ビライニング鋼管	D-VA		30年		
硬質ポリ塩化ビニル管	VP		30年	40年	
耐火二層管（ＶＰ）	FDP		30年	40年	

資料提供（表-2～4）：マンションの給排水設備改修の手引き　NPO法人リニューアル技術開発協会

表-5　給水管・排水管の保温厚

呼び径	15	20	25	32	40	50	65	80	100	125	150	200	250	300
ロックウール保温筒[mm]	20									25		40		
グラスウール保温筒[mm]	20									25		40	50	
ポリスチレンフォーム保温筒3号[mm]	20									25				

表-6　給水管立て配管の支持間隔

管種	間隔
鋼管、一般配管用ステンレス鋼鋼管、硬質ポリ塩化ビニル管、耐火二層管、ポリエチレン管	各階1箇所以上

表-7　支持ボルト一本つりによる横走り配管の支持間隔とつりボルト径

管種		管径と支持間隔及びつりボルト径											
鋼管	呼び径（A）	15	20	25	32	40	50	65	80	100	125	150	200
	支持間隔[m]	2.0					3.0						
	つりボルト	M10									M12		
一般配管用ステンレス鋼鋼管	呼び径（Su）	13	20	25	30	40	50	60	75	80	100	125	150
	支持間隔[m]	2.0					3.0						
	つりボルト	M10									M12		
銅管	呼び径（A）	10	15	20	25	32	40	50	65	80	100	125	150
	支持間隔[m]	1.0		1.5		2.0		2.5		3.0			
	つりボルト	M10											
硬質ポリ塩化ビニル管 ポリエチレン管	呼び径（A）	13	16	20	25	30	40	50	65	75	100	125	150
	支持間隔[m]	1.0						1.2		1.5		2.0	
	つりボルト	M10											
耐火二層管	呼び径（A）	40	50	65	75	100	125	150					
	支持間隔[m]	1.5											
	つりボルト	M10				M12							

表-8　形鋼などによる横走り配管の支持間隔

管種		間隔（m）	管種		間隔（m）
鋼管	呼び径（A）40以下	2.0	鋼管	呼び径（A）20以下	1.0
	50-80	3.0		25～40	1.5
	100-150	4.0		50	2.0
	200以上	5.0		65～100	2.5
				125以上	3.0
一般配管用ステンレス鋼鋼管	呼び径（Su）40以下	2.0	硬質ポリ塩化ビニル管 ポリエチレン管	呼び径（A）40以下	1.0
	50～100	3.0		50	1.2
	125以上	4.0		65～75	1.5
				100以上	2.0

引用：（表-5-8）SHASE-S010-2021空気調和・衛生設備工事標準仕様書　（公社）空気調和・衛生工学会

給水・排水

表-9　排水横管の勾配

管径（A）	勾配
65以下	最小1/50
75、100	〃 1/100
125	〃 1/150
150以上	〃 1/200

引用：（表-9）SHASE-S010-2021空気調和・衛生設備工事標準仕様書　（公社）空気調和・衛生工学会

表-10　排水管立て配管の支持間隔

管種			間隔
鋳鉄管	直管		1本につき1箇所
	異径管連続	2個	いずれか1箇所
		3個	中央の1箇所
鋼管、一般配管用ステンレス鋼鋼管、硬質ポリ塩化ビニル管、耐火二層管、ポリエチレン管、ポリブテン管			各階1箇所以上

表-11　横走り鋳鉄管の支持間隔

管種		間隔
鋳鉄管	直管	1本につき1箇所
	異径管	1個につき1箇所

表-12　各設備機器のメンテナンス周期

設備機器			一般的な耐用年数	メンテナンス条件
受水槽	FRP製		15～20年	外板塗装：10～12年 ゴムパッキンの取替：20年～
	鉄筋コンクリート製		30～50年	内部補修（ひび割れ、鉄筋露出等）：5～10年 内部ライニング：5～10年
	ステンレス製	溶接	40年	特になし ただし、補修が必要な場合は別途メーカーと協議
		ボルト接合	40年	ゴムパッキンの取替：20年～
高架水槽	FRP製		15～20年	受水槽に準ずる
	ステンレス製	溶接	40年	特になし ただし、補修が必要な場合は別途メーカーと協議
		ボルト接合	40年	ゴムパッキンの取替：20年～
ポンプ	陸上型		10～15年	オーバーホール：4～7年 （更新時には運転・制御機器も含む）
	水中型		8～12年	更新
弁類	ゲートバルブ		15～20年	更新
	チャッキバルブ		15～20年	更新 スプリング式の場合は若干寿命が短い
	減圧弁		8～10年	更新
	エア抜き弁		8～10年	更新
	自動定水位弁		8～10年	更新（3年に1回は定期点検が望まれる）

出典：マンション給排水設備改修の手引き　NPO法人リニューアル技術開発協会

給水・排水

給水・排水設備工事 ①

名称	規格・仕様				単位	単価（材料費） 直管	単価（材料費） 継手・支持金物等	単価（手間）
◆給水管更新								
水道用硬質塩化 ビニルライニング 鋼管 (SGP-VA)	屋内一般配管	ねじ接合	呼径	20A	m	1,170	1,190	4,000
	〃	〃	〃	25	〃	1,630	1,670	4,920
	〃	〃	〃	32	〃	2,200	2,250	6,040
	〃	〃	〃	40	〃	2,530	2,590	6,640
	〃	〃	〃	50	〃	3,460	3,540	8,330
	〃	〃	〃	65	〃	4,840	4,950	9,180
	〃	〃	〃	80	〃	5,700	5,650	10,400
水道用硬質塩化 ビニルライニング 鋼管 (SGP-FVA)	〃	フランジ	〃	80	〃	12,400	16,500	9,850
	〃	〃	〃	100	〃	15,700	20,800	12,700
	〃	〃	〃	125	〃	19,500	26,000	15,100
	〃	〃	〃	150	〃	25,500	34,000	19,200
水道用硬質塩化 ビニルライニング 鋼管 (SGP-VB)	屋内一般配管	ねじ接合	〃	20	〃	1,470	1,300	4,000
	〃	〃	〃	25	〃	2,050	1,820	4,920
	〃	〃	〃	32	〃	2,740	2,430	6,040
	〃	〃	〃	40	〃	3,140	2,790	6,640
	〃	〃	〃	50	〃	4,290	3,800	8,330
	〃	〃	〃	65	〃	6,040	5,360	9,180
	〃	〃	〃	80	〃	7,120	6,310	10,400
水道用硬質塩化 ビニルライニング 鋼管 (SGP-FVB)	〃	フランジ	〃	80	〃	18,100	21,900	9,850
	〃	〃	〃	100	〃	22,900	27,600	12,700
	〃	〃	〃	125	〃	28,600	34,500	15,100
	〃	〃	〃	150	〃	37,500	45,300	19,200
水道用硬質塩化 ビニルライニング 鋼管 (SGP-VD)	地中配管	ねじ接合	〃	20	〃	1,680	1,460	3,270
	〃	〃	〃	25	〃	2,120	1,850	4,000
	〃	〃	〃	32	〃	2,740	2,390	4,910
	〃	〃	〃	40	〃	3,080	2,690	5,390
	〃	〃	〃	50	〃	4,170	3,640	6,770
	〃	〃	〃	65	〃	5,850	5,110	8,840
	〃	〃	〃	80	〃	6,870	6,000	10,000

給水・排水

●はつり・補修工事、既存管撤去費は別途。

給水・排水設備工事 ②

名 称	規格・仕様				単位	単 価 (材料費)		単 価 (手間)
						直管	継手・支持金物等	
◆給水管更新								
一般配管用	屋内一般配管	圧縮接合等	呼径	20Su	m	1,020	1,910	2,830
ステンレス鋼管	〃	〃	〃	25	〃	1,260	2,330	3,600
(SUS304)	〃	〃	〃	30	〃	1,690	3,120	4,230
	〃	〃	〃	40	〃	2,060	3,820	5,290
	〃	〃	〃	50	〃	2,320	4,290	5,960
	〃	拡管式	〃	20	〃	1,020	2,090	2,830
	〃	〃	〃	25	〃	1,260	2,560	3,600
	〃	〃	〃	30	〃	1,690	3,430	4,230
	〃	〃	〃	40	〃	2,060	4,190	5,290
	〃	〃	〃	50	〃	2,320	4,710	5,960
	〃	〃	〃	60	〃	3,480	7,040	7,410
	〃	ハウジング	〃	60	〃	3,480	10,300	4,890
	〃	〃	〃	75	〃	5,620	16,600	6,150
	〃	〃	〃	80	〃	6,340	18,800	7,990
	〃	〃	〃	100	〃	8,100	20,600	15,700
	〃	〃	〃	125	〃	10,100	25,500	18,600
	〃	〃	〃	150	〃	16,600	41,900	23,000

●はつり・補修工事、既存管撤去費は別途。

名称	規格・仕様			単位	単価 (材料費)		単価 (手間)
					直管	継手・支持金物等	
◆ 給水管更新							
水道用耐衝撃性	屋内一般配管	呼径13㎜		m	170	280	1,690
硬質ポリ塩化ビニ	〃	〃 20		〃	270	450	2,290
ル管 (HIVP)	〃	〃 25		〃	290	490	2,730
	〃	〃 30		〃	450	760	2,910
	〃	〃 40		〃	580	870	3,730
	〃	〃 50		〃	1,050	1,570	4,720
	〃	〃 65		〃	1,470	2,200	6,020
	〃	〃 75		〃	2,180	3,270	7,020
水道配水用・給水	屋内一般配管 EF接合	呼称 20A		〃	230	800	4,620
用高密度ポリエチ	〃	〃 25		〃	280	980	5,540
レン管 (EF接合)	〃	〃 30		〃	400	1,400	6,460
	〃	〃 40		〃	580	2,030	7,390
水道配水用ポリエ	〃	〃 50		〃	850	2,970	8,310
チレン管(EF接合)	〃	〃 75		〃	1,730	6,050	9,250
	〃	〃 100		〃	2,790	9,760	10,100
	〃	〃 150		〃	4,930	17,200	12,300
水道配水用・給水	地中配管 EF接合	呼径 20A		〃	220	770	4,300
用高密度ポリエチ	〃	〃	〃 25	〃	270	940	5,230
レン管 (EF接合)	〃	〃	〃 30	〃	380	1,330	6,160
	〃	〃	〃 40	〃	550	1,920	7,090
水道配水用ポリエ	〃	〃	〃 50	〃	810	2,830	8,010
チレン管(EF接合)	〃	〃	〃 75	〃	1,650	5,770	8,940
	〃	〃	〃 100	〃	2,670	9,340	9,860
	〃	〃	〃 150	〃	4,710	16,400	12,000

名称	規格・仕様		単位	単価 (材料費)		単価 (手間)
				直管・さや管	継手類	
◆ 給水・給湯管更新						
架橋ポリエチレン管	ワンタッチ式継手	13A	m	520	3,510	4,340
〃	〃	16	〃	910	4,350	5,000
〃	〃	20	〃	1,120	5,450	6,680
ポリブテン管	ワンタッチ式継手	13A	〃	340	3,510	4,340
〃	〃	16	〃	460	4,350	5,000
〃	〃	20	〃	660	5,450	6,680

●はつり・補修工事、既存管撤去は別途。

給水・排水

◆排水管更新

名称	規格・仕様			単位	単価（材料費）直管	単価（材料費）継手・支持金物等	単価（手間）
排水用硬質塩化ビ	屋内一般配管　MD継手接合	呼径	40A	m	2,240	2,910	4,840
ニルライニング鋼	〃　　〃	〃	50	〃	3,050	3,960	5,740
管（D-VA）	〃　　〃	〃	65	〃	4,300	5,590	7,140
	〃　　〃	〃	80	〃	4,380	5,690	7,980
	〃　　〃	〃	100	〃	5,970	7,760	10,200
	〃　　〃	〃	125	〃	7,360	9,560	12,000
	〃　　〃	〃	150	〃	10,000	13,000	15,200
排水用硬質ポリ塩	地中配管　差込接着接合	呼径	40A	〃	450	380	3,540
化ビニル管（VP）	〃　　〃	〃	50	〃	630	530	4,490
	〃　　〃	〃	65	〃	810	680	5,700
	〃　　〃	〃	75	〃	1,240	1,040	6,650
	〃　　〃	〃	100	〃	1,830	1,530	8,610
	〃　　〃	〃	125	〃	2,360	1,960	10,500
	〃　　〃	〃	150	〃	3,550	2,960	12,400
	〃　　〃	〃	200	〃	5,290	4,410	16,300
排水用耐火二層管	屋内一般配管　差込みTS	呼称	40A	〃	1,380	1,590	4,800
（内管：VP	〃　　〃	〃	50	〃	1,690	1,950	6,100
商品名：TMP／FP）	〃　　〃	〃	65	〃	2,220	2,560	7,800
	〃　　〃	〃	75	〃	2,730	3,150	9,100
	〃　　〃	〃	100	〃	3,950	4,560	11,800
	〃　　〃	〃	125	〃	5,470	6,320	14,500
	〃　　〃	〃	150	〃	7,250	8,370	17,100
建物用耐火性硬質	屋内一般配管　耐火DV継手接合	呼称	40A	〃	970	1,330	4,040
ポリ塩化ビニル管	〃　　〃	〃	50	〃	1,180	1,630	5,120
	〃　　〃	〃	65	〃	1,640	2,250	6,520
	〃　　〃	〃	75	〃	1,970	2,710	7,600
	〃　　〃	〃	100	〃	2,880	3,960	9,810
	〃　　〃	〃	125	〃	4,060	5,590	12,000
	〃　　〃	〃	150	〃	5,350	7,360	14,200

◆排水管更新

名称	規格・仕様				単位	単価（材工共）
排水用特殊継手	屋内一般配管　メカニカル接合　呼径 80	本体は別途			個	9,140
（排水用集合管）	〃　　〃　　〃 100	〃			〃	11,000
	〃　　〃　　〃 125	〃			〃	13,200

●はつり・補修工事、既存管撤去は別途。
●排水用特殊継手には支持金物を含む。

給水・排水

名称	規格・仕様				単位	単価(材工共)
◆弁（バルブ）類更新						
管端コア付き仕切弁 (JIS10K)	鉛レス ねじ接合およびフランジ		呼径	20A	個	8,080
	//	//	//	25	//	11,000
	//	//	//	32	//	16,000
	//	//	//	40	//	21,100
	//	//	//	50	//	29,400
ナイロンライニングバルブ (JIS10K)	フランジ		//	65	//	63,700
	//		//	80	//	74,200
	//		//	100	//	108,000
	//		//	125	//	150,000
	//		//	150	//	181,000
ステンレスバルブ (JIS10K)	ねじ接合		//	20	//	13,000
	//		//	25	//	15,500
	//		//	32	//	20,400
	//		//	40	//	29,100
	//		//	50	//	35,000
仕切弁（JIS10K）	鉛レス ねじ接合およびフランジ		//	20	//	8,110
	//	//	//	25	//	10,500
	//	//	//	32	//	14,900
	//	//	//	40	//	20,100
	//	//	//	50	//	27,400
バタフライ弁	ナイロンコーティング レバー式		//	65	//	38,800
	//	//	//	80	//	45,800
	//	//	//	100	//	55,400
	//	//	//	125	//	79,500
	//	//	//	150	//	97,700
	//	ギア式	//	65A	//	40,800
	//	//	//	80	//	48,100
	//	//	//	100	//	58,300
	//	//	//	125	//	78,200
	//	//	//	150	//	96,200
逆止弁（JIS10K）	ナイロンコーティング スモレンスキ フランジ		呼径	40A	//	44,000
	//	//	//	50	//	52,100
	//	//	//	65	//	83,100
	//	//	//	80	//	95,300
	//	//	//	//	100	//	122,000
	//	//	//	//	125	//	162,000
	//	//	//	//	150	//	220,000

●単価には継手類、支持金物を含む。

給水・排水

名 称	規格・仕様				単位	単 価 (材工共)
◆弁（バルブ）類更新						
逆止弁（JIS10K）	鉛レス　リフトチャッキ　管端コアねじ接合			20A	個	6,740
〃	〃	〃	〃	25	〃	8,970
〃	〃	〃	〃	32	〃	12,200
〃	〃	〃	〃	40	〃	15,500
〃	〃	〃	〃	50	〃	23,000
〃	〃	ねじ接合		20	〃	6,440
〃	〃	〃		25	〃	8,560
〃	〃	〃		32	〃	11,400
〃	〃	〃		40	〃	13,700
〃	〃	〃		50	〃	20,500
◆付帯工事						
室内養生	室内の養生・清掃				戸	9,200〜
◆塩ビ製小口径ます						
排水ます （合流式 90Y）	ます径150　接続管径100　深さ　　〜 500				個	12,900
	〃　〃　　〃　〃　〃 501〜 600				〃	13,100
	〃　〃　　〃　〃　〃 601〜 700				〃	13,100
	〃　〃　　〃　〃　〃 701〜 800				〃	13,200
	〃　〃　　〃　〃　〃 801〜 900				〃	14,200
	〃　〃　　〃　〃　〃 901〜1000				〃	14,200
	〃　200　　〃　150　〃　　〜 500				〃	20,500
	〃　〃　　〃　〃　〃 501〜 600				〃	21,100
	〃　〃　　〃　〃　〃 601〜 700				〃	21,100
	〃　〃　　〃　〃　〃 701〜 800				〃	21,100
	〃　〃　　〃　〃　〃 801〜 900				〃	22,600
	〃　〃　　〃　〃　〃 901〜1000				〃	22,600
雨水ます （合流式 90Y）	〃　〃　　〃　〃　〃　　〜 500				〃	19,900
	〃　〃　　〃　〃　〃 501〜 600				〃	20,500
	〃　〃　　〃　〃　〃 601〜 700				〃	20,500
	〃　〃　　〃　〃　〃 701〜 800				〃	20,500
	〃　〃　　〃　〃　〃 801〜 900				〃	22,000
	〃　〃　　〃　〃　〃 901〜1000				〃	22,000

●弁単価には継手類、支持金物を含む。
●ます単価には立上管、蓋を含み、土工事は含まない。蓋はミカゲ、防臭型とする。

給水・排水

給水・排水設備工事 ⑦ 　調査価格 （経済調査会調べ）

名　称	規格・仕様	単位	単　価 (搬入費)
◆ 受水槽改修			
受水槽　FRP製	容量20m³	基	144,000
	〃 30	〃	198,000
	〃 50	〃	296,000
受水槽　ステンレス製	〃 20	〃	200,000
	〃 30	〃	249,000
	〃 50	〃	328,000
高置水槽　FRP製	〃 10	〃	145,000
	〃 15	〃	218,000
	〃 20	〃	292,000
高置水槽　ステンレス製	〃 10	〃	197,000
	〃 15	〃	248,000
	〃 20	〃	293,000
◆ ポンプ改修			
横型多段渦巻ポンプ	出力 5.5kW	基	56,900
	〃 7.5	〃	69,300
圧力給水ポンプユニット	〃 5.5　×2	組	99,700
（ポンプ2台）	〃 7.5　×2	〃	114,000
	〃 11.0　×2	〃	128,000
直結給水増圧装置	〃 5.5　×2	〃	101,000
（ポンプ2台）	〃 7.5　×2	〃	107,000
	〃 11.0　×2	〃	140,000
排水水中ポンプ	出力1.5kW×2　制御装置内蔵型 (フロートスイッチ付)	〃	51,200
（自動運転×2台1組）	※機器本体の価格は別途		
	〃 2.2kW×2　　〃　　　　　〃　　　　　〃	〃	56,700

1．単価は受水槽、ポンプおよび架台の搬入費を示す。
2．機器本体は、能力・仕様により価格が大きく変わるため単価には含まない。
3．架台の価格は含まない。
4．受水槽・高置水槽のパネル組立費は含まない。

給水・排水

受水槽・高置水槽
（FRP製）

横型多段渦巻ポンプ

圧力給水ポンプ
ユニット

直結給水
増圧装置

排水水中ポンプ

調査価格 (経済調査会調べ)

名称	規格・仕様				単位	単価(材工共)
◆ 保温工事						
グラスウール	保温筒・鉄線・アルミガラスクロス	呼径 20A	保温厚20㎜		m	1,980
(屋内隠蔽)	〃	〃 25	〃	〃	〃	2,120
・天井内	〃	〃 32	〃	〃	〃	2,270
・パイプシャフト内	〃	〃 40	〃	〃	〃	2,420
	〃	〃 50	〃	〃	〃	2,580
	〃	〃 65	〃	〃	〃	2,780
	〃	〃 80	〃	〃	〃	2,950
	〃	〃 100	〃 25㎜	〃	〃	4,220
	〃	〃 125	〃	〃	〃	4,980
	〃	〃 150	〃	〃	〃	5,700
グラスウール	材料:保温筒・鉄線・ポリエチレンフィルム・ステンレス鋼板(厚0.2㎜)	呼径 20A	保温厚20㎜		〃	5,870
(屋外露出)	〃	〃 25	〃	〃	〃	6,250
・屋上	〃	〃 32	〃	〃	〃	6,690
・バルコニー	〃	〃 40	〃	〃	〃	7,110
(開放廊下含む)	〃	〃 50	〃	〃	〃	7,560
・多湿箇所	〃	〃 65	〃	〃	〃	8,130
	〃	〃 80	〃	〃	〃	8,610
	〃	〃 100	〃 25㎜	〃	〃	12,600
	〃	〃 125	〃	〃	〃	15,100
	〃	〃 150	〃	〃	〃	17,500
グラスウール	材料:保温筒・鉄線・アルミホイルペーパー・きっ甲金網	呼称 20A	保温厚20㎜			1,580
(屋内隠蔽)	〃	〃 25	〃	〃	〃	1,690
・天井内	〃	〃 32	〃	〃	〃	1,810
・パイプシャフト内	〃	〃 40	〃	〃	〃	1,930
	〃	〃 50	〃	〃	〃	2,060

管　鉄線　アルミガラスクロス
グラスウール保温筒

屋内隠蔽

管　鉄線　ステンレス鋼板(厚0.2mm)
グラスウール保温筒　ポリエチレンフィルム

屋外露出

管　鉄線　アルミホイル　きっ甲金網
グラスウール保温筒　ペーパー

屋内隠蔽

給水・排水

給水・排水設備工事 ⑨

名 称	規格・仕様	単位	単価 (材工共)
◆ 保温工事			
グラスウール	材料：保温筒・鉄線・アルミホイルペーパー・きっ甲金網　呼称 65A　保温厚20㎜	m	2,220
（屋内隠蔽）	〃　〃 80　〃 〃	〃	2,360
・天井内	〃　〃 100　〃 25㎜	〃	3,230
・パイプシャフト内	〃　〃 125　〃 〃	〃	3,840
	〃　〃 150　〃 〃	〃	4,430
ポリスチレンフォーム	材料：保温筒・粘着テープ・ポリエチレンフィルム・ステンレス鋼板(厚0.2㎜)　呼径 20A　保温厚20㎜	〃	5,880
（屋外露出）	〃　〃 25　〃 〃	〃	6,260
・屋上	〃　〃 32　〃 〃	〃	6,700
・バルコニー	〃　〃 40　〃 〃	〃	7,120
（開放廊下含む）	〃　〃 50　〃 〃	〃	7,580
・多湿箇所	〃　〃 65　〃 〃	〃	8,150
	〃　〃 80　〃 〃	〃	8,630
	〃　〃 100　〃 25㎜	〃	10,300
	〃　〃 125　〃 〃	〃	12,300
	〃　〃 150　〃 〃	〃	14,300
◆ アンカー工事			
ホールインアンカー		カ所	700
ケミカルアンカー		〃	1,860

給水・排水

ARケミカル
セッター　HP

オールアンカー　C

シーティー
アンカー　GT

トルコンアンカー
AW-BW

トルコンアンカー
TCW

写真提供　サンコーテクノ（株）

品名・品番	仕様	単位	単価(材料費)	メーカー
◆ 水道用ポリエチレン管				
スーパータフポリ	直管　呼び径20×L5m	本	1,800	クボタケミックス
	〃　　　　25　〃	〃	2,160	☎03-5695-3274
	〃　　　　30　〃	〃	3,090	
	〃　　　　40　〃	〃	4,420	
	〃　　　　50　〃	〃	6,500	
	〃　　　　65　〃	〃	10,730	
	EF受口付（片受）直管　呼び径50	〃	10,220	
	枝付き直管　呼び径25×20	〃	8,020	
	〃　　　　30　20	〃	8,450	
	〃　　　　40　20	〃	11,290	
	〃　　　　50　20	〃	12,200	
	〃　　　　65　20	〃	19,940	
	継手　EFソケット　呼び径20	〃	1,450	
	〃　　　　　　25	〃	1,700	
	〃　　　　　　30	〃	1,750	
	〃　　　　　　40	〃	2,160	
	〃　　　　　　50	〃	2,910	
	〃　　　　　　65	〃	4,060	
	〃　　EFエルボ　呼び径20	〃	1,890	
	〃　　　　　　25	〃	2,010	
	〃　　　　　　30	〃	2,050	
	〃　　　　　　40	〃	3,470	
	〃　　　　　　50	〃	9,090	
	〃　　　　　　65	〃	9,870	
KC耐火ビニルパイプ	直管　呼び径　40×L4m	〃	4,380	
	〃　　　　50　〃	〃	5,330	
	〃　　　　65　〃	〃	7,360	
	〃　　　　75　〃	〃	8,880	
	〃　　　　100　〃	〃	12,950	
	〃　　　　125　〃	〃	18,290	
	〃　　　　150　〃	〃	24,120	
KC耐火透明継手DV	90°エルボ　呼び径　40	個	740	
	〃　　　　50	〃	910	
	〃　　　　65	〃	1,110	
	〃　　　　75	〃	1,280	
	〃　　　　100	〃	1,880	
	〃　　　　125	〃	2,820	
	〃　　　　150	〃	4,400	

給水・排水

給水・排水設備工事 ②

品名・品番		仕様	単位	単価 (材料費)	メーカー
◆ 水道用ポリエチレン管					
エスロハイパーAW	EF枝付片受直管	25A×20A×L3.2m	本	10,800	積水化学工業 ☎03-5521-0641
	〃	30 〃 〃	〃	11,320	
	〃	40 〃 〃	〃	14,920	
	〃	50 〃 〃	〃	16,780	
	〃	65 〃 〃	〃	26,620	
	〃	75 〃 〃	〃	36,890	
	〃	30 25 〃	〃	11,550	
	〃	40 〃 〃	〃	15,180	
	〃	50 〃 〃	〃	17,120	
	〃	65 〃 〃	〃	26,990	
	〃	75 〃 〃	〃	37,310	
	直管	20 ×L3.12m	〃	1,200	
	〃	25 〃	〃	1,540	
	〃	30 〃	〃	2,140	
	〃	40 〃	〃	3,070	
	〃	50 〃	〃	4,270	
	〃	65 〃	〃	7,020	
	〃	75 〃	〃	9,060	
	EFソケット	20 ※かんたんクランプ同梱	個	1,680	
	〃	25 〃	〃	1,950	
	〃	30 〃	〃	2,030	
	〃	40 〃	〃	2,510	
	〃	50 〃	〃	2,710	
	〃	65	〃	4,070	
	〃	75	〃	5,100	
	EFエルボ	20 ※かんたんクランプ同梱	〃	2,050	
	〃	25 〃	〃	2,170	
	〃	30 〃	〃	2,240	
	〃	40 〃	〃	3,900	
	〃	50 〃	〃	4,550	
	〃	65	〃	6,930	
	〃	75	〃	8,840	
	EFスクリュージョイント	オネジソケット 20A ※かんたんクランプ同梱	〃	4,750	
	〃	メネジソケット 〃 〃	〃	5,100	
◆ 水道用フレキシブル管					
キーロン ホットステンレスフレキHF	HFフレキ管 単山形状 (SUS316L) 15A×L25m オレンジ・ブルー		巻	35,400	協成 ☎03-5642-2302
	〃	〃 〃 20 〃 〃	〃	56,100	
ソフレックスAQ WHF2	フレキ管 20A×30m巻 原管：SUS316L 被覆：軟質塩化ビニル		巻	66,060	プロテリアル ☎044-385-9381
WHF2-MS	オネジアダプター 20A 本体：鉛レス青銅 ナット：鉛レス青銅		個	3,170	
WHF2-FS	メネジアダプター 〃 〃 〃		〃	3,170	

品名・品番		仕様	単位	単価 (材料費)	メーカー
◆給水・給湯用架橋ポリエチレン管					
ダブルロックジョイント					オンダ製作所
カポリパイプ	PEX13C-PB5-50	架橋ポリエチレン管　呼径13A　5mm被覆　ブルー	m	610	☎048-859-2110
	PEX13C-PP5-50	〃　　　　　　〃　　　　　〃　　　ピンク	〃	610	
被覆イージーカポリパイプ　※		架橋ポリエチレン管　低巻き筒タイプ　呼び径13A　5mm被覆　　ブルー	〃	730	※ピンクもあり
PEX13C-PB5-Y30					
PEX16C-PB5-Y30		〃　　　　〃　　　16　〃　　　〃	〃	950	
PEX20C-PB5-Y30		〃　　　　〃　　　20　〃　　　〃	〃	1,240	
PEX13C-PB5-3		〃　　直管タイプ　13　〃　　　〃	〃	833	
PEX16C-PB5-3		〃　　　　〃　　　16　〃　　　〃	〃	1,200	
PEX20C-PB5-3		〃　　　　〃　　　20　〃　　　〃	〃	1,667	
PEX13C-EB-3		〃　　　　〃　　　13　エラストマー　〃	〃	733	
PEX16C-EB-3		〃　　　　〃　　　16　〃　　　〃	〃	1,033	
PEX20C-EB-3		〃　　　　〃　　　20　〃　　　〃	〃	1,467	
コルゲートイージーカポリ　※					
PEX13C-CB-Y30		呼径13A　30m　　　ブルー	〃	730	
PEX16C-CB-Y30		16A　〃　　　〃	〃	950	
PEX20C-CB-Y30		20A　〃　　　〃	〃	1,240	
PEX13C-CB-3		13A　直管3m　　〃	〃	833	
PEX16C-CB-3		16A　〃　　　〃	〃	1,200	
PEX20C-CB-3		20A　〃　　　〃	〃	1,667	
ダブルロックジョイント					
レボス	RPJ3-13	ソケット　呼径13A	〃	2,270	
	RPJ3A-16	〃　　　　16	〃	3,180	
	RPJ3A-1613	異径ソケット　呼径16A×13A	〃	3,180	
	RPL3-13	なめらかエルボ　呼径13A	〃	2,390	
	RPL3A-16	〃　　　　　16	〃	3,300	
	RPT1-13	チーズ　呼径13A	〃	3,400	
	RPT1A-16	〃　　16	〃	4,490	
	RPT1A-161313	異径チーズ　呼径16A×13A×13A	〃	4,490	
	RPT1A-161316	〃　　　〃　　　〃　16	〃	4,490	
	RPT1A-161613	〃　　　〃　　16　13	〃	4,490	
継手	CBW7A-1620M-S	逆止弁付ボールバルブ　呼径16A×3/4	個	6,300	
	WJ18A-2016-S	ナット付アダプター　　　　〃	〃	3,610	
	WT1A-16-S	チーズ　呼径16A	〃	5,720	
	WT1A-161316-S	〃　　16A×13A×16A	〃	5,720	
	WT1A-161313-S	〃　　〃　　　〃　13	〃	5,720	
	WT1-13-S	〃　　13A	〃	4,680	
	WPT1A-16-S	樹脂チーズ　呼径16A	〃	3,740	
	WPT1A-161316-S	〃　　　16A×13A×16A	〃	3,740	
	WPT1A-161313-S	〃　　　〃　　　〃　13	〃	3,740	
	WPT1-13-S	〃　　呼径13A	〃	2,800	

給水・排水

品名・品番	仕様	単位	単価 (材料費)	メーカー
◆給水・給湯用架橋ポリエチレン管				
継手　WJ1-1313-S	オスねじアダプター　　呼径R1/2×13A	個	2,100	オンダ製作所
WJ1A-2016-S	〃　　　　　　　　3/4×16	〃	2,660	☎048-859-2110
WJ18-1313-S	ナット付アダプター　　呼径G1/2×13A	〃	2,660	
CBW7-1313M-S	逆止弁ボールバルブ　呼径13A×G1/2	〃	4,900	
WJ8-1313-S	配管アダプター　呼径RC1/2×13A	〃	3,010	
WL5-1313-S	座付水栓エルボ　呼径RP1/2×13A	〃	3,010	
WL6-1313-S	逆座水栓エルボ　呼径RP1/2×13A	〃	3,010	
WL33-1313-S	両座水栓エルボ　呼径RP1/2×13A	〃	3,740	
WL69-1313-13-S	WL69型　おふロック　UB壁貫通継手　RP1/2×13A	〃	5,250	
WL69-1313-25-S	〃　　　　　〃　　　　　〃　　　ロングタイプ	〃	5,490	
エスロペックスCV	架橋ポリエチレン管　呼径13A　被覆付50m　給水用ブルー	巻	31,200	積水化学工業
	〃　　　　　　〃　　　　　　〃　　　給湯用オレンジ	〃	31,200	☎03-5521-0641
	〃　　　　呼径16A　被覆付50m　給水用ブルー	〃	47,290	
	〃　　　　　　〃　　　　　〃　　　給湯用オレンジ	〃	47,290	
エスロカチットS継手	チーズ　呼径13A	個	2,660	
	〃　　　　16A	〃	3,580	
	〃　　　　16A×13A	〃	3,570	
	〃　　　　16A×13A×13A	〃	3,330	
	エルボ　　13A	〃	1,880	
	〃　　　　16A	〃	2,690	
	オスアダプター　　呼径13A×R1/2	〃	2,370	
	〃　　　　　　　16A　〃	〃	2,960	
	ユニオンアダプター　　呼径13A×G1/2	〃	2,390	
	〃　　　　　　　16A　〃	〃	3,130	
	両座付給水栓エルボ　呼径13A×Rp1/2	〃	2,480	
	〃　　　　　　　16A　〃	〃	3,060	
HC-13HON5B	呼径13A　被覆5mm　25m　給水用ブルー	巻	23,500	三菱ケミカル
HC-16HON5B	16　　〃　　〃　　〃	〃	30,700	インフラテック
HC-13HON5P	13　　〃　　〃　　給湯用ピンク	〃	23,500	☎03-6629-1275
HC-16HON5P	16　　〃　　〃　　〃	〃	30,700	
R-MZE-FJ-13	エルボソケット　　13A×13A	個	1,870	
R-MZE-FJ-16	〃　　　　16　16	〃	2,640	
R-MZE-FJ-1613	〃　　　　16　13	〃	2,640	
R-MZT-13	チーズソケット　　13　〃　×13A	〃	2,640	
R-MZT-16	〃　　　　16　16　16	〃	3,520	
R-MZT-1613	〃　　　　16　13　〃	〃	3,520	
R-MZT-1613W	〃　　　　16　〃　13	〃	3,520	
R-MZT-161613	〃　　　　〃　16　〃	〃	3,520	
MZ-15-13M	オスアダプタ　　R1/2×13A	〃	1,870	
MZ-15-16M	〃　　　　〃　16	〃	2,370	
MZ-15-13F	ユニオンアダプタ　G1/2×13A	〃	2,530	
MZ-15-16F	〃　　　　〃　16	〃	3,280	

給水・排水

品名・品番	仕様				単位	単価 (材料費)	メーカー

◆排水用硬質塩化ビニル管

品名・品番	仕様				単位	単価	メーカー
排水用硬質塩化ビニルライニング鋼管 キーロンDL	WSP042規格品	100A×L5500		10本/束	本	80,960	協成 ☎03-5642-2302
エパフリー CFP-50	呼径 50×	600	埋設用		本	7,300	ユーシー産業 ☎06-6261-8870
CFP-65	65	〃	〃		〃	10,100	
CFP-75S	75	500	〃		〃	15,700	
CFP-75	75	700	〃		〃	16,300	
CFP-100S	100	500	〃		〃	26,600	
CFP-100	100	800	〃		〃	28,400	
CFP-125	125	〃	〃		〃	37,700	
CFP-150	150	〃	〃		〃	40,700	
CFP-200	200	〃	〃		〃	56,000	
BFP-30-1000L	30	1000	屋外用		〃	4,900	
BFP-40-1000L	40	〃	〃		〃	6,100	
BFP-50-1000L	50	〃	〃		〃	7,300	
BFP-75-1000L	75	〃	〃		〃	16,300	
BFP-75-1500L	〃	1500	〃		〃	18,700	
BFP-75-2000L	〃	2000	〃		〃	22,100	
BFP-100-1000L	100	1000	〃		〃	24,100	
BFP-100-1500L	〃	1500	〃		〃	28,300	
BFP-100-2000L	〃	2000	〃		〃	33,700	
BFP-125-1000L	125	1000	〃		〃	28,700	
BFP-125-1500L	〃	1500	〃		〃	33,800	
BFP-125-2000L	〃	2000	〃		〃	41,000	
BFP-150-1000L	150	1000	〃		〃	30,700	
BFP-150-1500L	〃	1500	〃		〃	38,500	
BFP-150-2000L	〃	2000	〃		〃	47,000	
BFP-200-1000L	200	1000	〃		〃	47,500	
BFP-200-1500L	〃	1500	〃		〃	59,500	
BFP-200-2000L	〃	2000	〃		〃	73,600	

◆排水用耐火パイプ

品名・品番	仕様	単位	単価	メーカー
エスロン耐火VPパイプ FS-VP	呼径 75A×L2900	本	9,260	積水化学工業 ☎03-5521-0641
	〃 100 〃	〃	13,230	

給水・排水

給水・排水設備工事 ⑥

品名・品番	仕様	単位	単価 (材料費)	メーカー
◆ 排水用耐火パイプ				
エスロン耐火VPパイプ FS-VP	呼径 40A×L4000	本	5,430	積水化学工業 ☎03-5521-0641
	〃 50 〃	〃	6,620	
	〃 65 〃	〃	9,140	
	〃 75 〃	〃	10,990	
	〃 100 〃	〃	16,010	
	〃 125 〃	〃	22,630	
	〃 150 〃	〃	29,770	
耐火VPパイプ用遮音カバー	50A (立て管サイズ) W116㎜ 入数:6本(2本/袋×3) 梱包数量:10.6kg/個	〃	4,840	
	65A 〃 141㎜ 〃 〃 12.4	〃	5,040	
	75A 〃 162㎜ 〃 〃 8.8	〃	5,180	
	100A 〃 201㎜ 〃 〃 10.5	〃	5,390	
遮音カバー用ジョイントテープ	入数:12巻 L10m	巻	7,460	
エスロン耐火DV継手 FS-DV	90°エルボ 呼径 40	個	840	
	〃 50	〃	1,050	
	〃 65	〃	1,270	
	〃 75	〃	1,470	
	〃 100	〃	2,140	
	〃 125	〃	3,220	
	〃 150	〃	5,020	
	ソケット 呼径 40	〃	640	
	〃 50	〃	740	
	〃 65	〃	880	
	〃 75	〃	970	
	〃 100	〃	1,290	
	〃 125	〃	1,990	
	〃 150	〃	2,950	
コンパクト掃除口付継手 FSCT75	呼径 75	〃	5,290	
FSCT1H	100	〃	5,870	
耐火DV遮音継手	45°エルボ 呼径 75	〃	2,120	
	〃 100	〃	2,980	
エスロン耐火AD継手 HG	本体1方向 呼径100-50	〃	21,280	
	100-65	〃	21,280	
	〃 100-75	〃	21,280	
	本体2方向 100-65×50	〃	23,000	
	〃 100-75×50	〃	23,000	
	〃 100-75×65	〃	23,000	
耐火プラADミニ継手 FS-PAD-M	本体1方向 100-50	〃	9,200	
	〃 100-65	〃	9,200	
	〃 100-75	〃	9,200	
	本体2方向 100-50×50	〃	10,930	
	〃 100-65×50	〃	10,930	
	〃 100-65×65	〃	10,930	
	〃 100-75×50	〃	10,930	
	〃 100-75×65	〃	10,930	
	〃 100-75×75	〃	10,930	

給水・排水

給水・排水設備工事 ⑦

品名・品番	仕様	単位	単価(材料費)	メーカー
◆ フレキシブル管継手				
ピュアジョイント	呼径100A　L250　ゴム製　給水一次側に使用	個	60,500	TOZEN
	150　　〃　　　〃　　　　　〃	〃	93,500	☎050-3538-2091
フレキシブルチューブTF-48000	20A接液部ステンレス　全長1000L	m	9,000	トーフレ
	25A　　〃　　　　〃	〃	10,120	☎03-5297-3297
	32A　　〃　　　　〃	〃	12,150	
	40A　　〃　　　　〃	〃	14,300	
	50A　　〃　　　　〃	〃	16,340	
MDジョイント　SS	スリップジョイント　　　呼径1½インチ	個	6,660	長谷川鋳工所
	〃　　　　　　　　2	〃	7,200	☎048-226-3311
	〃　　　　　　　2½	〃	9,450	
	〃　　　　　　　　3	〃	13,150	
	〃　　　　　　　　4	〃	17,740	
	〃　　　　　　　　5	〃	26,640	
FPS	鋳鉄管用パッキンセット　2	〃	2,750	
	〃　　　　　　　2½	〃	3,820	
	〃　　　　　　　　3	〃	4,640	
	〃　　　　　　　　4	〃	5,480	
	〃　　　　　　　　5	〃	8,940	
◆ ステンレス継手				
ストラブ・グリップGXタイプ	呼径　15A　GX　15E	個	8,300	ショーボンドマテリアル
	20　　　　20E	〃	8,500	☎03-6861-7411
	25　　　　25E	〃	8,800	
	32　　　　32E	〃	9,200	
	40　　　　40E	〃	9,500	
	50　　　　50E	〃	9,900	
	65　　　　65E	〃	12,900	
	80　　　　80E	〃	14,000	
	100　　　100E	〃	15,300	
	125　　　125E	〃	23,000	
	150　　　150E	〃	27,900	
	200　　　200E	〃	63,000	
◆ 漏水補修材				
ストラブ・クランプCタイプ	呼径　20　C-20ES	個	7,200	ショーボンドマテリアル
	25　C-25ES	〃	9,200	☎03-6861-7411
	32　C-32ES	〃	10,500	
	40　C-40ES	〃	11,500	
	50　C-50ES	〃	11,700	
	65　C-65ES	〃	13,700	
	80　C-80ES	〃	16,000	
	100　C-100ES	〃	18,200	
	125　C-125ES	〃	24,900	
	150　C-150ES	〃	27,500	

給水・排水

品名・品番	仕様			単位	単価 (材料費)	メーカー
◆ ステンレス継手						
そろばん継手 (アバカス継手)	エルボ	呼径20Su		個	3,400	東尾メック ☎0721-53-2281
	〃	40		〃	9,000	
	やり取り	20		〃	4,890	
	〃	40		〃	12,520	
	アバカスバルブ	20		〃	20,400	
	〃	40		〃	39,300	
KKベスト	エルボ	20		〃	3,400	
	〃	40		〃	9,000	
	チーズ	20		〃	5,320	
	径違いチーズ	40Su×20Su		〃	14,780	
	メスネジチーズ	40　×Rc3/4		〃	15,200	
EGジョイント	90°エルボ	呼径20Su		個	3,100	ベンカン ☎03-3777-1531
	ティー	〃		〃	6,120	
	レジューサ	20Su×13Su		〃	3,560	
	やり取りソケット	20Su		〃	5,500	
	キャップ	〃		〃	5,520	
リケンステンレス配管システム						リケン ☎03-3230-3920
コマ・サスフィット(ソケット)	呼径50Su	本体:SCS13 (SUS304相当)	ゴムパッキン:耐熱耐塩素EPDM	個	6,810	
サストップシステム(ハウジング)	50A/60Su	SCS14 (SUS316相当)	ガスケット:耐熱耐塩素EPDM	〃	12,230	
サストップシステム(フィッティングエルボ)	〃	〃　　　〃	〃	〃	8,580	
CH-LA継手	50A	SUS304	EPDM	〃	10,650	
GR-LA継手	〃	〃	〃	〃	11,010	
◆ 青銅製継手						
キーロン ホットステンフレキ HF 青銅製 継手	オスネジ	呼径15A	単山	個	2,410	協成 ☎03-5642-2302
	〃	20	〃	〃	2,780	
	メスネジ	15	〃	〃	2,410	
	〃	20	〃	〃	2,780	
	チーズ	15A×15A×15A	〃	〃	6,600	
	〃	20　20　20	〃	〃	7,610	
	径違いチーズ	〃　15　〃	〃	〃	7,240	
	片ナット	15A×Rp1/2	〃	〃	3,500	
	L座付水栓エルボ	15	〃	〃	4,670	
	ソケット	〃	〃	〃	3,530	
	〃	20	〃	〃	4,280	
	径違いソケット	20A×15A	〃	〃	4,160	
	床出し	15	〃	〃	3,340	

給水・排水

給水・排水設備工事 ⑨

品名・品番	仕様				単位	単価 (材料費)	メーカー
◆排水継手							
ヤリトリ伸縮継手 　CUVP　SLR	呼径 75	本体：透明	屋内排水	VP管用	個	2,120	アロン化成 ☎03-3502-1443
	100	〃	〃	〃	〃	4,090	
	125	〃	〃	〃	〃	5,440	
	150	〃	〃	〃	〃	7,290	
更新用排水継手　スリムシリーズ 　1HQ60-S	排水高60㎜　継手本体　VGパッキン　KOパッキン　スペーサ 六角ナット　Tボルト　シートパッキン　スリップワッシャ				個	80,300	小島製作所 ☎052-361-6551
1HQ220S/235S/275S	排水高220・235・275㎜　継手本体　VGパッキン　KOパッキン スペーサ　六角ナット　Tボルト　シートパッキン　スリップワッシャ				〃	82,500	
1HQ300S/325S/340S	排水高300・325・340㎜　継手本体　VGパッキン　KOパッキン スペーサ　六角ナット　Tボルト　シートパッキン　スリップワッシャ				〃	88,000	
1KST	排水高60㎜～　継手本体　VGパッキン　KOパッキン　スペーサ				〃	54,800	
◆弁類							
機械式緊急遮断弁　EIM-2N型	呼径 50A	本体：ステンレス製	水道法性能基準適合品		セット	1,230,000	ベン ☎03-3759-0170
	65	〃	〃		〃	1,248,000	
	80	〃	〃		〃	1,279,000	
	100	〃	〃		〃	1,420,000	
EIM-3N型	50	青銅製	〃		〃	969,000	
	65	〃	〃		〃	1,042,000	
	80	〃	〃		〃	1,098,000	
	100	〃	〃		〃	1,204,000	
つなぎ名人　ダイレクト仕切弁B10EGN	ゲート弁　呼径15A	CAC406＋HIPVC			個	11,000	大和バルブ ☎03-3492-6221
	〃　　　　20	〃			〃	14,100	
	〃　　　　25	〃			〃	20,300	
ワイズマンECO　GD-46PP	減圧弁　バイパス付　鉛レス処理				台	28,100	ヨシタケ ☎03-6858-9351
GD-46SP	〃　　　　〃　　　　〃　　　止水栓付　温水にも適用				〃	31,300	
◆サドル							
排水鋼管用可とうサドル	呼径 50×40	本体材質：FCD450-10			個	10,040	東亜高級継手 バルブ製造 ☎03-3944-5715
	65 〃	〃			〃	13,080	
	75 〃	〃			〃	13,870	
	65 50	〃			〃	17,120	
	75 〃	〃			〃	17,300	
	100 〃	〃			〃	17,480	

給水・排水

給水・排水設備工事 ⑩

品名・品番	仕様	単位	単価(材料費)	メーカー
◆ 防火区画貫通部材				
耐火遮音カバー　IRLP	75Aタイプ　　使用管種：VP管	m	2,290	因幡電機産業 ☎03-5783-1721
IRLP	100　　　　　　　〃	〃	2,620	
IRLP	125	〃	4,650	
耐火プラグS　IRG-28T	φ28以下　架橋ポリエチレン管　ポリブテン管　さや管の貫通	個	1,210	
〃　IRG-48T	φ48以下　　〃　　　　〃　　　　〃	〃	1,640	
耐火テープL　IRTW-L	呼径200A以下のポリエチレン管の貫通	巻	63,530	
耐火テープ 排水タイプN　IRTV-NY	L1500mm　床用	〃	19,000	
IRTV-NK	〃　　壁用	〃	12,710	
◆ 給水管ダクト				
リフォームダクト　JD-13N	VP,PE,PB管　13A	本	2,540	因幡電機産業 ☎03-5783-1721
〃　JD-20N	〃　　　16A　20A	〃	3,390	
〃　TJD-20	〃　　〃　　〃	〃	6,170	
◆ ベントキャップ				
掃兼型ベントキャップ 通常品(VCO)	呼径 80　掃除口兼用　開閉式蓋　防鳥帯一体　アルミ鋳物製	個	35,500	伊藤鉄工 ☎048-224-3986
	100　〃　　〃　　〃　　〃	〃	39,100	
	125　〃　　〃　　〃　　〃	〃	54,900	
防虫網付(VCOM)	80　〃　　〃　　〃　　〃	〃	56,700	
	100　〃　　〃　　〃　　〃	〃	61,200	
	125　〃　　〃　　〃　　〃	〃	80,300	
◆ 空調機用排水トラップ				
A・トラップ　32A	350×180×H200　FRP製	台	42,000	ジエス ☎03-3263-1578
40A	〃　〃　〃　〃	〃	42,000	
50A	〃　〃　〃　〃	〃	46,000	
A・トラップ　保温型　32A	400　200　210　〃	〃	64,000	
40A	〃　〃　〃　〃	〃	64,000	
50A	〃　〃　〃　〃	〃	68,000	
C・トラップ　25A型	外径 73×W150×H 82　ポリカーボネート製　機内静圧0～500Pa	〃	12,000	
30A型	〃　158　87　〃　　〃　〃	〃	13,500	
40A型	95　191　108　〃　　〃　〃	〃	16,000	
50A型	113　219　127　〃　　〃　〃	〃	19,000	
C・トラップ　保温型　25A	81　150　101　〃	〃	15,000	
30A	〃　158　106　〃	〃	16,500	
40A	102　191　125　〃	〃	19,500	
50A	120　219　144　〃	〃	23,000	
◆ 雨水ます				
塩ビ製雨水マス	管路100　マス径150	個	5,300	アロン化成 ☎03-3502-1443
	150　　　200	〃	12,400	
	200　　　300	〃	34,600	

給水・排水

給水・排水設備工事 ⑪

品名・品番	仕様	単位	単価（材料費）	メーカー
◆水道用メーターユニット（集合住宅パイプシャフト）				
メーターユニットCMFⅡ-F	減圧弁なし　メーター口径20mm	台	32,890	竹村製作所
〃　　　　　AF	減圧弁付　〃	〃	52,500	☎0120-107-210
RMUP3・EPRCEAXSG	減圧弁付メーターユニット　　20A	個	39,680	日邦バルブ
SMUP3・EPRCEAXSG	減圧弁無メーターユニット　　20A	〃	26,450	☎0263-58-2705
NAV-ODC4	吸排気弁　　25A	〃	27,300	
MBU-S2	強化枠付メーターバイパスユニット　75A	〃	1,593,900	
◆増圧ポンプ				
直結給水用ブースタポンプ				川本製作所
KDP3-40A2.2A	34戸程度　8階程度まで対応	台	4,997,000	☎03-3946-4131
	口径40A　最大吐出量：320ℓ/分			
KDP3-50A7.5A	100戸程度　14階程度まで対応	〃	8,547,000	
	口径50A　最大吐出量：450ℓ/分			
SDP-80R7.5A	200戸程度　14階程度まで対応	〃	13,768,000	
	口径80A　最大吐出量：920ℓ/分			
◆排水ポンプ				
WUP4-505-0.4S	非自動型（1台）　　樹脂　口径50A　110ℓ/分	台	77,300	川本製作所
WUP4-505-0.75L,LN	自動交互内蔵型（1セット2台）〃　〃　250ℓ/分	〃	219,000	☎03-3946-4131
◆給水タンク				
鋼板製一体型受水槽（標準型）	有効容量10m³（W2000×L3000×H2380）設計震度KH=0.6〜2.0	基	2,200,000	エヌ・ワイ・ケイ
	30　　3000　5000　2850　　　　〃	〃	3,530,000	☎03-3281-1946
	50　　〃　　8000　2920　　　　〃	〃	4,800,000	
◆エコジョーズ				
長府エコジョーズ　GFK-S2051WKA	屋外壁掛　オート　20号　W470×H600×D230	台	338,000	長府製作所
GFK-S2451WKA	〃　　　〃　　24　〃　　〃　　〃	〃	359,000	☎03-5369-3511
GK-S2030K	〃　　給湯専用　20　350　520　200	〃	174,000	リモコン別途
GK-S2430K	〃　　〃　　24　〃　　〃　　〃	〃	188,000	
エコジョーズ　GT-C2472PWAWBL	屋外壁掛　フルオート　24号　W469×H600×D240	台	533,300	ノーリツ
GT-C2472PAWBL	〃　　〃　　〃　　〃　　〃	〃	483,300	☎0120-911-026
GT-C2472AWBL	〃　　〃　　〃　　〃　　〃	〃	443,600	
GT-C2472AW-TBL	PS扉内　〃　　〃　　〃	〃	443,600	リモコン別途
GT-C2472AW-LBL	PSアルコーブ〃　〃　　〃	〃	452,700	
RUF-E2007AW（A）	屋外壁掛　フルオート高効率　20号　W470×H600×D240	台	415,500	リンナイ
RUF-E2406AW（A）	〃　　〃　　〃　24　〃　　〃	〃	440,300	☎052-361-8211 リモコン別途
◆エコキュート				
EHP-3704AX	一般地仕様 スリムタイプ フルオート　貯湯ユニット：W560×H2130×D630	台	864,000	長府製作所
EHP-3104AX	〃　　〃　　〃　310ℓ　〃　　1844　〃	〃	842,000	☎03-5369-3511 リモコン別途
HE-C30KQS	屋外設置　角型　フルオート　300ℓ W600×H1530×D680	台	757,000	パナソニック ☎0120-187-910 リモコン別途

給水・排水

配管更生工事

●配管更生工事とは

配管更生工事とは、老朽化した配管を使用に耐えるようによみがえらせたり、以後の耐用年数を延長することを目的としており、施工期間が短く、居住者への負担が少ないのが特長です。

一方、配管更新工事とは、古い配管を撤去して新しく配管を引き直すことです。

配管工事中は水道が使えないため、仮設の水道工事が必要になり、この費用を見込んでおく必要があります。

●給水管更生工事とは

マンションも築後十数年経つと老朽化が進んでいます。配管類も例外ではなく、水道管にもスケール（水垢）やさびの発生が見られます。ひどくなると赤水が出たり、水の出が悪くなり、場合によっては漏水による水損事故を引き起こします。赤水が出た時にはさびの発生が相当進んでいることが考えられます（図-1）。

これを確認する方法としてファイバースコープによる目視検査があります。医療用の内視鏡と同じように、水道管の中を映像で見たり、写真に撮ることができます。しかし、見ることができるのは曲がりの少ない部分で2～3mの範囲といわれています。このため、さびの進行度合いを正確に把握するときはサンプルとして管を切り取り、断面の検査などを行うことがあります。

さびの発生が深刻な状態でなければ、費用と工期の掛かる更新工事よりも、更生工事を行うことが選択肢として有力になります。

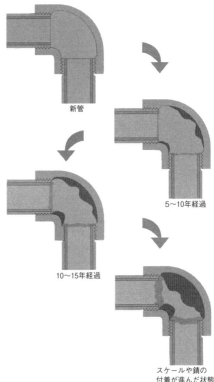

新管

5～10年経過

10～15年経過

スケールや錆の付着が進んだ状態

資料提供：NPO法人日本管更生工業会

図-1　給水管の経年状況

1．給水管工事の分類

更生工事にもいろいろな方法があります。

更新工事も含めてその方法を便宜的に大別すると次のように分類されます。

1）配管更新工法
2）配管更生工法
　①樹脂ライニング工法
　②脱気工法
　③電気防食工法
　④その他の工法

配管更生

①樹脂ライニング工法

　水や圧縮空気を用い、配管内で研磨材などを高圧で高速移動させることにより、さびこぶを除去します。乾燥後、二液性のエポキシ樹脂系塗料でライニングを施します。

　ライニングの方法・回数の違いによっていろいろな工法があります。樹脂ライニングをするため、塗残しやピンホール、エポキシ未反応などがなければ発錆は抑えられ保守費用も掛かりません。保証期間は5〜10年程度です。

②脱気工法

　さびの原因の酸素を取り除く特殊な装置を設置してさびの進行を抑制する工法です。合成樹脂のフィルターで水中の溶存酸素を除去するもので、機械式や中空糸膜タイプなどがあります。

③電気防食工法

　腐食しやすい箇所に電流（電子）を供給して腐食電池の形成を抑制します。給水管では、内面のライニングがない継手部分や銅の合金からなるバルブ等と鋼管の接続部分で発生する「異種金属接合腐食」を抑制する効果があります。

④その他の工法

　配管防錆工法はこのほかにも多くの工法が開発されています。工法によっては定期的なメンテナンスが必要であり、その場合はメンテナンス費用が有償・無償のいずれであるかを確認します。

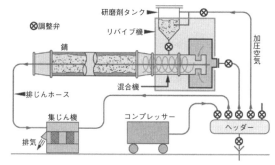

図-2　研磨の原理

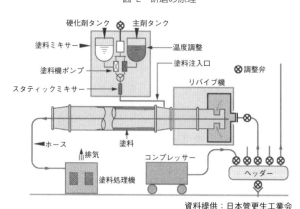

資料提供：日本管更生工業会

図-3　ライニングの原理

配管更生

●排水管更生工事とは

排水管更生工事の目的は給水管更生工事と同様で腐食した排水管を取り替えることなく管内の錆や付着物を除去し、さらに内面コーティングを施すものです。

1．給水管更生工事との違い

施工方法については、吸引車などを用いて負圧の力を利用した方法や低圧力で管内に塗料を塗布する方法など、排水管への負担を軽減する方法が多くなります。

2．排水管改修方法の選択について

排水管の改修も主に更新工事か更生工事のどちらかになります。共用部排水管は専有部内に設置されていることが多く、更新工事を行うには室内の壁や床などの建築付帯工事が必要になるため、工事費用が高くなります。また、室内作業の日数も長くなるなど日常生活へ大きな負担が強いられるため、「最短で当日に施工が完了する」、「建築付帯工事なども少ない」、「排水制限など日常生活への影響が少ない」、「更新工事に比べると費用が安い」などの理由から更生工事が選ばれるケースが増えています。

3．排水管更生工事の必要性

通常、排水管はメンテナンスの一環として定期的に高圧洗浄を実施していますが、築後20年を過ぎたころから、排水管内に発生した錆や付着物の除去が難しくなり排水の使用に支障をきたすなどの問題が起こることがあります。また、毎年の洗浄により洗浄ホースで排水管を傷め、これが原因で漏水へつながるケースも出ており、内視鏡調査以外にもサンプル調査を行い排水管の減肉状態などを調査する必要があります。

4．排水管更生工事施工後の注意点

排水管更生工事の施工後、通常のメンテナンスとして再び高圧洗浄を実施する場合、高圧洗浄の高圧ホースによりライニング塗膜を傷めないよう注意して洗浄する必要があります。

5．工事の分類

①吸引工法

作業は吸引車を使用し、吸引しながらクリーニング、ライニングを行います。

共用部排水管の最下部に吸引車からの吸引ホースを接続し、立て系統（共用部排水管＋専有部排水管）を同時に施工します。クリーニングは研磨材や回転治具などで錆や付着物を除去し、その後にライニング塗料を排水管内へ送り込みます（図-5）。

②反転工法

管内をトーラー状の回転治具などで付着物を除去し、筒状の芯材にライニング塗料を含浸させ、反転させながら筒状の芯材を排水管内に送り込みます。

共用部排水立て管の最上階より最下階まで1本の芯材を送り込みますが、各階分岐部分については塗料硬化後に穴を開けるなどの作業が必要になります（図-6）。

③その他の工法

他にも塗装用ホースを排水管内部に入れ先端で噴射させながら塗布していく工法や給水管更生工事と同様に圧縮空気を用い施工する工法などもあります。

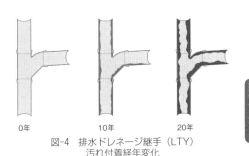

0年　　　10年　　　20年

図-4　排水ドレネージ継手（LTY）
　　　　汚れ付着経年変化

配管更生

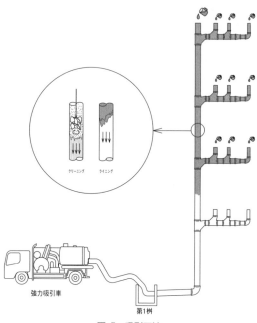

図-5　吸引工法

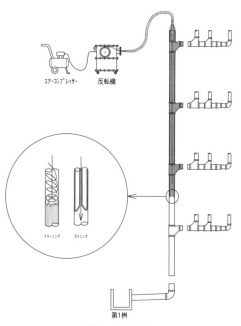

図-6　反転工法

資料提供：（株）タイコー

●給湯管更生工事とは

　築20年以上のマンションの部屋内には、給湯管に銅管が使用されています。銅管は高温水に対応でき、薄肉で加工がしやすく、耐食性に富むため、多くのマンションの部屋内で給湯管として普及してきました。

　マンション部屋内で使用されている銅管のほとんどは、Mタイプ呼径20Aで肉厚0.81mmのものが採用されています。銅管は発錆などは無く、抗菌性も有しているので、管内にさびや汚れの付着は少なく、銅に発生する緑青も無毒で銅の表面を保護する役割を果たしています。

　一見長寿命であるように感じられますが、給湯水を長年流していると、流速や気泡の影響を受けて銅管の保護膜が剥がされたり、水道水に含まれる成分（人体には無害）の影響を受けて、銅表面が潰食または孔食されるという現象が発生します。

　マンションで使用されている給湯銅管は肉厚が0.81mmと薄いため、侵食または孔食の作用を10年20年と受け続けると、針で刺したような穴（ピンホール穴）が開き、漏水事故が発生する現象が多く見られるようになります。ちなみに給水管で使用される硬質塩ビライニング鋼管20Aの肉厚は、鋼管部と塩ビ部を合わせて4.3mm程度ありピンホールが開くことはありません。

　ファイバースコープで内面を調査しても、ピンホールを見つけることはできませんが、目安として緑青が多く見られる場合、水質の影響を受けて銅の表面を保護しようとする働きが多いと思われるため、給湯水の流れや気泡で緑青が剥がされて、潰食または孔食の発生が起きないような対策が必要になります。

　築20年を経過している場合、銅管ピンホールの予防保全が必要になります。部屋内の給湯管は個人資産に該当するため、組合事業として実施する場合、更生工事の選択が現実的と考えられます。

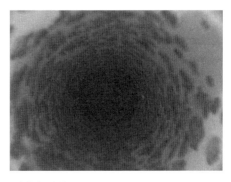

＜銅管内の緑青＞
緑青は銅管表面を保護しているが、流速や気泡の影響で剥がされてしまうと、水質の影響を受け、特に薄肉の場合ピンホール穴が開いて漏水に至るケースが見られる

1．給湯管工事の分類

給湯管工事に分類としては、更新工事と更生工事に大別され、更生工事については現状では樹脂ライニング工法のみ確立された修繕工法となります。

1）給湯管更新工事
2）給湯管更生工事
　①　樹脂ライニング工法　のみ

　①　樹脂ライニング工事
　　　給湯管の樹脂ライニング工法は、前述の給水管の樹脂ライニング工法を応用したものでありますが、給湯管樹脂ライニングで最も大事になるのが、耐熱性を有する専用塗料の使用と、施工時の十分な塗膜養生時間確保になります。

塗膜養生時間をしっかり確保し、耐熱性能が十分ある硬化樹脂膜に仕上げることが、給湯管更生工法で最も大切になります。
また、銅の特性である抗菌性を失うことがないよう、抗菌剤を配合した専用塗料を使用する工法もあります。

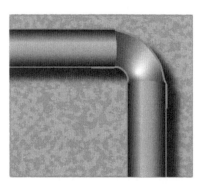

＜ライニング後＞
銅管内部に耐熱性樹脂膜を形成し、ピンホールを撲滅する

配管更生

配管更生工事 ①

品名・品番	仕様	単位	単価 (材工共)	メーカー
◆給水管更生工法				
NPLⅣ工法	建設技術審査証明　審査証明第1002-C-1号	戸	200,000	タイコー ☎0120-521-866
	硬質塩化ビニルライニング鋼管　主に共用部給水管 (15A〜100A)			
NPBⅢ工法	建設技術審査証明　審査証明第1001-C-1号	〃	180,000	
	硬質塩化ビニルライニング鋼管　専有部給水管 (15A〜25A)2日施工			
NPBラピッドⅡ工法	建設技術審査証明　審査証明第1201-1号	〃	220,000	
	硬質塩化ビニルライニング鋼管　専有部給水管 (15A〜25A)1日施工			
◆排水管更生工法				
CSC (サイクロンスーパーコート) 工法	排水管抗菌ライニング工法 (共用部SGP・専有部VP)	戸	250,000	タイコー ☎0120-521-866
	10階程度　共用部100A(特殊継手・ソベント継手可)			
	排水管抗菌ライニング工法 (共用部CIP・専有部VP)	〃	300,000	
	10階程度　共用部100A(特殊継手・ソベント継手可)			
P・C・Gマルチライナー工法 (技術審査証明)	パラシュートライニング　共用部 (本管)・専有部 (室内管) 共	戸	250,000	P.C.G TEXAS (P・C・G協会) ☎0120-014-834
	FRPライニング　　　　　　〃	〃	380,000	
P.C.G FRP サポーター工法	共用部本管　枝管分岐部	〃	380,000	
マルライナー工法	共用部排水立て管 (流し台系統)	戸	170,000	マルナカ ☎0463-79-6161 BCJ-審査証明-57
	〃　　　　　(浴室系統)	〃	180,000	
雑排水管ライニングDREAM工法	台所系 (1口用)	戸	200,000	東京ガス リノベーション ☎03-6384-3372
	浴室・洗面系 (2口用)	〃	250,000	
◆給湯管更生工法				
HSC (ホットスーパーコート) 工法	建設技術審査証明　BCJ-審査証明-286	戸	150,000	タイコー ☎0120-521-866
	建築用配管用銅管　専有部給湯管 (15A〜20A)			

配管更生

配管更生工事 ②

品名・品番	仕様	単位	単価 (材工共)	メーカー
◆ 給水管赤錆防止・延命工				
ザ・バイオウォーター				ティーケイケイ エボリューション ☎045-231-5774
BW-20	配管マグネタイト工法　取付口径13~20A　流量　　40ℓ/分　材料費	基	288,000	
BWΩ-20	〃　　　　　　　　〃　　　　　~40 〃　　〃	〃	432,000	
BWΩ-25	〃　　　　　25A　　40~60 〃　　〃	〃	648,000	
BWΩ-50	〃　　　　　32~50A　60~600 〃　　〃	〃	1,944,000	
BWΩ-80	〃　　　　　65~80A　　〃　　　〃　　〃	〃	2,916,000	
BWΩ-100	〃　　　　　100A　　　960 〃　　〃	〃	4,428,000	
BWΩ-125	〃　　　　　　　　流量　1500ℓ/分　〃	〃	5,184,000	
BWΩ-150	〃　　　　　　　　　　2160 〃　　〃	〃	7,776,000	
BWΩ-200	〃　　　　　　　　　　3840 〃　　〃	〃	11,988,000	
BWプレート　（槽内設置用）	〃　　　　水槽内設置用　流量　250ℓ/時　〃	枚	172,800	
本体：340×250×30㎜				
BWプレートミニ（　〃　）	配管マグネタイト工法　水槽内設置用　流量　125ℓ/時　〃	〃	136,800	
本体：220×250×30㎜				
◆ 給水管保護延命工				
磁気式水処理装置　マグネスト				マグネスト ☎052-798-5472
SGX- 40A	40A　ステンレス製　防食装置	基	1,280,000	
50A	50　　〃　　　　〃	〃	1,480,000	
65A	65　　〃　　　　〃	〃	2,080,000	
80A	80　　〃　　　　〃	〃	2,480,000	
100A	100　　〃　　　　〃	〃	3,580,000	
◆ 排水用正圧緩和器				
DHA-1型　P.A.P.A.	呼径75　適用流体：空気　適用圧力10kPa以下　材料費	台	166,000	ベン ☎03-3759-0170
◆ ステンレス継手				
KKベスト	エルボ　　　呼び径20Su　　　　材料費	個	3,400	東尾メック ☎0721-53-2281
	〃　　　　　　40　　　　〃	〃	9,000	
	チーズ　　　　20　　　　〃	〃	5,320	
	径違いチーズ　40Su×20Su　〃	〃	14,780	
	メスネジチーズ　40　×Rc3/4　〃	〃	15,200	
	ソケット　　　20Su　　　〃	〃	3,300	
	〃　　　　　　40　　　　〃	〃	7,100	

配管更生

ガス設備工事

●ガス設備工事とは

ガス設備工事とは、ガス管やガスメーターの修繕および更新を示します。

都市ガス設備は、ガス事業法、同法施行令（昭和29年政令第68号）、同法施行規則（昭和45年通商産業省令第97号）、「ガス工作物の技術上の基準を定める省令」（平成12年通商産業省令第111号）、同告示およびガス事業者の規程などにより、材料・工法などが細かく規定されています。価格もガス事業者により異なる場合があり、工事を行うガス事業者の調査・診断による検討が必要です。

●改修範囲

ガス工事の改修内容はガス管の劣化・損傷箇所修繕および取替えです。

住棟内の共用ガス管（各住戸のガスメーターまで）は必要に応じて取替え、屋外の埋設管は、埋戻し土壌の質にもよりますが、腐食によるガス漏れが発生した場合は全面的に取替えとなります。ガス管の取替えでは、材質のグレードアップにより耐久性を高めることやガスの供給能力を高めることが重要です。

●配管材料

管の規格は、表-1によるほか、ガス事業者の規定に合格または使用が承認されたものになります。

●配管工事

1．配管工事

①天井、床、壁などを貫通する見掛け部には、管座金を取り付けます。

②電線および電気工作物に近接または交差する場合は、関係法令に従って必要な離隔距離をとる、もしくは防護措置を行います。

③準耐火構造物等の防火区画等を貫通する管は、その隙間をモルタルなどの不燃材料で埋めます。

表-1 配管材の使用区分

呼　称	規　格		備　考
	番号	名　称	
鋼管	JIS G 3452 JIS G 3454	配管用炭素鋼鋼管 圧力配管用炭素鋼鋼管	白管 黒管
合成樹脂被覆鋼管	JIS G 3469	ポリエチレン被覆鋼管	原管はJIS G 3452、3454、3457
ポリエチレン管	JIS K 6774	ガス用ポリエチレン管	
フレキ管	－	ガス用ステンレス鋼フレキシブル管（原管はJIS G 4305（冷間圧延ステンレス鋼板及び鋼帯）によりガス用に製造されたもの）	

出典：「公共建築工事標準仕様書（機械設備工事編）令和4年版」を参考に作成

ガス設備

④建物外壁、梁などのコンクリート貫通部内に
　は接合部を設けないこととします。
⑤建物の導入部、不等沈下のおそれのある部分
　の配管は、可とう性を有するものとし、ガス
　事業者が承認したものとします。不等沈下対
　策の措置の例は図-1～4のとおりです。な
　お、沈下量に応じた具体的な配管の方法は、
　ガス事業者に確認します。

2. 管の接合

①管の断面が変形しないように管軸芯に対して
　直角に切断し、切り口を平滑に仕上げます。
②管を接合する前にその内部を点検し、異物の
　ないことを確かめ、切りくず、ごみなどを十
　分除去してから接合します。
③配管の施工を一時休止する場合などは、その
　管内に異物が入らないように養生します。

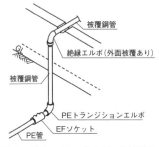

図-1　ポリエチレン管を用いた配管例

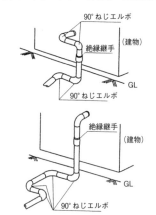

図-2　ねじ継手の組合せによる配管例

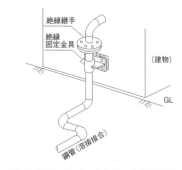

図-3　溶接エルボの組合せによる配管例

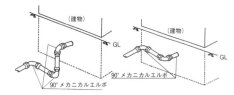

図-4　機械的継手の組合せによる配管例
　　　（地中部外壁貫通の場合）

●既存設備の撤去

①ガス設備の撤去は、撤去範囲のガスを完全に
　遮断して、必要に応じて設備内の残留ガスを
　燃焼パージあるいは大気放散するなど、完全
　に抜き取った後で作業を行います。また、着
　火事故防止の観点から、撤去作業は可燃性ガ
　ス検知器による監視状態のもとで行い、消火
　器・水バケツなどを配備します。
②撤去作業の際は火気の使用は厳禁で、電動工
　具（防爆機能の確認された物を除く）は使用
　しないこととします。
③配管の切断は手動のカッターを使用し、火花
　が発生する恐れのある工具は使用しません。
④機器・器具の撤去を行う場合は、ガス栓・バ
　ルブなどの閉止機能を確認します。また、機
　器・器具を取り外した後はガス栓・バルブな
　どに「操作厳禁」等の表示をし、ガスの漏出
　を防止するため、プラグなどで確実に末端処
　理を行います。

ガス
設備

マンションのガス設備改修について

一般社団法人　日本ガス協会

ガス工事（ガス工作物）の範囲、資産区分と保安区分

　ガスは、台所や浴室にとぎれのない豊富なお湯を供給するエコジョーズなどの給湯器や、火力の強いガスコンロやガスオーブン、また立ち上がりの早いガスファンヒーターや床暖房といった暖房機器などに使用されています。

　ガス設備には、お客さまの資産や工事範囲を明確に区分するために、さまざまな名称が付けられています（図-1）。

　ガス設備には、ガス事業者の所有物と居住者、管理者の所有物があり、道路部分のガス配管（本支管・供給管）はガス事業者の資産、敷地内のガス配管（内管）およびガス機器は、ガスメーターを除き、お客さま（入居者あるいは管理者）の資産であり、官民境界が資産区分となっています。また、敷地内のガス配管（内管）は、官民境界から各戸のメーターガス栓までの共用部分のガス配管と、各戸のメーターガス栓から戸内のガス栓までの専有部分のガス配管に分けられます。

　道路部分のガス配管（本支管・供給管）および敷地内のガス配管（内管）ならびに各戸内のガス栓までをガス工作物といい、このガス工作物およびそれらの付属施設の設置または変更の工事（復旧も含む）をガス工事といいます。

　ガス工作物については、ガス事業者が保安（技術基準適合）を維持する義務を負っている

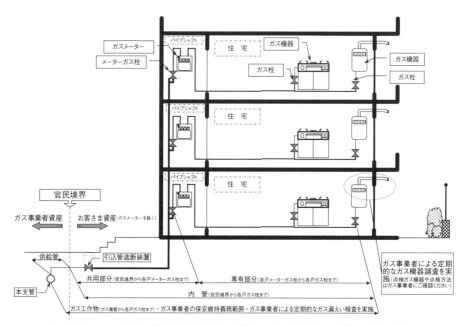

図-1　集合住宅におけるガス工事の範囲および資産区分ならびに保安区分のイメージ図

ガス設備

ので、ガス事業者が定期的なガス漏えい検査を実施しています。

　また、お客さまのガス機器についても安全・安心なご使用がいただけるように、排気筒などの調査を定期的に実施しています。

ガス工事の手続き、ガス工事費用の負担について

　ガス事業者の、定める方法により算定した見積単価に内管の延長やガス栓の個数等の使用数量を乗じて算出した見積金額と、別途必要となる付帯工事費、夜間工事費、休日工事費等の加算額に消費税等相当額を加えて、ガス工事費用を積算します。

　従ってどの設備会社に見積りを依頼しても、ガス工事費用については違いはありません。ガス事業者の承諾を得ないでガス工作物の設置および変更工事を実施された場合、ガス事業者の保安責任を果たせないばかりでなく、粗悪な工事によるガス漏えい等公共の安全を害する結果となる可能性もありますので、ガス工事についてはガス事業者にご相談ください。

　なお、見積単価表については、ガス事業者の事業所などで閲覧することができます。

　一般的なガス改修工事の手続きは次のとおりです。

①準備

　ガス事業者は、お客さまからの配管調査依頼を受け、ガス配管の腐食状況や配管経路等の現地調査を行います。

②設計・検討

　ガス事業者は、現地調査結果および技術基準との適合ならびにお客さまとの協議を重ね、設計・見積・改善提案書を作成し、お客さまにお知らせします。

③総会承認・契約

　ガス事業者は、必要に応じてお客さまにて開催する理事会もしくは総会等で、ガス工事についてご説明します。

④ガス工事

　ガス工事は、ガス事業者にお申し込みいただき、ガス事業者もしくはガス事業者が承認した工事店が施工いたします。

　なお、敷地内のガス配管（内管）のガス工事はお客さまに工事費をご負担いただきます。

　耐圧試験や気密試験などの竣工検査等で安全をご確認いただいた後に、お引き渡しとなります。

ガス工事における留意点

　ご使用中のガス機器よりもガス使用量の多いガス機器に取替えの場合には、お届けしているガス量が足りなくなることがあります。使用できるガスの量は、内管の口径や延長により決まっているので、全戸で大型のガス機器を取り替えるような場合は、ガス量が足りなくなるおそれがあり、より大きな口径のガス管に入れ替える工事が必要になります。

　亜鉛メッキ鋼管（通称：白ガス管）は強度・耐食性・施工性等を兼ね備えたガス配管材料として昭和20年代後半に開発され、昭和50年代頃まで埋設部の配管材料として一般的に使用されてきました。長年土中に埋設された白ガス管は土の性質や水分などの影響により徐々に腐食が進行し、ガス漏れが発生する場合があります。露出部の配管材料としては、現在も一般的に使用されていますが、多湿部では同様の現象が起こる場合があります。

　埋設白ガス管の取替えは、おおむね20年が目安といわれています。より安心してガスをお使いいただくためにも、早めの取替えをおすすめします。現在、埋設部のガス配管は、耐震性、耐食性に優れたポリエチレン管が、主に使用されています。

　工事中はガスが使用できない時間帯が発生しますので、工事の時間帯や内容については、お客さまと十分な打合せが必要となります。

ガス設備

ガス機器工事における留意点

　ガス機器を安全・便利にご利用していただくためには、正しくガス機器設置工事を行う必要があります。設置するガス機器の種類に応じて、施工者は資格が必要な場合がありますので、発注の際には、施工者の所持資格をご確認ください。

　屋内設置の排気筒を使用する湯沸器、または屋内設置の風呂釜を設置もしくは変更する工事は、法律で定められたガス消費機器設置工事監督者の資格が必要です。一方、小型のガス瞬間湯沸器、屋外設置の風呂釜・給湯器を設置もしくは変更する工事は、ガス機器設置スペシャリスト（GSS）の資格を有する施工者が安心です。

　また、屋内ガス機器の取替えもしくは増設の際には、排気筒や換気設備の取替えも必要となる場合がありますので、併せてご相談ください。換気が不十分な場合、ガス機器が不完全燃焼を起こして火が消えるなど使い勝手が悪いばかりではなく、一酸化炭素中毒になる可能性もあり危険です。

その他の留意点

　ガス工事およびガス機器工事とは直接関係ありませんが、塗装工事などの際にガス機器の給排気筒や屋外式給湯器をビニルなどで覆った場合は、ガス機器を使用しないでください。新鮮な空気が不足して不完全燃焼による一酸化炭素中毒や機器の異常着火による故障や火災の原因となり大変危険です。作業終了後は、ビニルなどが取り除かれていることを確認した後、ガス機器をご使用ください。

ガス設備

空調・換気設備工事

●空調設備工事とは

空調設備、主に冷暖房機設置のための改修工事をいいます。

マンションの共用部分で空調設備が必要な箇所は、管理室、集会室などです。大規模なマンションであれば、数人を要する管理室も必要になります。また、集会室は多目的で使用する場合があり、相当の面積を有する場合もあります。

しかし、集会室の常時使用はあまりないことから、効率的、省エネ的、簡易的な方式を基本とします。数人の事務員を常に配置する管理室の場合は集会室と同様、効率や省エネに配慮する必要があります。

改修工事を行うことで、高性能な方式に改善されます。近年では、小形ヒートポンプやパッケージユニットの高品質化と簡便性、多様性の広がりから、組合せ方式や個別方式、特にビル用マルチエアコン方式の採用があります。

また、各戸の冷暖房設備の共用配管カバーを新設したり、共用廊下側に新たにエアコン用スリーブや室外機置場を新設することも共用部分工事として考えられます。

●換気設備工事とは

1．概要

換気口ガラリや換気扇、ダクト類の修繕や更新工事をいいます。換気設備は屋外と接しているため、風雨により劣化しやすく、更新する場合は、ステンレス製の製品など材質を変更して耐久性を高めることも考えられます。

換気とは、部屋などの空気を入れ替えることで、よい環境を作ることを目的とします。マンションは高断熱・高気密であることから、結露やシックハウス症候群の原因の一つといわれるカビを防ぐためにも24時間の計画換気を行うことが必要です。

換気の種類には、通風口により自然に室内の空気を入れ替える自然換気と、送風機やそのほかの装置により、室内の空気の一部または全部を入れ替える機械換気があります。

マンションの共用部分では、集会室、管理室、便所、洗面室、湯沸室などが換気設備の対象となりますが、特に集会室、管理室は、空調設備で対応することが一般的です。

2．換気の目的
①環境保持

居住環境としての人間の健康や快適性を左右する臭気・粉じん・有害物質などの濃度が許容値を上回る場合は、換気によって室内空気を排除または希釈して快適環境を保持する必要があります。

②熱および蒸気の排除

室内に熱や蒸気を発生させるものがあるときは、換気によってこれらを排除する必要があります。

③酸素の供給

室内に燃焼器具が設置されているときは、酸素が消費されるので外気を供給する必要があります。

3．機械換気の種類と特徴

機械換気は、一般に図-1のように分類されます。

①第1種機械換気

給気側と排気側にそれぞれ専用の送風機を設けることによって、確実な給・排気量が期待でき、室内の気流分布や圧力の制御も容易に行うことができます。

外気と遮断された無窓の居室やオーディオルーム、厳密な圧力や気流分布を必要とする実験室などの換気に用いられます。

②第2種機械換気

給気側にだけ送風機を設けて室内を正圧に保ち、排気は室内圧が正圧になった分だけ排気口から逃がす方式です。

ボイラー室のように燃焼空気が必要な場合など、特殊な用途で利用されます。

③第3種機械換気

最も一般的な換気方法で、排気側にだけ送風機を設けて室内を負圧にして換気するもので、給気は給気口を通じて負圧となった室内に自然に流れ込む方式です。

トイレや浴室のように発生する臭気や水蒸気などを室外に拡散させたくない場合に有効です。また、簡易な湯沸室にも適します。

4．換気方式

マンションの住戸の換気方式は、戸別換気方式と共用換気方式に分類されます。

戸別換気方式は、住戸内のダクトで換気する方式で、給気はダクトレス、排気はLダクトの採用が一般的です。

一方の共用換気方式は、住戸内の換気機器を共用の立てダクトに接続し、屋上から排気します。この共用ダクトのタイプには、排気のみ屋上に排気する立て排気ダクトや密閉型ガス機器などの給排気に使用するUダクト、SEダクトのタイプがあります。

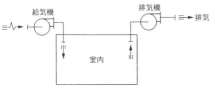

① 第1種機械換気

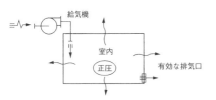

② 第2種機械換気

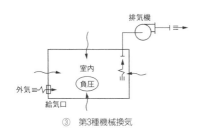

③ 第3種機械換気

図-1　機械換気の種類

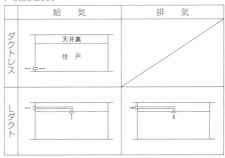

図-2　換気方式

出典：マンション給排水設備改修の手引き
　　　NPO法人リニューアル技術開発協会

●ダクト清掃

換気設備は、外壁にあるガラリやフードが共用部、室内側に取り付けられている給気口、給排気ダクトは専有部に属します。

給排気を行うダクトは、住戸内の天井裏に配管されているため、室内や外部からは見えませんが、毎日の給排気により、ホコリやカビ、粉じんなどの汚れが溜まり蓄積されていきます。せっかく、外気を取り入れても、その空気が通るダクト内が汚れていては、きれいな空気の給気とはなりません。また、台所のレンジダクトは、毎日の調理による油汚れがこびりついた状態になり、汚れがひどくなると火災の原因にもなりかねません。さらに、ほこりやカビを含んだ空気の循環により、アレルギーの原因になる可能性があります。

きれいな空気の循環を保つためには、ダクト内を清潔に保つことが必要です。

大規模改修工事の際には、外壁に取付けられているガラリ、共用ダクトなど共用部の設備は改修の対象となりますが、室内の給排気ダクトについては、専有部のため基本的に工事の対象にはなりません。

しかし、ダクト清掃には、足場などの仮設も必要になることから、効率的にダクト清掃を行うため、大規模改修の際に併せて検討するとよいでしょう。

ダクト清掃の方法は、主に室外に置いたコンプレッサーから高圧空気を送り込み、排気口から集塵機でダクト内の粉じんを吸い取るのが一般的です。汚れがひどい場合は、清掃ブラシ等で管内の汚れをふき取ったり、防カビコートを塗布するなど、施工会社によっても作業内容がまちまちなため、施工の際には清掃内容を確認することが必要です。

ベントキャップまわりの壁・天井の汚れは、ダクトの中の小さなホコリなどが長年積み重なり、肉眼で確認できる大きさのかたまりとなって排気され、壁・天井に付着しています。ダクトの中の汚れを奇麗にすれば、すぐに汚れてしまうことを防ぐことができます。

トイレ排気ダクト

天井換気扇

ダクト清掃

写真提供：日本ウイントン（株）

空調・換気設備工事 ①

名　称	規格・仕様			単位	単価
◆ 空調設備					
ルームエアコン取付	セパレート	壁掛形	2.5kw以下	手間	台	16,500
〃	〃	〃	3.6kw以下	〃	〃	17,400
〃	〃	〃	4.0kw以下	〃	〃	18,400
〃	〃	〃	4.5kw以下	〃	〃	19,200
◆ 換気設備					
換気扇取付	居室用	羽根径200mm	手間	台	6,490
〃	〃	250mm	〃	〃	6,590
〃	〃	300mm	〃	〃	7,440
〃	天井埋込み形		〃	〃	5,680
換気口ガラリ	アルミ丸型	径100mm	防火ダンパー付	材工共	カ所	7,200
〃	〃	150mm	〃	〃	〃	8,640
〃	〃	200mm	〃	〃	〃	11,600
〃	〃	100mm	防火ダンパー無し	〃	〃	4,200
〃	〃	150mm	〃	〃	〃	5,460
〃	〃	200mm	〃	〃	〃	8,400
	ステンレスフード付	径100mm	防火ダンパー付き	〃	〃	7,450
	〃	150mm	〃	〃	〃	10,400
	〃	200mm	〃	〃	〃	20,400
	〃	100mm	防火ダンパー無し	〃	〃	5,520
	〃	150mm	〃	〃	〃	7,450
	〃	200mm	〃	〃	〃	14,500
◆ ダクト清掃					
ダクト清掃	台所系排気ダクト、浴室・洗面所・トイレ系ダクト清掃	式	59,200

1．ルームエアコンの室外機は床置きとする。
2．換気扇は本体の取付けのみとし、屋外フード、コントロールスイッチは除く。
3．ダクト清掃の作業は、コンプレッサーによる高圧エアー清掃と台所排気ダクトは油汚れ状況に応じてアルカリ洗浄液でブラシ・スポンジ等にて洗浄。価格には、養生費、換気扇清掃を含む。足場、レンジフード清掃は別途。上記は1日5件以上の契約の場合の価格。

電灯設備等工事

●マンションの電気設備とは

マンションの電気設備は電力設備、情報・通信設備、消防設備に分類されます。電力設備は100V・200Vの電気機器への電源供給設備、情報・通信設備はテレビや電話、インターネットなどの設備、消防設備は消防法、建築基準法などに定められた設備です。

【電力設備】

マンションの電力設備には、受変電設備、電力幹線設備、配電盤設備、電灯コンセント設備などがあります。

●受変電設備

ビルなどの建築物への電力供給は6600Vの高電圧で電力を引込み、建物側で設置した受変電設備で100V、200Vの電圧に降圧して、建物内で電気を利用します。一方、マンションでは電力会社が受変電設備を設置してマンションの住戸（専有部分）と共用部分に電力を供給し、この場所を電気室（借室）と呼びます。

この電気室内の受変電設備は電力会社が所有・管理し、その保守点検・改修は電力会社の責任と費用で行い、マンション側で行う必要は原則ありません。

しかし、大規模マンションなどで共用部設備の電気容量が大きいと住戸とは別に、共用部専用の受変電設備（自家用受変電設備）を設けます。この自家用受変電設備はマンションで所有・保守管理を行い、改修はマンション管理組合が負担します。

自家用受変電設備の寿命は20年から30年と言われていますが、実際にはさらに長期間使用されています。ただし、屋外設置の受変電設備は筐体の錆などによる劣化、雨水の浸入などにより事故が生じる場合があり日々の保守点検とそ

れに合わせた改修が重要です。さらに、内部のVCB、LBS、CT、VTなどの機器や引込高圧ケーブルも20年から30年ごとに交換することが必要です。

電気室（借室）

自家用受変電設備

●発電機設備

マンションの発電機設備は、消防法や建築基準法に定められた屋内消火栓設備や非常用エレベータ設備の非常電源として導入されることが多いと思います。このため、火災など災害発生時に停電が生じた場合、非常電源としてその機能を発揮しますが、火災など発生と停電が重なることは少なく、発電機容量が大きければ、給水ポンプや一般エレベータの電源として運用できる設備としたマンションもあります。

このため、マンションに設置された発電機は

稼働することが極めて少なく、保守点検が不十分な場合は、災害時に発電機が稼働しない場合も起こります。このため、日々の保守点検は大変重要です。発電機の寿命は15年から20年と言われていますが、マンションではほとんど稼働しないため、それ以上の寿命があると考えます。ただし、屋外設置の場合は雨水浸入などにより劣化や錆の発生が生じますので制御機器を含めた点検が重要になります。

発電機設備

●電力幹線設備

電力幹線設備は専有部分(住宅)と共用部分の電灯コンセント設備に単相100V/200Vの電力を供給する電灯幹線設備と、共用部分の給水ポンプ、エレベータ、機械式駐車などの動力設備に三相200Vの電気を供給する動力幹線設備に分けられます。

電灯幹線設備と動力幹線設備は電気室（借室）や自家用受変電設備から電力ケーブル（CVケーブル、CV-Tケーブル）で各設備に送られます。

（一社）電線工業会によると、電力ケーブルの寿命は20年から30年と言われています。しかし、マンションは使用電流が少なくケーブルの寿命は30年から40年はあると考えます。ただし、水没や屋外露出などにより絶縁性能が劣化して寿命が低下する場合があり、敷設環境の確認が必要です。

電力幹線設備は幹線ケーブルの絶縁不良などの劣化よりも共用設備変更に伴う電気容量変更、住戸の電気容量の増加対応により改修が生

じることが多いと考えます。

1階床下CV-Tケーブル

●配電盤設備

マンションの配電盤にはマンション専有部（住戸）に電力を供給する主開閉器盤（引込開閉器盤）や各住戸の各戸分電盤、共用電灯盤、給水ポンプ、エレベータ、機械式駐車場、排水ポンプなどを稼働・制御のための動力制御盤があります。

配電盤寿命は20年から30年と言われていますが、配電盤は設置場所や運転状況によりその劣化度が異なります。屋外設置の配電盤は筐体の錆などによる劣化、雨水の浸入などにより事故が生じる場合があり、日々の保守点検は重要です。

主開閉器盤

●電灯コンセント設備

マンションの電灯コンセント設備には共用照明やコンセント、共用設備機器への電源供給設

備があります。

マンションの共用廊下（開放廊下）照明は、1980年代までは逆富士型20W蛍光灯照明器具、1990年代以降は丸型乳白カバー付蛍光灯器具、2000年以降はLED照明器具が使用されています。

照明器具の寿命は15年と言われていますが、実際の照明器具の改修は2回目の大規模修繕工事（24年目程度）に交換することが多いようです。もちろん、個々で故障した照明器具は、その都度交換します。

LED照明器具は4万時間の超寿命と蛍光灯に比べ50％程度の省エネが可能です。このため、共用照明のLED化要望は多くなっていますが、LED照明をマンション共用部に採用する場合注意が必要です。

LED照明には、LEDランプと照明器具が一体になったLED一体型器具とLEDランプを交換できる照明器具があります。この際、LED一体型器具を共用照明に採用すると約9年後（4万時間後）には照明器具自体の交換が必要になります。このため、マンションの共用照明はランプ交換ができるLED照明の採用が望ましいと考えます。

マンション共用照明の点灯は一般タイマーや自動点滅器（EEスイッチ）で行われていましたが、点滅のばらつきや季節の変化に対応するための調整が必要でした。そこで現在は1年間の日の出・日の入時刻を記憶し季節に合わせて点滅時間を自動的に調整するソーラータイマーを導入することが増えています。さらに、メールコーナーやごみ置き場などの照明には省エネと消し忘れ防止のため人感センサーを付けるなどの検討が必要です。

LED（GX53）
ランプ交換可能照明器具

● 避雷設備

マンションの避雷設備は、屋上の避雷針、棟上導体、鬼撚線、端子箱、接地極などから構成されています。設備寿命は30年から40年と耐久性は高いと考えます。しかし、寿命を維持するためには保守点検が重要となり、そのためには避雷針ポールの塗装、基礎固定ボルトの確認、棟上導体・鬼撚線の支持固定の確認、接地極の接地抵抗値の測定などが必要です。

避雷針

逆富士形20W蛍光灯　　丸型乳白カバー付照明器具

名称	規格・仕様	単位	単価 (材工共)
◆ 電灯設備			
屋内共用電灯	LEDダウンライト　φ100　795lm（100形相当）　交換不可	台	10,500
	〃　　　　　〃　　490　（　60　）　　〃	〃	9,070
	LEDダウンライト　φ100　810lm(60形相当)　交換可能　ランプ別売(E26)	〃	8,890
	LEDベースライト　直付型　150×1250　2000lm程度 (FLR40形相当)　1灯　交換可能　調光不可	〃	18,100
	〃　　　　〃　　　〃　632　800　　(FL20形相当)　〃　　〃	〃	14,300
	LEDベースライト　スクエア形　埋込型　□450　交換可能 調光可　4370lm程度（FHP32形×3灯相当）　節電タイプ	〃	38,300
	LEDベースライト　スクエア形　直付型　□570　交換可能 調光可　4530lm程度（FHP32形×3灯相当）　節電タイプ	〃	40,400
	LEDダウンシーリング　φ141×30　交換可能　調光不可　570lm (60形電球相当)	〃	11,700
	LED電球ブラケット　280×152×120　交換不可　調光不可　345lm (60形電球相当)	〃	16,000
	蛍光灯（直付）逆富士型　FHF16W×2	〃	12,600
	〃　　　〃　　　〃　　FHF32W×1	〃	10,300
	〃　　　〃　　　〃　　FHF32W×2	〃	15,000
	〃　　　〃　　反射笠付　FHF16W×2	〃	12,000
	〃　　　〃　　　〃　　FHF32W×1	〃	10,500
	〃　　　〃　　　〃　　FHF32W×1　防雨型	〃	21,000
	〃　　　〃　　　〃　　FHF32W×2	〃	13,800
	〃　　　〃　　　〃　　FHF32W×2　防雨型	〃	25,300
	〃　（埋込）下面開放　FHF16W×2	〃	17,700
	〃　　　〃　　　〃　　FHF32W×1	〃	18,000
	〃　　　〃　　　〃　　FHF32W×2	〃	20,800
	〃　ウォールライト　FHF32W×1　防雨型	〃	29,800
	〃　ガラスグローブ　FCL15W×1　　〃	〃	13,800

●価格には、既存器具を交換・取り替えた上での試験と既存器具の撤去費を含み、取り外した機器の処分費は含まない。

電灯設備等工事 ②

電灯設備等工事 ② 調査価格 (経済調査会調べ)

名称	規格・仕様	単位	単価(材工共)
◆ 電灯設備			
屋内非常照明	蛍光灯 (埋込) 下面開放　FLR40W×2　50%点灯	台	49,400
	蛍光灯 (直付)　トラフ型　FL20W×1　55%点灯	〃	23,600
	〃　　〃　逆富士型　　〃　　　　〃	〃	21,200
	LED (直付)　φ155×75　交換不可	〃	30,900
	〃 (埋込み)　φ120×74　埋込穴φ100　交換不可	〃	34,600
	LEDベースライト　直付型　732×150　1灯　交換可能 調光不可　830lm程度 (FL20形相当)	〃	45,500
誘導灯	LED避難口誘導灯・通路誘導灯　C級　(壁・天井直付・吊下) 片面型　交換不可　壁補修含まず	〃	23,500
	LED避難口誘導灯・通路誘導灯　C級　(天井直付・吊下) 両面型　交換不可　壁補修含まず	〃	27,300
屋外共用電灯	LEDダウンライト　φ100　450lm (60形相当)　交換不可	〃	8,650
	LEDダウンライト　φ150　810lm (60形相当)　交換可能 ランプ別売	〃	16,300
	LEDベースライト　40形　直付型　1250×150　1灯　交換可能　調光不可　2000lm程度 (FLR40形相当)　防湿・防雨型	〃	29,100
	LEDベースライト　20形　直付型　632×150　1灯　交換可能　調光不可　800lm程度 (FL20形相当)　防湿・防雨型	〃	21,800
	LEDシーリングライト　φ330×105　交換可能　調光不可　防湿・防雨型　705lm (20形丸形蛍光灯相当)	〃	16,000
	LEDシーリングライト　φ265×118　交換不可　調光不可　防湿・防雨型　1010lm (30形丸形蛍光灯相当)	〃	16,000
	LEDダウンシーリング　φ144×105　628lm (100形電球相当)　交換不可　調光不可	〃	20,200
	LED電球ブラケット　φ241×124　交換可能　調光不可　251lm (40形電球相当)	〃	19,500
	LED電球エントランス灯　φ80×地上高625　交換可能　調光不可　295lm (40形電球相当)	〃	37,300
	LEDフットライト　276×119×埋込深67　交換可能　調光不可　120lm (40形電球相当)	〃	20,700

●価格には、既存器具を交換・取り替えた上での試験と既存器具の撤去費を含み、取り外した機器の処分費は含まない。

電灯設備等

電灯設備等工事 ③

名 称	規格・仕様	単位	単 価 (材工共)
◆ 電灯設備			
配線器具	自動点滅器　光電式分離型　一体式　3A	個	6,890
	〃　　　　　　　〃　　　　　　〃　　　6A	〃	9,680
	〃　　　　　　　〃　　　　　　〃　　　10A	〃	15,900
◆ 配電盤類			
動力盤	屋内型 (鋼板製露出型) ポンプ用　Φ3　200V　3.7kW×2台　自動交互	面	313,000
共用分電盤	屋内型 (鋼板製露出型)　主幹3P100A　分岐2P1E　20A×20ケ	〃	285,000
	プルボックス (露出 ステンレス製)　防水型 アースターミナル付　150×150×100	個	10,400
	〃　　　　　　〃　　　　　〃　　　200×200×100	〃	14,200
	〃　　　　　　〃　　　　　〃　　　300×300×100	〃	22,400
	プルボックス (露出 鋼板亜鉛鍍金)　防水型 アースターミナル付　150×150×100	〃	8,800
	〃　　　　　　〃　　　　　〃　　　200×200×100	〃	11,100
	〃　　　　　　〃　　　　　〃　　　300×300×100	〃	16,800
◆ 配線材料			
制御用ビニル絶縁ビニルシースケーブル	600V CVV2mm^2-3C	m	650
	600V CVV2mm^2-5C	〃	960
架橋ポリエチレン	600V　CV3.5mm^2-3C　管内配線	〃	860
絶縁ビニルシースケーブル	〃　　CV5.5mm^2-3C　　〃	〃	1,100
	〃　　CV8.0mm^2-3C　　〃	〃	1,450
	〃　　CV14mm^2-3C　　〃	〃	1,770
	600V　CVT14mm^2　　〃	〃	1,990
	〃　　CVT22mm^2　　〃	〃	2,650
	〃　　CVT38mm^2　　〃	〃	3,820
ビニル絶縁シースケーブル	600V　VVR5.5mm^2　2-3C　ラック配線	〃	1,060
(丸形)	〃　　VVR8mm^2　　2-3C　　〃	〃	1,270
	〃　　VVR14mm^2　2-3C　　〃	〃	1,720
ビニル絶縁シースケーブル	VVF2.0mm-3C	〃	690
(平形)	VVF2.6mm-3C	〃	910
ビニル絶縁電線	600V IV5.5mm^2	〃	420
耐火ケーブル	600V FP5.5mm^2-3C	〃	1,280
	600V FP8mm^2-3C	〃	1,560
	600V FP14mm^2-3C	〃	2,190

1．既存器具を交換・取り替えた上での試験と、既存器具の撤去費を含み、取り外した機器の処分費は含まない。
2．配線材料の「m」単価は、撤去費を含む単価。

電灯設備等工事 ④

調査価格 （経済調査会調べ）

名　称	規格・仕様	単位	単価 (材工共)
◆ 配線材料			
警報用ポリエチレン絶縁ケーブル	AE0.65mm-2C　管内配線	m	460
	AE0.65mm-3C　〃	〃	490
	AE0.65mm-4C　〃	〃	500
	AE0.9mm-2C　〃	〃	490
	AE0.9mm-3C　〃	〃	570
	AE0.9mm-4C　〃	〃	610
	AE1.2mm-2C　〃	〃	540
	AE1.2mm-3C　〃	〃	640
	AE1.2mm-4C　〃	〃	680
耐熱電線	HP1.2mm-3C	〃	470
	HP1.2mm-3P	〃	610
	HP1.2mm-5P	〃	900
	HP1.2mm-10P	〃	1,300
通信用ケーブル	S-5C-FB	〃	550
	S-7C-FB	〃	810
	S-10C-FB	〃	1,140
同軸ケーブル	3C-2V　管内配線	〃	550
	5C-2V　〃	〃	660
	7C-2V　〃	〃	960
屋外配管	波付硬質合成樹脂管　FEPφ30　地中埋設配管（アスファルト埋設）	〃	1,290
	合成樹脂製可とう電線管　PFDφ28　隠蔽配管	〃	1,720
◆ 受変電設備			
自家用受変電設備	変圧器　6.6kV　3相　100kVA　50Hz　油入	台	705,000
	主開閉器盤：主幹400A　分岐200A×4	面	526,000
	主開閉器盤内部品　MCCB3P100AF75AT	基	38,300
	〃　　　　　　MCCB3P50AF50AT	〃	20,200
◆ 避雷針設備			
避雷針	避雷突針　JIS　クローム中型　足場別途	基	28,400
	避雷突針支持管 (STK)　φ48.6　4m　付属金物別途　足場別途	〃	99,200
	〃　　　　　　〃　6m　〃　　　〃	〃	137,000

●地中埋設配管は、アスファルト埋設にかかるアスファルト掘削および補修費を別途計上とする。

電灯設備等

電灯設備等工事 ①

品名・品番	仕様	単位	単価 (材料費)	メーカー
◆ 屋内共用電灯				
LX3-170-10N-CL20	消費電力6.1W　20型逆富士1灯相当　W150×D(L)632×H51㎜ 光束1000lm　LED一体型ベース照明	個	12,600	アイリスオーヤマ ☎022-253-7095
LX3-170-20N-CL20	消費電力13.1W　20型逆富士2灯相当　W150×D(L)632×H51㎜ 光束2000lm　LED一体型ベース照明	〃	16,600	
LX3-170-25N-CL40	消費電力15.2W　40型逆富士1灯相当　W150×D(L)1250×H53㎜ 光束2500lm　LED一体型ベース照明	〃	19,150	
LX3-170-52N-CL40	消費電力31.5W　40型逆富士2灯相当　W150×D(L)1250×H53㎜ 光束5200lm　LED一体型ベース照明	〃	24,950	
LSB100-GX5306LNCSW	消費電力4.5W　高気密SB形ダウンライト　埋込穴φ100㎜　埋込高51㎜ 光束450lm　GX53ランプ交換型	〃	3,700	
IRLDDL26150-S2W+LDA5L-G-4T5	消費電力4.9W　ダウンライト　埋込穴φ150㎜　埋込高51㎜ 光束485lm　LED電球交換型	〃	7,800	
1575L-S1-W-V2	消費電力7W　薄型直付けライト　φ150㎜×H53㎜ 光束750lm　直付け型LED照明	〃	13,500	
LEKT212084N-LS9	FL20W×1灯用器具相当　天井直付　L632×H53×W120	個	18,600	東芝ライテック ☎0120-66-1048
LEKR219083N-LD9	〃　　　〃　　　埋込下面開放　埋込穴L639×W190	〃	25,000	
LEKR230163N-LD9	〃　2　〃　　　〃　　　　　〃　　　300	〃	28,100	
LEKT412523N-LS9	FHF32　〃　　　天井直付　L1250×H53×W120	〃	29,050	
LEKR419253N-LS9	〃　1　〃　　　埋込下面開放　埋込穴L1257×W190	〃	29,400	
LEKR430523N-LS9	〃　2　〃　　　〃　　　　　〃　　　300	〃	36,200	
LGW51716WCF1	LED防湿型・防雨型丸管20形相当　φ330・H105	個	16,800	パナソニック ☎06-6908-1131
XLX450DENPLE9	iD5200D-W230昼白色　鋼板・乳白ライトバー　W230×L1250×H50	〃	29,250	
光害配慮型　NCW06000 LE1	軒下用LEDシーリングライト　5.8W　100V　φ200・H50　550lm 天井直付型　防雨型　調光対応なし　楕円配光タイプ	〃	31,100	
NCW10000 LE1	軒下用LEDシーリングライト　8.2W　100V　φ200・H50　715lm 天井直付型　防雨型　調光対応なし　楕円配光タイプ	〃	34,500	
EL-LWV2071 AHJ(13G3)	LED　13W　防湿防雨　逆富士1灯　W 632×H114×D128　1220lm	個	43,000	三菱電機照明 ☎0120-348-027
EL-LYWV4012A AHJ(25G3)	38　　〃　　〃　2灯　1250　92　200　4840	〃	80,300	
EL-C2010AN/W AHN	13.7　φ160×H115　1.8kg　2000lm	〃	62,800	
EL-WD00/2(102LM)AHN	6.8　　防雨ダウンライト　埋込穴φ125　840lm	〃	28,900	
EL-WD01/3(202LM)AHN	13.7　　〃　　　〃　　150　1760	〃	44,600	
◆ 屋外共用電灯				
NSETP30-GX53W+LDF5L-H-GX53-HE140	消費電力5.3W　屋外用シーリング　φ312×98㎜ 光束683lm　GX53ランプ交換型	個	16,300	アイリスオーヤマ ☎022-253-7095
PEGX53-S190+LDF5L-H-GX53-HE140	消費電力5.3W　屋外用ブラケット　φ190×100㎜ 光束609lm　GX53ランプ交換型	〃	15,300	
IRBR5L-CIPLS-MSBS-P	消費電力6.6W　人感センサ付きブラケット　φ188×H81㎜ 光束500lm　LED一体型	〃	17,700	
TEE6-E17S+LDA4L-G-E17-4T5	消費電力4.4W　ガーデンライト　φ80㎜　長さ938㎜ 光束440lm　LED電球交換型	〃	25,200	

電灯設備等

電灯設備等

品名・品番	仕様	単位	単価 (材料費)	メーカー
◆ 屋外共用電灯				
LEDC-42001F (W)	LED電球ビームランプ形　LDR12L-W/150W　付属11.7W　φ86×H152	個	24,500	東芝ライテック
LEDB88942 (K)	LED電球4.9W (LDA5L-G/40W/2)　φ115×160　ランプ別	〃	26,200	☎0120-66-1048
EFX-21500KS	40W形・60W形LED電球　防雨　ポール　φ140×H350　3.3kg　ランプ別	〃	103,400	
XLGE5032BF	防雨型・LED電球小型電球4.3W1灯　φ83・地上高782	個	31,300	パナソニック ☎06-6908-1131
EL-WVE1707C/H	LED7.6W　防雨　ブラケット　壁面・天井・床取付　W165×H155×D198　ランプ別	個	36,100	三菱電機照明 ☎0120-348-027
◆ 非常用照明				
LEDEM09221M	9形非常灯　低天井用　埋込穴φ100　ニッケル水素電池	個	45,200	東芝ライテック
LEKRS230084N-LS9	FL20W×1灯用器具相当　埋込穴L639×W300　ランプ、蓄電池込	〃	77,300	☎0120-66-1048
NWCF11100CLE1	電池内蔵・防雨型　φ260・高90	個	118,000	パナソニック ☎06-6908-1131
LEDダウンライト非常用照明器具				
XNG0661WNKLE9	5.9W　585lm　100～242V　埋込穴φ150　60形　天井埋込型 (常時) FHT16形1灯相当	〃	91,000	
XNG1061WNKLE9	8.9W　980lm　100～242V　埋込穴φ150　100形　天井埋込型 (常時) FHT24形1灯相当	〃	95,100	
XNG1561WNKLE9	13.7W　1565lm　100～242V　埋込穴φ150　150形　天井埋込型 (常時) FHT32形1灯相当	〃	101,500	
XNG2061WNKLE9	16.8W　1895lm　100～242V　埋込穴φ150　200形　天井埋込型 (常時) FHT42形1灯相当	〃	107,600	
XNG2561WNKLE9	20.6W　2280lm　100～242V　埋込穴φ150　250形　天井埋込型 (常時) FHT57形1灯相当	〃	112,400	
EL-LF-BH2201 AHN	LED13.6W　階段通路誘導灯兼用　埋込下面解放 W656×H105×D216　ランプ、蓄電池込	個	99,600	三菱電機照明 ☎0120-348-027
EL-DB11111B	LED1.1W非常灯　埋込穴φ100　ニッケル水素蓄電池	〃	45,200	
EL-CB11111B	〃　天井直付φ160×H91　〃	〃	36,600	
EL-LW-VH2061A AHN	LED13.6W　階段通路誘導灯兼用　防雨防湿　直付逆富士 W634×H230×D269　ランプ、蓄電池込	〃	117,200	
◆ 避難口誘導灯				
FA10312CLE1	LED2.0W　片面直付　C級　電池内蔵型　W148×H174×D47　表示板含	個	37,200	パナソニック ☎06-6908-1131
KYH1951B 1EL	LED1.3W　壁埋込形　C級 (10形)　片面　表示板別	個	37,000	三菱電機照明 ☎0120-348-027
KSH1922A 1EL	1.8　天井埋込形　〃　両面　〃	〃	39,700	

情報・通信設備工事

●情報通信設備工事とは

　マンションの情報通信設備には、電話配線設備、テレビ共聴設備、インターホン設備、インターネット設備などがあります。

●電話配線設備

　マンションの電話設備はNTTなどの電話回線を引込み、それをMDF（主端子盤）でマンション側と建物側に区分してから各住宅に配線します。現在、電話回線を光ファイバで引込みNTTが設置する光交換機で電気信号に変換してマンションの住宅に電話回線を供給しています。2024年には現在の固定電話回線が廃止され、IP電話に切替わること進められています。尚、切替わり後、現状と同じ環境で電話利用が可能です。

　マンションの電話設備はMDFなどの端子盤と電話配線、配管からなり、電話交換機などマンション側で管理する機器はほとんどありません。このため、電話配線設備は大規模な改修工事が少なく、電話配線の維持や保守に伴う修繕が主になります。なお、光交換機はNTT所有であり修繕や維持はNTTが行います。

●テレビ共聴設備

　マンションのテレビ放送の受信方式には屋上アンテナ受信とケーブルテレビ受信があります。2011年7月には地上デジタル放送の切替えによりテレビ放送のデジタル化が行われ、2018年12月には4K8K放送が開始されました。

　今後、光ファイバによるインターネット放送、BS・CS衛星放送の拡大が進んでいます。

　ケーブルテレビは電波障害に影響されない良好な受信と多チャンネル化、インターネット・電話などのサービス付加により普及しました。しかし、良好な受信が可能なデジタル放送や多チャンネルを揃えるBS放送CS放送、高周波帯域を使う4K8K放送により、屋上アンテナ受信でも十分な放送サービスが可能となっています。

4K8K受信用
BS/110度CS
放送受信アンテナ

地上デジタル放送
受信アンテナ

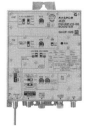

4K8K用ケーブルテレビ対応　増幅器（ブースタ）

MDF（主端子盤）　　　　NTT光交換機

テレビ共聴設備の配線方式

テレビ共聴設備の配線方式には、住戸貫通型配線方式と住戸完結型配線方式があります。住戸貫通型配線方式は1980年中頃までマンションに導入された配線方式で、1990年以降は住戸完結型配線方式が普及しています。

① 住戸貫通型配線方式

住戸貫通型配線方式はマンションのテレビ共聴配線方式として1980年代中頃まで導入された配線方式です。住戸内のテレビ端子からの配線をその位置で床を貫通して上下住戸のテレビ端子に直接送るため、安価で効率的な系統構築が可能ですが、周波数の拡張や更新が難しくなっています。このため当時のケーブル仕様（5C-2V等）性能は低く衛星放送伝送を保証していません。特に、改修時、上下階住戸の受信不良を生じる恐れがあり改修には注意が必要です。

② 住戸完結型配線方式

住戸完結型配線方式は1990年ごろから導入された配線方式です。テレビ共聴設備から住戸ごとに分岐し、住戸内テレビ端子まで配線するため上下階住戸間の配線がなく、1990年以降、現在までマンションに導入されています。住戸完結型配線方式は、設備の拡張・改修などが容易で、ケーブル（S-5C-FB）性能も衛星放送に対応しており、地上デジタル放送、BS/CS放送受信が可能です。このため、住戸内でテレビ端子の増設なども対応することができます。ただし、住戸内のテレビ端子を多くすると受信レベルが下がり、受信不良を生じることがあります。

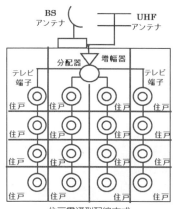

住戸貫通型配線方式

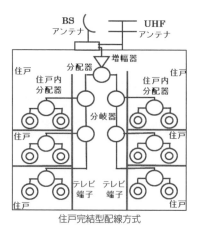

住戸完結型配線方式

住戸内分配器

分配器

分岐器

●インターホン設備

　マンションのインターホン設備はマンションの建設時期により大別できます。高経年のマンションでは住戸ごとに戸別のチャイムやインターホンが採用されていました。しかし1980年代からマンションの全住戸を集中監視する集中監視型インターホン設備が開発・導入されてきました。その後、90年代からエントランスのオートロックシステムが導入され、現在ではオートロック対応の集中監視型インターホン設備が標準的に導入されています。

1.　戸別チャイム・インターホンの改修

　1980年代までのマンションの訪問機器は戸別チャイムやインターホンが採用されています。この訪問機器は住宅個別の機器であり、改修や交換は戸別に行われています。なお、インターホン玄関子機はマンション共用部の外壁に設けられており、交換の際は、共用部の変更としてマンション管理組合の同意が必要です。

戸別チャイム

2.　マンション全体のセキュリティインターホンの登場

　1982年にセキュリティ機能を持ちマンション全住戸の警報を集中管理する"セキュリティインターホン設備"が登場しました。このインターホンは通話機能だけでなく住宅内に火災感知器やガス漏れ感知器を設けて、その警報を管理人室に通報し、マンション全住戸の警報を集中管理できる機能を持っていました。このように住宅の集合体であるマンションの特性を生かし、戸建住宅では実現できない"集中監視型セキュリティインターホン設備"は爆発的に普及し、その後のマンションの標準的な設備機器となりました。

3.　消防設備への進化

　1986年に自治省はこのような機能をもつセキュリティインターホン設備を"住戸用自火報設備"という消防設備に認定し、この住戸用自火報を導入したマンションでは、一定の消防設備を緩和できるようにしました。このため住戸用自火報（セキュリティインターホン）の普及がさらに進み、現在ではマンションの標準設備となっています。

4.　現在のセキュリティインターホン設備

　現在のセキュリティインターホン設備は主に以下の4機能を持っています。

① 　インターホン通話機能
② 　セキュリティ（火災、ガス漏れ、防犯、非常警報等）機能
③ 　管理人室への警報移報機能
④ 　オートロック機能（画像モニター）

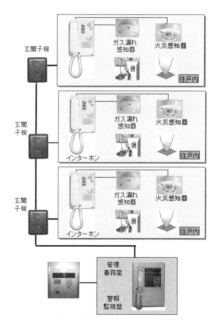

セキュリティインターホン設備

5. セキュリティインターホン設備の修理の課題

（一社）インターホン工業会ではインターホン機器寿命は15年としています。また、インターホン機器も7〜8年で新しいシステムが登場すると、それまでの機器生産が中止され、その修理部品も7年程度で無くなります。このため導入後15年を過ぎると故障修理ができなくなる可能性があります。

6. セキュリティインターホン設備の改修の課題

集中監視型セキュリティインターホン設備は管理人室警報監視盤を中心としたマンション全体のシステムであり、機器故障や修理ができなくなるとマンション全体のインターホン設備を全て交換する必要があります。

7. セキュリティインターホン設備の選択肢

マンション用集中監視型セキュリティインターホンを製造する会社は"パナソニック（株）"と"アイホン（株）"の2社だけであり、インターホン機種も限定されます。そして、この2社の機能やコストに大きな差はありません。なお、改修工事において、インターホンメーカーの選択は、現在マンションに設置されている既存インターホンのメーカーに準じて行うことが最適と考えます。

インターホンメーカーを変えると、住戸内にある火災感知器（ ⊟ ）1カ所の終端抵抗（Ω）を交換する必要があります。この終端抵抗は原則として各住戸の感知器の内1カ所のみについていますが、竣工図面と位置が異なる場合があります。このため、住戸の各部屋（LDR、洋室、和室、台所、4㎡以上の物入れ等）に作業員が入り、天井の火災感知器のカバーを外して終端抵抗を交換します。つまり、インターホンメーカーを変えると、作業員が各居室内に入り工事を行うことになり、居住者の方に不安や不便をかけることになります。

インターホン設備の選択肢

メーカー		パナソニック株式会社	アイホン株式会社
形状		埋込型	埋込型
名称		Clauge（クラウジュ）	Dearis（ディアリス）
機器外観		180×252	180×240
インターホン通話機能	通話機能	住戸玄関・エントランス	
	受話器形状	ハンズフリー	
セキュリティ機能	非常警報	火災警報・ガス漏れ警報・非常警報・防犯警報	
オートロック機能	オートロック部位	エントランス	
モニター機能	モニター仕様	7インチ液晶カラーモニター	
	モニター画素数	115万画素	
	録音・録画	録音録画機能	
	録画件数	15秒動画100件	15秒動画90件
警報移報機能	管理室警報移報	住戸番号別・警報種別表示	
その他機能	機器操作方法	タッチパネル＋ボタン操作	
	連絡機能	一斉放送機能＋管理室から住戸呼出し	
	確認機能	自動応答（コンシェルジュ）機能	
	その他機能	掲示アンケート機能 住戸間通話機能	掲示アンケート機能、 スマホ通話開錠対応機能

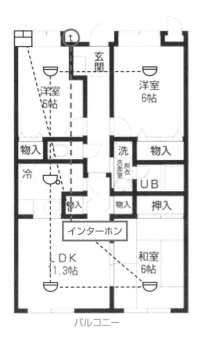

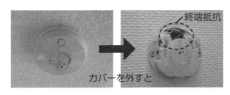

カバーを外すと　終端抵抗

●インターネット設備

　インターネットの普及に伴い、インターネット網からマンションまで光ファイバで接続し、安価な定額料金で常時利用できる高速インターネット設備を設けた"インターネットマンション"が普及しています。マンションのインターネット設備にはインターネット信号の伝送方式により以下があります。

1. VDSL方式

　VDSL方式は既存の電話線にインターネット信号を重畳させてマンション内を伝送する方式です。現在、100Mbpsまで高速化されたサービスを提供しています。VDSL方式は既存の電話配線を利用し新たな配線が不要なため、マンションへの導入が容易で非常に多くの既存マンシ

ョンで利用されています。通信事業者としてはNTT、KDDIなどがあります。しかし、VDSL機器の生産が終了したため、今後、VDSL方式は減少し光ファイバ方式などに切替わると思われます。

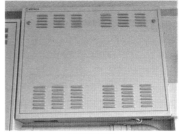

VDSL装置

2. イーサー方式（LAN方式）

　事務所ビルと同様に通信専用線のイーサーケーブル（LANケーブル）をマンション内に敷設して、インターネットを利用する方式です。

　マンション内に新たな通信専用線を敷設するため通信速度が1Gbps（1000Mbps）と高速で信頼性の高い方式です。

　専用線としてイーサーケーブルが必要なため、2000年ごろから新築マンションで導入されています。しかし、既存マンションでは住宅内に新たな通信線を敷設することが難しく導入事例は多くありません。

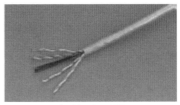

イーサーケーブル

3. 光ファイバ方式

　光ファイバケーブルをマンション内に敷設し、インターネットを利用する方式です。光ファイバは電磁波などの影響も受けにくく、さらに通信速度が向上し、信頼性が高い通信方式で

情報・通信

す。

ただし、光ファイバをマンションの住戸内まで引込む場合、共用メーターボックスと住戸間のコンクリート壁に空配管などが無い場合が多く、光ファイバの導入は容易ではありません。

住戸内に引込んだ光ファイバケーブルは、リビングなどに光コンセントを設けて接続することで、インターネットサービスを容易に契約導入が可能です。このため、メーターボックス内で光ファイバを巻き溜めするのではなく住戸内も光ファイバを敷設することが重要です。

光ファイバケーブル（1芯用）　光コンセント1口用

4. CATV方式

ケーブルテレビ会社が提供するインターネットサービスを利用する方式です。ケーブルテレビを引き込んだマンションのテレビ共聴設備にインターネット信号を乗せ、各住宅でインターネットの利用をします。サービス提供するケーブルテレビ会社としてはJ-COM、イッツコミュニケーションズなどのケーブルテレビがあります。

既存マンションへのインターネット設備の導入は、主に通信事業者主体で行われており、特にマンション内に新たな配線を敷設する必要がないVDSL方式が多く導入されています。しかし、VDSL方式は機器の製造終了、サービス終了となっており、今後、光ファイバを含む新たな導入が求められています。

●防犯カメラ設備

現在、日本では年間50万〜60万件の犯罪が認知されており、都市部にあるマンションの犯罪も複雑化しています。このような中で、マンションの防犯対策として防犯カメラの導入が進んでいます。マンションに防犯カメラを設置すると以下の効果があります。

① 防犯カメラの存在自体で不審者の進入を思いとどまらせる
② 管理人事務室からマンションの各部の監視ができる
③ 録画することで不審者の記録ができる

現在の防犯カメラは夜間監視も多少可能なDay/Nightカメラが主流で、その解像度も200万画素以上と高画質になり、さらに、夜間でも最低照度0.05lx程度までカラー撮影、白黒撮影では0.005lx程度まで撮影ができます。このため、人間の視力よりもより鮮明にカラーで撮影し監視ができます。また、録画装置も2TB〜4TBと高性能になり、高画質の画像を1か月以上録画することが可能となっています。

防犯カメラの導入には、防犯カメラ設備を買取る場合とリース方式があります。

買取りの場合は導入費用が必要で5年から10年程度でレコーダやカメラ機器の劣化に伴う交換・改修を要します。

一方、リース方式は、導入費用は不要ですが月々のリース費用が必要で導入期間の制限もあります。そして保守メンテナンスはメンテナンス会社が対応をします。このため、現在は導入が容易なリース方式の防犯カメラ導入が増えています。

防犯カメラ

録画装置

情報・通信設備工事 ①

調査価格 （経済調査会調べ）

名 称	規格・仕様	単位	単価 (材工共)
◆ テレビ共聴設備			
アンテナ設備	UHFアンテナ(地上デジタル対応推奨品)UHFオールチャンネル用　耐食アルミ　支持ポール共	組	133,000
	BS・CS110度アンテナ　BS／110度CS　FRP　75㎝　取付金具共	〃	144,000
	〃　　　　　　　　　　〃　　　　　〃　100㎝　　〃	〃	198,000
	CSアンテナ+CSコンバータ　CS　FRP　75㎝+コンバータ	台	147,000
増幅器設備	VU・BS・CSブースター33dB型　出力レベル(dBμ)：L103、H103、U106	〃	107,000
	〃　　　　　　45dB型　　　〃　　　：L110、H110、U115	〃	180,000
	770MHz・BS・CSブースター　35dB型　CATV帯域	〃	215,000
	〃　　　　　　　　　　40dB型　　　〃	〃	284,000
	分岐器　1DC10F　1分岐　屋内双方向型　2150Hz	個	8,300
	分配器　2SPF　2分配　　〃　　　　　〃	〃	8,000
	〃　　　4SPF　4分配　　〃　　　　　〃	〃	9,900
	〃　　　6SPF　6分配　　〃　　　　　〃	〃	12,000
◆ インターホン・カメラシステム設置工事			
インターホンシステム	カラーTVインターホン　親機1・子機1共	台	108,000
	カメラ付玄関集合機　パネル共	〃	401,000
	制御装置	〃	75,500
セキュリティインターホンシステム（総務省令第40号対応）	住宅情報盤　自動火災報知設備対応	〃	152,000
	カメラ付き住戸玄関子機　戸外表示機	〃	51,300
	カメラ付き玄関集合機　パネル共	〃	616,000
	カメラ付き監理室親機	〃	414,000
	制御装置	〃	450,000
電気錠操作ユニット	1回路　停電保証あり	〃	59,800
防犯カメラシステム	テレビカメラ固定レンズ付　屋内用	〃	216,000
	〃　　　　　　　　　屋外用	〃	221,000
	テレビカメラ固定レンズ付　ドームカメラ	〃	169,000
	カメラモニター　カラー　21.5インチ	〃	82,000
	デジタルディスクレコーダー　1TB	〃	364,000
スイッチング ハブ	POE給電対応　8回路	〃	263,000
	〃　　　　16　〃	〃	314,000
LANケーブル	4ペアエンハンストCAT5対応ケーブル	m	600
	〃　　　　　　　　　　モジュラジャック	個	5,080
	4ペアエンハンストCAT6対応ケーブル	m	610
	〃　　　　　　　　　　モジュラジャック	個	5,330

情報・通信

●価格には、既存器具を交換・取り替えた上での試験と、既存器具の撤去費を含み、取り外した機器の処分費は含まない。

品名・品番	仕様	単位	単価(材料費)	メーカー
◆テレビ共同受信設備				
BS・110°CSアンテナ	BL75SRL1　75cm　BS・110°CS右・左旋円偏波	組	191,800	日本アンテナ ☎03-3893-5293
	BL90SRL1　90cm　　　〃	〃	296,700	
FM・U・BS／CSブースター	BL40UE FM30dB U40dB BS・CS35・45dB 4K・8K対応	台	380,900	
BS・CSIFブースター	BL45E　BS・CSIF35dB/45dB 4K・8K対応	〃	288,400	
CATV・BS・CSブースター	BL387E CATV上り30dB CATV下り38dB BS・CS35dB/45dB 4K・8K対応	〃	587,200	
UHFアンテナ	BLKU20　13〜62ch 20素子 地上デジタル対応 アルミ製	組	42,100	
U・BS・CSブースター	BL40UE　U40dB　BS・CS35・45dB　4K・8K対応	台	380,900	
アンテナマスト（自立型）	B750A07M、5030GM　50φ3m　700型	式	218,700	
（壁面型）	5030GM+6025GM　50φ3m+60φ2.5m　3点支持	〃	135,300	
混合器（BS・U）	BL-SHMC　屋外型	個	23,800	
	BL-SHM　屋内型	〃	15,900	
テレビ端子	BL7FE　　1端子型　端末用　10〜3224MHz　双方向	〃	6,900	
	BL77FE　　2　　〃　　　〃　　　〃	〃	8,550	
直列ユニット	WUE77-RBE　　〃　　　〃　　　〃　　　〃	〃	7,200	
	WUE77-7BE　　〃　　中継用　　〃　　　〃	〃	7,950	
分岐器	BL-CE1　1分岐　10〜3224MHz　双方向	〃	7,950	
	BL-CE2　2　　　〃　　　〃	〃	8,950	
分配器	BL-DE2　2分配　　〃　　　〃	〃	6,900	
BS・110°CSアンテナ	SHA-75　75cm　BS・110°右・左旋円偏波　BL型	本	186,000	マスプロ電工 ☎052-802-2244
〃	SHA-100　100cm　　　〃	〃	290,000	
BS・CSブースター	SH-1MS　35〜45dB　BL型　4K・8K対応	台	301,600	
〃	SH-P1M　15〜20dB　10〜770MHzパス機能付　BL型 4K・8K対応	〃	86,000	
FM・UHF・BS・CSブースター	SH-UF-1M FM30dB UHF40dB BS・CS35-45dB BL型 4K・8K対応	〃	381,000	
CATV・BS・CSブースター	CATV-1EMS　CATV上り30dB CATV下り38dB BL型	〃	385,000	
〃	CATV-H-1MS　　〃　　　〃　　BS・CS35〜45dB BL型 4K・8K対応	〃	385,000	
テレビ端子	SH-7F　　1端子型　BL型　10〜3224MHz	個	6,900	
〃	SH-77F　　2　　〃　　　〃	〃	8,500	
直列ユニット	CS-7F-7WE　　1端子型　中間用　BL型 10〜3224MHz	〃	8,100	
〃	CS-7F-RWE　　〃　　端末用　〃　　　〃	〃	7,300	
〃	CS-77F-7WE　2端子型　中間用　〃　　　〃	〃	9,500	
〃	CS-77F-RWE　〃　　端末用　〃　　　〃	〃	8,700	
分岐器	SH-C1　屋内用1分岐　BL型　10〜3224MHz	〃	7,600	
〃	SH-C2　　　2　　〃　　　〃	〃	9,100	
分配器	SH-D2　　　〃　　〃　　　〃	〃	6,900	
混合器	SH-MC　屋外(内)用　FM・UHF/BS・CS BL型 10〜3224MHz	〃	22,400	
〃	MC-UV-7E　屋外用　FM/UHF　BL型	〃	6,400	

品名・品番	仕様			単位	単価 (材料費)	メーカー
◆ テレビ共同受信設備						
4K・8K衛星放送対応機器						マスプロ電工 ☎052-802-2244
FUBCAW38S	FM・V-LOW・UHF・BS・CSブースター	38dB型		台	100,600	
FUBCAW43S	FM・V-LOW・UHF・BS・CSブースター	43dB型		〃	210,000	
SR2W-PW	VU/BS・CS分波器（セパレーター）			個	5,000	
BC60RL	右左旋円偏波　BS・110°CSアンテナ	60㎝		本	125,000	
BC75RL	〃　　　　　　〃	75		〃	163,000	
BC100RL	〃　　　　　　〃	100		〃	262,000	
BC120RL	〃　　　　　　〃	120		〃	355,000	
2SPFW	屋内用分配器1端子電流通過型　2分配器	10～3224MHz		個	5,000	
3SPFW	3分配器	〃		〃	6,000	
4SPFW	4分配器	〃		〃	8,200	
5SPFW	5分配器	〃		〃	8,200	
6SPFW	6分配器	〃		〃	9,900	
8SPFW	8分配器	〃		〃	19,700	
1DC10FW	屋内用1分岐器	〃		〃	5,200	
2DC10FW	〃　2分岐器	〃		〃	6,800	
4DC10FW	〃　4分岐器	〃		〃	8,700	
DWK10-B	直列ユニット中継用	〃		〃	3,200	
DWKT-B	テレビ端子	〃		〃	1,960	
DWK7ST-B	〃	〃		〃	6,800	
2DWK15-B	直列ユニット中継用	〃		〃	9,700	
2DWKT-B	2分配型テレビ端子	〃		〃	7,900	
DWK10-SW-B	上り帯域カットフィルタースイッチ付　直列ユニット中継用	〃		〃	7,600	
DWKT-SW-B	〃　　　　　　　　テレビ端子	〃		〃	5,600	
2DWK15-SW-B	〃　　　　　　　　直列ユニット中継用	〃		〃	13,300	
2DWKT-SW-B	〃　　　　　　　　テレビ端子	〃		〃	11,200	
◆ 防犯設備（インターホン設備）						
集合住宅システムdearis(ディアリス)						アイホン ☎0120-141-092
VM-RMU	住宅情報盤　住戸用自動火災報知設備対応			台	156,000	
VMK-RMU	〃　　　　　　共同住宅用自動火災報知設備対応			〃	166,000	
VM-RMVU	住宅情報盤　住戸用自動火災報知設備対応　無線LAN接続対応			〃	176,000	
VMK-RMVU	〃　　共同住宅用自動火災報知設備対応　無線LAN接続対応			〃	186,000	
VMX-DLMU+VMW-2035P-S	カメラ付集合玄関機			〃	605,000	
VMX-MKCRA	カメラ付管理室親機			〃	385,000	
VJ-KDP+VJW-3P-S	カメラ付住戸玄関子機（戸外表示器）			〃	44,900	
VMX-4XA	制御装置(4系統、最大500住戸)			〃	770,000	
VMX-1XA	制御装置(1系統、最大125住戸)			〃	515,000	
VJW-4VG	増幅器			〃	154,000	
VX-KB44	オートロック緊急解錠用非常ボタン			〃	38,500	

情報・通信

情報・通信設備工事 ③

メーカー 公表価格

品名・品番	仕様	単位	単価 (材料費)	メーカー
◆ 防犯設備（インターホン設備）				
XWGL5642B	カメラ付ロビーインターホン（液晶付）（スリムボタン）（ブラックステンレス）	台	810,000	パナソニック ☎0120-187-431
XWGL5142S	〃　（〃）（ワイドボタン）（ステンレスヘアライン）	〃	615,000	
XWGL5141S	〃　（〃）（〃）（シルバー）	〃	545,000	
XWGL5141B	〃　（〃）（〃）（ブラック）	〃	545,000	
SHN588	電気錠非常解錠装置（2コ用スイッチボックス適合）	〃	22,000	
WGL4021	モニター付管理事務室親機（移報出力付）	〃	308,000	
WGL4221	制御装置（4出力用）	〃	585,000	
WGL4222	〃　（8　〃）	〃	650,000	
WGL2111K	1分岐器（ボックス収納型）	個	10,000	
WGL2431	住戸部用増幅器（4出力）	〃	175,000	
WGL2421	共用部用増幅器（〃）	〃	175,000	
WGLT4131	統合盤（火報10回線5局10W）	台	2,200,000	
WGLT17122W	住宅情報盤 共同用1M・録画録音・ブラウザ・無線LAN対応・埋込	〃	212,000	
WGLT18722W	〃　〃・〃・〃・統合盤対応・埋込	〃	197,000	
WGLT18122W	〃　〃・〃・〃・埋込	〃	192,000	
EJL652S	警報表示付カラーカメラ付ドアホン子器（テスト釦付）（露出型）（シルバー）	〃	59,400	
EJL952S	〃　（〃）（埋込型）（ホワイトシルバー）	〃	59,400	
◆ 防犯設備（防犯カメラ）				
EX-SDI 高感度ドームカメラEX420	リンクスアイ 撮像素子1/2型CMOS 約200万画素 水平画角110° 屋内用	台	71,000	アツミ電気 ☎053-428-4111
EX-SDI 高感度カメラEX620	リンクスアイ 撮像素子1/2型CMOS 約200万画素 水平画角110° 保護等級IP66	〃	65,000	
EX-SDI 高感度PTZカメラEXZ7230	リンクスアイ 撮像素子1/2型CMOS 約200万画素 光学12倍ズーム 赤外照明投光距離約100m 保護等級IP66	〃	633,000	
4ch EX-SDI レコーダー ADX204	フルHDを超える4Mの高精細映像の録画が可能（HDD:2TB）	〃	345,000	
◆ 防犯設備（セキュリティ）				
マンションタクルスII(S-860)	制御装置1台 H297×W210×D65mm 既存のインターホン、自動火災報知、設備警報盤からの警報をALSOKに送信し、警備員による初期対応を行う	台	33,000	綜合警備保障（ALSOK） ☎0120-39-2413 ※20住戸の参考価格(月額)
HOME ALSOK アパートマンションプラン (S-726)	制御装置1台 H180×W250×D41mm 小規模集合住宅向け 住戸への侵入監視、火災監視可	〃	34,000	

情報・通信

消防用設備工事

●消防用設備工事とは

消防設備は、消火設備、警報設備、避難誘導設備、消防の用に供する設備、非常電源の5つに分けられます。消防設備はマンションの安全安心確保のため非常に重要な設備です。法定点検も義務付けられており、法定点検による不具合、日常点検による確認に伴い、故障劣化などが生じた場合は早急な修理が必要となります。

●消火設備配管共通工事

1．系統図

屋内消火栓設備、連結送水管の系統例を図-1、図-2に示します。

2．配管材料

消火管の規格は、表-1のとおりです。

住棟内の共用屋内消火栓、連結送水管の消火管は、防錆性・耐久性に優れた配管用炭素鋼鋼管や圧力配管用炭素鋼鋼管が、埋設管には、外面被覆鋼管（消火用硬質塩化ビニル外面被覆鋼管）が採用されます。

3．配管工事

(1)配管工事

①配管を切断・切り離す前に、既設バルブで確実に止水できることを確認します。

②配管を切断する場合は、原則として、火を使わない工法または工具を使用します。

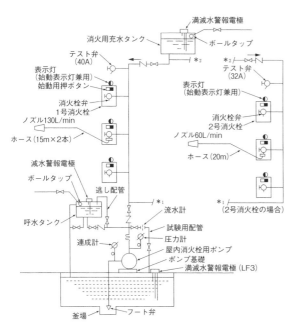

図-1 屋内消火栓設備の系統例

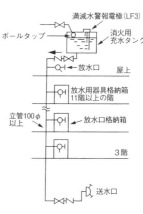

図-2 連結送水管の系統例

(2)管の接合

①既設配管は、接続部の断面が変形しないよう管軸芯に対して直角に切断し、その切り口は平滑に仕上げます。

②管は、接合する前にその内部を点検し、異物のないことを確かめ、切りくず、ごみなどを十分除去してから接合します。

③既設配管との接続がフランジの場合、既設フランジ面を平滑に清掃した後で接続します。なお、ボルトおよびナットならびにガスケットは新品を使用します。

4．既存設備の撤去

①撤去する配管は、搬出に支障のない長さに切断します。

②配管の保温材は撤去します。

●屋内消火栓設備

屋内消火栓は、屋内消火栓（1号消火栓）、易操作性1号消火栓、屋内2号消火栓に分類されます。屋内消火栓の比較表を表-2に示します。屋内消火栓設備の更新部位は、消火管、消火水槽、補給水槽、ポンプ、モーター、制御盤、非常電源とこれに関わる電気設備、配線、ホース、消火栓箱になります。なお、消火水槽については、屋上の補助水槽は消火設備改修の対象ですが、地下ピットにある躯体を利用した水槽は、躯体構造となるため、改修対象としては建築の領域になります。

●連結送水管

連結送水管は、火災時駆けつけた消防隊が使用し、消防自動車から注水されます。

(1)連結送水管の付属器具

①送水口

送水口は、露出形と埋込形があります。呼称65mm、差込式またはねじ込み式で配管接続は100mmです。材質は本体が鋳鉄製または青銅製で、要部は青銅製です。接続口は所轄消防署のホース結合金具に適合するものを使用します。

送水口（壁付型）　　　　送水口（自立型）

②放水口

放水口は、呼称65mmの青銅製の玉形弁を用います。ホース接続には結合金具を用いますが、

表-1　消火管の規格

呼　称	規　格		備　考	用　途
	番　号	名　称		
鋼管	JIS G 3452	配管用炭素鋼鋼管	白管	消火
	JIS G 3454	圧力配管用炭素鋼鋼管	STPG370 白管Sch40	消火
	JIS G 3454	圧力配管用炭素鋼鋼管	STPG370 白管Sch40 白管Sch80	不活性ガス消火
外面被覆鋼管	WSP 041	消火用硬質塩化ビニル外面被覆鋼管	SGP-VS （地中配管用） STPG370VS 白管Sch40 （地中配管用）	消火
ステンレス鋼管	JIS G 3448	一般配管用ステンレス鋼鋼管		給水、給湯、消火
	JIS G 3459	配管用ステンレス鋼鋼管		

出典：「公共建築工事標準仕様書（機械設備工事編）平成31年版」を参考に作成

消防用設備

差込式とねじ込み式があります。配管との接続口径は、単口形の場合65mm、双口形の場合100mmです。放水口は「消火栓等開閉弁の技術基準」に適合するものとし、接続口は所轄消防署の結合金具に適合したものを使用します。

③放水口格納箱

　地階を除く階数が11以上の建物でその11階以上に放水口を設ける場合は、放水口のほかにノズルとホースを付設する必要があります。

放水口格納箱

放水口格納箱
（表示灯スペース付）

(2)連結送水管の改修工事

　連結送水管の更新対象部位は、送水口、放水口、消火管、消防隊専用栓箱です。

　連結送水管には湿式（内部に常に水が満たされており、開栓と同時に水が噴出するもの）と乾式がありますが、水の噴出までのタイムラグの解消やイタズラ防止の観点から乾式を湿式に変更することが考えられます（寒冷地を除く）。

● 消防設備（警報設備）

(1)自動火災報知設備（消防法施行令第21条）

　自動火災報知設備は、マンション各部に火災感知器を設置し、火災時の熱・煙により火災を感知し自動的に警報を鳴らす警報設備です。

　共用部分および住戸内に火災感知器（熱・煙）を設置し、共用部分に発信機（押ボタン）、表示灯、警報ベルを設けます。また、管理人室に火災受信機を設け、マンション全体の火災監視を行います。

　延床面積500m²以上の共同住宅（マンション）に設置されますが、住戸用自動火災報知設備などの導入により多くの建物は緩和されています。

表-2　屋内消火栓（1号消火栓）、易操作性1号消火栓、屋内2号消火栓の比較表

		屋内消火栓(1号消火栓)	易操作性1号消火栓	2号消火栓
ホース	呼称	40	30又は40	25
	長さ・数	15m・2本	30m・1本	20m・1本
	使用圧	0.7MPa以上	0.7MPa以上	0.7MPa以上
結合金具	呼称	40	30又は40	25
	形式	差込式	差込式又はねじ式	差込式又はねじ式
呼称		40	30	25
ノズルチップの呼び径		13mm相当	13mm相当	8mm相当
放水の形状		棒状放水又は棒状と噴霧の切替式	棒状と噴霧の切替式	棒状放水又は棒状と噴霧の切替式
手元開閉弁の有無		無し	開閉装置付き	開閉装置付き
ホース収納装置		ホース掛けくし型	ホースリール式又は折畳み等収納式	ホースリール式又は折畳み等収納式

参考：「公共建築工事標準仕様書（機械設備工事編）平成31年版」を参考に作成

自動火災報知設備は定期点検を行い、不良があれば改修を行います。火災感知器は20年程度といわれますが、屋外共用部分に設けられた感知器は劣化が早く点検時は注意が必要です。また、自火報受信機や発信機は20年程度で機器の状態を確認し必要に応じて改修します。

自動火災報知設備受信機

火災感知器

(2)非常警報設備（消防法施行令第24条）

1980年代までのマンションでは、共用部分に非常警報設備、具体的には起動装置（押ボタン）、表示灯、非常ベルが設けられています。非常警報設備は押しボタンを押すことで非常ベルが鳴り、火災をマンション全体に知らせることができます。なお、11階以上では自動火災報知設備が設置され、各住戸内に火災感知器が設置されます。

起動装置、表示灯、非常ベル

(3)非常放送設備（非常警報設備　消防法施行令第24条）

火災時の避難誘導を速やかに行うため、11階以上の大規模マンションでは非常放送設備（非常放送設備の一種）を設置する場合があります。非常警報設備も消防の定期点検が必要であり、機器に不良があれば改修を行います。

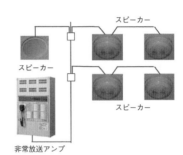
スピーカー
スピーカー
スピーカー
非常放送アンプ
非常放送設備

(4)住戸用自動火災報知設備・共同住宅用自動火災報知設備（住戸用自火報設備、共住用自火報設備）

住戸用自動火災報知設備および共同住宅用自動火災報知設備は、マンションのセキュリティインターホンを活用してマンションの火災防止を図る設備です。住戸内に火災感知器を設置して、消防がインターホン機器をGP3級受信機として認定し、これを用いて住戸の火災警報を外部に知らせます。

1986年の170号消防特例基準から導入が進み、220号消防特例を経て現在総務省令第40号とし

消防認定GP3 級受信機
セキュリティインターホン

消防用設備

てマンションで標準的に採用されています。故障修理対応や改修はインターホン設備と同様ですが、11階以上の建物の場合、内装制限のある・なしにもよりますが、感知器の代わりに共同住宅用スプリンクラーヘッドが装備されます。

（5）自動火災報知設備　自動試験機能付き

近年の自動火災報知設備では自動試験機能付きというシステムが導入されるケースが増えています。

自動火災報知設備は主に「P型」と「R型」というシステムで構成されており、「P型」は小規模物件や中規模の建物で使用されることが多く、「R型」は大規模な施設などで使用されます。

P型のPはProprietary（所有、私設の意）とR型RはRecord（記録）を意味します。

P型は一般的でR型はハイスペック型と言えます。

R型システムは受信機と感知器（中継器など含む）間を伝送信号で通信し、各火災感知器の個別の信号を受信できるシステムで、防火設備や消火設備などの連動機能も建物にあわせてカスタマイズできるシステムを構築できる設備です。

一方P型システムは建物の階や一定の範囲で火災を警戒し、従来の機器では個別の信号を受信することはできませんでした。しかし、近年の技術革新によりP型システムに自動試験を行える機能を搭載した製品が登場しました。これにより、P型システムでも感知器の個別の信号を受信することが可能となりました。火災時には出火場所の特定の早期発見、非火災（誤報）などの不具合が発生した際にも、場所の特定が容易に行えるメリットがあります。

自動試験機能付きの機器（受信機、感知器など）は、従来のP型システムの機器よりも価格が高価となりますが、設備の更新のタイミングで既設の配線をそのままにR型システムに近い機能へシステムアップすることも可能となりました。また、新築建物においてでもこの機能を重要視し、P型システムの自動試験機能付きを

導入する建物も増えている傾向にあります。

●避難設備

・誘導灯設備

誘導灯設備（消防法施行令第26条）には避難口誘導灯と通路誘導灯があり、共同住宅（マンション）では11階以上および地階の共用部分に設置します。避難口誘導灯は避難口を表示した緑色の灯火で避難口に設け、通路誘導灯は避難方向を示した緑色の灯火で廊下、階段、通路などに設けます。誘導灯には非常電源が備わっており、経年により非常電源の劣化が生じますので、定期点検で障害が生じた場合、非常電源の交換が必要になります。

誘導灯は24時間点灯していますが、そのランプは蛍光灯のほか冷陰極線管やLEDがあります。冷陰極線管やLEDは長寿命で省エネになりますので、機器交換の際はこのような器具から選定をします。

（誘導灯についての価格は「電灯設備等工事」を参照ください）

避難口誘導灯

通路誘導灯

写真提供　パナソニック（株）

●その他消防設備

・非常コンセント設備（消防法施行令第29条の2）

非常コンセントは、建物で火災が生じた際、消防隊が消火活動のために使う専用のコンセントです。消火や救出のために使用するドリル、照明器具、排煙機などの電源として使用します。

マンションでは11階以上の階に非常コンセント設備を設置します。非常コンセント設備には非常電源が必要であり、非常専用受電設備または非常用発電機から供給する仕組みです。

1980年代までは非常用コンセントは100Vと200V動力用コンセントの2種類を設置していましたが、現在は100Vコンセントのみとなっています。しかし、1980年代のマンションの中には、非常用コンセントで未だ動力用コンセントを設置し電力会社に料金を払っている場合もあります。そのような場合は、所轄の消防団体と協議し動力契約を取りやめることで料金を削減できることがあります。

非常コンセント 100V×2口

非常コンセント
100Vと200V動力の例

●消防法における自家発電設備の消防設備点検

消防法における自家発電設備の技術上の基準

として、火災時に常用電源が停止した場合に消防用設備等（屋内消火栓設備、スプリンクラー設備、排煙設備）に電源供給し正常に稼働するように、消防用設備等に非常電源を附置することを求めています。

非常電源の種類には、非常電源専用受電設備、自家発電設備、蓄電池設備、燃料電池設備があり、延べ面積1000㎡以上の特定防火対象物※（マンションでは、店舗等が同じ建物内に複数混在している場合に該当します）にあっては、自家発電設備、蓄電池設備または燃料電池設備を設置することを求めています。これらの基準に基づいて設置された自家発電設備は、定期的に点検しその結果を消防署長等へ報告をする義務があります。

※特定防火対象物とは・・・不特定多数の人が出入りする建物　例えば病院やショッピングセンターなど

自家発電機の負荷試験点検は、消防法（消防予第214号第24－3 総合点検）により義務付けられていますが、平成30年6月1日に自家発電機の点検基準と点検報告書の一部が改正されました。負荷試験では、停電作業などで常用電源を遮断することが必要となるため、一般的には停電を必要としない疑似負荷運転を行うケースが多く、疑似負荷装置で発電機の定格出力の30％以上の負荷をかけて運転をさせ、不具合がないかを確認します。

自家発電設備

消防用設備工事 ①　調査価格（経済調査会調べ）

名称	規格・仕様					単位	単価
◆ 消火管更新							
配管用炭素鋼鋼管 （SGP-白）	屋内一般配管	ねじ接合	呼径	40A	材工共	m	9,190
	〃	〃	〃	50	〃	〃	11,400
	〃	〃	〃	65	〃	〃	14,800
	〃	〃	〃	80	〃	〃	18,000
	〃	〃	〃	100	〃	〃	22,600
	〃	〃	〃	125	〃	〃	28,000
圧力配管用炭素鋼鋼管 （Sch40-白）	〃	溶接接合	65		〃	〃	22,100
	〃	〃	〃	80	〃	〃	27,100
	〃	〃	〃	100	〃	〃	34,000
	〃	〃	〃	125	〃	〃	42,600
消火用硬質塩化ビニル 外面被覆鋼管（SGP- VS）	地中配管	ねじ接合	〃	40	〃	〃	12,500
	〃	〃	〃	50	〃	〃	15,300
	〃	〃	〃	65	〃	〃	19,500
	〃	〃	〃	80	〃	〃	23,500
	〃	〃	〃	100	〃	〃	28,900
消火用硬質塩化ビニル 外面被覆鋼管（STPG 370-VS）		フランジ	〃	100	〃	〃	53,800
	〃	〃	〃	125	〃	〃	74,800
	〃	〃	〃	150	〃	〃	98,000
◆ 消防用設備							
消火ポンプユニット	出力11.0kW	※機器本体は別途			手間	組	158,000
	15.0		〃		〃	〃	201,000
	18.5		〃		〃	〃	243,000
1号消火栓（鋼板製）	単独		H1350×W 750×D180		材工共	〃	153,000
	放水口（65A）併設	〃	〃	230	〃	〃	182,000
易操作性1号消火栓（鋼板製）	〃	〃	〃	〃	〃	〃	195,000
	〃	1500	1000	400(高層階)	〃	〃	456,000
屋内2号消火栓（鋼板製）	〃	1100	600	230	〃	〃	176,000
放水口格納箱 （鋼板製）	H 500×W400×D230　放水口65A　埋込型				〃	〃	75,400
	650	〃	〃	〃	(表示灯スペース付)	〃	91,100
	1100	〃	〃	〃	[表示灯スペース・非常コンセントスペース付]	〃	103,000

1．消火ポンプの単価には機器本体、架台等付属品は含まない。
2．屋内消火栓の単価にはバルブ、ホース、ノズル、消火栓弁を含む。
3．消防用設備等の増設・改修に伴い必要となる所轄消防署への着工・設置届出は別途費用となる。

マンション2023/2024　**371**

名　称	規格・仕様	単位	単価 (材工共)
◆ 消防用設備			
放水口格納箱	H 500×W400×D230　放水口65A　埋込型	組	128,000
（ステンレス製）	650　 〃 　 〃 　 〃 　（表示灯スペース付）	〃	180,000
	1100　 〃 　 〃 　 〃 　(表示灯スペース・非常コンセントスペース付)	〃	243,000
送水口（ステンレス製）	単口　壁付型　口径100A×65A	〃	148,000
	〃 　自立型　　　　 〃	〃	157,000
	双口　壁付型　口径100A×65A×65A	〃	165,000
	〃 　自立型　　　　　 〃	〃	169,000
◆ 消火器等取替え			
移動式粉末消火設備	消火剤　ABC粉末（第3種）　33kg	組	253,000
消火器　ABC粉末	蓄圧式　10型	〃	14,100
	〃 　　20型	〃	19,900
消火器　強化液	〃 　　3ℓ型	〃	17,600
	〃 　　6ℓ型	〃	21,300
◆ 火災報知設備更新			
煙感知器	光電式スポット型　2種埋込型　蓄積型・非蓄積型共	個	21,400
	〃 　　　　　　2種露出型　　　　　 〃	〃	19,600
	〃 　　　　　　3種埋込型　　　　　 〃	〃	20,100
	〃 　　　　　　3種露出型　　　　　 〃	〃	18,400
熱感知器	差動式スポット型　2種埋込型	〃	10,000
	〃 　　　　　　2種露出型	〃	8,200
	定温式スポット型　特種　　　　　露出型	〃	7,850
	〃 　　　　　　1種　　　　　 〃	〃	7,280
	〃 　　　　　　特種70℃防水　 〃	〃	8,120
	〃 　　　　　　1種防水　　　 〃	〃	7,770

消防用設備

1．放水口格納箱には放水口の取付費、送水口には接続機器等の撤去費を含む。また、非常コンセントスペース付の電気
　配線は別途。
2．火災報知設備には、取外し機器の撤去費は含むが、処分費は含まない。

消防用設備工事 ①

品名・品番	仕様	単位	単価 (材料費)	メーカー
◆ 消防設備用部材				
ストラブ・グリップGタイプ 消防認定品	メカニカル管継手　G- 20EFSS	個	*10,100*	ショーボンドマテリアル ☎03-6861-7411
	〃　　　　25	〃	*10,300*	
	〃　　　　32	〃	*10,700*	
	〃　　　　40	〃	*10,900*	
	〃　　　　50	〃	*11,600*	
	〃　　　　65	〃	*14,900*	
	〃　　　　80	〃	*16,100*	
	〃　　　100	〃	*17,500*	
	〃　　　125	〃	*26,700*	
	〃　　　150	〃	*32,100*	
	〃　　　200	〃	*72,000*	
◆ 消火設備				
スプリンクラーヘッド　YKQSⅡ-72※ 　　　　　　　　YKQSⅡ-98※	下向　1種　作動温度72℃　流量定数K50 　〃　　　〃　　　　　98　　　　　〃	個 〃	*8,800* *12,000*	ヤマトプロテック ☎03-3446-7153 ※防護範囲r2.6m 以下かつ13m²以 下
◆ 消火器				
バーストレス消火器　PEP-10N 　　　　　　　　PEP-50 　　　　　　　　ALS-3	粉末 (ABC)　蓄圧式　スチール　H467×W200×D128㎜ 　〃　　　　〃　　　〃　　　900　　340　　390 強化液　　　〃　　　〃　　　510　　215　　142	台 〃 〃	*18,500* *102,000* *21,800*	初田製作所 ☎0120-82-2041
◆ 消火器ボックス				
消火器ボックス (全埋込)	KS-FE01F　W290×D160×H693　スチール (本体・扉) 扉 (ホワイト・ブラック)・サイン・文字付　10型消火器対応	台	*22,000*	ナスタ ☎03-3660-1815
消火器設置台　エコベースN	H716㎜　　受台H157×W205×219㎜	台	*3,000*	初田製作所 ☎0120-82-2041
消火器格納箱　HS-1M型	全埋込型　オープンタイプ　スチール　H870×W290×D168㎜	〃	*20,000*	
◆ 送水口				
アイユニットST	差込式または消防ねじ式　最高使用圧力：1.0MPa 　　　〃　　　　　　　　　　　　　　　1.6	セット 〃	*800,000* *810,000*	立売堀製作所 ☎03-5688-3121
◆ 消火栓				
1号消火栓　B120 　　　　　B160	W750×H1300×D180　二段単独型　火報横並　格納 品：40バルブ1　40ノズル1　40ホース2　40ホース架1 W750×H1300×D230　二段併設型　火報横並　格納品：40 バルブ1　40ノズル1　40ホース2　40ホース架1　65バルブ1	セット 〃	*255,000* *321,000*	立売堀製作所 ☎03-5688-3121
◆ 避難器具				
改修用レクスター　RKC型	内寸575×575　かさ高40　適応階高1760~2150　ステンレス製	台	*170,000*	ヤマトプロテック ☎03-3446-7153

消防用設備

昇降機設備工事

●昇降機設備工事とは

　ロープ、モーター、巻上げ機、カゴ、扉などのエレベーター設備の劣化・損傷箇所の修繕および取替工事をいいます。

　エレベーターにはさまざまな機能・性能が付加されており、エレベーター設備の改良（更新）工事においては、必要とする機能や性能を十分に検討した上で、その性能向上を図ることが重要です。

　また、昇降機定期検査（建築基準法第12条第3項）では、1年に1回の定期検査が義務付けられています。法定点検の履行義務や内容の詳細については、各地方公共団体の条例などによって異なるため、地元地方公共団体の確認が必要です。

以下、「改修によるマンションの再生手法に関するマニュアル」（国土交通省 平成16年6月発表 令和3年9月改訂）より転載

●修繕周期

・26〜30年程度。日常のメンテナンスの状況により実施時期を検討します。

●主要部位

・ロープ、モーター、巻上げ機、カゴ、扉、制御盤等のエレベーター設備

●改良工事の主な内容・工法等

1．エレベーターの性能をグレードアップする
・エレベーターの基本性能のグレードアップとしては、電動機をインバーターマイコン制御方式のものに取り替え、振動・騒音の低減により乗り心地を向上させることや、故障を減少させることが考えられます。また、ヘリカルギヤを採用したものに取替え、消費電力を低減することや、スピードアップにより待ち時間を削減することができるタイプのものに取替えることなども考えられます。

・また、安全性の向上のために次のような機能を付加することが考えられます（①②⑧については、建築確認が必要な改修工事の場合に設置義務があります）。

①戸開走行保護装置：戸が閉じる前にカゴが昇降した場合に、自動的にカゴを制止する。

②地震管制運転装置：地震の揺れを機械室の感知器が検出し、エレベーターを速やかに最寄り階で停止させドアを開く。

③火災管制運転装置：火災時にエレベーターを避難階に直行させ運転を休止させる。

④停電時自動着床装置：停電時にバッテリーでエレベーターを最寄り階まで自動運転する。

⑤防犯用監視カメラ：かご天井部にカメラを設置し、かご内の状況を管理事務室のモニターで、監視やビデオテープに記録することができる。

⑥防犯用窓ガラス：エレベーター扉に窓ガラスを取り付け、エレベーターの内外からみることができる。（なお、エレベーター扉に窓ガラスを取り付ける場合は、防火区画の問題をクリアする必要があります。）

⑦遠隔監視装置：電話回線を通じて、保守会社にエレベーターの異常を知らせる。

⑧その他エレベーターの地震対策：巻上機の綱車からロープ外れ防止等の主要機器の耐震補強、釣合おもりの脱落防止、主要な支持部分の耐震化を行う。

・なお、エレベーターの取替え時には、エレベーターシャフト本体が地震時にマンション躯体から切り離されないかどうかの検討を行い、必要に応じて補強工事を行います。

昇降機

2. マシンルームレスエレベーターに取替え、省スペースを図る

- ロープ式エレベーターや油圧式エレベーターは、エレベーターシャフト上部の屋上や地上部分に専用機械室を設ける必要がありましたが、近ごろでは、専用機械室を必要としないマシンルームレスエレベーターが普及しています。マシンルームレスエレベーターへの取替えにより、エレベーター機械室が不要となり、他の用途に転用できます。
- エレベーターの改良（取替え）方法については、次のような方法があります（このうち、①完全撤去・新設と、②準撤去・新設については、確認申請を必要とします）。

エレベーターの改良（取替え）方法

方法	内容
①完全撤去・新設	建物からエレベーターの全構成機器を撤去し、全て最新機種等に取替える方法。エレベーターシャフトの大きさを変更する必要がある場合（例えば、既存エレベーターシャフトでは車いす仕様にするスペースが不足する場合等）には、この方法を採る必要があります。
②準撤去・新設	建物に固定されたマシンビーム、カウンターウェイト（錘）、ガードレール、乗り場三方枠等の機器等については再使用し、巻上げ機、制御盤、ロープ、かご室、乗り場扉等を最新機種等に取替える方法。
③分割改修・準撤去	新設で実施する工事を、制御改修（インバーター制御等）、かご改修（インジケーター関係）、乗り場改修等に分割して施工する方法。

なお、エレベーターの取替えに併せて、インバーター制御方式の電動機へのグレードアップを行い、省エネ、省力化、省保守化を図ることが考えられます。

●その他

- エレベーターは常時安全で快適な状態で利用することが求められるため、事故や故障にならないように予防設置を講ずることが必要です。エレベーターの保守契約には、F・M（フルメンテナンス）契約とP・O・G（パーツ・オイル・グリース）契約の2種類があります。
- F・M（フルメンテナンス）契約は、予防保守契約とも言い、エレベーターを常に最良の状態に維持するために、機械や装置の点検・調整を行い、事故や故障が発生する前に機器の摩耗・劣化を予測し、部品の修理や取替え等の整備を行う契約です。P・O・G契約よりも高額となりますが、事故や故障が発生しないように常時予防措置が講じられます。
- P・O・G（パーツ・オイル・グリース）契約は、機械や装置の点検・調整・修理は含まれますが、メインロープ・巻上機・電動機等の取替えやかご室のパネル三方枠等の塗替え等の高額部品の修理・取替えは含まれていない契約です。F・M契約よりも安価ですが、高額部品は別途工事となるため、直ちに修理・取替えが実施されずに不完全な状態が続くことも想定されます。
- 保守点検契約を選択する場合には、これらの長所、短所を十分に検討し、決定する必要があります。

昇降機設備工事 ①

調査価格 （経済調査会調べ）

名称	規格・仕様	単位	単価（材工共）
エレベーターかご内部改装	内部壁特殊塩ビフィルム貼替え	m²	12,300
	内部床塩ビシート貼替え	〃	7,700
エレベーター扉・三方枠	アクリルエナメルラッカー吹付	カ所	39,200
	ダイノックシート張り	〃	55,000

立体駐車場設備工事

●立体駐車場設備工事とは

　立体駐車場には自走式立体駐車場と機械式駐車場の２種類があり、これら設備の保守や修繕、更新工事をいいます。

　機械式駐車場の設備には機械式駐車場の駐車装置および制御盤、検知装置、操作盤、昇降装置、安全装置、排水設備があります。

●立体駐車場の種類

１．自走式立体駐車場

　立体式の駐車場で自ら走路を運転して駐車する方式です。RC造やS造があり、階数の多いものは斜路での運転に注意する必要があります。新設する場合は敷地に余裕があることが条件であり、近隣住戸の採光やプライバシーを考慮する必要があります。月々のメンテナンス費は機械式より安価な傾向があります。

２．機械式駐車場

　パレット（自動車を乗り入れる段）に車を載せ、機械装置の動力による移動で立体的に駐車させる方式です。マンションでは地上1階・地下1階のピット二段方式の採用が多く、上下方向に複数段・左右方向に複数列を組み合わせた多段方式や、タワー形式のエレベーター方式などもあります。多段式のメンテナンス費用は保守点検契約の内容によって大きく異なります。機種によりパレットの大きさや搭載重量に制限がありますが、1台当たりの敷地面積はほかの方式より少なくて済むことから、限られた狭い空間を効率的に利用できます。

●立体駐車場設備の修繕

　定期点検だけではなく、鋼製の機械式駐車場の場合、発錆を防止するために、パレットや支柱などの鉄部塗装を計画的に行うことが大切です。パレットは、車両が乗り降りする損耗が激しいため、重防食塗装をしても腐食劣化して、床板に穴が開くなど、パレットごと交換する場合もあります。

●立体駐車場設備の更新

　機械式から機械式へ取り替える場合は、駐車できる車のサイズを従来と同じにするか、より大型の車でも駐車可能にするかの検討に加え、静かでパワフルなタイプへのグレードアップも検討します。

　機械式から自走式への取替えの場合、住民アンケートをすると、交換時期まで待つべきという意見と、早目に交換しようという相反する意見が大抵出てきます。しかし、築年数が経つほど防水工事や外壁工事などに出費がかさむため、先延ばしにすると修繕積立金が不足して取替えを断念しなくてはいけない場合があります。現在の設備を継続する場合に必要な将来のメンテナンス費用の累計を推定し、自走式設備設置に掛かると思われる初期費用との比較を行い、取替えによる駐車台数や駐車場使用料の変更といった要素も考慮しながら、シミュレーションを行う必要があります。

　機械式から自走式だけではなく、自走式から機械式、自走式から自走式のいずれの場合においても、解体して建て替えるのはハードルが高いのが現状です。

●駐車場不足の場合

　駐車場が不足すると、敷地内空き地や周辺道路への違反駐車につながり、いざというときに救急車などが入れないこともあります。立地条件のほか、マンションの竣工年次によっても駐車場の充足率は異なります。

　駐車場を増加する検討においては、「①駐車

立体駐車場

違反の実態、②敷地の物理的スペースの問題、③建築物扱いの問題（自走式の場合、建ぺい率などが問題になることがあります）、④居住者のニーズ」を十分に調査・把握した上で、増設する駐車場の規模や台数、工事中の仮置き場も含めた駐車場用地の確保の方法、駐車場の増設方式、その維持管理などについても総合的に勘案する必要があります。

●駐車場増設への段取り

駐車場増設をする場合の手順は以下のとおりです。
⑴居住者で検討会を開き、理事会に諮問する
⑵理事会でアンケート調査を実施
　・自動車の保有台数確認（敷地内・敷地外）
　・今後の保有予定
　・敷地内環境の評価
　・メンテナンス費用の認識
　・駐車場使用料の評価（高い・安い）
　・来客駐車場スペースの必要性
　・駐車場増設説明会などの必要性
　・そのほか居住者からの意見収集
⑶アンケート結果を踏まえ、検討会を継続すると同時に専門委員会を発足し、コンサルタント的業務の委託先を決める
⑷アンケート調査結果の住民説明会および理事会および専門委員会での検討状況説明会を行う
⑸説明会後1週間、欠席した人が個別に説明を聞ける機会を設ける
⑹臨時総会を開催し、ここでは実施するか否かを決め、施工会社・工事金額は後日、正式に総会を招集して審議する
⑺施工会社の選定を行う。目安の1つとして、自走式立体駐車場設備の場合、（一社）日本自走式駐車場工業会加盟のメーカーから選ぶ方法もある。機械式立体駐車場設備の場合は、（公社）立体駐車場工業会の認証および国土交通大臣認定取得製品、車いす使用者対応適合証明書取得製品を扱うところから選定する。国土交通大臣認定を取得していると、確認申請などが速やかな場合がある。

⑻施工会社候補を3~4社に絞り、工事会社説明会を開催する。その際、見積依頼内容を提示して見積書の提出を求める。
⑼提出された見積書の金額、内容、工事会社の経営健全度など総合的に判断して工事の依頼先を決定する
⑽工事会社との契約に際しては、安全への配慮や管理方法なども詳細に打合せをした上で契約を締結する
⑾工事期間中は、月2回程度、工事会社より進捗状況の説明や問題点などの連絡を受ける

●駐車場を減らす場合

居住者の高齢化や公共交通の発達により、自家用車の所有率が低くなった地域では、駐車場に空きが目立つことがあります。

利用が少なくなった場合は、毎月の維持管理費用や改修時に推定される工事費用をシミュレーションした上で、立体駐車場設備の一部または全部を廃止することも検討します。

●機械式駐車場に関するガイドライン

国土交通省では、昨今、機械式立体駐車場において利用者などによる事故が発生していることを受け、平成27年1月に「駐車場法施行規則の一部を改正する省令」を施行しました。

この省令では、駐車場法施行令第15条に基づき、同条に規定する特殊の装置（機械式駐車装置）の構造・設備と併せて、安全性を確保するために必要な機能（安全機能）についても基準を定め、この安全機能に関する基準への適合を認定の要件として追加されています。

また、安全機能の認証に際しては、第三者機関が認証を行う制度も導入されました。今後新たに機械式駐車場を設置する場合は、あらかじめ登録認証機関において安全機能の認証を受け、大臣認定を受けることが可能です。登録認証機関として（公社）立体駐車場工業会が登録されています。

立体駐車場

立体駐車場設備工事 ①

メーカー　公表価格

品名・品番	仕様	単位	単価 (材工共)	メーカー
◆ 自走式立体駐車場				
ステージダブリュー				綿半ソリューションズ
1層2段型（大臣認定品）	鉄骨造メッキ仕上げ　合成スラブ床　フラット型	m²	85,000	☎03-3341-2723
2層3段型（　〃　）	〃	〃	81,000	国土交通大臣認定品
3層4段型（　〃　）	〃	〃	80,000	
4層5段型（　〃　）	〃	〃	80,000	建築面積2,000㎡以上
5層6段型（　〃　）	〃	〃	81,000	
6層7段型（　〃　）	〃	〃	83,000	
◆ 機械式駐車場				
パーキングW				サンキン
ニューグレスト　NPG-45H	W1800（上）/1850（下）×D5100×H2150　1900kg　地上二段式　押しボタンスイッチ　亜鉛メッキ仕様　2台用	台	2,700,000	☎06-6539-3222 ☎03-5951-3051
リアーツインタイプ　PT24WH	W1900（上・下）×D5100×H2150　2000kg　地上二段式　押しボタンスイッチ　亜鉛メッキ仕様　2台用　ニューグレスト・リアーツイン　新認定対応機種（H28年7月取得済み）	〃	3,200,000	
ホームパーク24				テクニカル東新
Sシリーズ　HP-S16	W1800×D5000×H1750　1600kg　地上二段式（片支柱）　下降時押しボタン（キーロック式）　亜鉛メッキ仕様　2台用　材料費	台	1,600,000	☎0120-46-8924
S20	W1800×D5000×H1750　2000kg　地上二段式（片支柱）　下降時押しボタン（キーロック式）　亜鉛メッキ仕様　2台用　材料費	〃	1,900,000	

〔テクニカル東新〕
ホームパーク24　Sシリーズ

立体駐車場

外構

外構工事……………………………………… 380

外構工事

●マンションの外構とは

マンションが建っている敷地は「建物の区分所有に関する法律」において区分所有敷地とされ、敷地内の仕上げ部分や工作物は、全てが共用部分となります。

その共用部分のうち、建物本体以外の工作物や付属施設、植栽などの外回りの工事のことを外構工事といい、舗床、擁壁、囲障、自転車置場、プレイロット、駐車場、敷地内道路、植栽などが含まれています。

●外構の改修

外構に属する工作物や構築物は、付属施設なども含め、マンション本体と同様に、経年によって各部の老朽化が進み、劣化部分が発生してきます。その進行具合をみながら適切な改修を行って、外構に属する工作物全般を長持ちさせる必要があります。

例えば、敷地内道路や歩道の場合は、各種の舗装や縁石類、側溝などが改修の対象になります。ただ、外構改修では、舗装を対象にする場合でも、敷地内道路、歩道の舗床を全面的に更新するなどということは少なく、ほとんどの場合が破損箇所を調査の上、部分的な補修で対応するのが一般的な改修工事となっています。

●外構改修が必要になる背景

マンションの大規模修繕工事の実施においては、建物本体の改修工事が優先されることが多く、外構部分の改修については後回しになる傾向があります。

しかし、外構部分の遊歩道や外部の階段の破損部分で、居住者が転倒し、大けがをした場合などは、破損部分を放置していた理由で、管理組合が責任を問われるということも十分予測できる事態であり、建物本体と同様に適切な維持管理が望まれます。

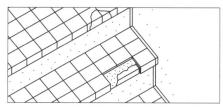

危ない舗床の破損（外部階段）

●外構部分改修の実際

先に述べたように、外構部分の改修では、部分的な改修が一般的です。この際問題になるのは、部分補修用の資材の入手が困難であることです。例えば、遊歩道の舗床用の床タイルや敷石が欠損している場合、同種同色の製品は年数を経ていると、入手困難であることが多くあります。似たような製品で補修する方法や、簡易な補修として、石やタイルの代わりに、欠損部分をコンクリート製品で改修する方法もありますが、施主にとって満足のいかない仕上がりとなることもあります。

部分補修が主体となる外構改修では、特に改修目的や施主の要望と予算に応じて、補修方法や仕上がりを決める必要があります。

外構

●外構改修工事が必要と予測される部分

1．敷地内道路、歩道ほか
・舗床面全体の劣化（アスファルト舗装などの場合の路面の荒れ、亀裂）
・舗床面の破損（仕上げタイルの剥がれなどによる欠損、路面の仕上げの亀裂、剥離など）

2．擁壁類
・表面仕上げの劣化、亀裂など

3．囲障
・各部の破損、塗装仕上げの劣化など

4．プレイロット
・舗床の破損、タイル類の欠損、遊具の破損、塗装の劣化など

5．自転車置場
・舗床面の劣化、壁、屋根面の破損、塗装の劣化など

6．駐車場
・舗床面、縁石、白線引きの劣化など

7．植栽
・土壌改良、樹木の更新など

●外構改修工事と仮設工事の関連

　基本的に外構には足場仮設が必要になる工事はほとんど無いため、この点では単独の工事発注も可能であるといえます。

●外構改修の費用

　自転車置場のような付属施設の場合は全面塗装となりますが、そのほかは部分的な補修となるため、予算の策定においても、柔軟に対応ができる様な工夫が必要となります。特に外構部分は、劣化状況の調査・診断を定期的に行い早期に対応することが大切です。

●工事費の中からみた外構改修と工夫

　長期修繕計画において外構部分の修繕周期は、通常比較的長い期間が採用されています。また、外構部分の多くは、風雨や降雪といった自然災害の影響を受けやすい立地にあるため、予測困難な施設の破損事故への対応が必要となる場合もあります。

　以上のことから外構については、長期修繕計画の中で計画修繕プログラムの策定は必然ですが、日常の修繕、いわゆる経常補修の予算も用意しておく必要がありますので、先述したように状況に応じて修繕工事が行えるよう、予算策定の工夫をすることが大切です。

植栽の成長で破損した花壇

●植栽改修工事の手順

現地調査→改修計画案作成→現場施工

1．現地調査
　対象物件の現況の緑地を調査します。設計意図との整合や樹木の健全度、土壌や風当たりなどの周辺環境の具合、作業状況、搬出経路などを確認し、現地調査の基礎資料を整理し、合わせて施主（管理会社・管理組合）の要望をヒアリングします。

2．改修計画案作成
　施主の要望や現地状況を勘案し、改修計画案を作成します。計画案は計画図面・見積書とともに、樹木の写真、スケッチ、CGなどを駆使したビジュアル的な分かりやすい、計画案作成者（造園工事会社など）と施主が完成イメージを共有できるものを作成します。

3．現場施工
　施工に際しては、事前に居住者へ工事内容の周知・説明を行い、居住者の日常生活に支障が生じないよう、安全管理・現場養生の下、現場作業を実施します。

外構

外構工事 ①

名称	規格・仕様	単位	単価 (材工共)
◆ 植栽改修工事			
土壌改良作業	バーク堆肥等	m²	4,500
樹木の更新作業	高木	本	31,000
〃	中木	〃	8,000
〃	低木	〃	1,200
〃	生垣	〃	10,000
移植作業	樹高3.0m程度	〃	57,000

1．施工規模は緑地面積200m²前後。
2．更新作業：高木、中木、生垣は新植、低木は補植扱い。
3．移植作業：場外仮植栽＋復旧、低木は補植扱い。
4．施工は人力・機械併用。クレーン、バックホウなどを使用する客土搬入・搬出、入れ替えなどの特殊作業は別途扱い。
5．諸経費は含まない。
6．更新する樹木等は下表のとおり。

外構

更新する樹木等

名称	規格・仕様	数量	単位	参考樹種
高木	樹高3.0m　幹周0.15m　枝張0.8m程度	5	本	常緑樹　高木・中木：クスノキ、カクレミノ、シマトネリコ、ソヨゴ
中木	樹高1.8m	10	〃	落葉樹　高木・中木：コブシ、ハナミズキ、モミジ、ヤマボウシ
低木	樹高0.6m　刈込高0.5m程度	100	〃	ナリヒラ、ハマヒサカキ、ビョウヤナギ、ヒラドツツジ
生垣	樹高2.0m　刈込高1.8m程度	40	〃	ウバメガシ、ヒイラギモクセイ、ベニバナトキワマンサク、レッドロビン
土壌改良剤	バーク堆肥等	20	袋	

外構工事 ②

名称	規格・仕様		単位	単価
◆ 植栽管理【剪定作業】				
常緑高木	樹高3.0m〜	手間	本	4,190
落葉高木	〃	〃	〃	4,190
中木	1.0〜3.0m	〃	〃	2,550
低木	〜0.5m	〃	m²	630
生垣（表面天端のみ）	1.8m	〃	m	950
◆ 植栽管理【剪定作業〜診断作業】				
剪定・刈込作業	作業回数 年1回	手間	年	506,000
病害虫防除作業	〃	材工共	〃	32,000
施肥作業	〃	〃	〃	16,000
芝刈作業	作業回数 年1回以上　※エアレーション、目土は含まない	手間	〃	40,000
植込内除草作業	〃	〃	〃	70,000
診断作業	※診断内容・報告書類により異なる	〃	〃	50,000〜

【剪定作業】
1．剪定作業のみの単価。
2．施工規模（管理する樹木緑地面積）は500〜700m²未満
3．施工は人力・機械併用。高所作業車を使用する等、通常の剪定作業ではない特殊作業は別途扱い。
4．諸経費は含まない。
5．剪定する樹木は下表のとおり。

【剪定作業〜診断作業】
1．施工規模は敷地面積：2000〜2500m²未満（緑地面積　敷地面積×10〜15%程度）
2．発生材処分費は含まない。
3．施工は人力・機械併用。高所作業車を使用する等、通常の剪定作業ではない特殊作業は別途扱い。
4．諸経費は含まない。
5．屋上緑化、壁面緑化は別途扱い。

剪定する樹木（参考樹種）

樹種区分		樹種名
常緑樹	高木・中木	シマトネリコ、シラカシ、常緑ヤマボウシ、ソヨゴ
落葉樹	〃	カツラ、ハナミズキ、モミジ、ヤマボウシ
低木		アセビ、シャクナゲ、ナリヒラヒイラギナンテン、ヒラドツツジ
生垣		ウバメガシ、ベニバナトキワマンサク、レイランディー、レッドロビン

外構

品名・品番	仕様	単位	単価 (材料費)	メーカー
◆ 自転車置場（ラック）				
ちゃらく　C2-G型	新2段式　　上段	台	53,000	オービック・ジャパン
CS2R型	垂直2段式　上段　本質安全型　オートリターン	〃	79,000	☎03-5345-6702
C-2A10型	スライド式　下段	〃	29,000	
スライドラック　SR-C6N	ピッチ220　スチール製　6台用	台	144,000	ダイケン
サイクルスタンド　KS-C284	280　　　〃　　　4	〃	96,000	☎06-6392-5321
スライドラック エニイスライド BC-OSF	自転車重量4.0kgまで対応　高低差50mm	台	23,000	ビシクレット
垂直2段式ラック BC-W-AIR	垂直上下動タイプ　アルミ仕様	〃	97,000	☎03-3437-9710
サイクルスペース　CSR-10-6S	平置式スタンド　単列前輪止めタイプ　6台用　土台込	台	66,000	淀川製鋼所
CRS-200	横移動式　単列タイプ　　1　　　土台レール込	〃	44,000	☎06-6245-1256
◆ 自転車置場（サイクルポート）				
リンリンスラッシュ 　オープンタイプ	W5776×H2400×D2200　収納台数8台 屋根材：ポリカーボネート	棟	353,800	三協アルミ ☎0120-53-7899
サイクルポート　V-Rタイプ	W3078×H2423×D2005　収納台数5台/棟　アルミ形材	棟	253,000	四国化成建材
〃　　RS-Rタイプ(アルミ屋根)	2522　　2450　　2160　　〃　　4 〃　　　〃	〃	505,000	☎0120-212-459
〃　　MALタイプ	5660　　2199　　2000　　〃　　9 〃　　　〃	〃	696,000	
サイクルロビー　CY-LLM2520-U-S	W2918×D2000×H2383　基準型	棟	238,000	ダイケン
CY-LLMR2520-U-S	2550　　　〃　　　　〃　　　連結型	〃	141,000	☎06-6392-5321
シャオンルーフS	D2000×W2400×H1900　基本棟　積雪対応型有	棟	216,000	ビシクレット
〃	〃　　　　〃　　　　〃　　追加棟	〃	170,000	☎03-3437-9710
ヨド自転車置場YOKCタイプ 　YOKC-280	W2800×D1800×H2100　基本棟　埋込式　一般地用	棟	213,000	淀川製鋼所 ☎06-6245-1256
〃	〃　　　〃　　　　〃　　追加棟　　〃　　　　〃	〃	118,000	
◆ ゴミ収集庫				
ダスティン　パネルタイプ	W2700×D1500×H2110　標準タイプ　　　　　　　45ℓゴミ袋126袋相当分	台	630,200	三協アルミ
〃　　〃　　〃　　パンチングパネルタイプ	〃　　　〃　　　〃　　パンチングパネルタイプ	〃	669,900	☎0120-53-7899
ダスティンG　ボックスタイプ	1800　　900　　1200　目隠しタイプ　上蓋ダンパー仕様（約70°開閉）　　28	〃	336,500	
ゴミストッカー　　MD型	引き戸式　W2260×D2290×H2150　8770ℓ　アルミ形材	台	985,000	四国化成建材
AMR1型	〃　　　2080　　2082　　2047 6900　　〃	セット	433,000	☎0120-212-459
PSR型	上開き式　1800　　900　　1200　1410　　〃	台	335,000	AMR1型は建築
PS型	〃　　　〃　　　〃　　　〃　1380　　〃	〃	311,000	基準法対応
ダストピット				淀川製鋼所
Sタイプ　DPSA-1000	上開き式 W 750×L1650×H1180　1000ℓ　ガルバリウムカラー鋼板	台	209,000	☎06-6245-1256
Mタイプ　DPMA-2200	〃　　　900 1800 1840 2200　　〃　　　アジャスター付	〃	273,000	
Hタイプ　DPH-2620（一般地用）	引戸式 W2125×L2650×H2305（開口幅1160）	〃	677,000	
	塗装溶融亜鉛メッキ鋼板　全方位パンチング壁　40世帯用			
◆ 物置				
ガーデンハウスのぞみ連続型 　DM-KPRP0913	W920×L1320×H2120　基準型	台	146,000	ダイケン ☎06-6392-5321
DM-KPRC0913	〃　　　〃　　　　〃　　連結型	〃	136,000	

外構

品名・品番		仕様	単位	単価 (材料費)	メーカー
◆ 車止め					
プラストップ	PH-YNA	アスファルトアンカー工法・A工法　W135×L600×H110	本	*3,000*	アフロディテ
	PH-YNS	接着工法・S工法　〃　〃　117　接着	〃	*4,000*	☎03-3251-6699
	PH-YNC	コンクリートアンカー工法・C工法　〃　〃　110	〃	*3,000*	カラーは8色
	PH-YND	脱着工法・D工法　〃　〃　〃	〃	*3,000*	
		アンカー (コンクリート舗装路面のみ)			
	PH-YPC	コンクリートアンカー工法・C工法　W135×L600×H110　ネームプレート付	〃	*3,600*	
◆ 段差解消スロープ					
アルミスロープ	RA-200	横W835×出W830×H50〜200　アルミ製、耐荷重300kgf	枚	*78,000*	杉田エース
ブロックビルドスロープ		組立式　コーナー付60：W1274×D387×H56　ポリエチレン製	セット	*35,000*	☎03-3633-5161
◆ フェンス					
フレラインN1型　格子タイプ	H1000	基礎寸法300×300×450	m	*21,900*	三協アルミ
	1200	〃　〃　〃	〃	*24,400*	☎0120-53-7899
	1500	350　350　500	〃	*28,100*	
	1800	〃　〃　〃	〃	*32,000*	オプションで
	2000	400　400　〃	〃	*34,600*	傾斜地施工・
笠木タイプ	1000	250　250　450	〃	*25,300*	コーナー施工
	1200	〃　〃　〃	〃	*28,100*	可能（ユメッ
	1500	300　300　500	〃	*32,100*	シュE型は傾斜
	1800	〃　〃　〃	〃	*36,900*	施工不可）
フレランドN1型	1500	600　600　600	〃	*48,700*	
横ルーバータイプ　フリー支柱タイプ	1800	〃　〃　700	〃	*56,700*	
	2000	700×700　〃	〃	*60,900*	
スチールメッシュフェンス	H 600	基礎寸法180×180×450　アルミ支柱	〃	*3,900*	
ユメッシュE型 (フリー支柱タイプ)	800	〃　〃　〃　〃	〃	*4,410*	
	1000	〃　〃　〃　〃	〃	*5,120*	
Vネットフェンス　VA5型	H 900	基礎寸法180×180×450　材工共	m	*9,890*	JFE建材
	1200	〃　〃　〃　〃	〃	*10,800*	☎03-5715-5700
VAB5型	1500	〃　〃　〃　〃	〃	*11,900*	施工規模：一連100m
	1800	200　200　〃　〃	〃	*13,690*	
角パイプフェンス　SP-A	900	180　180　〃　〃	〃	*24,340*	北海道、沖縄、
	1200	200　200　〃　〃	〃	*27,790*	離島は別途見積
	1500	250　250　〃　〃	〃	*31,520*	
	1800	〃　〃　〃　〃	〃	*36,120*	

外構

外構工事 ③

メーカー 公表価格

品名・品番	仕様				単位	単価(材工共)	メーカー
◆フェンス							
ネオロータフェンス　NER-A	H1000	基礎寸法180	180	450	m	12,990	JFE建材 ☎03-5715-5700
	1200	〃	〃	〃	〃	14,290	
	1500	〃	〃	〃	〃	17,500	施工規模：一連100m
Jメッシュ　J型	900	〃	〃	〃	〃	10,470	
	1200	〃	〃	〃	〃	11,230	北海道、沖縄、 離島は別途見積
	1500	〃	〃	〃	〃	12,660	
緑化促進型フェンス　GPF型	1000	300	300	〃	〃	41,690	目隠しフェン スNBF-SY1型の
	2000	500	500	700	〃	92,940	単価は基礎工
目隠しフェンス　NBF-SY1型	1500			遮音タイプ	〃	62,120	事別途
	2000			〃	〃	70,050	
ニュー目隠しフェンス　JKB型	1200	300	300	600	〃	26,420	
	1500	400	400	〃	〃	34,420	
	1800	500	500	〃	〃	45,460	
耐震目隠しフェンス　ES-2型	1500	基礎工事別途	オールスリットタイプ		〃	35,270	
	1800	〃	〃		〃	38,930	
ES-1型	1500	〃	スリットレスタイプ		〃	34,070	
	1800	〃	〃		〃	37,530	
ステラPフェンス　STLP型	H 600	基礎寸法180×180×450			m	9,950	ニッケンフェンス&メタル ☎03-6625-6400
	800	〃	〃	〃	〃	10,390	
	1000	〃	〃	〃	〃	10,750	
	1200	〃	〃	〃	〃	11,940	
	1500	〃	〃	〃	〃	13,510	
	1800	〃	〃	〃	〃	15,280	

外構

品名・品番		仕様					単位	単価 (材工共)	メーカー
◆フェンス									
Dステラフェンス	DSTL- 80	H 800	基礎寸法180×180×450				m	13,300	ニッケンフェンス&メタル ☎03-6625-6400
	DSTL-100	1000	〃	〃	〃		〃	14,210	
	DSTL-120	1200	〃	〃	〃		〃	15,350	目隠しフェンス耐
	DSTL-150	1500	〃	〃	〃		〃	18,910	震型および目隠し
	DSTL-180	1800	〃	〃	〃		〃	22,640	MKフェンスはス
Nステラフェンス	NSTL- 90	900	〃	〃	〃		〃	13,470	リットタイプ
	NSTL-100	1000	〃	〃	〃		〃	13,720	
	NSTL-120	1200	〃	〃	〃		〃	14,830	
	NSTL-150	1500	〃	〃	〃		〃	18,360	
	NSTL-180	1800	〃	〃	〃		〃	21,760	
目隠しSBフェンス耐震型	TS- 90	900	250	250	〃		〃	33,000	
	TS-120	1200	300	300	600		〃	39,600	
	TS-150	1500	400	400	〃		〃	46,300	
	TS-180	1800	〃	〃	700		〃	54,300	
目隠しMKフェンス MK-P	H-120	1200	300	300	600	パブリック	〃	34,500	
	H-160	1600	400	400	700	〃	〃	50,500	
	H-180	1800	500	500	600	〃	〃	56,500	
	H-200	2000	〃	〃	700	〃	〃	62,300	
目隠しフェンス C-Screen	H-180	1800	400	400	〃		〃	69,100	
	H-200	2000	500	500	〃		〃	74,500	
フォンテーヌフェンス	FT-100	H1000	基礎寸法180×180×450			材料費	m	11,300	日本パーツセンター ☎03-5710-7105
	FT-120	1200	〃	〃	〃	〃	〃	12,100	
	FT-150	1500	〃	〃	〃	〃	〃	14,200	北海道・四国・
	FT-200	2000	250	250	〃	〃	〃	21,700	九州・離島は
目かくしフェンス	MFA-100	1000	〃	〃	450	〃	〃	23,600	別途価格
	MFA-120	1200	300	300	500	〃	〃	26,800	
	MFA-150	1500	350	350	600	〃	〃	30,400	目かくしフェ
	MFA-180	1800	450	450	〃	〃	〃	36,300	ンスは基礎工
	MFA-200	2000	500	500	700	〃	〃	39,200	事別途
エクセランフェンス	EC-1-100	1000	180	180	450	〃	〃	11,300	
	EC-1-120	1200	〃	〃	〃	〃	〃	11,900	
	EC-1-150	1500	〃	〃	〃	〃	〃	16,800	
	EC-1-200	2000	250	250	〃	〃	〃	20,900	
エコメール	ELE-100	1000	180	180	〃	〃	〃	14,000	
	ELE-120	1200	200	200	〃	〃	〃	16,000	
	ELE-150	1500	250	250	〃	〃	〃	19,300	
	ELE-180	1800	〃	〃	〃	〃	〃	21,200	

外構

品名・品番	仕様	単位	単価 (材料費)	メーカー
◆ 遊具				
トットビルダー　TB-F001	W3528×D 870×H3100　複合遊具	基	1,130,000	中村製作所 ☎047-330-1111
ロッキング遊具ポニー　NR-PO	880　　410　　850　埋込金具共	〃	328,000	
スベリ台　SLK-1ST	4600　　800　　2700　小型　直進	〃	577,000	
ブランコ　BU-12	3330　1710　1950　小型2人用　安全柵別途	〃	269,000	
リンクミニ　くるま	63108　　W420×D870×H790　本体：FRP	基	172,000	日都産業 ☎03-3334-2216
◆ 健康器具				
背のばしベンチ　FIT-01B	W1500×D1266×H 872	基	624,000	中村製作所 ☎047-330-1111
のびのびポール　FIT-K02	660　　860　　2000	〃	234,000	
背のばしベンチ　HR-12	座部：リサイクルウッド　脚部：φ76.3	基	445,000	日都産業 ☎03-3334-2216
腰ほぐし　HI-03	H1550×W600　落下高さ：H120	〃	363,000	
◆ ベンチ・テーブル				
背付ベンチ　MB-B64	W1200×D 593×H800　座部：檜　　脚部：パイプ	基	121,000	中村製作所 ☎047-330-1111
MB-15APV	1550　619　762　　〃　　　アルミ鋳物 PCなし	〃	179,000	
背無ベンチ　MB-12A	1200　450　400　　〃　　　コンクリート	〃	106,000	
リサイクル木材ベンチ　MBR-15APV	1550　619　762　NAウッド　アルミ鋳物 PCなし 背付	〃	208,000	
MBR-15TA	1500　450　410　　〃　　　 〃 　　　〃 背なし	〃	92,000	
リサイクル木材縁台　ENR-C18AKA	1800　1134　400　　〃　　　 〃	〃	358,000	
ピクニックテーブル　GFPT-115	1500　1700　730　ベンチ一体型 据置式	〃	216,000	
エコ・ベンチ (ブラウン)	EB-110　座部・脚部：再生合成樹脂　特殊射出成形品	基	72,000	日都産業 ☎03-3334-2216
リサイクルウッドベンチ	EB-51　座部：リサイクルウッド　脚部：鋳鉄 背付	〃	95,000	
◆ パーゴラ				
パーゴランド サークルタイプ(パーゴラタイプ)	外周φ6425×H2647　アルミ形材	棟	2,602,000	四国化成建材 ☎0120-212-459
◆ 化粧ブロック				
ブラッドストーン　マドック	W100×H140×L560　15kg/個　コンクリート再現石	個	3,500	ユニバーサル園芸社 ローズポッド事業部 ☎072-665-5113
笠石	125　40　475　6　　 〃	〃	1,900	
小ブロック	110　100　70　2　　 〃	〃	1,200	
アンティーク ランブル ブロック グラファイト色	W200×H134×t60　大×18個、中×18個、小×15個	m²	14,000	
〃	134　〃　 〃　　 〃　　 〃　 〃	〃	14,000	
〃	100　〃　 〃　　 〃　　 〃　 〃	〃	14,000	
◆ フロアーグリップ剤				
カケングリップ　御影・タイル用	石材、タイル防滑材　弱酸性溶剤　　1kg/缶	缶	13,000	生田化研社 ☎03-3987-3761 繰り返し施工可能 工事も別料金で対応可
〃	〃　　　　 〃　　　　　4	〃	40,000	
〃	〃　　　　 〃　　　　　20	〃	180,000	
大理石用	〃　　　　 〃　　　　　1	〃	20,000	
〃	〃　　　　 〃　　　　　4	〃	65,000	
〃	〃　　　　 〃　　　　　20	〃	290,000	

外構

品名・品番	仕様	単位	単価 (材料費)	メーカー

◆ 植物情報解説表示ラベル

品名・品番	仕様	単位	単価	メーカー
QRラベル	角大　　W219×H164	枚	3,800	アボック社
	角中　　168　　118	〃	2,500	☎045-650-3139
	楕円中　161　　125	〃	2,500	
	楕円小　137　　107	〃	2,100	
差し替えラベル　S-12	W120×H50	〃	2,100	

◆ 組立式植栽パネル

品名・品番	仕様	単位	単価	メーカー
スカイシーン　サイドパネル	W70×H30㎝　FRP製　つなぎ用サイドパネル30・40・50・60㎝幅有り	枚	17,300	東新樹脂
外角コーナー	30　〃　〃　　　　　　　　　〃	〃	16,000	☎048-554-7668
内角コーナー	〃　〃　〃　　　　　　　　　〃	〃	17,300	
サイドパネル	70　50　〃　　　　　　　　　〃	〃	20,000	
外角コーナー	30　〃　〃　　　　　　　　　〃	〃	18,600	
内角コーナー	〃　〃　〃　　　　　　　　　〃	〃	20,000	

◆ 大型プランター

品名・品番	仕様	単位	単価	メーカー
キングプランター　1200AW	L1200×W 400×H380　　FRP製	個	49,500	東新樹脂
1500AW	1500　　410　　550　　〃	〃	71,400	☎048-554-7668
1002SW	1000　1000　　600　　〃	〃	98,900	
1200MW	φ1200　H550 (円形)　　〃	〃	97,600	
1100LW	1100　　〃　　(六角形)　　〃	〃	86,400	

◆ 芝生保護器材

品名・品番	仕様	単位	単価	メーカー
グリーンソフター　GS-A10型	L522×W522×L13　公園・築山・遊具周辺用	m²	4,970	グリーンスペース
グリーンセイバー　GS-E50型	551　　551　25　芝生広場・小型車簡易駐車場用	〃	3,920	☎03-5458-9271
GS-E60型	517　　517　16　　〃　・遊具周辺用	〃	3,710	関東、東京の単
グリーンオクトパーク　GS-P90型	551　　551　73　1～4t車・中・小型車級駐車場用	〃	4,970	価
GS-P80型	551　　551　75　4～10t車・大・中型車級駐車場用	〃	5,070	
GS-P70型	551　　551　72　10～38t車・超大型車・緊急車導入路用	〃	6,010	
パークライン　PL-120型	L120×W120×L16.5　駐車場区画線	個	630	
PL-190型	190　　〃　　10　　　〃	〃	730	
PL-300型	300　140　57　　　〃	〃	810	
PL-470型	470　182　155　駐車場用車止め	〃	3,710	

◆ 自動散水システム

品名・品番	仕様	単位	単価	メーカー
自動散水システム				グローベン
コントローラー　C10SMB001	電池式　ブルートゥース通信タイマー設定	個	26,500	☎052-829-0800
C10SR400C	電源式　ダイヤルタイマー設定	〃	68,000	
MRMストリームヘッド　C10MRK104	半径2.9～9.1m	〃	6,500	
16㎜ドリップチューブ　C10DR305	50m巻	〃	23,000	

外構

品名・品番	仕様	単位	単価 (材料費)	メーカー
◆ 鳥類飛来防止装置				
エコピック　E4	W140×L330×ロッドH85/115	m	4,200	エスイーエル
E5NL	60　　500　　　　110	〃	2,000	☎06-6195-8020
ウルトラSI	100　　310　　　　110	〃	2,300	
バードアウトⅡ	30mケーブル、ソーラーショック付き	〃	6,300	
50㎜目バードネット	50㎜目　12/6　ポリエチレンネット	m²	500	
バードネット用フック		個	200	
ベランダ用ネットキット	ハト用ネット10×3m　エコピックフック100個　接着剤100gまたは中性シリコン310cc	セット	50,000	
エコワイヤー	10m	〃	10,000	
バードヘイト　BH02	250g×10個　トレー付	〃	45,000	
ピジョントラップ	W1020×D620×H310（組立時）	台	40,000	
バードレスマット	1型　剣山タイプ　PP製（耐候性）　W 60×L603×H103	本	1,590	コーユー
	2型　　　〃　　　　〃　　　　78　600　147	〃	1,980	☎078-907-1100
	カバータイプ　　　PP・PE製〃　　600　138　166	〃	2,360	
	1型用止め具　C-1（着脱可能）　ステンレス製	〃	240	
	2型用止め金具　C-2（着脱可能）　ステンレス製	〃	250	
	止め金具　クランプDX（防錆処理）	〃	680	
	〃　　　ストロングクランプ（SUS304）	〃	950	
ハトワイヤー　HW-P1	標準ベースセット　　　SUS304	セット	1,550	
HW-P1CMCP	コンパクトクランプセット　　〃	〃	1,950	
HW-P1STCP	ストロングクランプセット　　〃	〃	2,160	
HW-W20	ステンレスワイヤー（ 20m巻）SUS304　7×7　φ0.72	巻	2,650	
HW-W50	〃　　　　（ 50　）　〃　　〃　　〃	〃	5,560	
HW-W100	〃　　　　（100　）　〃　　〃　　〃	〃	11,120	
HW-SP1	スプリング　　　SUS304　　　U型フック	個	180	
HW-OSP1	ワンタッチスプリング　〃　（スプリング部）真鍮	〃	690	
HW-AS1	アルミスリーブ　アルミ	〃	34	
HW-SS1	ステンレススリーブ　SUS304	〃	120	
SB80	ステンレスバンド 80　SUS304/ℓ300　適要径φ 80以内	本	340	
SB140	〃　　140　〃　ℓ500　　　140以内	〃	400	
SB160	〃　　160　〃　ℓ600　　140～160以内	〃	600	
SB260	〃　　260　〃　ℓ900　　140～260以内	〃	650	
バードブロッカー伸縮金具	屋外用強化両面テープ付　皿ネジ4本セット　SUS304	個	2,830	
〃　　スライド金具	〃　　　　　SUS304	〃	2,060	
〃　　フェンス100	SUS304　100×1190	枚	1,930	
〃　　〃 190	〃　　　　190×1190	〃	2,870	
〃　　フック金具 BB-HK1	〃	個	390	

外構

屋上・壁面緑化工事 ①

品名・品番	仕様	単位	単価 (材工共)	メーカー
◆ 屋上緑化				
スクエアターフ　Light	耐風圧設計の屋上緑化システム			共同カイテック ☎03-6825-7050
	構成：天然芝（コウライ芝）＋土壌コンテナ＋貯水トレー			
	陸屋根用：　W500×L500×H65　48g/m^2（満水時）	m^2	23,900	価格はかん水シ
	折板屋根用：　〃　〃　〃　54　〃　（　〃　）	〃	36,500	ステムを除く
スクエアターフ　洪水無用	雨水流出抑制屋上緑化施設	〃	38,800	
	構成：天然芝＋土壌コンテナ、貯水槽、一時貯留槽			
	土壌コンテナW407×L407×H60H　貯水槽 W407×L407×H90			
	一時貯留槽W407×L407×H90　195kg/m^2（満水時）雨水流出抑制量60ℓ/m^2～			
スクエアターフ　Wave	雨水利用型折板屋根緑化システム　施工規模50m^2以上	〃	18,000	
	構成：天然芝＋土壌コンテナ			
	折板屋根用：W500×L500×H48　55kg/m^2（満水時）			
スクエアターフ　プランツ	草木の屋上緑化システム	〃	33,000	
	構成：草木＋土壌コンテナ＋貯水トレー			
	W500×L500×H115　49g/m^2（植栽重量含む）			
ポリルーフ　PP-10G工法	ウレタン塗膜＋FRP防水工法　膜厚3.6　中低木対応	m^2	15,600	双和化学産業 ☎078-651-6272
PP-11G工法	〃　　　　　　〃　　　　2.7　セダム・芝等対応	〃	13,400	
JPX-035RD+FD-LP	屋上緑化システム（庭園型）	m^2	33,000	田島ルーフィング ☎03-5821-7712
	耐根仕様　7.5kg/m^2（植栽別途）　断熱厚30			
HCセルディ　CS-35	トップコートレス仕様　植栽・押え（室内）防水工法	m^2	14,000	保土谷建材 ☎03-6852-0478
	密着工法　植栽・保護モルタル押え対応（防水層のみ）			
◆ 壁面緑化				
パラビエンタ（基盤型）	壁面緑化システム　自動かん水付き緑化ユニット	m^2	145,000	共同カイテック ☎03-6825-7050
	構成：SUS鋼線フレーム＋緑化基盤材（標準植物は			
	ノックスイタビ）			価格はかん水シ
	W560×560×H50/ユニット　30kg/m^2（満水時）			ステムを除く
のぼるtoみどりパネル（登はん型）	つる植物登はん補助資材	〃	55,000	のぼるtoみどり
	構成：立体金網（SUS亜鉛メッキ）＋登はんマット（天			はW10m×H5m
	然ヤシ繊維）　有効寸法1000×2000　約4.6kg/枚			の場合の価格
のぼるtoみどりワイヤー（登はん型）	構成：はしご型ワイヤー（SUS）W150×L50m×	〃	55,000	
	φ2.5、ワイヤーロック金具、テンション調整材			

外構

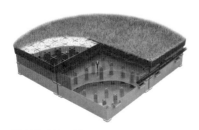

［共同カイテック］
屋上緑化　スクエアターフ 洪水無用

壁面緑化　パラビエンタ

調査・診断

調査・診断··· 394

調査・診断

●調査・診断の目的

建物の維持管理、長期修繕計画の作成や見直し、修繕工事実施のための事前調査、建物の機能アップなどのさまざまな目的を持っていますが、いずれにしても、その目的に応じた最適な調査・診断方法が必要となります。

●調査の種類と方法

1. 定期的な調査

水質、電気、貯水槽、防火扉、非常照明、火災報知器、消火器、消火ポンプ、連結送水管設備の調査などと共に、建築、設備には定期調査・定期検査が義務付けられているものがあります（406頁 表-1参照）。

これは建物と人の安全を確保するための調査であり、建物の基本的な健康診断です。ほとんどの場合、専門業者が調査機器を用いて行います。診断の結果は速やかに報告書として取りまとめを行い、管理組合（発注者）に報告を行います。その際は誰にでも分かりやすく、不具合などの問題点があれば、その解決策なども併せて提示できるようにしましょう。

2. 長期修繕計画を策定するための調査

建物全体のあらゆる箇所の損傷や劣化度を調査して、長期的に修繕の必要な箇所や時期を策定するための調査です。

外壁や玄関などの表面的な状況、塗装の劣化やひび割れ、給排水管のさびや汚れ、手すりや鉄製扉の塗装、水槽類の傷み具合、ポンプやファンとベルト、エレベーター、非常照明や防火扉の自動閉鎖具合など、共用部分の全てについて調査を行います。

修繕計画を立てるために、さしあたって機能障害とはなっていない部分も含めての調査となり、代表的な手法を以下に記します。

目視：目で見て劣化状況などを判断する

打診：テストハンマーなどを使って音の違いからモルタルなどの付着状態を判断する

触診：触った感触で、塗装の劣化や排風ファンや送風ファンなどのベルトのゆるみや配管支持金物のゆるみ具合などを判断する

内視鏡調査：ファイバースコープなどを給排水管内に挿入して内部の腐食状況や閉塞状況、排水管の匂配状況や汚れ具合を確認し記録する

X線調査：コンクリート内部の鉄筋や、配管の腐食減肉量や錆瘤の発生状況などを確認するために用いる

超音波調査：鉄部の肉厚を測定し、配管の腐食減肉量を確認するために用いる

コア抜き：コンクリートの圧縮強度や中性化深度を調べるために採取する。圧縮強度試験は60〜100㎜の試験体を採取し、試験機関で強度を測定する。中性化試験は30㎜程度の試験体を採取し、フェノールフタレイン溶液を塗布して中性化深度を計測する

そのほかに、漏水箇所を調べるための調査方法や、赤外線写真を用いて一気に壁面の欠陥箇所を調べる方法などがあります。

調査の結果を踏まえて建物の健康状態を維持保全するには、何が、いつまでに必要かを判断します。そして修繕工事の優先順位を決め、おおよその工事費用も併せて作成するものが長期修繕計画です。

3. 修繕工事の事前調査

修繕工事の計画策定に向け、修繕が必要な箇所・範囲を特定するための調査です。

おおよその工事項目は決まっている段階ですから、具体的な調査になります。すなわち工事のグレードと工事範囲を決定するための調査といえます。外壁の調査なら表面の塗装だけでよいのか、下地のモルタルまで撤去再生して塗装

調査・診断

するのか、給排水管ならば既存の配管を生かして更生工事を行うことが可能な配管材料か、また更生工事を適用することが可能な劣化状況なのか、更新する場合は材料として何がふさわしいかなど、具体的な修繕仕様や修繕方法を検討し、工事内容を明確にする調査といえます。

工事発注後の調査では、外壁修繕ならば足場を掛け、目視、打診等で全面をクラックなどの補修方法を含めて詳細に調査し、補修方法ごとにマーキングなどを行って工事に備えます。外壁だけでなく補修を行う全ての工事について詳細な補修計画を立てるための調査です。

4．機能アップのための調査

より快適性を追求して建物のグレードアップに資するための調査です。例えば超高精細（4K・8K）放送対応、インターネット環境の整備、セキュリティーの向上、バリアフリー化、エコ対策など、生活の変化に適応するための新しい機能を持たせるために何が必要かを策定します。

機能アップのための調査では、その機能に必要な設備の設置場所や電力などが確保できるか、確保するために何が必要かなどを調査することになります。この時、気を付けなければいけないのは、区分所有法やマンション管理規約

の「共用部分の大幅な変更」に当たる場合があるので規約などと齟齬の無いようにすることです。

5．耐震診断調査

耐震診断調査は、一般的に以下のフロー図のような流れで行います。耐震診断はさらに第1次〜第3次に分類され、計算の難易度も異なりますので、建物の構造などによって適切な診断方法を選定します。構造耐震指標（Is値）は第1次診断においては0.8、第2次、第3次においては0.6が基準となり、基準値未満の建物は耐震改修の対象となります。

●調査・診断の費用

調査・診断に掛かる費用は、その目的や対象建築物の状況や、設計図書の保管状況などによって大きく変わります。例えば、耐震診断についてはほとんどの自治体などで助成制度が設けられています。長期修繕計画作成のための助成制度などさまざまな助成制度、補助事業を設けている自治体もありますので、利用可能な助成制度を確認し、管理組合（発注者）からの指示が無くても、提案することが望ましいでしょう。

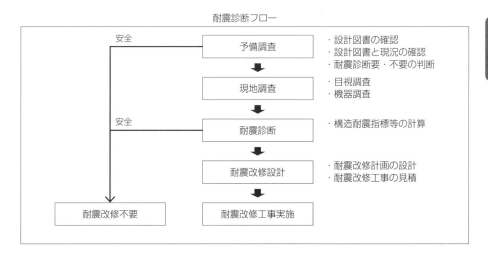

耐震診断フロー

調査・診断費用 ①

名称	規格・仕様	単位	単価
◆ 調査・診断（建物）			
予備調査	竣工図書・修繕記録の確認、管理組合聞き取り、現地視察	式	120,000
資料調査、整備	竣工図書・修繕記録の調査および整備	〃	90,000
アンケート調査	区分所有者・居住者に対するアンケート調査	戸	1,500
一次診断（目視、簡易）	目視調査（外壁部のひび割れなど）、テストハンマーによる打検など	〃	2,300
二次診断（診断器具使用）	付着力試験（塗膜、タイル）、劣化試験（防水材）などの非破壊および微破壊検査	〃	3,500
三次診断（詳細調査）	局所破壊検査を含む専用器具を使用する調査	〃	5,500
診断結果報告書の作成・修繕時期の提案	調査データの作成および結果のとりまとめ、劣化状況を考慮して部位別に修繕時期を提案	〃	6,000
診断結果図面作成	調査に基づく建物各部位の劣化状況図面など	〃	3,500
◆ 調査（設備）			
配管X線透過写真調査	基本料（機材費・技術者・運搬交通費）	日	210,000
	撮影料金（フィルム代含む）	カ所	12,000
給水・給湯管内視鏡調査	器具脱着含む	日	170,000
排水管CCD（動画）調査	〃	〃	180,000
給水立て管サンプリング調査		カ所	120,000
雑排水管サンプリング調査		〃	165,000
汚水管サンプリング調査		〃	165,000

1. 対象となる建物の従前の維持管理状況や劣化状況、戸数等によって、調査・診断の内容は大きく異なる。また、中心価格帯となる"価格幅"も大きいため、価格の適用にあたっては注意すること。
2. 調査・診断のために足場仮設などが必要な場合は、別途その費用を加算する。

【調査・診断の概算費用計算例（100戸のマンションの場合）】

予備調査	：	120,000× 1=120,000	
資料調査、整備	：	90,000× 1= 90,000	
アンケート調査	：	1,500×100=150,000	
一次診断（目視、簡易）	：	2,300×100=230,000	合計 2,440,000円
二次診断（診断器具使用）	：	3,500×100=350,000	
三次診断（詳細調査）	：	5,500×100=550,000	
診断結果報告書の作成・修繕時期の提案	：	6,000×100=600,000	
診断結果図面作成	：	3,500×100=350,000	

調査・診断

調査・診断費用 ①

改修設計　☎03-5989-0061

想定する建物	RC造、SRC造
調査対象部位	1. 建築 　　躯体コンクリート：壁・柱・梁 　　外壁：タイル・塗装 　　防水：屋上・廊下・ベランダ床・階段床・庇天端 　　金属部：玄関扉・ベランダ等手すり・付属金属建具類 2. 設備 　　給排水：管・施設・機器 　　電気：配線・設備・装置 3. その他 　　外構：土木・植栽
調査方法	上記1. 建築 　　歩行範囲の目視・打診・触診、機械調査、サンプリング調査、特別調査 上記2. 設備 　　歩行範囲の目視、サンプリング調査、X線撮影、内視鏡撮影
調査内容	目視・打診・触診：壁・床・タイル・シーリング・舗装・街灯・ベランダ手すり等 機械調査：コンクリートの亀裂幅調査、シーリングのデュロメーターによる調 　　　　　査、塗膜防水の膜厚保調査等 サンプリング調査：仕上げ付着力、中性化深度試験、コンクリート圧縮強度、 　　　　　　　　　ダンベル物性、防水切取 特別調査：簡易スカイチェアによるタイル打診
調査診断標準価格	建物調査診断業務：5,000円〜/戸（報告書作成含む） 建物調査診断結果報告：45,000円/回 ※長期修繕計画の作成にかかる調査費用は、求める精度により大きく異なる

目的別詳細費用	調査・試験・機器・部位等	単価
	上記1. 建築	
	歩行範囲の目視・打診：壁・床・タイル	150円/m^2〜
	シーリング	30,000円/式〜
	サンプリング調査：塗膜防水の膜厚測定	1,000円/カ所（簡易復旧費含む）
	ダンベル物性調査	4,000円/カ所（復旧費含む）
	上記2. 設備	
	歩行範囲の目視：給排水配管	1,000円/PS　※1F/1カ所
	パイプスペース（PS）	
	電気配線・設備・装置	50,000円/式〜
	サンプリング調査：給水配管	45,000円/カ所〜（復旧費含む）
	排水配管	50,000円/カ所〜　〃
	X線撮影：給排水配管（共用部）	基本料金（3カ所以上）160,000円+18,000円/カ所（器具脱着含む）
	内視鏡撮影：給水配管　　〃	28,000円/カ所〜　　〃
	排水配管　　〃	28,000円/カ所〜　　〃
		※調査箇所数により単価は変わる

調査・診断

調査・診断費用 ②

コンステック　☎03-6450-0634

想定する建物	RC造、SRC造	
調査対象部位	1．屋上：防水・パラペット・笠木・シーリング・鉄部付属物他 2．外壁：躯体・仕上材・建具・シーリング他 3．外構：囲障・舗床・駐車場	
調査方法	目視・触診・問診、打診、建研式付着力試験、フェノールフタレイン指示薬 ※必要に応じて赤外線法・レーダー電磁誘導法・ダンベル物性試験・反発硬度法・コア採取試験・耐震診断現地調査	
調査内容	目視・触診・問診：各部材、部位の劣化状況 打診・赤外線法：仕上材の浮き、剥離状況 建研式付着力試験：仕上材の付着力 フェノールフタレイン指示薬：コンクリートの中性化深さ レーダー電磁誘導法：配筋・かぶり厚 ダンベル物性試験：シーリング劣化 反発硬度法・コア採取試験：コンクリート圧縮強度 耐震診断現地調査：耐震診断	
調査診断標準価格	集合住宅100戸程度を標準として20,000〜30,000円/戸 ※改修仕様書の作成、詳細な面積積算、耐震調査は別途	
目的別詳細費用	調査・試験・機器・部位等	単価
	赤外線法による外壁劣化調査（コンスファインダーシステム使用）	380,000円（600m²当たり）
	建研式引張試験器による仕上材付着強度試験	基本料金100,000円+10,000円×カ所
	コンクリート圧縮強度試験（小径φ20〜30mm）	25,000円/試料
	〃　　　　　　（標準コアφ100mm）	35,000円/試料
	反発硬度法（シュミットハンマー）によるコンクリート圧縮強度推測	基本料金100,000円
	反発硬度法（シュミットハンマー）によるコンクリート圧縮強度推測（20≦N）	基本料金100,000円+5,000円×カ所
	コア割裂法によるコンクリート中性化試験	5,000円/試料（コア採取は別途）
	コア側面のコンクリート中性化試験	4,000円/試料
	電磁波レーダーによる配筋・かぶり厚調査	基本料金10,000円+3,000円×カ所（m²）

調査・診断

調査・診断費用 ③

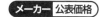

ジェス診断設計　☎03-6403-9782

想定する建物	RC造、PC造、SRC造
調査対象部位	1. 給排水設備：配管・機器・器具 2. 電気設備：配線・盤・施設・機器
調査方法	給排水設備：歩行範囲の目視調査、X線調査、内視鏡調査、CCDカメラ調査、 　　　　　　サンプル管調査、超音波肉厚測定 電気設備：歩行範囲の目視調査、絶縁抵抗値測定
調査内容	目視調査：各配管・機器・器具の劣化状況 X線調査：腐食減肉量、錆瘤発生状況、付着堆積物状況 内視鏡・CCDカメラ調査：錆瘤発生状況、閉塞状況、排水勾配状況 サンプル管調査：腐食減肉量、錆瘤発生状況、付着堆積物状況、推定残存寿命 超音波肉厚測定：腐食減肉量、推定残存寿命
調査診断標準価格	給水設備：6,000〜8,000円/戸（1棟100戸程度） 排水設備：3,000〜5,000円/戸（1棟100戸程度） 電気設備：1,000〜1,500円/戸（1棟100戸程度） ※長期修繕計画の見直し・設計業務・概算工事費の算出別途

目的別詳細費用	調査・機器・部位等	単価
	予備調査（修繕履歴・竣工図確認・現地確認・不具合ヒアリング・調査箇所選定）	90,000円/式
	設備配管X線調査	24,500円/カ所（1日15カ所、367,500円/日）（モニター管無し）
	電子式内視鏡調査：給水給湯管	25,000円/カ所（1日6カ所、150,000円/日）（水栓脱着・復旧共）
	排水枝管	27,500円/カ所（1日6カ所、165,000円/日）（器具排水トラップ脱着・復旧共）
	排水立主管CCD管カメラ調査	21,250円/カ所（1日8カ所、170,000円/日）（掃除口またはベントキャップ脱着・復旧共）
	サンプル管調査：給水立主管	70,000円/本（配管採取・復旧・半割酸洗い共）
	給水枝管	50,000円/本（配管採取・復旧・半割酸洗い共）
	汚雑排水立主管	90,000円/本（配管採取・復旧・半割酸洗い共、内装工事費は別途）
	機器等目視調査（受水槽・高置水槽・ポンプ類・メーター回り配管等）	60,000円/日
	劣化診断調査報告書作成	5,000円/カ所（内視鏡・管カメラVTR編集共） ※配管敷設状況・使用材料により調査手法を選定 ※調査箇所数により単価は変動

調査・診断

調査・診断費用 ④

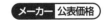

建物診断センター　☎03-6435-7061

想定する建物	RC造、SRC造	
調査対象部位	1．外壁仕上・躯体	
	2．屋上防水・シーリング	
	3．鉄部塗装・雑金物	
調査方法	目視・打診・試験	
調査内容	各部位の目視・打診	
	コンクリート中性化試験	
	塗膜付着力試験	
	コンクリート圧縮強度試験	
	シーリング物性試験	
	シーリング硬化度測定	
調査診断標準価格	50～60戸の平均規模で13,000円～17,000円/戸	
目的別詳細費用	調査・試験・機器・部位等	単価
	コンクリート中性化試験	9,000円
	塗膜付着力試験	7,000～9,000円
	コンクリート圧縮強度試験（簡易法）	6,000円
	シーリング物性試験	11,000～13,000円
	シーリング硬化度測定	4,000～5,000円

東京建物診断協同組合　☎03-5645-3033

想定する建物	RC造、SRC造	
調査対象部位	1．躯体・外壁仕上げ	
	2．屋上・バルコニー等防水・シーリング	
	3．鉄部および付属金具	
	4．外構・その他共用部	
	5．給排水管・設備全般	
調査方法	目視・打診・触診、その他機器使用による調査	
調査内容	非破壊調査：目視・打診・触診により、各部位の劣化状況	
	破壊調査：仕上げ材付着力試験、コンクリート中性化試験・シーリング物性試験	
調査診断標準価格	50戸・1棟の場合、12,000～16,000円/戸	
	※設計予算書および設計図書は別途	
目的別詳細費用	調査・試験・機器・部位等	単価
	コンクリート圧縮強度試験（簡易法）	81,000円（15カ所まで）
	コンクリートコア採取・圧縮強度試験	300,000円
	（RCレーダー使用による鉄筋位置確認）	（10供試体まで）
	コンクリート配筋・かぶり厚さ調査	150,000円（10カ所程度）
	耐震診断	建築規模・構造による

調査・診断

調査・診断費用 ⑤

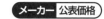

保全工学研究所　☎03-5283-8111

想定する建物	RC造、SRC造
調査対象部位	1.　屋上：防水・パラペット・笠木・シーリング他 2.　躯体コンクリート：柱・梁・壁 3.　外壁：躯体・仕上材・建具・シーリング他 4.　外構：土木 5.　基礎：杭の健全性
調査方法	目視・触診・問診・打診 機械試験：赤外線法、デジタルカメラ法、電磁波レーダー（電磁誘導）法、反発硬度法、コア採取法、コンクリートの圧縮強度試験、中性化深さ試験、塩化物イオン含有量試験、建研式付着力試験、基礎杭の健全性試験
調査内容	目視・触診・問診・打診：部材・部位の劣化状況 赤外線法・打診：仕上材の浮き・剥離状況 デジタルカメラ法：躯体・仕上材のひび割れ幅・長さ状況 電磁波レーダー（電磁誘導）法：躯体鉄筋の配筋・かぶり厚さ 反発硬度法、コア採取法、コンクリートの圧縮強度試験：コンクリート圧縮強度 中性化深さ試験、塩化物イオン含有量試験：劣化状況の把握 建研式付着力試験：仕上材の付着強度 基礎杭の健全性試験：基礎杭の長さ、損傷調査
調査診断標準価格	集合住宅50戸・1棟の場合、10,000〜20,000円/戸 ※改修設計仕様書、数量積算は別途
目的別詳細費用	（下表参照）

調査・試験・機器・部位等	単価
赤外線法による外壁劣化調査（JAIRA法による）	500,000円（1,000m²当たり）
デジタルカメラ法による躯体・外壁ひび割れ調査	500,000円（1,000m²当たり）
電磁波レーダー（電磁誘導法）による配筋・かぶり厚さ調査	63,000円（7カ所まで）
反発硬度法によるコンクリート圧縮強度（簡易法）	80,000円（14カ所まで）
コア採取（電磁波レーダー法による鉄筋確認含む）	45,000円（8カ所まで）
コンクリートの圧縮強度試験	15,000円/試料
コンクリートの中性化深さ試験（コア割裂法）	8,000円/試料
コンクリート中の塩化物イオン含有量試験	20,000円/試料
建研式仕上材付着強度試験	180,000円（10カ所まで）
基礎杭の健全性試験	300,000円（8カ所まで）
耐震診断	規模・構造による

調査・診断

品名・品番	仕様	単位	単価 (材料費)	メーカー
◆ 調査診断機器				
コンクリート・モルタル水分計 　HI-520-2	対象：人工軽量骨材コンクリート、石こうボード、コンクリート、ALC、モルタル、ケイ酸カルシウム板	台	148,000	ケツト科学研究所 ☎03-3776-1111
HI-800	対象：コンクリート、モルタル	〃	238,000	
道路橋床版水分計 　HI-100	対象：コンクリート床版（ショットブラスト等、下地処理後のコンクリート面）	〃	198,000	
ツーウェイハンマー　TZ-200	タイル・モルタルのはく離検査	本	3,800	
CMゲージ　TZ-1000	コンクリートひび割れ測定ゲージ　5本入	セット	10,000	
〃　　　　〃	〃　　　　　　　11	〃	20,000	
ハンディサーチ　NJJ-200K	鉄筋探査機	式	2,380,000	JRCモビリティ ☎03-6832-1743
打診棒ステンレス　レギュラー	玉部φ19　L約17〜72㎝　約110g	本	4,630	土牛産業 ☎0794-82-0880
精密診断打診棒　HDタイプ	22　　　42㎝　　　130	〃	6,120	
テストハンマー　1/2ポンド	L600　約400g	〃	3,530	
タル検ハンマー	450　　　230	〃	3,770	
打音検査用ハンマー　BL-14	315　　　580	〃	3,180	
ハリーデジタル	ウレタン防水材用簡易膜厚計	台	8,800	
クラック針ゲージペン4	クラック幅測定　針部φ0.2、0.3、0.5、0.7	本	3,300	
カード型クラックスケール(反射防止タイプ)	〃　　　　55×90	個	520	
ハリーゲージBOXクラックモデル	クラック深さ測定　針部φ0.5	台	1,770	
ハリーゲージBOXマルチモデル	ウレタンフォーム・耐火被覆の厚さ測定	〃	1,770	
ミラー棒　P-70S	ミラー部約5×10㎝　L約17〜82㎝　約100g	本	5,870	
マイクロスコープ聴診器	約80g	個	6,600	
玉にきく聴診棒	L約15〜63㎝　　約 35g	本	3,920	
非常灯点検フック棒	25.5〜105㎝　　　100	〃	5,660	
換気扇測定棒　1200	26〜123㎝　　　100	〃	6,360	
カメ棒　700	18〜70㎝　　　70	〃	4,160	
伸縮式ビューボード・ホワイト　D-2WN	20〜55㎝	〃	5,730	
コンクリートテスター　CTS-02V4	コンクリート圧縮強度測定　本体108×169×42　ハンマ380g	台	600,000	日東建設 ☎0158-84-2715
BOLT-Tester	ボルトの健全性診断装置CTS03デバイス 105×42×12㎜　ハンマ420g	式	630,000	

共用部分管理

マンション管理費用·······························404

法定点検費用···································406

マンション管理費用

●管理規約

　管理規約はマンション管理の根本規範であり、総会の決議で設定・変更・廃止されるものですが（区分所有法第31条1項）、ほとんどのマンションの管理規約は分譲業者によって分譲開始前に作成され、「マンションの売買契約」と一緒に「管理委託契約」および「管理規約の承認」が全部まとめて行われているのが実情で、この方式を承認販売方式と呼んでいます。実際、マンションの購入者（区分所有者）が契約から入居までの間に総会を開き管理規約について検討し作成するのは現実的ではなく、ほとんどのケースで分譲業者の作成した規約（原始規約と呼ぶ）がそのまま受け入れられています。適正化法でも、新規分譲マンションについては管理委託契約に関する重要事項説明の説明義務を課されていません（同法第72条1項）。承認販売方式の法的な裏付けとしては、区分所有法第45条2項・3項における書面決議の条文を準用して、マンション売買時に管理規約に承認の印鑑を押したことが書面決議によって総会を開かずに規約が設定されたことに相当する、と解釈されています。

●管理費

　管理費については、上述した管理規約内で定められており、その根拠も分譲業者の設定によるため区分所有者には、分かりづらいものとなっています。本来は、各業務に掛かる費用（管理人の人件費、清掃費用など）に、管理会社の諸経費を加算し、その総額を持分（専有面積比率）に応じて各区分所有者が負担するのですが、分譲業者の設定した管理費は、販売施策や、周辺相場などの影響から安く設定されてしまう場合もあります。適正なコスト管理を行

い、その委託先や方法を見直すことも、マンションの維持管理には重要となります。ちなみに「平成30年度マンション総合調査結果」（国土交通省）によると、駐車場使用料等からの充当額を含む管理費総額の平均は15,956円/月・戸（単棟型16,213円、団地型14,660円）で、総戸数規模が大きくなるほど低くなる傾向にあるようです。

●管理業務の範囲

　国土交通省がマンション管理の適正化の指針として作成した「マンション標準管理委託契約書」では、マンションの管理業務を以下のように分類しています。

1）事務管理業務
　①基幹事務
　　・管理組合の会計の収入および支出の調定
　　・管理費、修繕積立金などの出納
　　・マンションの維持または修繕に関する企画または実施の調整
　②基幹事務以外
　　・理事会支援業務
　　・総会支援業務
　　・各種点検、検査等に基づく助言、各種検査等の報告、届出の補助、図書等の保管
2）管理員業務
　①受付等の業務
　②点検業務
　③立会業務
　④報告連絡業務
3）清掃業務
4）建物・設備管理業務

●管理方式

　マンションの管理は、区分所有者全員で組織される管理組合が主体となって行いますが、実

際の管理運営においては以下の三つの方式が取られているようです。

1）自主管理方式

管理組合が管理業務についての意思決定だけでなく、実際の業務や外注先への発注なども行うものです。管理会社への管理委託料が不要なことから、管理費がかなり低くなります。反面、区分所有者の意識が高くないと難しいですし、実務能力、時間的負担なども必要になります。「平成30年度マンション総合調査結果」によると、自主管理方式をとっている管理組合は全体の6.8％程度となっています。

2）管理業者委託方式

管理組合が基本的な意思決定は行うものの、実際の業務を管理会社に委託するものです。そのうち業務のすべてを一括して委託するものを全部委託方式と呼び、管理組合が直接行う業務や管理業者へ委託する業務を選択し、必要に応じて委託するものを一部委託方式と呼んでいます。大多数の管理組合がいずれかの管理業者委託方式を採用しています。

3）管理者管理方式

近年、マンションの高経年化の進行や高層化・大型化により、マンション管理が高度かつ複雑になってきています。

そのため、国土交通省では以前より管理組合の運営に外部の専門家を活用することを検討してきましたが、平成28年3月に改正された「マンションの管理の適正化に関する指針」により、これが可能となり、外部の専門家が直接、管理組合の運営に携わることができるようになりました。この外部専門家を役員として選任する方法については、細則で規定を定め、その業務の監視などを適正に行う必要があります。

採用の基本的なパターンとして以下の三つが想定されます。

① 理事・監事外部専門家型または理事長外部専門家型：従来通り理事会を設け、理事会役員または理事長に外部の専門家を任命

② 外部管理者理事会監督型：管理者として外部の専門家を選任し、理事会は監事的立場となり外部管理者を監視する

③ 外部管理者総会監督型：外部専門家を区分所有法上の管理者として選任し、理事会は設けず、区分所有者から監事を選任して監視する

この場合の専門家としては、管理規約、管理の委託、修繕、建替えなどに関する広範な知識を持つマンション管理士や弁護士、司法書士、建築士などの国家資格取得者や区分所有管理士、マンションリフォームマネジャーなどの民間資格取得者など一定の専門的知見を有する者が想定されます。いずれも、当該マンションの管理上の課題などに応じて適切な専門家を選任することが重要です。

いずれの方式をとる場合でも、管理組合、ひいては区分所有者全員が、その管理の形態や管理会社との契約内容を理解することがトラブル発生の防止となり、長い目で見るとマンションの資産価値の維持、向上につながります。

●マンション管理と修繕、点検

「マンション標準管理委託契約書」には、マンション管理会社が日常の管理の中で把握した建物、設備の劣化などの状況によって、マンションの長期修繕計画の工事内容、実施時期、概算費用などに改善の余地がある場合には、書面で管理組合に助言することとなっています。また、長期修繕計画の見直し業務を実施する場合は、管理委託契約とは別個の契約とする旨も記載されています。以上の点からも、日常の管理がマンションの維持、修繕においても最重要な要素であると言えるでしょう。

また、管理員業務に含まれる点検業務には、日常行われる簡易な点検と、定期的に行われるものとに分かれます。また、定期点検はさらに自主的におこなう保守点検と、法律や行政によって義務付けられた法定点検に分かれます。その性格や専門性にあわせて、委託先を考慮することも必要になるでしょう。

法定点検

法定点検費用

●法定点検

　マンションには、多くの人が快適に暮らすためにいろいろな設備があります。これらの設備に不具合が生じると大きな事故につながりますので、日常からきちんとメンテナンスを行う必要があります。そのため、これらの設備には法律によって点検し、報告することが義務付けられており、これを「法定点検」と呼んでいます。

表-1　マンションの主な法定点検

法定点検の名称 （関係する法令）	対象となる建物・設備等	点検等の内容	点検等のサイクル	報告先	資格者
特定建築物定期調査 （建築基準法12条1項）	特定行政庁が指定（例：階数5階以上、延べ面積1,000m²以上）建築物の敷地、構造及び建築設備	調査	6カ月～3年の間で特定行政庁が定める	特定行政庁	特定建築物調査員、1級または2級建築士
防火設備定期検査 （建築基準法12条1項）	特定行政庁が指定（例：階数5階以上、延べ面積1,000m²以上）防火防煙シャッター・スクリーン、防火扉	検査	6カ月～1年の間で特定行政庁が定める	特定行政庁	防火設備検査員、1級または2級建築士
建築設備定期検査 （建築基準法12条3項）	特定行政庁が指定（例：階数5階以上、延べ面積1,000m²以上）換気設備、排煙設備、非常用の照明装置、給水設備、排水設備	検査	6カ月～1年の間で特定行政庁が定める	特定行政庁	建築設備検査員、1級または2級建築士
昇降機定期検査 （建築基準法12条3項）	昇降機（エレベーター）	検査	6カ月～1年の間で特定行政庁が定める	特定行政庁	昇降機検査資格者、1級または2級建築士
消防用設備等点検 （消防法17条の3の3）	※次頁　表-2　参照			消防長 または 消防署長	消防設備士（甲種、乙種）又は消防設備点検資格者（1種、2種）
専用水道定期水質検査 （水道法3条6項、34条）	水槽の有効容量が100m³を超える施設 口径25mm以上の導管の全長が1500m超 居住人口100人超 1日最大給水量が20m³超	水質検査	1カ月ごとに1回以上、臨時	都道府県知事（保健所が設置されている市区長）（衛生上問題がある場合は保健所長）	厚生労働大臣の登録水質検査機関
		消毒の残留効果等に関する検査	1日に1回以上		
簡易専用水道管理状況検査 （水道法3条7項、34条の2）	水槽の有効容量が100m³を超える施設	水質検査	1年以内ごとに1回		地方公共団体の機関または厚生労働大臣の登録を受けた者
		水槽の掃除	1年以内ごとに1回		
浄化槽の保守点検、清掃、定期検査 （浄化槽法7条、10条、11条）	屎尿および雑排水を処理する浄化槽	保守点検	浄化槽の種類により1週間～6カ月ごとに1回以上	都道府県知事	浄化槽技術管理者（浄化槽管理士）
		清掃	全ばっ気方式は6カ月ごとに1回以上、その他は1年に1回		
		水質検査	1年に1回		環境大臣又は都道府県知事が指定する検査機関
自家用電気工作物定期点検 （電気事業法39条、42条）	高圧（600V超）で受電する設備	月次点検	1月に1回	経済産業大臣	電気主任技術者（第1種～第3種）
		年次点検	1年に1回		

（注）　特定行政庁：建築主事（建築確認検査を行う資格者）を置く市町村の区域にあっては、当該市町村の長をいい、その他の市町村の区域については都道府県知事をいう

●消防設備点検

本誌で掲載している単価は「消防法」、「消防法施行令」、「消防法施行規則」および告示などに定められた消防用設備の維持管理に基づく「消防用設備等の点検基準」によるものです。

また、年間契約を前提として点検を実施した場合の一回当たりの消防設備点検業者による料金であり、諸経費は含まれていません。

諸経費は、点検種別ごとの合計金額の15%程度です。

また、機器が高所に設置され足場などを必要とする場合には、足場費および危険手当の別途加算が必要となります。

●点検の種別

1.機器点検

消防用設備などの種類に応じ、適正な配置、損傷、機能について、告示に定める基準に従い、外観または簡易な操作により確認することをいいます。

2.総合点検

消防用設備などの全部または一部を作動、または使用し、告示で定める基準に従い、総合的な機能を確認することをいいます。

表-2 消防用設備等の種類および点検基準

消防用設備等の種類	点検の内容	点検のサイクル	
消火器、消防機関へ通報する火災報知設備、**誘導灯および誘導標識**、消防用水、非常コンセント設備、無線通信補助設備、共同住宅用非常コンセント設備	機器点検	6カ月に1回	報告は、3年に1回（複合用途の場合は、1年に1回）
屋内消火栓設備、スプリンクラー設備、水噴霧消火設備、泡消火設備、不活性ガス消火設備、ハロゲン化物消火設備、粉末消火設備、屋外消火栓設備、動力消防ポンプ設備、**自動火災報知設備**、ガス漏れ火災報知設備、漏電火災警報器、非常警報器具および設備、**避難器具**、排煙設備、連結散水設備、連結送水管、非常電源（配線部除く）、総合操作盤、パッケージ型消火設備、パッケージ型自動消火設備、共同住宅用自動火災報知設備、住戸用自動火災報知設備、共同住宅用非常警報設備、共同住宅用連結送水管、特定小規模施設用自動火災報知設備、加圧防排煙設備、複合型居住施設用自動火災報知設備並びに特定駐車場用泡消火設備	機器点検	6カ月に1回	
	総合点検	1年に1回	
配線	総合点検	1年に1回	

※本誌では上表の太字で示した設備についての点検料金を掲載

法定点検

名 称	規格・仕様				単位	単価 (材工共)
◆ 消防設備点検						
消火器具定期点検	外観点検	基本料金			式	4,680
	〃	消火器小型 (二酸化炭素消火器、ハロン1301消火器)	1~50本		本	310
	〃	〃	〃	51~100本	〃	310
	〃	〃	〃	101本以上	〃	310
	機能点検	基本料金			式	4,680
	〃	消火器小型 (二酸化炭素消火器、ハロン1301消火器)	1~50本		本	630
	〃	〃	〃	51~100本	〃	630
	〃	〃	〃	101本以上	〃	570
誘導灯および誘導標識 定期点検	機器点検	基本料金			式	6,000
	〃	誘導灯点検	1~50個		個	540
	〃	〃	51~100個		〃	510
	〃	〃	101個以上		〃	460
	〃	誘導標識点検			〃	80
	〃	連動切替器点検			〃	1,530
	〃	電源装置点検			式	1,700
	〃	配線点検			〃	2,300
屋内消火栓設備 定期点検	機器点検	基本料金			式	14,000
	〃	消火栓 (屋内型)	1号消火栓		台	1,750
	〃	〃	2号消火栓		〃	1,750
	総合点検	基本料金			式	14,000
	〃	消火栓 (屋内型)	1号消火栓		台	1,750
	〃	〃	〃	2号消火栓	〃	1,750

●電鈴の鳴動および音量測定試験を通常点検外に指定の場合は、別途料金とする。

法定点検

法定点検費用 2

名 称		規格・仕様	単位	単価 (材工共)
◆ **消防設備点検**				
自動火災報知設備定期 点検	機器点検	基本料金	式	7,500
	〃	受信機P型1級　10回線まで	面	2,050
	〃	〃　11回線以上10回線ごとに	〃	340
	〃	スポット型感知器 (差動式)　1～50個	個	110
	〃	〃　　　〃　　　〃　51～100個	〃	110
	〃	〃　　　〃　　　〃　101個以上	〃	110
	〃	〃　　　〃　(定温式)　1～50個	〃	190
	〃	〃　　　〃　　　〃　51～100個	〃	190
	〃	〃　　　〃　　　〃　101個以上	〃	190
	〃	煙感知器 (2種　イオン式、光電)　1～50個	〃	380
	〃	〃　　　〃　　　　〃　51～100個	〃	380
	〃	〃　　　〃　　　　〃　101～150個	〃	380
	〃	〃　　　〃　　　　〃　151個以上	〃	380
	総合点検	基本料金	式	7,500
	〃	受信機P型1級　10回線まで	面	3,660
	〃	〃　11回線以上10回線ごとに	〃	340
	〃	スポット型感知器 (差動式)　1～50個	個	110
	〃	〃　　　〃　　　〃　51～100個	〃	110
	〃	〃　　　〃　　　〃　101個以上	〃	110
	〃	〃　　　〃　(定温式)　1～50個	〃	190
	〃	〃　　　〃　　　〃　51～100個	〃	190
	〃	〃　　　〃　　　〃　101個以上	〃	190
	〃	煙感知器 (2種　イオン式、光電)　1～50個	〃	1,120
	〃	〃　　　〃　　　　〃　51～100個	〃	1,120
	〃	〃　　　〃　　　　〃　101～150個	〃	1,120
	〃	〃　　　〃　　　　〃　151個以上	〃	1,120

法定点検

●電鈴の鳴動および音量測定試験を通常点検外に指定の場合は、別途料金とする。

名 称	規格・仕様				単位	単価 (材工共)
◆ 消防設備点検						
避難器具定期点検	機器点検	垂直式	基本料金		式	6,000
	〃	〃	救助袋	3階	台	6,900
	〃	〃	〃	4階	〃	7,200
	〃	〃	〃	5階	〃	7,600
	〃	〃	〃	6階	〃	8,300
	〃	〃	〃	7階	〃	9,000
	〃	〃	〃	8階	〃	9,700
	〃	〃	〃	9階	〃	10,300
	〃	〃	〃	10階	〃	11,000
	〃	〃	〃	11階	〃	11,700
	〃	〃	緩降機	2階	〃	4,150
	〃	〃	〃	3階	〃	4,150
	〃	〃	〃	4階	〃	4,150
	〃	〃	〃	5階	〃	4,150
	〃	〃	〃	6階	〃	4,150
	〃	〃	〃	7階	〃	4,850
	〃	〃	〃	8階	〃	4,850
	〃	〃	〃	9階	〃	4,850
	〃	〃	〃	10階	〃	4,850
	〃	〃	〃	11階	〃	4,850
	〃	避難ハッチ	ロープまたは金属		〃	1,000
	〃	〃	固定式		〃	1,650

法定点検

名 称	規格・仕様				単位	単 価 (材工共)
◆ 消防設備点検						
避難器具定期点検	総合点検	垂直式	基本料金		式	6,000
	〃	〃	救助袋	3階	台	10,300
	〃	〃	〃	4階	〃	10,300
	〃	〃	〃	5階	〃	10,300
	〃	〃	〃	6階	〃	10,600
	〃	〃	〃	7階	〃	11,100
	〃	〃	〃	8階	〃	11,300
	〃	〃	〃	9階	〃	11,800
	〃	〃	〃	10階	〃	12,100
	〃	〃	〃	11階	〃	12,400
	〃	〃	緩降機	2階	〃	6,200
	〃	〃	〃	3階	〃	6,200
	〃	〃	〃	4階	〃	6,600
	〃	〃	〃	5階	〃	6,600
	〃	〃	〃	6階	〃	7,040
	〃	〃	〃	7階	〃	8,300
	〃	〃	〃	8階	〃	9,000
	〃	〃	〃	9階	〃	9,700
	〃	〃	〃	10階	〃	10,400
	〃	〃	〃	11階	〃	11,000
	〃	避難ハッチ	ロープまたは金属		〃	1,380
	〃	〃	固定式		〃	1,750

法定点検

名 称	規格・仕様		単位	単価 (材工共)
◆ 消防設備点検				
連結送水管配管耐圧試験	連結送水管試験（1系統）	5階建て	系統	75,000
	〃	6階建て	〃	76,000
	〃	7階建て	〃	77,000
	〃	8階建て	〃	78,000
	〃	9階建て	〃	79,000
	〃	10階建て	〃	80,000
	〃	11階建て	〃	81,000
	〃	15階建て	〃	85,000
	〃	20階建て	〃	90,000
	連結送水管試験（系統追加）	5階建て	系統	30,000
	〃	6階建て	〃	30,500
	〃	7階建て	〃	31,000
	〃	8階建て	〃	31,500
	〃	9階建て	〃	32,000
	〃	10階建て	〃	32,500
	〃	11階建て	〃	33,000
	〃	15階建て	〃	35,000
	〃	20階建て	〃	37,500
	空気圧予備試験		式	耐圧試験料金× 30%
各種ホース耐圧試験	基本料金		式	20,000
	40Aホース耐圧		本	3,500
	50Aホース耐圧		〃	4,000
	65Aホース耐圧		〃	4,000

●設置後、10年を経過したものにつき、3年ごとに実施する消防設備点検業者の料金であり、諸経費は含まない。

法定点検

法定点検費用 6

名称	規格・仕様	単位	単価（材工共）
◆ 昇降機保守・点検			
昇降機保守契約	交流　高速　定員9人　速度90〜105m/分　停止階階高10	基・月	64,800
	〃　遠隔監視機能付　定員9人　速度90〜105m/分　停止階階高10	〃	64,800
	〃　中速　定員9人　速度45〜60m/分　停止階階高8	〃	54,600
	〃　遠隔監視機能付　定員9人　速度45〜60m/分　停止階階高8	〃	54,600
	〃　低速　定員6人　速度30m/分　停止階階高6	〃	49,200
	油圧（乗用・間接）定員6人　速度45m/分　停止階階高4	〃	46,700
	〃　遠隔監視機能付　定員6人　速度45m/分　停止階階高4	〃	46,700
	〃（乗用・直接）定員6人　速度45m/分　停止階階高4	〃	46,700
昇降機点検契約	交流　高速　定員9人　速度90〜105m/分　停止階階高10	基・月	47,500
	〃　遠隔監視機能付　定員9人　速度90〜105m/分　停止階階高10	〃	47,500
	〃　中速　定員9人　速度45〜60m/分　停止階階高8	〃	39,800
	〃　遠隔監視機能付　定員9人　速度45〜60m/分　停止階階高8	〃	39,800
	〃　低速　定員6人　速度30m/分　停止階階高6	〃	34,600
	油圧（乗用・間接）定員6人　速度45m/分　停止階階高4	〃	33,100
	〃　遠隔監視機能付　定員6人　速度45m/分　停止階階高4	〃	33,100
	〃（乗用・直接）定員6人　速度45m/分　停止階階高4	〃	33,100

1. 保守契約はいわゆるフルメンテナンス契約のことで、昇降機各部の点検、給油および調整を行う費用と機器ならびに付属部品に対し、修理または取替えを行う費用は含むが、昇降かご、かご床タイル、各階出入口戸、三方枠、敷居、外側板、デッキボード、意匠部品の塗装、メッキ直し、修理、取替えおよび清掃、ならびに移動手すりの清掃費用は含まない。
   点検契約はいわゆるPOG契約のことで、昇降機各部の点検、注油、小調整および消耗部品の取替費用は含むが、機器ならびに付属部品の修理取替費用は含まない。
2. 定期検査、性能検査などの諸費用は含まない。
3. 平日、昼間の作業。
4. 上記に示した料金は、標準的な機種、仕様および使用条件等を前提にした料金であり、特に下記のような特殊条件によって、相当の増減があることに注意する。
   (1) 積載量（1000kg以上）　　　　(2) 用途（非常用、展望用など）
   (3) 高階床（標準停止数を超えるもの）　(4) 高階高（標準階高を超えるもの）
   (5) 不停止（通過）階あり　　　　(6) 設置環境（高温、低温、多湿、塩害、駅舎、屋外など）
   (7) 付加仕様（地震、火災、自家発など）　(8) 群管理運転付き
5. エレベーターの階床割増金額は、1カ所当たり保守契約の場合1,500〜2,000円、点検契約の場合は1,000〜1,500円。

法定点検

関連図書案内

マンション維持修繕技術ハンドブック（第6版）

著者：（一社）マンション管理業協会
発行：㈱オーム社
定価：11,000円（税込）　B5判　832頁
問合せ先：☎03-3233-0641

マンションの維持修繕に関し、「建築（構造関係）」と「設備（基本設備から先進設備まで）」の両面を網羅し、それらの知見を最新法令に則してわかりやすく、かつ、体系的に解説するハンドブックです。実務に直結する各種ノウハウの集大成の他に、マンションの歴史や関連法制度など、一般的な背景知識から説き起こして掲載。マンションにかかわる技術者・実務者や「マンション維持修繕技術者試験」を受験される方におすすめの一冊です。

令和5年度版　新選マンション管理基本六法

編著：（公財）マンション管理センター
発行：㈱住宅新報出版
定価：4,290円（税込）　A5判　1072頁
問合せ先：☎03-6388-0052

令和5年4月1日施行までの法令等が反映された最新の基本法令集です。区分所有法、マンション管理適正化法、マンション標準管理規約をはじめとして、民法などの関連法規や各種ガイドライン、通達等、マンションの管理に係わる重要かつ基本となる法令等を厳選収録されており、コンパクトで使いやすい法令集となっています。

マンション防災・設備の知識

著者：及川忠良
発行：東京図書出版
定価：1,650円（税込）　四六判　206頁
問合せ先：☎03-6772-7062

マンションの防火管理制度、自主防災組織、長周期地震対策、火災発生時の避難行動の基本、エレベーターの防災対策などについて解説されており、いざというときのために活用できるよう、防災や設備の知識をまとめた書籍です。付録には「CM方式大規模修繕コンサルタント業務マニュアル」「機械式駐車場の維持管理に係る課題と解決策」がついており、マンション管理組合の必読書となっています。

参考資料

民間処分場（建設廃棄物） ……………………… 416

マンション関連統計 ……………………………… 420

新築・中古マンションの市場動向 ……………… 421

（公財）マンション管理センターのご案内 ………… 426

（公財）マンション管理センターの
長期修繕計画作成・修繕積立金算出サービス …… 431

マンション関連団体 ……………………………… 432

民間処分施設情報

首都圏 建設廃棄物収集・運搬費（関東地域協議会調べ）

　以下の価格は、首都圏の産業廃棄物処理業者団体をメンバーとする公益社団法人　全国産業資源循環連合会　関東地域協議会が、令和3年5～6月に行った実態調査結果である。

● 収集・運搬費調査結果〈建設廃棄物〉

（単位：円）

車種	摘要	単位	東京都 下限	平均	上限	神奈川県 下限	平均	上限
2t・3t ダンプ車	片道距離概ね25km	1回当たり	20,000~	23,000~	27,000	18,000~	23,000~	25,000
	〃 75km	〃	34,000~	42,000~	48,000	20,000~	34,000~	40,000
4t ダンプ車	片道距離概ね25km	〃	23,000~	27,000~	35,000	20,000~	25,000~	40,000
	〃 75km	〃	40,000~	46,000~	60,000	30,000~	38,000~	45,000
2t・3t コンテナ車 4m³	片道距離概ね25km	〃	22,000~	24,000~	30,000	20,000~	25,000~	30,000
	〃 75km	〃	37,000~	44,000~	50,000	30,000~	38,000~	50,000
4t コンテナ車 6~8m³	片道距離概ね25km	〃	25,000~	29,000~	36,000	23,000~	27,000~	44,000
	〃 75km	〃	45,000~	48,000~	60,000	30,000~	40,000~	55,000
10tコンテナ(深ダンプ含む)車 20~30m³	片道距離概ね25km	〃	45,000~	55,000~	65,000	35,000~	45,000~	55,000
	〃 75km	〃	75,000~	80,000~	100,000	50,000~	67,000~	100,000
巡回収集	塵芥車	m³	5,000~	6,500~	10,000	6,000~	8,000~	10,000
	クレーン付き回収車	〃	5,000~	6,500~	10,000	4,000~	5,000~	9,000

車種	摘要	単位	千葉県 下限	平均	上限	埼玉県 下限	平均	上限
2t・3t ダンプ車	片道距離概ね25km	1回当たり	20,000~	22,000~	25,000	23,000~	25,000~	27,000
	〃 75km	〃	35,000~	38,000~	42,000	38,000~	45,000~	50,000
4t ダンプ車	片道距離概ね25km	〃	22,000~	25,000~	28,000	25,000~	26,000~	27,000
	〃 75km	〃	40,000~	45,000~	50,000	41,000~	45,000~	50,000
2t・3t コンテナ車 4m³	片道距離概ね25km	〃	23,000~	25,000~	28,000	25,000~	28,000~	30,000
	〃 75km	〃	38,000~	41,000~	45,000	41,000~	45,000~	52,000
4t コンテナ車 6~8m³	片道距離概ね25km	〃	25,000~	28,000~	31,000	27,000~	30,000~	35,000
	〃 75km	〃	43,000~	46,000~	50,000	43,000~	47,000~	60,000
10tコンテナ(深ダンプ含む)車 20~30m³	片道距離概ね25km	〃	40,000~	50,000~	60,000	50,000~	60,000~	70,000
	〃 75km	〃	60,000~	70,000~	80,000	65,000~	75,000~	90,000
巡回収集	塵芥車	m³	8,000~	10,000~	12,000			
	クレーン付き回収車	〃	8,000~	10,000~	12,000	4,500~	8,000~	12,000

車種	摘要	単位	茨城県 下限	平均	上限	群馬県 下限	平均	上限
2t・3t ダンプ車	片道距離概ね25km	1回当たり	13,000~	18,600~	30,000	12,000~	16,000~	20,000
	〃 75km	〃	24,000~	32,400~	50,000	25,000~	30,000~	40,000
4t ダンプ車	片道距離概ね25km	〃	15,000~	23,400~	40,000	15,000~	22,000~	32,000
	〃 75km	〃	30,000~	41,000~	52,000	30,000~	37,000~	45,000
2t・3t コンテナ車 4m³	片道距離概ね25km	〃	15,000~	20,000~	40,000	12,000~	17,000~	25,000
	〃 75km	〃	25,000~	33,800~	55,000	18,000~	29,000~	40,000
4t コンテナ車 6~8m³	片道距離概ね25km	〃	20,000~	25,400~	45,000	16,000~	24,000~	35,000
	〃 75km	〃	32,000~	43,700~	60,000	32,000~	38,000~	55,000
10tコンテナ(深ダンプ含む)車 20~30m³	片道距離概ね25km	〃	25,000~	38,600~	56,000	20,000~	43,000~	65,000
	〃 75km	〃	45,000~	62,000~	100,000	55,000~	73,000~	120,000
巡回収集	塵芥車	m³				~	10,000~	
	クレーン付き回収車	〃	3,000~	4,200~	5,000	10,000~	16,000~	25,000

車種	摘要	単位	栃木県 下限	平均	上限	山梨県 下限	平均	上限
2t・3t ダンプ車	片道距離概ね25km	1回当たり	~	24,000~		12,000~	15,000~	20,000
	〃 75km	〃	~	36,000~		20,000~	25,000~	30,000
4t ダンプ車	片道距離概ね25km	〃	~	27,000~		15,000~	20,000~	30,000
	〃 75km	〃	~	38,000~		28,000~	33,000~	40,000
2t・3t コンテナ車 4m³	片道距離概ね25km	〃	~	25,000~		15,000~	20,000~	25,000
	〃 75km	〃	~	38,000~		20,000~	25,000~	35,000
4t コンテナ車 6~8m³	片道距離概ね25km	〃	~	28,000~		17,000~	23,000~	40,000
	〃 75km	〃	~	45,000~		25,000~	40,000~	60,000
10tコンテナ(深ダンプ含む)車 20~30m³	片道距離概ね25km	〃	~	55,000~		35,000~	40,000~	50,000
	〃 75km	〃	~	75,000~		43,000~	60,000~	80,000
巡回収集	塵芥車	m³	~	7,000~				
	クレーン付き回収車	〃	~	9,000~		5,000~	7,000~	10,000

参考資料

●収集・運搬費調査結果〈がれき類〉

（単位：円）

車種	摘要	単位	東京都 下限	平均	上限	神奈川県 下限	平均	上限
10t 平ダンプ車	片道距離概ね25km	1回当たり	35,000〜	45,000〜	60,000	32,000〜	38,000〜	50,000
	〃 75km		60,000〜	70,000〜	80,000	42,000〜	50,000〜	70,000

車種	摘要	単位	千葉県 下限	平均	上限	埼玉県 下限	平均	上限
10t 平ダンプ車	片道距離概ね25km	1回当たり	35,000〜	45,000〜	55,000	45,000〜	55,000〜	65,000
	〃 75km		45,000〜	55,000〜	65,000			

車種	摘要	単位	茨城県 下限	平均	上限	群馬県 下限	平均	上限
10t 平ダンプ車	片道距離概ね25km	1回当たり	20,000〜	34,500〜	48,000	22,000〜	36,000〜	45,000
	〃 75km		45,000〜	54,700〜	70,000	50,000〜	55,000〜	60,000

車種	摘要	単位	栃木県 下限	平均	上限	山梨県 下限	平均	上限
10t 平ダンプ車	片道距離概ね25km	1回当たり		〜45,000〜		20,000〜	30,000〜	40,000
	〃 75km			〜60,000〜		40,000〜	50,000〜	60,000

●収集・運搬費調査結果〈建設汚泥〉

（単位：円）

車種	摘要	単位	東京都 下限	平均	上限	神奈川県 下限	平均	上限
10t 平ダンプ車	片道距離概ね25km	1回当たり	50,000〜	60,000〜	70,000	45,000〜	53,000〜	60,000
	〃 75km		65,000〜	75,000〜	85,000	60,000〜	68,000〜	80,000
10t タンク車	片道距離概ね25km	〃	60,000〜	70,000〜	80,000	70,000〜	75,000〜	80,000
	〃 75km		100,000〜	110,000〜	120,000	80,000〜	90,000〜	100,000
4t バキューム車	片道距離概ね25km	1日当たり	90,000〜			75,000〜	80,000〜	85,000
	〃 75km		100,000〜			90,000〜	93,000〜	100,000
大型バキューム車	片道距離概ね25km	〃	140,000〜			110,000〜	120,000〜	130,000
	〃 75km		150,000〜			130,000〜	135,000〜	145,000

車種	摘要	単位	千葉県 下限	平均	上限	埼玉県 下限	平均	上限
10t 平ダンプ車	片道距離概ね25km	1回当たり	48,000〜	54,000〜	60,000	45,000〜	50,000〜	60,000
	〃 75km		60,000〜	70,000〜	80,000	60,000〜	75,000〜	90,000
10t タンク車	片道距離概ね25km	〃	55,000〜	60,000〜	70,000	55,000〜	65,000〜	75,000
	〃 75km		80,000〜	85,000〜	95,000	90,000〜	110,000〜	120,000
4t バキューム車	片道距離概ね25km	1日当たり	75,000〜	80,000〜	85,000	80,000〜	85,000〜	90,000
	〃 75km		80,000〜	90,000〜	100,000	95,000〜	100,000〜	110,000
大型バキューム車	片道距離概ね25km	〃	120,000〜			100,000〜	120,000〜	130,000
	〃 75km		140,000〜			130,000〜	150,000〜	180,000

車種	摘要	単位	茨城県 下限	平均	上限	群馬県 下限	平均	上限
10t 平ダンプ車	片道距離概ね25km	1回当たり	35,000〜	45,000〜	55,000	35,000〜	40,000〜	50,000
	〃 75km		55,000〜	61,000〜	65,000	60,000〜	65,000〜	75,000
10t タンク車	片道距離概ね25km	〃	60,000〜	72,000〜	80,000	65,000〜		
	〃 75km		80,000〜	88,000〜	100,000	75,000〜		
4t バキューム車	片道距離概ね25km	1日当たり	60,000〜	76,000〜	80,000	55,000〜		
	〃 75km		70,000〜	85,000〜	90,000	65,000〜		
大型バキューム車	片道距離概ね25km	〃	100,000〜	112,000〜	120,000	75,000〜		
	〃 75km		130,000〜	140,000〜	150,000	90,000〜		

車種	摘要	単位	栃木県 下限	平均	上限	山梨県 下限	平均	上限
10t 平ダンプ車	片道距離概ね25km	1回当たり		〜48,000〜		35,000〜		
	〃 75km			〜70,000〜		60,000〜		
10t タンク車	片道距離概ね25km	〃						
	〃 75km							
4t バキューム車	片道距離概ね25km	1日当たり		〜80,000〜		50,000〜		
	〃 75km			〜100,000〜		60,000〜		
大型バキューム車	片道距離概ね25km	〃		〜120,000〜				
	〃 75km			〜150,000〜				

◀ 収集・運搬費調査条件 ▶

1．建設廃棄物の収集・運搬費は車両1台、1回当たりの料金とし、中間処理費、最終処分費を含まないものとする。
2．建設汚泥の収集・運搬費は車両1台、1回当たりまたは1日当たりの料金とし、中間処理費、最終処分費を含まないものとする。
3．摘要欄の「概ね25㎞」とは近距離をさし、「概ね75㎞」とは遠距離をさす。
4．収集・運搬費は、次の条件を基準にしている。
　⑴　支払いは、現金決済である（消費税別）。
　⑵　廃材は、1カ所に集積されていること。
　⑶　特別な積込作業等を必要とする場合は、別途料金とする。
　⑷　建設汚泥については、強力吸引車等の積込作業は、別途料金とする。
　⑸　有料道路代、フレコン代、コンテナ設置費用、夜間・休日等別途料金とする。

【問い合わせ先】　一般社団法人　千葉県産業資源循環協会
　　　　　　　　千葉市中央区中央3-3-1　フジモト第一生命ビルディング5F　TEL：043-239-9920

首都圏 建設廃棄物処理・処分費（関東地域協議会調べ）

●中間処理受入料金調査結果

（単位：円）

名称	摘要	単位	東京都 下限	平均～	上限	神奈川県 下限	平均～	上限
コンクリート塊（無筋）	30cm以下	t	4,000～	5,000～	15,000	3,000～	5,000～	10,000
	30cm超	〃	8,000～	10,000～	18,000	4,000～	7,500～	13,000
コンクリート塊（有筋）	30cm以下	〃	8,000～	10,000～	15,000	3,500～	6,500～	14,000
	30cm超	〃	10,000～	15,000～	20,000	6,000～	9,500～	18,000
アスファルト塊	40cm以下	〃	5,000～	7,000～	20,000	3,000～	5,500～	9,000
	40cm超	〃	5,000～	10,000～	20,000	5,000～	9,000～	16,000
その他がれき類		m³	15,000～	18,000～	25,000	13,000～	18,000～	30,000
ガラスくず・コンクリートくず及び陶磁器くず		〃	15,000～	18,000～	25,000	13,000～	18,000～	30,000
廃プラスチック類		〃	9,000～	13,000～	30,000	6,000～	14,000～	30,000
金属くず		〃	1,000～	2,000～	5,000	1,000～	2,500～	5,000
紙くず		〃	1,000～	8,000～	15,000	1,500～	8,000～	30,000
木くず		〃	6,000～	8,000～	25,000	5,000～	6,000～	13,000
繊維くず		〃	7,000～	8,000～	25,000	8,000～	14,000～	30,000
廃石膏ボード		〃	10,000～	15,000～	25,000	10,000～	17,000～	30,000
安定型混合廃棄物		〃	15,000～	20,000～	25,000	10,000～	18,000～	30,000
管理型混合廃棄物		〃	25,000～	30,000～	50,000	12,000～	23,000～	45,000
水銀使用製品産業廃棄物		kg	200～	350～	400	200～	300～	600
建設汚泥（泥土）	再生利用	m³	12,000～			12,000～	14,000～	16,000
	最終処分費を含む		30,000～			30,000～		
建設汚泥（泥水）	再生利用	〃	15,000～			12,000～	14,000～	16,000
	最終処分費を含む		30,000～			30,000～		
カッター泥水	再生利用	〃	15,000～	25,000～	35,000			
	最終処分費を含む		35,000～					

名称	摘要	単位	千葉県 下限	平均～	上限	埼玉県 下限	平均～	上限
コンクリート塊（無筋）	30cm以下	t	3,000～	3,500～	4,000	3,500～	4,500～	5,500
	30cm超	〃	4,000～	8,000～	15,000	6,000～	8,000～	15,000
コンクリート塊（有筋）	30cm以下	〃	4,000～	4,800～	5,500	6,000～	8,000～	12,000
	30cm超	〃	5,000～	10,000～	20,000	6,500～	10,000～	15,000
アスファルト塊	40cm以下	〃	2,500～	3,300～	4,000	6,500～	9,000～	12,000
	40cm超	〃	5,500～	9,000～	14,500	7,000～	9,000～	16,000
その他がれき類		m³	20,000～	25,000～	30,000	20,000～	27,000～	35,000
ガラスくず・コンクリートくず及び陶磁器くず		〃	20,000～	25,000～	30,000	20,000～	27,000～	35,000
廃プラスチック類		〃	9,000～	21,000～	30,000	18,000～	25,000～	30,000
金属くず		〃	1,000～	2,000～	3,000	3,000～	4,000～	5,000
紙くず		〃	1,000～	9,000～	18,000	3,000～	15,000～	20,000
木くず		〃	5,000～	7,000～	10,000	6,500～	15,000～	20,000
繊維くず		〃	11,000～	16,000～	25,000	10,000～	15,000～	20,000
廃石膏ボード		〃	10,000～	25,000～	45,000	10,000～	20,000～	35,000
安定型混合廃棄物		〃	12,000～	15,000～	17,000	10,000～	20,000～	30,000
管理型混合廃棄物		〃	30,000～	40,000～	50,000	30,000～	40,000～	50,000
水銀使用製品産業廃棄物		kg	400～	500～	600	300～	500～	650
建設汚泥（泥土）	再生利用	m³	11,000～			10,000～	12,000～	18,000
	最終処分費を含む		30,000～					
建設汚泥（泥水）	再生利用	〃	11,000～			10,000～	15,000～	18,000
	最終処分費を含む		30,000～					
カッター泥水	再生利用	〃	35,000～			24,000～	30,000～	35,000
	最終処分費を含む		35,000～			35,000～	38,000～	50,000

◀ **中間処理受入料金調査条件** ▶
1．支払いは、現金決済である（消費税別）。
2．コンクリート塊、アスファルト塊には、他の廃棄物が混入していないものとする。また、特大ガラ（1個4t以上）は別途料金とする。

●最終処分費調査結果

（単位：円）

名称	単位	東京都 下限	平均	上限	神奈川県 下限	平均	上限	千葉県 下限	平均	上限	埼玉県 下限	平均	上限
安定型処分場	m³							15,000～					
管理型処分場	〃							30,000～					
石綿含有産業廃棄物（安定型）	〃							32,000～					
石綿含有産業廃棄物（管理型）	〃							37,000～					
廃石綿等特別管理産業廃棄物	〃							80,000～					

◀ **最終処分費調査条件** ▶
1．支払いは、現金決済である（消費税別）。
2．公共または公共関与の処分場に搬出している価格（経費）は、対象外とする。

●中間処理受入料金調査結果

(単位：円)

名称	摘要	単位	茨城県 下限	茨城県 平均	茨城県 上限	群馬県 下限	群馬県 平均	群馬県 上限
コンクリート塊（無筋）	30cm以下	t	1,700~	2,600~	5,000	1,000~	2,500~	5,000
	30cm超	〃	2,100~	2,950~	15,000	1,200~	4,000~	10,000
コンクリート塊（有筋）	30cm以下	〃	2,100~	3,000~	6,000	1,500~	5,000~	12,000
	30cm超	〃	2,600~	3,900~	15,000	1,600~	6,000~	24,000
アスファルト塊	40cm以下	〃	1,950~	3,400~	8,000	1,000~	2,500~	5,000
	40cm超	〃	2,100~	3,700~	15,000	1,400~	4,500~	10,000
その他がれき類		m³	20,000~	26,000~	35,000	6,000~	11,000~	18,000
ガラスくず・コンクリートくず及び陶磁器くず		〃	20,000~	26,000~	35,000	12,000~	18,000~	28,000
廃プラスチック類		〃	14,000~	21,000~	40,000	10,000~	14,000~	20,000
金属くず		〃	1,000~	5,000~	14,000	2,500~	3,700~	5,000
紙くず		〃	1,000~	7,500~	18,000	5,000~	8,500~	16,000
木くず		〃	3,000~	7,100~	16,000	4,500~	7,000~	12,000
繊維くず		〃	7,000~	13,100~	18,000	12,000~	16,000~	18,000
廃石膏ボード		〃	13,000~	19,700~	30,000	12,000~	19,000~	25,000
安定型混合廃棄物		〃	9,000~	15,200~	25,000	12,000~	18,000~	25,000
管理型混合廃棄物		〃	11,700~	20,400~	40,000	12,000~	23,000~	35,000
水銀使用製品産業廃棄物		kg	350~	500~	650	300~		
建設汚泥（泥土）	再生利用	m³	12,000~	13,500~	14,000			
	最終処分費を含む	〃	23,000~	27,500~	32,000			
建設汚泥（泥水）	再生利用	〃	13,000~	14,000~	15,000			
	最終処分費を含む	〃	23,000~	27,500~	32,000			
カッター泥水	再生利用	〃	13,000~				~90,000~	
	最終処分費を含む	〃	32,000~	41,500~	82,500		~90,000~	

名称	摘要	単位	栃木県 下限	栃木県 平均	栃木県 上限	山梨県 下限	山梨県 平均	山梨県 上限
コンクリート塊（無筋）	30cm以下	t		~2,500~		1,000~	1,500~	2,000
	30cm超	〃		~3,100~		2,000~	2,500~	3,000
コンクリート塊（有筋）	30cm以下	〃		~4,500~		2,000~	3,000~	4,000
	30cm超	〃		~4,800~		3,000~	4,500~	6,000
アスファルト塊	40cm以下	〃		~2,500~		1,000~	1,500~	3,000
	40cm超	〃		~3,500~		1,500~	2,500~	3,500
その他がれき類		m³		~22,000~		25,000~	30,000~	35,000
ガラスくず・コンクリートくず及び陶磁器くず		〃		~22,000~		20,000~	30,000~	35,000
廃プラスチック類		〃		~22,000~		12,000~	18,000~	25,000
金属くず		〃		~3,000~		1,000~	3,000~	5,000
紙くず		〃		~22,000~		4,000~	5,500~	8,000
木くず		〃		~7,500~		4,000~	6,000~	8,000
繊維くず		〃		~22,000~		6,000~	10,000~	15,000
廃石膏ボード		〃		~38,000~		12,000~	20,000~	25,000
安定型混合廃棄物		〃		~28,000~		9,000~	13,500~	18,000
管理型混合廃棄物		〃		~38,000~		15,000~	25,000~	35,000
水銀使用製品産業廃棄物		kg				350~	380~	400
建設汚泥（泥土）	再生利用	m³		~12,000~				
	最終処分費を含む	〃		~70,000~				
建設汚泥（泥水）	再生利用	〃		~15,000~				
	最終処分費を含む	〃		~70,000~				
カッター泥水	再生利用	〃		~20,000~				
	最終処分費を含む	〃		~70,000~				

●最終処分費調査結果

(単位：円)

名称	単位	茨城県 下限	茨城県 平均	茨城県 上限	群馬県 下限	群馬県 平均	群馬県 上限	栃木県 下限	栃木県 平均	栃木県 上限	山梨県 下限	山梨県 平均	山梨県 上限
安定型処分場	m³	13,000~			10,000~				~13,000~				
管理型処分場	〃	23,000~											
石綿含有産業廃棄物（安定型）	〃				20,000~				~30,000~				
石綿含有産業廃棄物（管理型）	〃												
廃石綿等特別管理産業廃棄物	〃												

【問い合わせ先】 一般社団法人 千葉県産業資源循環協会
千葉市中央区中央3-3-1 フジモト第一生命ビルディング5F TEL：043-239-9920

参考資料

マンション関連統計

●マンションストックの推計

　昭和30年前後からわが国に普及し始めたマンションは、幾度かのブームを経ながら都市部を中心にその供給が続き、令和３年末時点でのストック総数は約685.9万戸に上り、1,516万人が居住していると推計されている。図-1のように、マンションは、わが国において重要な居住形態となっており、国民生活にすっかり定着している。

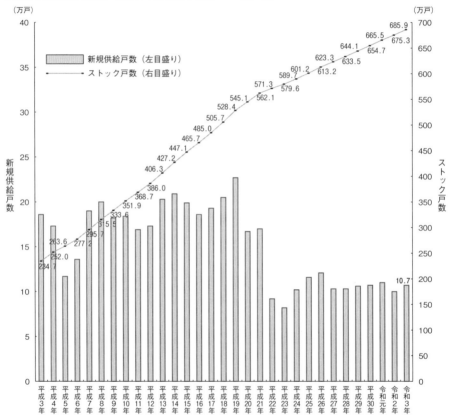

（注）1．新規供給戸数は建築着工統計等を基に推計した。
　　　2．ストック戸数は新規供給戸数の累積などを基に、各年末時点の戸数を推計した。
　　　3．ここでいうマンションとは、中高層（３階建て以上）・分譲・共同建で、鉄筋コンクリート造、鉄骨鉄筋コンクリート造または鉄骨造の住宅をいう。
　　　4．マンション居住人口は、令和２年国勢調査による１世帯当たり平均人員2.21を基に算出した。

出典：国土交通省HPより作成

図-1　マンションストック戸数

新築・中古マンションの市場動向

㈱東京カンテイは、マンション市場の俯瞰的な把握に資する情報として、新築マンションの供給戸数や中古マンションの流通戸数、それぞれの坪単価について、四半期ベースで調査した結果を公表している。首都圏、近畿圏、中部圏については、新築・中古マンション市場における坪単価を確認することができる。

◇集計地域
・首都圏(東京都、神奈川県、埼玉県、千葉県)
・近畿圏(大阪府、兵庫県、京都府、滋賀県、奈良県、和歌山県)
・中部圏(愛知県、静岡県、岐阜県、三重県)

㈱東京カンテイとは

不動産専門のデータ会社として、全国のマンションの図面や価格情報、土地・戸建の売買事例などのデータベースを構築し、会員向けにサービスを提供している。また、不動産鑑定評価、土壌汚染調査、建物診断などの調査業務も取り扱い、ホームページ上ではさまざまな市況レポートを配信している。

●マンション市場における新築供給戸数＆中古流通戸数の四半期調査レポート

[全国]

2023年の第1四半期(1月～3月)における全国でのマンション市場総戸数(＝新築供給戸数と中古流通戸数の合計)は前年同期比＋17.0％の126,359戸で、5期続けて前年同期の水準を大きく上回った。

内訳を見ると、新築供給戸数は－14.3％の17,532戸と前期に引き続きマイナスを示しており、減少率自体も拡大した。また、コロナ下における同期での最低値の更新も2期連続となった。圏域別ではその他(＝地方圏)も5期ぶりにマイナスを示したことで、全ての圏域で軒並み減少となった。特に、価格高騰に伴う供給調整が進む首都圏では減少率が拡大傾向、また中部圏に至っては前年同期からの反動もあって－40.1％と大幅に数を減らしている。

一方、中古流通戸数は＋24.3％の108,827戸と5期連続のプラスを示しており、四半期ベースでは集計開始以来で初めて10万戸の大台に達した。全ての圏域で前年同期比は20％前後のプラスを示している。足元では価格高騰によって買い手からの反響も鈍化しつつあり、今後も流通戸数の増加傾向が続くものとみられる。

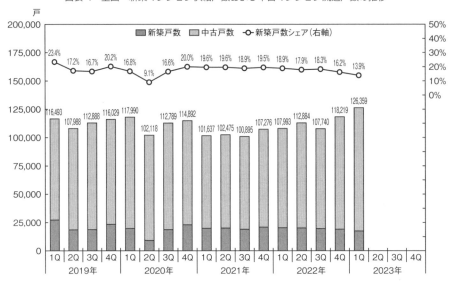

図表-1　全国　新築マンション供給戸数および中古マンション流通戸数の推移

図表-2　全国　新築マンション供給戸数および中古マンション流通戸数

単位：戸

四半期		新築マンション					中古マンション					市場総戸数
		首都圏	近畿圏	中部圏	その他		首都圏	近畿圏	中部圏	その他		
2019年	1Q	12,899	6,131	2,023	6,225	27,278	48,752	18,395	6,084	15,984	89,215	116,493
	2Q	9,610	4,283	1,218	3,502	18,613	47,897	18,294	6,123	17,061	89,375	107,988
	3Q	9,769	3,698	1,186	4,156	18,809	49,285	19,600	6,991	18,203	94,079	112,888
	4Q	11,813	5,330	1,014	5,332	23,489	48,936	19,493	6,634	17,477	92,540	116,029
2020年	1Q	9,156	4,554	1,629	4,479	19,818	50,294	21,396	7,434	19,048	98,172	117,990
	2Q	4,375	1,980	652	2,271	9,278	45,845	20,202	7,616	19,177	92,840	102,118
	3Q	9,763	3,834	1,207	3,944	18,748	46,646	20,528	7,699	19,168	94,041	112,789
	4Q	11,990	4,298	2,161	4,572	23,021	45,241	20,147	7,632	18,851	91,871	114,892
2021年	1Q	9,707	4,888	1,333	3,996	19,924	39,451	18,159	7,053	17,050	81,713	101,637
	2Q	10,148	3,657	1,509	4,808	20,122	39,872	18,066	7,055	17,360	82,353	102,475
	3Q	8,799	4,188	2,171	3,953	19,111	40,034	17,777	7,027	16,946	81,784	100,895
	4Q	10,530	4,849	1,969	3,591	20,939	42,149	18,734	7,472	17,982	86,337	107,276
2022年	1Q	10,229	3,706	1,724	4,796	20,455	42,611	19,243	7,500	18,184	87,538	107,993
	2Q	10,193	3,727	1,462	4,832	20,214	45,486	20,401	7,856	18,927	92,670	112,884
	3Q	8,264	4,124	2,071	5,242	19,701	43,172	19,338	7,501	18,028	88,039	107,740
	4Q	9,334	4,046	1,954	3,771	19,105	49,389	21,858	8,278	19,589	99,114	118,219
2023年	1Q	8,303	3,423	1,032	4,774	17,532	53,702	24,123	8,952	22,050	108,827	126,359
	2Q											
	3Q											
	4Q											

※首都圏：東京都、神奈川県、埼玉県、千葉県　※近畿圏：大阪府、兵庫県、京都府、滋賀県、奈良県、和歌山県
※中部圏：愛知県、静岡県、岐阜県、三重県

●新築・中古マンション坪単価

[首都圏]

2023年の第1四半期（1月〜3月）における首都圏での新築マンション坪単価は前期比＋28.2%の445.4万円で、3期連続のプラスとなった。今期は東京都の供給戸数シェアが54.0%→60.3%まで拡大、さらに東京都港区の三田で高級物件から坪1,000万円以上の住戸が多数分譲されていたこともあり、価格水準が大幅に跳ね上がった。また、大手デベロッパーの供給シェアも36.8%→37.8%と僅かながら4期連続で拡大している。

中古マンションの平均坪単価は＋0.6%の227.7万円で、11期連続のプラスとなった。「築10年以内」と「築30年以内」が反落した一方で、「築5年以内」は2期連続でプラスを示しており、集計開始以来初めて400万円の大台に達した。

※大手デベロッパーとは、メジャーセブン（住友不動産、大京、東急不動産、東京建物、野村不動産、三井不動産レジデンシャル、三菱地所レジデンス）の7社で、単独・JV物件を対象としてシェアを算出
※首都圏：東京都、神奈川県、埼玉県、千葉県

図表-3　首都圏　新築・中古マンション坪単価の推移

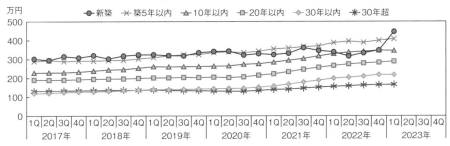

図表-4　首都圏　新築・中古マンション坪単価＆大手デベロッパーの新築供給戸数シェア

単位：万円

四半期		新築マンション	中古マンション						大手デベシェア
			築5年以内	10年以内	20年以内	30年以内	30年超		
2017年	1Q	302.2	289.2	228.4	191.0	118.6	131.4	168.2	36.7%
	2Q	294.5	293.7	229.4	190.2	120.5	131.9	168.1	28.7%
	3Q	315.0	289.1	229.8	191.1	124.1	133.6	168.6	40.6%
	4Q	308.0	291.4	233.0	193.1	127.1	134.6	170.7	38.8%
2018年	1Q	319.8	291.3	238.4	195.4	127.6	135.1	171.4	35.6%
	2Q	302.2	294.2	244.3	196.1	130.3	136.1	172.0	32.8%
	3Q	317.9	294.8	245.8	196.8	133.6	136.7	172.4	31.8%
	4Q	323.5	302.0	253.2	199.5	137.2	136.6	175.0	47.3%
2019年	1Q	324.2	309.0	260.9	202.0	140.0	137.6	177.3	35.2%
	2Q	319.4	317.9	259.9	202.2	139.7	135.4	175.8	33.0%
	3Q	318.1	323.7	261.0	204.0	140.8	134.0	175.3	39.0%
	4Q	334.6	324.3	261.8	203.8	142.6	134.1	175.7	44.0%
2020年	1Q	340.9	335.3	263.3	205.6	144.4	132.4	176.6	27.7%
	2Q	342.5	338.8	264.9	203.3	145.6	130.9	173.8	15.7%
	3Q	321.7	334.6	273.2	207.1	147.0	131.1	176.5	28.0%
	4Q	329.0	341.8	276.3	215.4	152.0	134.8	181.7	49.7%
2021年	1Q	324.1	354.2	284.5	222.8	158.6	140.5	189.9	33.0%
	2Q	331.1	358.7	294.1	233.9	168.0	141.5	193.0	30.9%
	3Q	360.6	365.3	303.3	246.6	178.9	147.1	201.0	32.4%
	4Q	345.6	369.8	317.1	256.9	188.7	152.2	209.2	40.4%
2022年	1Q	338.3	387.3	329.0	266.2	199.4	156.1	216.0	31.7%
	2Q	315.9	394.7	337.0	274.3	204.1	158.9	219.1	35.6%
	3Q	332.8	388.8	340.9	279.5	210.4	163.3	224.4	36.3%
	4Q	347.5	399.1	346.6	283.1	218.0	164.8	226.4	36.8%
2023年	1Q	445.4	407.2	345.2	288.8	217.6	165.8	227.7	37.8%
	2Q								
	3Q								
	4Q								

[近畿圏]

2023年の第1四半期（1月～3月）における近畿圏での新築マンション坪単価は前期比－1.5％の266.3万円と、4期ぶりに下落に転じている。今期は価格水準が比較的高い京都府で供給シェアが拡大したものの、大阪府や兵庫県では供給戸数が減少しており、圏域平均を下げる結果となった。また、大手デベロッパーの供給戸数シェアが29.8％→12.9％と大幅に縮小したことも価格水準の低下に影響したものとみられる。

中古マンションの平均坪単価は－0.1％の133.2万円と僅かながら下落し、2014年の第3四半期以降続いてきた上昇傾向が一服した。築年帯別で見ると、「築5年以内」は続落、「築10年以内」も10期ぶりに反落しており、それ以外は軒並み上昇率が縮小している。

※大手デベロッパーとは、メジャーセブン（住友不動産、大京、東急不動産、東京建物、野村不動産、三井不動産レジデンシャル、三菱地所レジデンス）の7社で、単独・JV物件を対象としてシェアを算出
※近畿圏：大阪府、兵庫県、京都府、滋賀県、奈良県、和歌山県

図表-5　近畿圏　新築・中古マンション坪単価の推移

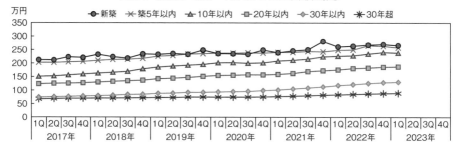

図表-6　近畿圏　新築・中古マンション坪単価＆大手デベロッパーの新築供給戸数シェア

単位：万円

四半期		新築マンション	中古マンション						大手デベシェア
			築5年以内	10年以内	20年以内	30年以内	30年超		
2017年	1Q	212.5	202.6	151.0	123.4	74.0	67.4	98.5	13.9%
	2Q	211.8	202.4	152.5	125.4	75.6	68.7	98.6	18.7%
	3Q	223.1	204.5	156.2	125.9	76.9	70.0	99.1	21.4%
	4Q	221.1	206.2	159.9	127.2	78.7	70.0	99.8	17.4%
2018年	1Q	232.4	210.1	163.2	130.1	79.6	70.8	100.4	11.7%
	2Q	223.8	213.7	166.2	132.8	81.4	70.9	101.6	20.7%
	3Q	218.6	214.6	169.6	135.0	84.3	71.6	103.3	18.0%
	4Q	234.3	217.9	179.2	137.2	85.1	72.1	105.2	18.4%
2019年	1Q	232.9	226.0	185.7	142.7	88.4	73.1	107.5	11.0%
	2Q	236.0	228.6	189.6	144.8	89.5	73.2	108.0	19.7%
	3Q	233.0	233.9	192.9	147.5	92.2	74.8	110.2	16.1%
	4Q	248.7	235.5	195.8	151.7	92.4	75.1	111.0	22.9%
2020年	1Q	235.7	237.6	201.8	154.9	93.8	74.6	111.8	12.4%
	2Q	235.1	237.4	202.2	155.9	94.9	74.9	112.3	6.2%
	3Q	233.2	238.6	200.3	157.7	96.0	75.0	114.1	18.0%
	4Q	249.1	237.8	201.7	157.3	99.1	75.6	115.1	22.6%
2021年	1Q	239.4	240.7	208.6	159.3	101.4	77.0	118.8	14.9%
	2Q	246.4	240.8	211.5	162.8	105.3	78.5	119.4	12.5%
	3Q	250.4	244.2	215.7	169.8	109.1	80.4	121.7	16.5%
	4Q	281.6	243.0	224.3	173.0	113.0	82.4	124.7	23.6%
2022年	1Q	261.4	248.7	226.7	176.1	118.0	83.7	126.6	16.8%
	2Q	264.1	250.1	228.2	181.1	121.5	85.2	128.3	15.3%
	3Q	268.2	265.5	234.7	183.2	125.7	87.1	132.5	18.2%
	4Q	270.3	263.5	240.4	186.2	128.7	88.3	133.3	29.8%
2023年	1Q	266.3	258.0	238.7	187.6	130.5	89.4	133.2	12.9%
	2Q								
	3Q								
	4Q								

[中部圏]

2023年の第1四半期（1月〜3月）における中部圏での新築マンション坪単価は前期比−2.7％の231.7万円と、3期ぶりに下落した。圏域全体で供給戸数が減少する中、愛知県のシェアが相対的に拡大したものの、名駅周辺のタワーマンションや東山エリアの高額レジデンスなどから目立った供給がなかったために、圏域平均の坪単価は下落に転じた。なお、大手デベロッパーの供給シェアは14.3％→17.5％と3期連続で拡大した。

中古マンションの平均坪単価は＋0.4％の104.3万円と、小幅ながら3期連続で上昇した。築年帯別に見ると、大半が続伸する中、「築10年以内」に限っては−0.2％と僅かながら13期ぶりのマイナスを示している。

※大手デベロッパーとは、メジャーセブン（住友不動産、大京、東急不動産、東京建物、野村不動産、三井不動産レジデンシャル、三菱地所レジデンス）の7社で、単独・JV物件を対象としてシェアを算出
※中部圏：愛知県、静岡県、岐阜県、三重県

図表-7　中部圏　新築・中古マンション坪単価の推移

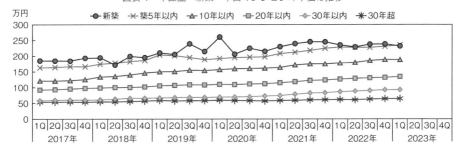

図表-8　中部圏　新築・中古マンション坪単価＆大手デベロッパーの新築供給戸数シェア

単位：万円

四半期		新築マンション	中古マンション						大手デベシェア
			築5年以内	10年以内	20年以内	30年以内	30年超		
2017年	1Q	184.8	162.9	121.2	92.5	58.2	53.7	76.0	15.7%
	2Q	184.5	163.9	120.9	93.5	59.7	54.0	77.2	22.6%
	3Q	184.2	166.4	122.2	95.6	60.5	53.8	78.0	17.6%
	4Q	193.3	165.9	125.2	97.5	60.2	53.3	78.3	21.3%
2018年	1Q	194.5	174.1	133.5	98.8	60.8	54.6	80.4	20.3%
	2Q	171.4	177.4	135.1	100.2	63.4	54.6	81.7	14.1%
	3Q	199.2	182.3	139.9	100.3	65.9	55.6	82.8	18.4%
	4Q	195.4	186.0	146.0	102.0	66.0	57.0	84.4	22.4%
2019年	1Q	210.2	203.9	149.9	105.6	67.1	59.1	87.0	15.5%
	2Q	205.3	201.3	150.5	106.9	68.1	57.4	86.9	18.2%
	3Q	239.0	195.6	154.9	108.6	68.9	58.1	87.5	30.3%
	4Q	214.6	188.8	153.7	108.2	68.5	58.2	86.6	9.5%
2020年	1Q	260.5	192.3	156.7	109.9	69.6	59.9	88.1	23.8%
	2Q	206.1	195.4	159.5	109.4	70.0	58.7	88.1	7.1%
	3Q	224.9	196.5	160.2	111.2	71.1	58.4	89.2	28.1%
	4Q	215.1	197.8	161.3	112.0	73.0	57.3	88.6	29.0%
2021年	1Q	229.8	208.1	163.6	115.0	74.6	58.9	91.6	17.4%
	2Q	239.4	212.2	171.4	118.4	78.5	59.3	93.7	10.7%
	3Q	245.4	218.0	174.9	122.4	82.4	60.7	97.3	17.1%
	4Q	245.0	224.6	174.9	123.6	83.5	61.2	98.0	15.1%
2022年	1Q	235.1	228.3	177.6	126.6	86.6	61.8	99.5	13.3%
	2Q	228.7	227.4	179.5	128.8	88.3	60.9	98.8	7.3%
	3Q	237.5	227.4	185.8	130.4	90.2	63.0	102.1	10.5%
	4Q	238.1	230.7	188.8	131.8	92.4	64.2	103.9	14.3%
2023年	1Q	231.7	235.2	188.4	134.5	92.8	64.5	104.3	17.5%
	2Q								
	3Q								
	4Q								

資料提供：株式会社東京カンテイ

（公財）マンション管理センターのご案内

公益財団法人マンション管理センターでは主として、次の8つの事業を実施しています。

1. 相談・セミナー等
2. 情報の提供
3. 住宅金融支援機構・沖縄振興開発金融公庫融資の保証
4. マンション管理士の指定試験機関・指定登録機関・登録講習機関
5. マンション管理適正化推進センター
6. 管理組合の登録
7. マンションみらいネット（マンション履歴システム）
8. 管理計画認定手続支援サービス

1．相談・セミナー等

（1）　相談

マンション管理全般について、管理組合役員の方々等からの質問やご相談に応じています。

主な相談内容
- 管理組合の運営、管理規約の内容に関すること
- 修繕計画、修繕工事に関すること
- 修繕積立金の運用、債務保証に関すること

マンション管理サポートネットによる情報提供

マンション管理に関する基本的な事項、Q＆A、判例、関係法令等を含めたデータベースを構築し、インターネット経由にて有料で提供しています。

（2）　セミナー等の開催

管理組合の役員や区分所有者の皆様方を対象としたセミナーを開催しています。セミナーの開催にあたり、国土交通省、地方公共団体、NPO管理組合団体などの関係機関のご協力をいただいています。

主なテーマ
- 管理組合の運営
- マンション管理のトラブル解決
- マンション管理の基礎知識
- 大規模修繕工事の進め方・資金調達
- 長期修繕計画の作成・修繕積立金の算出など
- マンションみらいネットの活用

2．情報の提供

（1）　情報誌「マンション管理センター通信」の発刊

マンション管理のホットな情報を掲載した情報誌「マンション管理センター通信」を毎月15日に発刊しています。

- マンション管理における話題や最新の時事問題
- マンション管理のノウハウ
- 弁護士によるマンション管理トラブル判例解説および行政情報
- 当センターに寄せられた相談事例
- 大規模修繕工事等に関する技術情報
- 全国各地の管理組合　など

（2）　管理関係書籍・資料の提供

　管理組合役員向けマニュアルとしても活用いただいています。

主な書籍

● 「長期修繕計画標準様式・作成ガイドライン活用の手引き」「マンション標準管理規約及びマンション標準管理規約コメント」「マンション管理基本法令集」「管理費等の徴収及び初期滞納対応マニュアル」「滞納管理費等の法的対応マニュアル」「計画修繕工事実務マニュアル」「マンション管理組合 新任理事のための基礎講座」「分譲マンション管理組合の理事会運営細則」「分譲マンション管理組合の大規模修繕工事専門委員会運営細則モデル」「マンションの管理の相談事例の解説〜マンション管理センターに寄せられる相談事例から〜」　など

（3）　長期修繕計画作成・修繕積立金算出サービス

　おおまかな長期修繕計画の作成と修繕積立金の額を算出する「長期修繕計画作成・修繕積立金算出サービス」（431頁参照）を提供しています。

（4）　ホームページによる情報提供

　当センターのホームページでは、次のような情報を提供しています。

https://www.mankan.or.jp/

◆マンションみらいネット（マンション履歴システム）　◆マンション管理士関係　◆セミナー開催情報　◆債務保証　◆管理組合登録
◆メンバーコーナー（標準管理規約等のダウンロード）　◆新着情報　など

（5）　メールマガジンによる情報提供

　メール配信により、マンション管理に役立つ情報を無料で提供しています。

3. 住宅金融支援機構・沖縄振興開発金融公庫融資の保証

　大規模修繕工事の資金調達のため、管理組合が住宅金融支援機構または沖縄振興開発金融公庫の「マンション共用部分リフォーム融資」を借り入れる場合は、当センターが無担保で連帯保証を引き受けています。

融資保証制度の概要

● 保証の対象となる融資

　住宅金融支援機構または沖縄振興開発金融公庫のマンション共用部分リフォーム融資

● 保証金額

　住宅金融支援機構または沖縄振興開発金融公庫の融資額と同額（対象工事費と150万円（耐震改修工事の場合は500万円）×住宅戸数のいずれか低い額）が限度）

● 抵当権等の担保　不要

● 保証料のお支払い　一括前払い

● 保証料（下表参照）

保証金額10万円当たりの保証料　（100円未満四捨五入、単位：円）

保証期間	1年	2年	3年	4年	5年
一般 管理組合	483	755	1,027	1,294	1,559
※特定 管理組合	364	588	810	1,029	1,247
保証期間	6年	7年	8年	9年	10年
一般 管理組合	1,762	1,963	2,161	2,357	2,551
※特定 管理組合	1,410	1,570	1,729	1,886	2,041

（注）特定管理組合とは、次の①〜⑤のいずれかに該当する管理組合をいいます。
① 当センターのマンションみらいネットに登録している管理組合
② 住宅金融支援機構の「マンションすまい・る債」または沖縄振興開発金融公庫の「マンション修繕債券」の残高が存在する管理組合または購入した債券を全て買入消却しているが、今後も積立ての継続を希望している管理組合
③ 融資の対象となる工事において、耐震改修工事、省エネルギー対応工事、バリアフリー工事のいずれかの工事を行う管理組合
④ 住宅金融支援機構等の災害復興住宅融資（マンション共用部分補修（管理組合申込み））を利用する管理組合
⑤ 平成18年度までに公庫マンション維持管理基準を満たした管理組合として、公庫マンション情報登録機関（（公財）マンション管理センターまたは（一財）住宅金融普及協会）に登録された管理組合

4. マンション管理士の指定試験機関・指定登録機関・登録講習機関

当センターは、マンションの管理の適正化の推進に関する法律に基づき、マンション管理士に関して国土交通大臣から試験機関と登録機関の指定を受けています。

（1）　マンション管理士の指定試験機関

当センターは、マンション管理士の試験を実施する機関として、指定を受けています。マンション管理士とは、マンションの管理の適正化の推進に関する法律により定められた国家資格で、マンション管理士の名称を用いて、専門知識をもって、管理組合の運営その他マンションの管理に関し、管理組合の管理者や区分所有者などからの相談に応じ、助言、指導その他の援助を行うことを業務とするマンション管理の総合コンサルタントです。

マンション管理士の試験は、年1回、全国の試験地（令和5年度は8試験地）で行います。

マンション管理士の試験の内容

- マンションの管理に関する法令および実務に関すること
- 管理組合の運営の円滑化に関すること
- マンションの建物および附属施設の構造および設備に関すること
- マンションの管理の適正化の推進に関する法律に関すること

（2）　マンション管理士の指定登録機関

当センターは、マンション管理士の登録機関として、指定を受けています。マンション管理士試験の合格者が、マンション管理士の名称を用いてマンション管理士としての業務を行う場合は、登録を受けなければなりません。

（3）　マンション管理士の登録講習機関

当センターは、マンション管理士が5年ごとに受講しなければならない法定講習を行う登録講習機関として、国土交通省に登録されています。

5. マンション管理適正化推進センター

当センターは、マンションの管理の適正化の推進に関する法律に基づいて、管理組合によるマンションの管理の適正化の推進に寄与することを目的とした機関として、国土交通大臣から「マンション管理適正化推進センター」の指定を受けています。

マンション管理適正化推進センターとしての7つの業務内容

① マンションの管理に関する情報および資料の収集、整理、提供を行うこと
② 管理組合やそのほかの関係者を対象に技術的な支援を行うこと
③ 管理組合やそのほかの関係者を対象にマンション管理の適正化に関し講習を行うこと
④ マンションの管理に関する苦情の処理のために必要な指導および助言を行うこと
⑤ マンションの管理に関する調査および研究を行うこと
⑥ マンションの管理の適正化の推進に資する啓発活動および広報活動を行うこと
⑦ そのほか、マンションの管理の適正化の推進に資する業務を行うこと

6. 管理組合の登録

当センターは、管理組合の皆様の良きパートナーとして情報提供等を行うために、管理組合の登録制度を実施しています。

令和5年3月末には、全国で約8,900の管理組合の皆さまにご登録いただいています。

管理組合の登録をされると…

◆当センターの情報誌「マンション管理センター通信」を毎月1冊お送りします。
◆当センターが発行する出版物や長期修繕計画作成・修繕積立金算出サービス(431頁参照)を割引価格でご提供します。
◆相談内容に応じて、弁護士への無料相談（初回30分のみ）をご利用いただけます。
◆ホームページ上のメンバーコーナーをご利用いただけます。

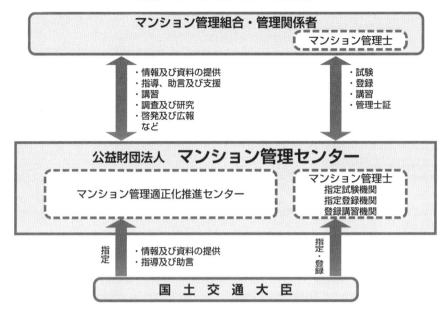

7．マンションみらいネット（マンション履歴システム）

マンションみらいネットは、個々のマンション管理組合の運営状況等（建物等の概要、管理組合の運営状況、修繕履歴、図書の保管状況など）の情報をマンションみらいネットシステムのコンピュータに登録することで、登録管理組合の組合員（区分所有者）の皆さまが、登録された管理情報をインターネット経由でいつでも閲覧できるシステムです。

マンションみらいネットには、管理組合の有する管理規約などの書類を電子化して保管し、管理組合の組合員の皆さまがインターネットで閲覧できるようにする仕組みや、紙の図面を電子化して保管する機能もあります。

マンションみらいネットを使って組合運営情報や修繕履歴情報を組合員全員で共有することにより、組合員の意識向上や組合運営の活性化等を図ることができます。

また、登録情報の一部をインターネットにより公開することで、流通市場での適正評価も期待できます。

登録マンションの公開情報は、こちらをご覧ください。　https://www.mirainet.org/
　　　　　　　　　（（公財）マンション管理センター）

8．管理計画認定手続支援サービス

（1）管理計画認定手続支援サービス

　令和２年マンション管理適正化法の改正により導入されたマンションの管理計画認定制度の円滑な実施を支援するため、管理組合がオンラインで申請を行うことを可能にするとともに、当センターが実施する事前確認講習を修了したマンション管理士が地方公共団体への申請の前に認定基準への適合状況を確認（事前確認）する「管理計画認定手続支援サービス」を提供しています。

　地方公共団体の認定を受けたマンションについては、原則として「管理計画認定マンション閲覧サイト」で公表します。

（2）予備認定

　新築マンションを対象として、一定の認定基準を満たす管理計画の案を当センターが認定し、認定されたマンションの名称等を「予備認定マンション閲覧サイト」で公開しています。

（公財）マンション管理センターの長期修繕計画作成・修繕積立金算出サービス

当センターでは、マンション管理組合が長期修繕計画および修繕積立金の見直しやその内容が適切かチェックする際に、比較検討の目安（セカンドオピニオン）としてご利用いただけるよう概略の長期修繕計画の作成と修繕積立金を算出するサービスを行っています。

このサービスの利用例

- 専門家に見直しを依頼する際に、現状の長期修繕計画の内容や修繕積立金の額をチェックし、適切な内容か、またどのような見直しが必要か検討する場合
- 長期修繕計画の見直しを依頼した専門家から提出された長期修繕計画の内容と修繕積立金の額の設定について、説明を受けながら内容を比較しチェックする場合
- 長期修繕計画の見直しの結果、修繕積立金を増額するため、総会・理事会に諮る際の参考資料とする場合

このサービスによる長期修繕計画の内容

国土交通省において策定された「長期修繕計画標準様式」を用い、「長期修繕計画作成ガイドライン」および「同コメント」に沿った内容としています。ただし、次の事項が異なります。

- 調査・診断を行わず、提出された「入力データ記入票」によって作成・算出していること
- 推定修繕工事項目ごとの単価は、標準モデルの戸当たりの額を、マンションの形状、仕様等による係数で補正しているため、推定修繕工事費は、概算であること

利用方法

1. 「入力データ記入票」を下記よりダウンロードする
   https://www.mankan.or.jp/07_skillsupport/skillsupport.html
   ※算出サンプルも見ることができます
2. 設計図書、販売時パンフレット等を確認し「入力データ記入票」に建物や設備の概要、修繕の履歴、建物や設備の仕様などを数値または、選択肢で入力する
3. 「入力データ記入票」を当センターへメール送信する。
4. 当センターから成果品と請求書が届く（2週間程度）
5. 作成費用を指定先に振り込む

作成費用

（税込）（令和5年4月1日現在）

（1）	マンション管理センター登録管理組合	2棟まで1棟ごとに各14,000円	3棟目以上1棟ごとに各9,000円
（2）	マンションみらいネット登録管理組合		
（3）	（1）および（2）以外の管理組合	2棟まで1棟ごとに各21,000円	3棟目以上1棟ごとに各13,000円
（4）	管理組合以外	2棟まで1棟ごとに各31,000円	3棟目以上1棟ごとに各19,000円

（注）1棟：「入力データ記入票」1セットをいいます。

マンション関連団体

マンションの維持管理や修繕を円滑に進めるために、マンション管理組合・管理士、工事会社などが加盟している団体を紹介します。各団体では会員へ向けての情報提供や会員同士の交流を行い、マンションに関わる全ての人たちを支援しています。

名　称	住　所	電話番号
（一社）建築開口部協会	東京都千代田区神田司町2-8-4 吹田屋ビル6階	☎03-6459-0730
NPO法人 集合住宅維持管理機構	大阪府大阪市中央区南船場1-13-27 アイカビル4階	☎06-4708-7790
NPO法人 集合住宅改善センター	大阪府大阪市住吉区万代6-17-24	☎06-4703-5221
（一社）住宅リフォーム推進協議会	東京都千代田区富士見2-7-2 ステージビルディング4階	☎03-3556-5430
NPO法人 全国マンション管理組合連合会（全管連）	東京都千代田区神田須田町1-26-2 松浦ビル6階	☎03-5577-5512
NPO法人 耐震総合安全機構（JASO）	東京都文京区音羽1-20-16 PAL音羽ビル7階	☎03-6912-0772
建物診断設計事業協同組合	東京都千代田区神田錦町3-6 山城第三ビル74号室	☎03-6273-7051
（公社）日本建築家協会（JIA）	東京都渋谷区神宮前2-3-18 JIA館	☎03-3408-7125
（一社）日本住宅リフォーム産業協会（JERCO）	東京都中央区八丁堀1-3-2 佐藤ビル3階	☎03-5541-6050
（一社）日本マンション学会（事務局）	東京都千代田区神田東松下町33 COMS HOUSE 2階　NPO法人都市住宅とまちづくり研究会内	☎03-6206-4668
（一社）日本マンション管理士会連合会	東京都文京区春日2-13-1 芳文堂ビル4階	☎03-5801-0843
（一社）マンション管理業協会	東京都港区虎ノ門1-13-3 虎ノ門東洋共同ビル2階	☎03-3500-2721
（一社）マンション計画修繕施工協会（MKS）	東京都港区西新橋2-18-2 新橋NKKビル2階	☎03-5777-2521
マンション再生協議会	東京都港区新橋6-14-5 SW新橋ビル3階　（公社）全国市街地再開発協会内	☎03-6809-2649
（一社）マンションリフォーム技術協会（MARTA）	東京都千代田区神田岩本町4 長谷川ビル3階	☎03-5289-8641
（一社）マンションリフォーム推進協議会（REPCO）	東京都千代田区麹町4-3-4 宮ビル8階	☎03-3265-4899
NPO法人 リニューアル技術開発協会	東京都中央区新富1-3-2 新富町一丁目ビル3階	☎03-3297-0176
（一社）リノベーション協議会	東京都渋谷区渋谷2-2-2 青山ルカビル4階	☎03-3486-2510
（公社）ロングライフビル推進協会（BELCA）	東京都港区浜松町2-1-13 芝エクセレントビル4階	☎03-5408-9830

索引・その他

項目・商品名索引 …… 434

企業名索引 …………… 445

広告索引 …………… 447

取扱書店 …………… 448

項目・商品名索引

価格編に関する項目名と、メーカー公表価格の商品名を掲載しています。
企業名は445頁を参照してください。

ア

アークシール 279
RAステップ 249
RF厚付モルタル 261
RF-100 261
RF防錆ペースト 261
RCガーデックス 247
IM-サイレント 299
アイ・システム 227
アイユニットST 373
アウサレーション湿式外断熱工法 270
アクアシール 267
アクアシャッターAC 245
アクアトップ 267
アクアトップSEP工法 266
アクアトップSF 262
アクアトップF工法 262
アクアマックスEX 284
アクリルウレタン系シーリング 274
顎見切防水 239
アサヒボンド 260
アサヒボンド576 268
アサヒボンドBE2 261
足場賃貸料金 226
アスファルトシングル改修（勾配屋根） 238
アスファロン防水 243
アスベスト対策 262
アスベロック 262
圧力給水ポンプユニット 315
圧力配管用炭素鋼管 371
アドクールAqua 268
アバカス継手 325
アプトーチ工法 243
アプラウド 264
雨とい 295
雨とい用塗料 285
アミダーブル 291
網戸 292
アラミド繊維シート工法 265
ARICEハイブリッド外壁改修構工法 262,266
アルシオールステップ 249
アルトップ 299
アルドレックス 299
アルバトロス 226
アルマーデⅢ 292
アルミ笠木 299
アルミスパンドレル 296
アルミスロープ 385

アルミ手すり養生 219
アルミ庇 294
アルロード 299
アレスセラホールド工法 263
アレス弾性ホールド工法 263
アレスホールド工法 263
アロンウォール 267
アロンコートSQ 247
アンカー工事 317
アンカーピンニング全面エポキシ樹脂注入工法 255
アンカーピンニング部分エポキシ樹脂注入工法 255
アンケート調査 396
アンダースプレーセット 260
アンダーフィックス 284
アンティークランブルブロック 388
アンテナ設備 361
アンテナマスト 362

イ

eiプラス 260
ehプラス 260
EGジョイント 325
EP80 261
生垣 383
石張仕上洗浄 252
移植作業 382
易操作性1号消火栓 371
1液水性デクロ 284
1液ハイポンファインデクロ 284
1号消火栓 371,373
一次診断（目視、簡易） 396
一番星 298
一般配管用ステンレス鋼管（SUS304） 310
移動式粉末消火設備 372
インターホン設備 361,364
インターホンパネル 298
インディアートセラ 264
インディフレッシュセラ 264

ウ

ウイルスバスター 268
ウインコス 293
ウォーキング100 292
ウォーターカット 267
浮き補修 255
雨水ます 314,327
打放し改修工法 262
打放し仕上げ部塗装 259

ウッドブリース外断熱工法 ···························· 270
ウム··· 294
ウレタン塗膜防水（屋上・ルーフバルコニー）··· 236
ウレタン塗膜防水（笠木・バルコニー笠木、庇・ハト小屋）··· 239
ウレタン塗膜防水（バルコニー）················· 240
ウレボンR-200 ····································· 245

エ

エアブロー清掃································· 252
エアロプレート工法···························· 261
HCエコプルーフET···························· 245
HCセルディ································· 245,391
HCパーク··································· 245
ARウレタン防水······························· 244
ALC板改修工法······························· 262
AQシールド································· 268
A・トラップ································· 327
A-NC工法································· 261
エキスパンションジョイントカバー取替え ······ 289
EXIMA··································· 291,292
エクセランフェンス··························· 387
EXCELⅡ································· 278
エクセルピンネット工法······················· 269
エクセルピンネット外断熱工法················· 270
エコキュート································· 328
エコジョーズ································· 328
エコピック································· 390
エコ・ベンチ································· 388
エコメール································· 387
エコワイヤー································· 390
SSPシステムゴンドラレンタル料 ·············· 228
エスケーエポサビα··························· 284
SKマイルドボーセイ·························· 284
エスシート································· 244
STiチタニア・ハイコートZ··················· 267
S751NB································· 278
SP断面修復工法······························· 261
SVサインスタンド··························· 298
エスロカチットS継手··························· 321
エスロハイパーAW··························· 319
エスロペックス································· 321
エスロン耐火VPパイプ························· 323
エスロン耐火継手····························· 323
エスロン耐火VPパイプ························· 322
NEGガラスブロック··························· 294
NS-RLモルタル······························· 261
NSカチオンワン······························· 260
NSシランガードS····························· 267
NSドカモル································· 261
NSハイハード································· 261
NSハイフレックス··························· 268
NSメンテペースト··························· 261
NSメンテモルタル··························· 261
Nステラフェンス······························· 387
エヌティオ································· 267

NPLⅣ工法································· 335
NPBⅢ工法································· 335
NPBラピットⅡ工法··························· 335
エバーコートZero-1··························· 244
エバープロロング工法························· 247
エバフリー································· 322
エピソードNEO-LB··························· 292
FRP防水································· 240
FRP防水調整用下地材························· 242
FM・UHF・BS・CSブースター··············· 362
FM・U・BS/CSブースター··················· 362
F22································· 291
エフパック································· 247
エフレックスタイルワン······················· 269
エポキシ系微弾性フィラー··················· 257
エポキシ樹脂低圧注入工法··················· 254
MTG-70series　HOOK SLIM·············· 292
MDジョイント ································· 324
M-80美装面格子シリーズ ··················· 291
エラスティックリーマット工法 ··············· 260
LED照明································· 349
エレベーターかご内部改装··················· 375
エレベーター扉・三方枠··················· 375
エレベーター内養生··························· 219
エントランス床養生··························· 219
塩ビシート防水（屋上）····················· 237
塩ビシート防水（バルコニー）··············· 240
塩ビ製雨水マス································· 327
塩ビ製小口径ます································· 314

オ

OA避難はしご ································· 299
OA用BOX································· 299
大型ガルバリウム雨とい··················· 295
大型プランター································· 389
オーデノータック································· 285
オーデリウォールシステム··················· 264
オートンイクシード··························· 278
オートンQイックシーラント··················· 278
オートンクリオ································· 278
オートンシーラー································· 278
オートンスマートシール··················· 278
オートン超耐シーラー························· 278
オーバーフロー管カバー··················· 299
置看板································· 298
屋外共用電灯································· 350,353
屋外配管································· 352
屋上防水································· 236
屋上歩行用ブロック敷設··················· 239
屋上緑化································· 391
屋内共用電灯································· 349,353
屋内消火栓設備定期点検··················· 408
屋内2号消火栓································· 371
屋内非常照明································· 350
オプティホワイト································· 294

ORIROリフレッシュハッチ …………… 299
オルタックエース ………………… 245
オルタックサンキュア …………… 245

カ

ガーデンハウスのぞみ連続型………… 384
カード型クラックスケール ………… 402
カーボピンネット工法 ……………… 269
外構工事……………………………… 380
開口部養生 ………………………… 225
改質アスファルト防水 ………… 236,242
改修用玄関ドア …………………… 291
改修用墜落防止手すり81型………… 296
改修用レクスター…………………… 373
外装目隠しパネル ………………… 291
外装ルーバー……………………… 296
階段ノンスリップ改修……………… 289
快適トイレ ………………………… 226
快適トイレ　コンラット ………… 226
ガイナ ……………………………… 268
外部足場…………………………… 220
外部・準外部塗装 ………………… 259
外部養生…………………………… 225
外部落下養生 ……………………… 225
外壁改修工法……………… 260,261,268
外壁洗浄・剥離…………………… 252
外壁タイル・防水・保全 ………… 270
外壁塗装…………………………… 256
外壁塗装等工事…………………… 250
外壁塗り替えシステム …………… 266
外壁塗り仕上げ改修工法 ………… 263
外壁剥落防止工法 ………………… 266
外壁防水…………………………… 266
外壁窓枠シーリング用バックアップ材 … 279
外壁目地シーリング ……………… 274
開放廊下防水……………………… 240
架橋ポリエチレン管……………… 311
架橋ポリエチレン絶縁ビニルシースケーブル … 351
各戸玄関ドア枠（塗装）………… 282
各種盤等扉（塗装）……………… 282
角パイプフェンス………………… 385
カケングリップ…………………… 388
火災報知設備……………………… 372
笠木防水…………………………… 239
カサレール………………………… 296
ガス給湯器………………………… 328
ガス設備工事……………………… 337
カスタムEE………………………… 242
仮設足場用防犯システム賃貸料金 … 227
仮設工事…………………………… 216
仮設ゴンドラレンタル料 ………… 228
仮設資材置場……………………… 218
仮設事務所………………………… 218
仮設シンク………………………… 218
仮設水道工事……………………… 219

仮設倉庫…………………………… 218
仮設建物…………………………… 218
仮設鉄板敷き……………………… 219
仮設電気工事……………………… 219
仮設電話…………………………… 219
仮設トイレ ………………… 218,226
仮設防犯扉賃貸料金……………… 227
形材スパンドレル………………… 296
可とう形改修塗材RE……………… 257
可とう形改修塗材E………………… 256
可とう形改修塗材CE……………… 258
金物等……………………………… 289
金物取付部回り補修……………… 289
ガムクール………………………… 242
カメ棒……………………………… 402
ガラス交換………………………… 288
ガラス工事………………………… 293
ガラスフィルム工事……………… 292
ガラスフィルム貼付工事 ………… 288
ガラスブロック…………………… 294
ガラリ……………………………… 295
仮囲い……………………………… 219
仮防水剤OZ………………………… 242
換気口ガラリ……………………… 345
換気口（塗装）…………………… 283
換気設備…………………………… 345
換気扇……………………………… 345
換気扇測定棒……………………… 402
換気用丸形防音装置……………… 299
完全水性ウレタン樹脂塗料 ……… 282
完全水性シリコン樹脂塗料 ……… 282
管端コア付き仕切弁……………… 313
カンペ1液Mシリコン ………… 284,285
カンペ1液Mレタン ………… 284,285

キ

キーロンDL………………………… 322
キーロン ホットステンフレキHF 青銅製継手 … 325
キーロン ホットステンレスフレキHF … 319
機械式緊急遮断弁………………… 326
機械式駐車場……………………… 378
機械式駐車場（塗装）…………… 283
キクスイSP………………………… 264
キクスイBR工法…………………… 264
キクスイロイヤルシリコン ……… 264
既存防水層撤去…………………… 235
逆止弁……………………………… 313
QRラベル…………………………… 389
給水管赤錆防止・延命工 ………… 336
給水管更新………………………… 309
給水管更正工法…………………… 335
給水管ダクト……………………… 327
給水管保護延命工………………… 336
給水・給湯管更新………………… 311
給水・給湯管内視鏡調査………… 396

索引

給水・給湯用架橋ポリエチレン管 ……………… 320
給水設備工事 ……………………………………… 302
給水タンク ………………………………………… 328
Cu・to ……………………………………………… 226
給湯管更正工法 …………………………………… 335
給排気ベントキャップ回りシーリング ……… 277
共通仮設費 ………………………………………… 218
共用分電盤 ………………………………………… 351
共用廊下側窓面格子更新・脱着 ……………… 288
キングプランター ………………………………… 389
金属笠木 …………………………………………… 290

ク

クイックスプレー工法 …………………………… 245
クイック・セラミック・フロー ………………… 242
空調・換気設備工事 ……………………………… 342
空調機用排水トラップ …………………………… 327
空調設備 …………………………………………… 345
クールテクト工法 ………………………………… 268
くさび緊結式足場 ………………………………… 221
クサビ緊結式足場 ………………………………… 227
くさび緊結式足場手すり先行方式 ……………… 222
くさび緊結式足場抜け止め機能付き型 ………… 222
躯体欠損部補修 …………………………………… 253
クネット樹脂 ……………………………………… 296
組立式植栽パネル ………………………………… 389
クラウディ工法 …………………………………… 262
グラスウール ……………………………………… 316
クラック針ゲージペン4 ………………………… 402
クラレスドア ……………………………………… 227
クリアウォール …………………………………… 266
クリアコートeco ………………………………… 266
グリーンオクトパーク …………………………… 389
グリーンセイバー ………………………………… 389
グリーンソフター ………………………………… 389
クリーンなの工法® ……………………………… 293
クリーンマイルド ………………………… 263,284
クリスタコート …………………………………… 265
クルタル建築シート ……………………………… 242
車止め ……………………………………………… 385
グロンダート ……………………………………… 294

ケ

掲示板 ……………………………………………… 298
Kシンク …………………………………………… 226
警報用ポリエチレン絶縁ケーブル ……………… 352
KKベスト ………………………………… 325,336
KC耐火透明継手DV ……………………………… 318
KC耐火ビニルパイプ …………………………… 318
化粧ブロック ……………………………………… 388
欠損部補修 ………………………………………… 253
ケミアスルーフ防水 ……………………………… 242
ケミカルアンカー ………………………………… 317
煙感知器 …………………………………………… 372
ケンエースG-Ⅱ …………………………………… 265

健康器具 …………………………………………… 388
建設廃棄物収集・運搬費 ………………………… 416
建築工事用シート ………………………………… 229

コ

高圧水洗浄 ………………………………………… 252
高輝度蓄光式防滑階段材 ………………………… 249
高機能仮設トイレ ………………………………… 226
工事施設 …………………………………………… 219
高所作業車 ………………………………………… 224
合成樹脂調合ペイント …………………………… 282
公団型アルミ室名札 ……………………………… 298
高置水槽 …………………………………………… 315
GO-JIN …………………………………………… 245
コスモマイルド ………………………… 284,285
小丸棒 ……………………………………………… 279
ゴミ収集庫 ………………………………………… 384
ゴミストッカー …………………………………… 384
ゴムシート防水（屋上） ………………………… 237
ゴムシート防水補修EP工法ゴムエース ……… 244
コルゲートイージーカポリ ……………………… 320
コンクリート欠損部改修工法 …………………… 261
コンクリートテスター …………………………… 402
コンクリートひび割れ改修工法 ………………… 260
コンクリート補修 ………………………………… 254
コンクリート・モルタル水分計 ………………… 402
混合器 ……………………………………………… 362
ゴンドラ …………………………………………… 223
ゴンドラ賃貸料金 ………………………………… 228
ゴンドラ用発電機 ………………………………… 223
コンパクト掃除口付継手 ………………………… 323
コンパック ………………………………………… 247

サ

サーブ15工法 ……………………………………… 261
災害防止設備 ……………………………………… 225
サイクルスタンド ………………………………… 384
サイクルスペース ………………………………… 384
サイクルポート …………………………………… 384
サイクルロビー …………………………………… 384
サイクロンスーパーコート（CSC）工法 …… 335
サイド・ポ・スト工法 …………………………… 266
サインスタンド …………………………………… 298
サウンドシャッター ……………………………… 229
左官工事 …………………………………………… 268
作業員詰所 ………………………………………… 218
差し替えラベル …………………………………… 389
サッシ ……………………………………………… 292
サッシ改修 ………………………………………… 288
サッシ戸車交換、調整 …………………………… 288
雑排水管ライニングDREAM工法 …………… 335
サドル ……………………………………………… 326
ザ・バイオウォーター …………………………… 336
さび止め塗料 ……………………………………… 284
サラセーヌ ………………………………………… 244

索引

サンエーシート ……………………… 243
サンカサ ……………………………… 299
サンシキール ………………………… 291
三次診断（詳細調査） ……………… 396
サンタックIB ………………………… 244
サンバランス ………………………… 293
サンプリング調査 …………………… 396
サンフロンアクア …………………… 266
サンミッテⅡ100 …………………… 292
サンレール …………………………… 296
サンロイドDN ………………………… 243

シ

CATV・BS・CSブースター ………… 362
CSC（サイクロンスーパーコート）工法 … 335
GX-WCP快適 ………………………… 226
GNSアンカー工法 …………………… 269
GNSグラナイト工法 ………………… 266
GNSネット工法 ……………………… 269
GNSピンネット工法 ………………… 269
CMゲージ …………………………… 402
CCD（動画）調査 …………………… 396
シート防水（EVA系・塩ビ系） …… 243
シート防水（加硫ゴム系） ………… 244
シート養生 …………………………… 225
C・トラップ ………………………… 327
シーリング工事 ……………………… 272
シーリング材 ………………………… 278
JKクリアコート工法 ………………… 270
JKクリアファイバー工法 …………… 270
JKコート工法 ………………………… 270
JKセライダー工法 …………………… 270
JKテラピン …………………………… 269
Jメッシュ …………………………… 386
自家用受変電設備 …………………… 352
ジキトーン …………………………… 264
仕切弁 ………………………………… 313
システムゴンドラ …………… 224,228
次世代足場 …………………………… 227
自走式立体駐車場 …………………… 378
下地調整 …………………… 235,260
下地調整材 …………………………… 242
下地補修 ……………………………… 255
湿式外断熱システム エコサーム …… 270
室内付パネル網戸 …………………… 292
室名札 ………………………………… 298
室内養生 ……………………………… 314
自転車置場（サイクルポート） …… 384
自転車置場（塗装） ………………… 283
自転車置場（ラック） ……………… 384
自動火災報知設備定期点検 ………… 409
自動散水システム …………………… 389
芝刈作業 ……………………………… 383
芝生保護器材 ………………………… 389
遮音カバー用ジョイントテープ …… 323

シャオンルーフS …………………… 384
弱溶剤型ウレタン樹脂塗料 ………… 282
弱溶剤型シリコン樹脂塗料 ………… 282
弱溶剤型フッ素樹脂塗料 …………… 282
遮熱塗装 …………………… 259,268
遮熱防水システム …………………… 244
シャノンウインドRⅠ ……………… 292
集合住宅システム dearis（ディアリス） … 363
集合郵便受 …………………………… 298
集合郵便受取替え …………………… 289
集合郵便受箱 ………………………… 298
受水槽 ………………………………… 315
受水槽改修 …………………………… 315
受変電設備 …………………………… 352
樹木の更新作業 ……………………… 382
消火管更新 …………………………… 371
消火器 …………………… 372,373
消火器格納箱 ………………………… 373
消火器具定期点検 …………………… 408
消火器設置台 ………………………… 373
消火器等取替え ……………………… 372
消火器ボックス ……………………… 373
消火器ボックス（塗装） …………… 282
消火器ボックス取替え ……………… 289
消火設備 ……………………………… 373
消火栓 ………………………………… 373
消火栓ボックス（塗装） …………… 282
消防用設備 …………………………… 371
消火ポンプユニット ………………… 371
消火用硬質塩化ビニル外面被覆鋼管（SGP-VS・STPG370-VS） … 371
昇降機設備工事 ……………………… 374
昇降機点検契約 ……………………… 413
昇降機保守契約 ……………………… 413
昇降機保守・点検 …………………… 413
場内清掃・片付け …………………… 219
消防設備点検 ………………………… 408
消防設備用部材 ……………………… 373
情報・通信設備工事 ………………… 355
消防用設備工事 ……………………… 365
照明器具（塗装） …………………… 283
常緑高木 ……………………………… 383
植栽改修工事 ………………………… 382
植栽管理 ……………………………… 383
植物情報解説表示ラベル …………… 389
除草作業 ……………………………… 383
シリコーンシーラント ……………… 278
資料調査、整備 ……………………… 396
シルバーライン ……… 295,296,299
伸縮式ビューボード・ホワイト …… 402
申請書類作成費 ……………………… 219
診断結果 ……………………………… 396
診断作業 ……………………………… 383
浸透性吸水防止材 …………………… 267
浸透性塗布防水 ……………………… 247
浸透撥水剤 …………………………… 267

侵入防止金網……………………… 225

ス

水系ファインコート ……………… 264
水性エコファイン………………… 265
水性エポサビアンダー …………… 284
水性ケンエース…………………… 265
水性コンポ………………………… 263
水性浸透撥水剤…………………… 267
水性セラタイト …………………… 263
水性セラミシリコン ……………… 263
水性ソフトサーフ ………………… 263
水性弾性サーフエポ ……………… 263
水性弾性セラタイト ……………… 263
水性弾性セラミシリコン ………… 263
水性ファインSi …………………… 285
水性4Fプーレシステム ………… 265
垂直2段式ラック ………………… 384
スイッチングハブ ………………… 361
水道配水用ポリエチレン管……… 311
水道用硬質塩化ビニルライニング鋼管………… 309
水道用耐衝撃性硬質ポリ塩化ビニル管 … 311
水道用フレキシブル管 …………… 319
水道用ポリエチレン管 …………… 318
水道用メーターユニット（集合住宅パイプシャフト）… 328
スーパーザウルスⅡ……………… 284
スーパースペーシア ……………… 293
スーパータフポリ………………… 318
スーパーボーセイエポ …………… 284
スカイシーン……………………… 389
スカイチェア……………………… 223
スクエアターフ…………………… 391
凄極膜（すごまく）……………… 245
スダレール………………………… 291
スチールメッシュフェンス ……… 385
スッキりくん……………………… 229
ステージダブリュー ……………… 378
ステラPフェンス ………………… 386
ステンレスA型スタンド ………… 298
ステンレスL型サイン …………… 298
ステンレスサインスタンド ……… 298
ステンレススクエアサイン ……… 298
ステンレス継手………… 324,336
ステンレスバルブ………………… 313
ステンレスフィットスタンド …… 298
ステンレスレンダーサイン ……… 298
ストラブ・クランプCタイプ … 324
ストラブ・グリップGタイプ … 373
ストラブ・グリップGXタイプ … 324
スーパーヘルゴン………………… 285
スプリンクラーヘッド …………… 373
スペーシア………………………… 293
スペーシアクール………………… 293
スペーシア静……………………… 293
スペーシア21断熱クリア………… 293

スベリ台…………………………… 388
スモールデッキゴンドラ ………… 228
スライドラック …………………… 384
スライドラック エニイスライド … 384
スリムシリーズ…………………… 326
スリムステンレススタンド ……… 298

セ

制御用ビニル絶縁ビニルシースケーブル …… 351
清掃用品…………………………… 229
静電反撥防汚塗装工事…………… 267
青銅製継手………………………… 325
精密診断打診棒…………………… 402
セキュリティーシステム ………… 364
セキュリティインターホンシステム … 361
背付ベンチ………………………… 388
背無ベンチ………………………… 388
背のばしベンチ…………………… 388
施肥作業…………………………… 383
セピロン防水……………………… 245
背ほぐし…………………………… 388
セミガード ………………………… 246
セラMレタン ………… 284,285
先行手摺枠（据置き方式）……… 226
剪定・刈込作業…………………… 383

ソ

増圧ポンプ………………………… 328
掃兼型ベントキャップ …………… 327
装飾ガラス………………………… 294
装飾面格子………………………… 291
送水口……………………………… 372
増幅器設備………………………… 361
速乾PZヘルゴンエコ …………… 284
側溝ウレタン防水………………… 241
袖壁付柱の耐震補強……………… 266
外階段防水………………………… 241
外断熱工法………………………… 270
ソフレックスAQ ………………… 319
そろばん継手……………………… 325

タ

ターパンⅠ型工法………………… 261
ターボスクリーン………………… 228
耐火VPパイプ用遮音カバー … 323
耐火ケーブル……………………… 351
耐火遮音カバー…………………… 327
耐火DV遮音継手………………… 323
耐火テープ………………………… 327
耐火プラADミニ継手 …………… 323
耐火プラグ………………………… 327
耐震目隠しフェンス ……………… 386
ダイナロックⅢ…………………… 285
耐熱電線…………………………… 352
太平洋防錆グラウト……………… 297

索引

ダイヤカレイド ･･････････････････････ 264
ダイヤ水系CRPシステム ･･････････････ 262
タイルガード工法 ･････････････････････ 270
タイルガードネット工法 ･･･････････････ 270
タイルセラクリーン ･･･････････････････ 263
タイル洗浄 ･･･････････････････････････ 252
タイル張替え補修 ･････････････････････ 255
タイルピカ ･･･････････････････････････ 266
タイル部補修 ･････････････････････････ 255
タイル目地補修 ･･･････････････････････ 255
タイル落下防止工法 ･･･････････････････ 270
ダイレクトシール工法 ･････････････････ 254
打音検査用ハンマー ･･･････････････････ 402
タキステップ ･････････････････････ 248,249
タキストロン ･････････････････････ 247,248
ダクト清掃 ･･･････････････････････････ 345
宅配ボックス ･････････････････････････ 297
宅配ボックス新設 ･････････････････････ 289
宅配ボックスmini ･････････････････････ 297
タケモルネット貼り工法 ･･･････････････ 262
タケモルピンネット工法 ･･･････････････ 266
タケモル・ラスモルタル補強工法 ･･･････ 270
打診棒ステンレス ･････････････････････ 402
タスカールリニューアル ･･･････････････ 299
ダスティン ･･･････････････････････････ 384
ダストピット ･････････････････････････ 384
立っちゃん ･･･････････････････････････ 229
建具 ･････････････････････････････････ 288
建具金物 ･････････････････････････････ 291
建具・金物等工事 ･････････････････････ 286
建具回りシーリング ･･･････････････････ 276
たてどい改修 ･････････････････････････ 289
建物用耐火性硬質ポリ塩化ビニル管 ･････ 312
タフシール ･･･････････････････････････ 247
タフネス防水 ･････････････････････････ 242
タフベラー ･･･････････････････････････ 242
WGX-WCLHP快適 ･････････････････････ 226
ダブルロックジョイント ･･･････････････ 320
玉にきく聴診棒 ･･･････････････････････ 402
タル検ハンマー ･･･････････････････････ 402
単管ブラケット一側足場 ･･･････････････ 221
段差解消スロープ ･････････････････････ 385
ダンスラントルーフ ･･･････････････････ 243
弾性クリーンマイルド ･････････････････ 263
炭素繊維シート工法 ･･･････････････････ 265
断熱セラミック ･･･････････････････････ 268
DANフィラー ･････････････････････････ 264

チ

チェア型ゴンドラ ･････････････････････ 228
ちゃらく ･････････････････････････････ 384
注入口付アンカーピンニング全面エポキシ樹脂注入工法･･･ 255
注入口付アンカーピンニング部分エポキシ樹脂注入工法･･･ 255
注入口付アンカーピンニング部分エポキシ樹脂注入タイル固定工法 ･･･ 255
中木 ･････････････････････････････････ 383

長期防水保証システム ･････････････････ 244
調査・診断 ･･･････････････････････････ 394
調査診断機器 ･････････････････････････ 402
超速乾ウレタン吹付防水（バルコニー）････ 240
長府エコジョーズ ･････････････････････ 328
鳥類飛来防止装置 ･････････････････････ 390
直接仮設工事 ･････････････････････････ 220
直列ユニット ･････････････････････････ 362
貯水槽（塗装）･･･････････････････････ 283
直結給水増圧装置 ･････････････････････ 315
直結給水用ブースタポンプ ･････････････ 328

ツ

ツーウェイハンマー ･･･････････････････ 402
通信用ケーブル ･･･････････････････････ 352
つなぎ名人 ダイレクト仕切弁 ･････････ 326
ツバーサ ･････････････････････････････ 291

テ

手洗器賃貸料金 ･･･････････････････････ 226
DHA-1型 P.A.P.A. ･･･････････････････････ 336
DHT-18S ･････････････････････････････ 291
DSカラー・ゼロ工法 ･･･････････････････ 244
Dステラフェンス ･････････････････････ 387
TBX-D3型 ････････････････････････････ 297
TBX-BD3型 ･･･････････････････････････ 297
ティエスサンド ･･･････････････････････ 260
低木 ･････････････････････････････････ 383
デカデックスリーマット工法 ･･･････････ 260
テストハンマー ･･･････････････････････ 402
手すり ･･･････････････････････････････ 296
手すり改修 ･･･････････････････････････ 289
手すり支柱足元の充填補修 ･････････････ 289
手すり支柱内の特殊発泡材完全充填補修 ･･････ 297
手すり支柱根元補修 ･･･････････････････ 297
手すり（塗装）･･･････････････････････ 283
手すり根元回りシーリング ･････････････ 277
鉄筋露出部補修 ･･･････････････････････ 253
鉄部塗装 ･････････････････････････････ 284
鉄部塗装等工事 ･･･････････････････････ 280
デバッティー防音型 ･･･････････････････ 295
Tebra cell ････････････････････････････ 291
Tebra one ････････････････････････････ 291
テレビ共聴設備 ･･･････････････････････ 361
テレビ共同受信設備 ･･･････････････････ 362
テレビ端子 ･･･････････････････････････ 362
電気錠操作ユニット ･･･････････････････ 361
天井塗装 ･････････････････････････････ 259
電線保護管 ･･･････････････････････････ 219
電灯設備 ･････････････････････････････ 349
電灯設備等工事 ･･･････････････････････ 346

ト

ドア開閉調整 ･････････････････････････ 288
ドア交換 ･････････････････････････････ 288

ドア新聞受け口更新 …………………… 288
とい（塗装）…………………………… 283
東西アス仕様 …………………………… 242
陶磁器質タイル部塗装 ………………… 259
同軸ケーブル …………………………… 352
陶片浮き補修 …………………………… 255
動力盤 …………………………………… 351
道路橋床版水分計 ……………………… 402
特殊下地調整用ポリマーモルタル …… 242
特殊塗料 ………………………………… 268
土壌改良作業 …………………………… 382
トットビルダー ………………………… 388
トップクリーン ………………………… 296
トビデール望70 ………………………… 291
塗膜除去・洗浄工事 …………………… 260
塗膜防水（ウレタン系）……………… 244
塗膜防水（ポリマーセメント系）…… 245
ドレンレール設置 ……………… 240,241

ナ

内装工事用仮設間仕切賃貸料金 ……… 229
内部足場 ………………………………… 224
ナイロンライニングバルブ …………… 313
ナノペイント …………………………… 264

ニ

二次診断（診断器具使用）…………… 396
二重窓 …………………………………… 292
ニッペ立駐機床用 ……………………… 285
ニューアールダンテ …………………… 265
ニュー目隠しフェンス ………………… 386

ネ

ネオドライ工法 ………………………… 246
ネオロータフェンス …………………… 386
熱感知器 ………………………………… 372
ネットバリヤー工法 …………………… 269
ネット養生 ……………………………… 225

ノ

ノキテンエース ………………………… 265
軒天塗装 ………………………………… 259
ノックスアンカー部分エポキシ樹脂注入 … 269
のびのびポール ………………………… 388
登り桟橋 ………………………………… 223
のぼるtoみどりパネル ………………… 391
のぼるtoみどりワイヤー ……………… 391
ノンシール工法改修用サッシ ………… 292

ハ

パーキングW …………………………… 378
パークライン …………………………… 389
ハーゲンZ ……………………………… 267
パーゴラ ………………………………… 388
パーゴランド …………………………… 388

バーストレス消火器 …………………… 373
バードネット …………………………… 390
バードブロッカー ……………………… 390
バードヘイト …………………………… 390
バードレスマット ……………………… 390
ハーパス ………………………………… 267
バイオハクリ工法 ……………………… 260
バイオラックス ………………………… 226
配管X線透過写真調査 ………………… 396
配管更生工事 …………………………… 329
配管用炭素鋼鋼管（SGP-白・Sch40-白）… 371
Hi-CRデラックスエコ ………………… 285
ハイシルエ ……………………………… 294
排水管更新 ……………………………… 312
排水管更生工法 ………………………… 335
排水鋼管用可とうサドル ……………… 326
排水水中ポンプ ………………………… 315
排水設備工事 …………………………… 302
排水継手 ………………………………… 326
排水ポンプ ……………………………… 328
排水ます ………………………………… 314
排水用硬質塩化ビニル管 ……………… 322
排水用硬質塩化ビニルライニング鋼管（D-VA）… 312
排水用硬質ポリ塩化ビニル管 ………… 312
排水用集合管 …………………………… 312
排水用正圧緩和器 ……………………… 336
排水用耐火二層管（VP）……………… 312
排水用耐火パイプ ……………………… 322
排水用特殊継手 ………………………… 312
配線器具 ………………………………… 351
配線材料 ………………………………… 351
配電盤類 ………………………………… 351
HYDRA（ハイドラ）………………… 247
ハイドロサーム ………………………… 247
ハイパービルロックセラ ……………… 266
パイプスペース扉（塗装）…………… 282
ハイポンダブルガード ………………… 285
ハイポンファインプライマーⅡ ……… 284
剥離 ……………………………………… 252
バタフライ弁 …………………………… 313
発生材置場設置 ………………………… 219
バッテリーゴンドラ …………………… 228
ハトワイヤー …………………………… 390
幅木ウレタン防水 ……………………… 241
パパっとE3パネル ……………………… 229
ハマタイト ……………………………… 279
パライージー …………………………… 246
パラテックス工法 ……………… 246,266
パラトーン工法 ………………………… 266
パラビエンタ …………………………… 391
パラフォル・ソロ ……………………… 243
パラベースNEO ………………………… 242
パラペット天端防水 …………………… 239
ハリーゲージBOX ……………………… 402
ハリーデジタル ………………………… 402

張り出し足場受構台‥‥‥‥‥‥‥‥‥‥ 223
バルコニー手すり‥‥‥‥‥‥‥‥‥‥‥ 296
バルコニー隔板（塗装）‥‥‥‥‥‥‥‥ 282
バルコニー防水‥‥‥‥‥‥‥‥‥‥‥‥ 240
バルコニー物干金物‥‥‥‥‥‥‥‥‥‥ 296
バルブ類更新‥‥‥‥‥‥‥‥‥‥‥‥‥ 313
パワーMレタンEX‥‥‥‥‥‥‥‥‥‥‥ 284
パワーオーデフレッシュ‥‥‥‥‥‥‥‥ 264
パワーボンド‥‥‥‥‥‥‥‥‥‥‥‥‥ 242
ハンディサーチ‥‥‥‥‥‥‥‥‥‥‥‥ 402

ヒ

PDピンニング工法‥‥‥‥‥‥‥‥‥‥ 268
BS・CSIFブースター‥‥‥‥‥‥‥‥‥ 362
BS・CSブースター‥‥‥‥‥‥‥‥‥‥ 362
BS・110°CSアンテナ‥‥‥‥‥‥‥‥ 362
PC板改修工法‥‥‥‥‥‥‥‥‥‥‥‥ 262
P・C・G FRPサポーター工法‥‥‥‥‥ 335
P・C・Gマルチライナー工法‥‥‥‥‥ 335
BWプレート‥‥‥‥‥‥‥‥‥‥‥‥‥ 336
光触媒塗装工事‥‥‥‥‥‥‥‥‥‥‥‥ 267
ピクニックテーブル‥‥‥‥‥‥‥‥‥‥ 388
庇・笠木等付属物防水‥‥‥‥‥‥‥‥‥ 239
非常灯点検フック棒‥‥‥‥‥‥‥‥‥‥ 402
非常用照明‥‥‥‥‥‥‥‥‥‥‥‥‥‥ 354
ピジョントラップ‥‥‥‥‥‥‥‥‥‥‥ 390
ピストレイター‥‥‥‥‥‥‥‥‥‥‥‥ 267
微弾性フィラー‥‥‥‥‥‥‥‥‥‥‥‥ 256
ビックサン‥‥‥‥‥‥‥‥‥‥‥‥‥‥ 246
避難器具‥‥‥‥‥‥‥‥‥‥‥‥‥‥‥ 373
避難器具定期点検‥‥‥‥‥‥‥‥‥‥‥ 410
避難口誘導灯‥‥‥‥‥‥‥‥‥‥‥‥‥ 354
避難はしご‥‥‥‥‥‥‥‥‥‥‥‥‥‥ 299
避難ハッチ‥‥‥‥‥‥‥‥‥‥‥‥‥‥ 299
避難ハッチ（塗装）‥‥‥‥‥‥‥‥‥‥ 282
避難ハッチ取替え‥‥‥‥‥‥‥‥‥‥‥ 290
避難ハッチ回りシーリング‥‥‥‥‥‥‥ 277
避難ロープ‥‥‥‥‥‥‥‥‥‥‥‥‥‥ 299
ビニル絶縁シースケーブル‥‥‥‥‥‥‥ 351
ビニル絶縁電線‥‥‥‥‥‥‥‥‥‥‥‥ 351
ひび割れ部補修‥‥‥‥‥‥‥‥‥‥‥‥ 254
被覆イージーカポリパイプ‥‥‥‥‥‥‥ 320
ビフレッシュタイル工法‥‥‥‥‥‥‥‥ 266
ピュアジョイント‥‥‥‥‥‥‥‥‥‥‥ 324
ビュージスタ‥‥‥‥‥‥‥‥‥‥‥‥‥ 243
ビュートップ‥‥‥‥‥‥‥‥‥‥‥‥‥ 243
表示板‥‥‥‥‥‥‥‥‥‥‥‥‥‥‥‥ 298
病害虫防除作業‥‥‥‥‥‥‥‥‥‥‥‥ 383
避雷針‥‥‥‥‥‥‥‥‥‥‥‥‥‥‥‥ 352
ビルアルミ‥‥‥‥‥‥‥‥‥‥‥‥‥‥ 295
ビルステン‥‥‥‥‥‥‥‥‥‥‥‥‥‥ 295
ビルマンション用パネル網戸‥‥‥‥‥‥ 292
ピンネット工法‥‥‥‥‥‥‥‥‥‥‥‥ 255

フ

ファイン‥‥‥‥‥‥‥‥‥‥‥‥‥‥‥ 265
ファインウォーク‥‥‥‥‥‥‥‥‥‥‥ 248
ファインウレタン‥‥‥‥‥‥‥‥‥‥‥ 285
ファインシリコン‥‥‥‥‥‥‥‥‥‥‥ 285
ファインステップ‥‥‥‥‥‥‥‥‥‥‥ 249
ファイン4Fセラミック‥‥‥‥‥‥ 264,285
VS工法‥‥‥‥‥‥‥‥‥‥‥‥‥‥‥‥ 245
VM工法‥‥‥‥‥‥‥‥‥‥‥‥‥‥‥‥ 245
Vテクト‥‥‥‥‥‥‥‥‥‥‥‥‥‥‥‥ 291
Vネットフェンス‥‥‥‥‥‥‥‥‥‥‥ 385
フィブラシート工法‥‥‥‥‥‥‥‥‥‥ 265
フィラー処理工法‥‥‥‥‥‥‥‥‥‥‥ 254
フェンス‥‥‥‥‥‥‥‥‥‥‥‥‥‥‥ 385
フェンスバリケート‥‥‥‥‥‥‥‥‥‥ 219
フォルカトウシート工法‥‥‥‥‥‥‥‥ 265
フォルカトウプレート工法‥‥‥‥‥‥‥ 265
フォンテーヌフェンス‥‥‥‥‥‥‥‥‥ 387
吹付工事‥‥‥‥‥‥‥‥‥‥‥‥‥‥‥ 268
吹付補修・補強工法‥‥‥‥‥‥‥‥‥‥ 261
複合防水‥‥‥‥‥‥‥‥‥‥‥‥ 240,243
複層ガラス‥‥‥‥‥‥‥‥‥‥‥‥‥‥ 293
プチ宅‥‥‥‥‥‥‥‥‥‥‥‥‥‥‥‥ 297
部分エポキシ樹脂注入工法‥‥‥‥‥‥‥ 255
プラストシート‥‥‥‥‥‥‥‥‥‥‥‥ 244
プラストップ‥‥‥‥‥‥‥‥‥‥‥‥‥ 385
ブラッシング‥‥‥‥‥‥‥‥‥‥‥‥‥ 252
フラッティー防音型‥‥‥‥‥‥‥‥‥‥ 295
ブラッドストーン‥‥‥‥‥‥‥‥‥‥‥ 388
ブランコ‥‥‥‥‥‥‥‥‥‥‥‥‥‥‥ 388
プルーフロン‥‥‥‥‥‥‥‥‥‥‥‥‥ 245
フレキシブル管継手‥‥‥‥‥‥‥‥‥‥ 324
フレキシブルチューブTF-48000‥‥‥‥ 324
プレスダウングラウト工法‥‥‥‥‥‥‥ 268
プレストシステム‥‥‥‥‥‥‥‥‥‥‥ 243
フレライン‥‥‥‥‥‥‥‥‥‥‥‥‥‥ 385
フレランド‥‥‥‥‥‥‥‥‥‥‥‥‥‥ 385
フロアーグリップ剤‥‥‥‥‥‥‥‥‥‥ 388
ブロックビルドスロープ‥‥‥‥‥‥‥‥ 385
分岐器‥‥‥‥‥‥‥‥‥‥‥‥‥‥‥‥ 362
分配器‥‥‥‥‥‥‥‥‥‥‥‥‥‥‥‥ 362

ヘ

ペアレックス‥‥‥‥‥‥‥‥‥‥‥‥‥ 293
ベースタック‥‥‥‥‥‥‥‥‥‥‥‥‥ 242
壁面緑化‥‥‥‥‥‥‥‥‥‥‥‥‥‥‥ 391
ペヤプラス‥‥‥‥‥‥‥‥‥‥‥‥‥‥ 293
ベランダ間仕切‥‥‥‥‥‥‥‥‥‥‥‥ 291
ベランダ用ネットキット‥‥‥‥‥‥‥‥ 390
変成シリコーンシーラント‥‥‥‥‥‥‥ 278
変成シリコン系シーリング‥‥‥‥‥‥‥ 274
ベンチ・テーブル‥‥‥‥‥‥‥‥‥‥‥ 388
ベントキャップ‥‥‥‥‥‥‥‥‥‥‥‥ 327
ベントキャップ（塗装）‥‥‥‥‥‥‥‥ 283
弁類‥‥‥‥‥‥‥‥‥‥‥‥‥‥‥‥‥ 326

索引

弁類更新‥‥‥‥‥‥‥‥‥‥‥‥‥‥‥‥ 313

ホ

ボウエンメッシュ ‥‥‥‥‥‥‥‥‥‥‥ 228
防音シート‥‥‥‥‥‥‥‥‥‥‥‥‥‥‥ 229
防火区画貫通部材‥‥‥‥‥‥‥‥‥‥‥ 327
防滑性階段用床材‥‥‥‥‥‥‥‥ 248,249
防滑性ビニル床シート‥‥‥‥‥‥‥‥‥ 248
放水口格納箱‥‥‥‥‥‥‥‥‥‥‥‥‥ 371
法定点検費用‥‥‥‥‥‥‥‥‥‥‥‥‥ 406
防犯カメラ‥‥‥‥‥‥‥‥‥‥‥‥‥‥ 364
防犯カメラシステム ‥‥‥‥‥‥‥‥‥ 361
防犯設備‥‥‥‥‥‥‥‥‥‥‥‥‥‥‥ 363
ホース耐圧試験‥‥‥‥‥‥‥‥‥‥‥‥ 412
HOME ALSOK アパートマンションプラン ‥‥ 364
ホームパーク24‥‥‥‥‥‥‥‥‥‥‥‥ 378
ホールインアンカー‥‥‥‥‥‥‥‥‥‥ 317
ポールガード工法‥‥‥‥‥‥‥‥‥‥‥ 297
保温工事‥‥‥‥‥‥‥‥‥‥‥‥‥‥‥ 316
ホスクリーン‥‥‥‥‥‥‥‥‥‥‥‥‥ 296
POSシールタイプⅡ ‥‥‥‥‥‥‥‥‥ 278
ポステック‥‥‥‥‥‥‥‥‥‥‥‥‥‥ 298
HSC（ホットスーパーコート）工法 ‥‥ 335
ポリウレタン系シーリング ‥‥‥‥‥‥ 275
ポリエステル‥‥‥‥‥‥‥‥‥‥‥‥‥ 229
ポリサルファイド系シーリング ‥‥‥‥ 275
ポリシールN‥‥‥‥‥‥‥‥‥‥‥‥‥ 278
ポリスチレンフォーム（屋外露出） ‥‥ 317
ポリブテン管‥‥‥‥‥‥‥‥‥‥‥‥‥ 311
ポリベスト‥‥‥‥‥‥‥‥‥‥‥‥‥‥ 243
ポリマーセメント系フィラー ‥‥‥‥‥ 258
ポリマリット‥‥‥‥‥‥‥‥‥‥‥‥‥ 243
ポリルーフ‥‥‥‥‥‥‥‥‥‥‥‥‥‥ 391
ポリルーフFRP防水システム ‥‥‥‥‥ 247
BOLT-Tester ‥‥‥‥‥‥‥‥‥‥‥‥‥ 402
ボンド‥‥‥‥‥‥‥‥‥‥‥‥‥‥‥‥ 278
ボンドEモルタル ‥‥‥‥‥‥‥‥‥‥‥ 261
ボンドOGグラウト工法 ‥‥‥‥‥‥‥‥ 261
ボンドKモルタル ‥‥‥‥‥‥‥‥‥‥‥ 261
ボンドシリンダー工法 ‥‥‥‥‥‥‥‥ 261
ボンドピンニング工法 ‥‥‥‥‥‥‥‥ 269

マ

マイクロスコープ聴診器 ‥‥‥‥‥‥‥ 402
マイルドサビガード ‥‥‥‥‥‥‥‥‥ 284
マグネスト‥‥‥‥‥‥‥‥‥‥‥‥‥‥ 336
マジキリン‥‥‥‥‥‥‥‥‥‥‥‥‥‥ 229
マスチック‥‥‥‥‥‥‥‥‥‥‥‥‥‥ 264
マスチック塗材NANO ‥‥‥‥‥‥‥‥‥ 264
まどまどstd ‥‥‥‥‥‥‥‥‥‥‥‥‥ 292
マドロール‥‥‥‥‥‥‥‥‥‥‥‥‥‥ 292
マトロン工法‥‥‥‥‥‥‥‥‥‥‥‥‥ 261
マルライナー工法‥‥‥‥‥‥‥‥‥‥‥ 335
マンション管理費用‥‥‥‥‥‥‥‥‥‥ 404
マンションタクルスⅡ ‥‥‥‥‥‥‥‥ 364

ミ

ミクロカプセル工法 ‥‥‥‥‥‥‥‥‥ 261
ミラー棒‥‥‥‥‥‥‥‥‥‥‥‥‥‥‥ 402
ミラクール‥‥‥‥‥‥‥‥‥‥‥‥‥‥ 268
ミラクボーセイM ‥‥‥‥‥‥‥‥‥‥‥ 284
民間処分場（建設廃棄物）‥‥‥‥‥‥‥ 416

ム

無機質浸透性防水強化材‥‥‥‥‥‥‥‥ 265

メ

メーターボックス扉（塗装）‥‥‥‥‥‥ 282
メーターユニット‥‥‥‥‥‥‥‥‥‥‥ 328
目隠しSBフェンス耐震型‥‥‥‥‥‥‥‥ 387
目隠しMKフェンス‥‥‥‥‥‥‥‥‥‥‥ 387
目隠しフェンス ‥‥‥‥‥‥‥‥‥ 386,387
目隠しフェンスC-Screen ‥‥‥‥‥‥‥‥ 387
目隠しフェンス賃貸料金‥‥‥‥‥‥‥‥ 226
メカトップ‥‥‥‥‥‥‥‥‥‥‥‥‥‥ 242
メカファイン‥‥‥‥‥‥‥‥‥‥‥‥‥ 243
メッシュシート‥‥‥‥‥‥‥‥‥‥‥‥ 228
メルトーチ（UBE防水シート）‥‥‥‥‥ 242
面格子‥‥‥‥‥‥‥‥‥‥‥‥‥‥‥‥ 291
面格子・FIXパネル‥‥‥‥‥‥‥‥‥‥‥ 291
メンタン21‥‥‥‥‥‥‥‥‥‥‥‥‥‥ 243

モ

モザイクアンカーピン固定工法 ‥‥‥‥ 270
物置‥‥‥‥‥‥‥‥‥‥‥‥‥‥‥‥‥ 384
物干金物‥‥‥‥‥‥‥‥‥‥‥‥‥‥‥ 296
物干金物取替え‥‥‥‥‥‥‥‥‥‥‥‥ 289
モルタル・タイル浮き改修工法 ‥‥‥‥ 269

ヤ

屋根防水‥‥‥‥‥‥‥‥‥‥‥‥‥‥‥ 236
屋根防水工事‥‥‥‥‥‥‥‥‥‥‥‥‥ 232
ヤリトリ伸縮継手‥‥‥‥‥‥‥‥‥‥‥ 326

ユ

UHFアンテナ ‥‥‥‥‥‥‥‥‥‥‥‥‥ 362
Uカットシール工法 ‥‥‥‥‥‥‥‥‥‥ 254
遊具‥‥‥‥‥‥‥‥‥‥‥‥‥‥‥‥‥ 388
誘導灯 ‥‥‥‥‥‥‥‥‥‥‥‥‥‥‥‥ 350
誘導灯定期点検‥‥‥‥‥‥‥‥‥‥‥‥ 408
誘導標識定期点検‥‥‥‥‥‥‥‥‥‥‥ 408
U・BS・CSブースター ‥‥‥‥‥‥‥‥‥ 362
床下点検口（塗装）‥‥‥‥‥‥‥‥‥‥ 282
床防水工事‥‥‥‥‥‥‥‥‥‥‥‥‥‥ 232
ユニトイレ‥‥‥‥‥‥‥‥‥‥‥‥‥‥ 226
ユニロックV.OⅡ ‥‥‥‥‥‥‥‥‥‥‥ 285
ユメロック‥‥‥‥‥‥‥‥‥‥‥‥ 266,285

ヨ

養生材‥‥‥‥‥‥‥‥‥‥‥‥‥‥‥‥ 229
横型多段渦巻ポンプ‥‥‥‥‥‥‥‥‥‥ 315

ヨド自転車置場YOKCタイプ ……………… 384
予備調査…………………………………… 396

ラ

ラーテル…………………………………… 264
楽窓2 ……………………………………… 292
落葉高木…………………………………… 383
ラスゴンセーフティ ……………………… 284
ラスモルタル剥落防止工法……………… 270
ラピネス防水……………………………… 243
ラポート…………………………………… 291
RAMシート（UBE防水シート）………… 242
LANケーブル ……………………………… 361
ランデックスコート ……………………… 262

リ

リアネットE工法 ………………………… 269
リアルーフ工法…………………………… 247
リアルガード……………………………… 265
リケンステンレス配管システム ………… 325
リサイクルウッドベンチ ………………… 388
リサイクル木材縁台 ……………………… 388
リサイクル木材ベンチ …………………… 388
立体駐車場設備工事……………………… 376
立体駐車場床面塗装……………………… 285
リフォームダクト ………………………… 327
リフリート工法 …………………………… 268
リベットルーフ…………………………… 243
リベルマイスター工法…………………… 263
リベルマイスター21工法………………… 267
リムスプレー……………………………… 244
緑化促進型フェンス……………………… 386
リンクミニ くるま………………………… 388
隣戸避難板取替え………………………… 290
リンリンスラッシュ ……………………… 384

ル

ルーバーフェンス………………………… 226
ルーフドレン……………………………… 299
ルーフドレン（塗装）…………………… 283
ルーフバルコニー防水…………………… 236
ルームエアコン…………………………… 345

レ

レジアンダー……………………………… 260
レフテル…………………………………… 292
レボス……………………………………… 320
レボルト…………………………………… 227
連結送水管配管耐圧試験………………… 412

ロ

廊下・階段防水…………………………… 240
漏水補修材………………………………… 324
ローリングタワー足場…………………… 224
ロッキング遊具ポニー…………………… 388
ロンシールシート防水システム ………… 244
ロンステップME ………………………… 249
ロンマットME …………………………… 248

ワ

ワイズマンECO …………………………… 326
枠組本足場………………………………… 220
枠組本足場手すり先行方式……………… 220
ワケタイ…………………………………… 229
ワンツーマイルド………………………… 284
ワンレタン………………………………… 245

索引

企業名索引

ア

アーキヤマデ……………… 243
アイ・エス……………… 291
アイエム…………… 295,299
アイホン……………… 363
アイリスオーヤマ………… 353
アサヒボンド工業
　……… 244,260,261,268,284
アツミ電氣……………… 364
アフロディテ……………… 385
アボック社……………… 389
アルインコ…………… 226,227
アルテック……… 291,296,299
アルファ……………… 297
アロン化成………… 326,327
生田化研社……………… 388
石原産業……………… 293
立売堀製作所……………… 373
伊藤鉄工……………… 327
因幡電機産業……………… 327
井上商事……… 295,296,299
宇部興産建材………… 242,245
エイ・アール・センター
　……… 242,243,244
AQ ……………… 268
AGCグラスプロダクツ … 292,293
AGCポリマー建材………… 244
エービーシー商会… 260,261,268
エクセルシャノン………… 292
エスイーエル……………… 390
エスケー化研… 263,265,268,284
NCK……………… 268
エヌ・ワイ・ケイ………… 328
大関化学工業… 242,246,247,266
オート化学工業……………… 278
オービック・ジャパン……… 384
オブナス……………… 297
オリロー……………… 299
オンダ製作所………… 320,321

カ

改修設計……………… 397
快適環境……………… 268
川口技研……………… 296
川本製作所……………… 328
関西ペイント… 263,267,284,285
菊水化学工業……… 246,264
協成……………… 319,322,325
共同カイテック………… 391
キョーワ……… 228,229
クボタケミックス………… 318
グリーンスペース………… 389
グローベン……………… 389
KRH……………… 227
ケット科学研究所………… 402
建築構工法研究所……… 262,266
コーユー……………… 390
小島製作所……………… 326
コニシ……… 261,269,278
コンステック……… 247,269,398

サ

サスティナブルテクノロジー
　……………… 267
三共……………… 227,229
三協アルミ
　……… 291,292,296,384,385
サンキン……………… 378
サンクビット……………… 270
サンメイツ……………… 261
サンレール……… 291,296,299
三和テクノス……… 266,297
シーカ・ジャパン
　……… 244,245,262,264,266,279
シード……………… 260
JFE建材 ……………… 385,386
ジエス……………… 327
ジエス診断設計……………… 399
四国化成工業……… 384,388

サ (続き右)

シバタ工業……………… 243,244
シブタニ……………… 291
昭石化工……… 242,243,245
ショーボンドマテリアル
　……………… 324,373
信越ポリマー……………… 278
杉田エース……………… 385
住べシート防水……………… 243
セイキ販売……………… 292
正和電工……………… 226
積水化学工業… 319,321,322,323
積水化成品工業……………… 260
セメダイン……… 261,278
全国ビルリフォーム工事業協同組合
　……………… 266,269
全国マスチック事業協同組合連合会
　……………… 264
セントラル硝子プロダクツ … 293
全日本外壁ピンネット工事業協同組合
　……………… 262,266,270
綜合警備保障（ALSOK）…… 364
双和化学産業………… 247,391

タ

ダイケン
　……… 291,296,297,298,299,384
タイコー……………… 335
ダイサン……………… 227
大泰化工……………… 247
大同塗料……… 262,267
大日化成……………… 246
大日技研工業……………… 262
太平洋マテリアル… 261,268,297
タイルメント……………… 279
高本コーポレーション……… 270
タキロンシーアイ… 247,248,249
竹村製作所……………… 328
田島メタルワーク……………… 298

田島ルーフィング
……… 242,243,244,245,391
建物診断センター …………… 400
タニタハウジングウェア …… 295
長府製作所 ………………… 328
ツヅキ ………………… 294,299
TSC ………………………… 265
ティーケイケイエボリューション
…………………………… 336
帝人フロンティア …………… 292
テクニカル東新 …………… 378
電気硝子建材 ……………… 294
東亜高級継手バルブ製造…… 326
東亞合成 ……… 247,266,267
東京ガスリノベーション …… 335
東京建物診断協同組合 ……… 400
東芝ライテック ………… 353,354
東新樹脂 …………………… 389
東邦レオ ……………… 269,270
東横エルメス ……………… 402
東和工業 ……………… 242,243
TOZEN ………………… 324
トーフレ …………………… 324
土牛産業 …………………… 402
ドペル ……………………… 249

ナ

ナカ工業 …………………… 299
ナカムラ …………………… 291
中村製作所 ………………… 388
ナスタ ……… 296,297,298,373
七王工業 …………………… 243
ニッケンフェンス＆メタル
………………………… 386,387
日新工業… 242,243,245,248,249
日鉄ケミカル&マテリアル　コンポジット事業部
…………………………… 265
日東建設 …………………… 402
日都産業 …………………… 388
日邦バルブ ………………… 328
日本アンテナ ……………… 362
日本板硝子 ……………… 293,294
日本化成……… 260,261,267,268

日本躯体処理……… 246,247,262
日本樹脂施工協同組合… 269,270
日本曹達 …………………… 267
日本特殊塗料… 245,247,266,267
日本パーツセンター ……… 387
日本ビソー　仮設ゴンドラ事業本部
…………………………… 228
日本プロロング ……………… 247
日本ペイント
……… 262,264,265,284,285
ノーリツ ……………………… 328

ハ

ハイドロ …………………… 247
ハイランド ………………… 279
長谷川化学工業 …………… 243
長谷川鋳工所 ……………… 324
蜂屋 ………………………… 298
初田製作所 ………………… 373
パナソニック… 328,353,354,364
早川ゴム …………………… 244
P.C.G TEXAS（P・C・G協会）
…………………………… 335
東尾メック ……………… 325,336
東山産業 …………………… 226
ビシクレット ……………… 384
ビスダックジャパン ………… 226
日野興業 …………………… 226
平岡織染 ……………… 228,229
ファイベックス …………… 265
フジワラ化学 …………… 265,267
ふたば商事 ………………… 229
プロテリアル ……………… 319
ベン …………………… 326,336
ベンカン …………………… 325
ボース………… 242,245,247,267
保全工学研究所 …………… 401
保土谷建材 ……………… 245,391

マ

マグネスト ………………… 336
マスプロ電工 …………… 362,363
マルナカ …………………… 335

ミクロカプセル ……………… 261
三菱ケミカルインフラテック
…………………………… 321
三菱電機照明 ………… 353,354
ミラクール ………………… 268

ヤ

山一化学工業 ……………… 260
大和バルブ ………………… 326
ヤマトプロテック …………… 373
ユーシー産業 ……………… 322
ユニバーサル園芸社 ローズポッド事業部
…………………………… 388
ヨシタケ …………………… 326
淀川製鋼所 ………………… 384

ラ

リケン ……………………… 325
理研軽金属工業 …………… 296
リノテック …… 261,269,270,293
リンナイ …………………… 328
ロックペイント ………… 266,285
ロンシール機器 …………… 296
ロンシール工業 …… 244,248,249

ワ

YKK AP ……………… 291,292
綿半ソリューションズ ……… 378

広告索引

■ 広告取扱代理店一覧　広告のお申し込み、または掲載料金などのお問い合わせは下記までご連絡ください。

(株)経宣	☎ (03)3535-2381	FAX (03)3535-2384	〒104-0061	東京都中央区銀座2-8-9
(株)建設工業調査会	☎ (03)3535-2911	FAX (03)3561-0828	〒104-0061	東京都中央区銀座1-22-10
積成企画(株)	☎ (03)6869-3870	FAX (047)401-6757	〒103-0011	東京都中央区日本橋大伝馬町13-7
(株)経済企画	☎ (03)6228-4440	FAX (03)6228-4190	〒104-0061	東京都中央区銀座4-14-15
KSC・ジャパン(株)	☎ (03)3206-1271	FAX (03)3206-3249	〒104-0041	東京都中央区新富1-7-4
(株)経済選広	☎ (03)3553-5407	FAX (03)3553-5408	〒104-0041	東京都中央区新富1-7-7
(株)経済選広　大阪支店	☎ (06)6264-1858	FAX (06)6261-5615	〒541-0054	大阪市中央区南本町1-3-9
(株)フィールドリサーチセンター	☎ (03)5730-3215	FAX (03)5730-3217	〒105-0014	東京都港区芝2-5-10
(株)広宣	☎ (052)241-2661	FAX (052)263-0681	〒460-0008	名古屋市中区栄4-15-23
(株)広宣　東京支社	☎ (03)3535-3036	FAX (03)3561-7055	〒104-0061	東京都中央区銀座1-20-15

┤ ア ├

大阪ガスリノテック ……………………… 表紙4

┤ カ ├

外壁複合改修工法協議会 ……………………… 78
機能性外壁改修工業会 ……………………… 80,81,82
グッド ……………………………………… 82
コニシ ……………………………………… 81
コニシベステム工業会 …………………… 79,81
コンステック ……………………………… 82

┤ サ ├

三和テクノス ……………………………… 前付2
シーカ・ジャパン ……………………… 80,81,82
セイキ販売 ………………………………… 前付11
全国ビルリフォーム工事業協同組合 …………… 81

┤ タ ├

タイコー …………………………………… 表紙2
大同塗料／アクアシール会 ………… 前付10,271
田島ルーフィング ………………………前付4,前付10

┤ ナ ├

日本ウイントン ………………………… 前付1
日本設備工業 …………………………前付8,前付11

日本リノベーション・マネジメント協会 …… 94,95

┤ ハ ├

排水管・DREAM工法普及協会 ………前付5,前付10
Ｐ・Ｃ・Ｇテクニカ ……………………… 前付6

┤ マ ├

マルナカ ………………………………前付7,前付11

┤ ラ ├

リフリート工業会 ………………………… 前付3
ロンシール工業 …………………………… 249

索引

取扱書店

■ 当会の定期刊行物を取扱う主な書店です。
■ 下記以外の書店でも取り扱っております。**第二業務室 ☎ 03-5777-8225**

北海道

札幌市中央区	紀伊國屋書店札幌本店	(011) 231-2131
〃 〃	北海道官報販売所	(011) 231-0975
〃 〃	MARUZEN&ジュンク堂書店札幌店	(011) 223-1911
〃 〃	三省堂書店札幌店	(011) 209-5600
〃 北区	コーチャンフォー新川通り店	(011) 769-4000
〃 豊平区	コーチャンフォーミュンヘン大橋店	(011) 817-4000
函館市石川町	函館蔦屋書店	(0138) 47-3771
小樽市築港	喜久屋書店小樽店	(0134) 31-7077
旭川市1条通	ジュンク堂書店旭川店	(0166) 26-1120
〃 宮前通西	コーチャンフォー旭川店	(0166) 76-4000
釧路市春採	コーチャンフォー釧路店	(0154) 46-7777
帯広市西8条	宮脇書店帯広店	(0155) 49-6211
〃 西4条	喜久屋書店帯広店	(0155) 66-7799
北見市並木町	コーチャンフォー北見店	(0157) 26-1122

青森県

青森市新町	成田本店しんまち店	(017) 723-2431
弘前市土手町	ジュンク堂書店弘前中三店	(0172) 80-6010

岩手県

盛岡市大通	ジュンク堂書店盛岡店	(019) 601-6161
〃 〃	さわや書店本店	(019) 653-4411
〃 南大通	岩手県官報販売所	(019) 622-2984
〃 本宮	MORIOKATSUTAYA	(019) 613-2588
奥州市水沢区	松田書店本店	(0197) 23-2532

宮城県

仙台市青葉区	丸善仙台アエル店	(022) 264-0151
〃 〃	ヤマト屋書店仙台三越店	(022) 393-8541
〃 〃	仙台政府刊行物サービスセンター	(022) 261-8320
〃 太白区	紀伊國屋書店仙台店	(022) 308-9211
〃 泉区	八文字屋書店泉店	(022) 371-1988
〃 〃	蔦屋書店仙台泉店	(022) 772-2011
石巻市蛇田	金港堂石巻店	(0225) 94-0088
名取市増田	未来屋書店名取店	(022) 382-5208

秋田県

秋田市千秋久保町	ジュンク堂書店秋田店	(018) 884-1370
〃 中通	宮脇書店秋田本店	(018) 825-5515

山形県

山形市嶋北	戸田書店山形店	(023) 682-3111
〃 本町	八文字屋本店	(023) 622-2150
〃 寿町	こまつ書店寿町本店	(023) 641-0641
〃 鍬ノ町	TENDO八文字屋	(023) 658-8811
三川町	戸田書店三川店	(0235) 68-0015

福島県

福島市大町	西沢書店大町店	(024) 522-0161
郡山市富久山町	岩瀬書店富久山店	(024) 936-2220
〃 中町	ジュンク堂書店郡山店	(024) 927-0440
〃 下亀田	みどり書房桑野店	(024) 939-0047
いわき市平	ヤマニ書房本店	(0246) 23-3481
〃 鹿島町	鹿島ブックセンター	(0246) 28-2222

茨城県

水戸市笠原町	川又書店県庁店	(029) 301-1811
龍ヶ崎市中里	蔦屋書店龍ヶ崎店	(0297) 60-7088
つくば市赤塚	むさしの書房	(029) 836-1669
〃 研究学園	ACADEMIAイーアスつくば店	(029) 868-7407
ひたちなか市新光町	蔦屋書店ひたちなか店	(029) 265-2300

栃木県

宇都宮市馬場通り	喜久屋書店宇都宮店	(028) 614-5222
〃 宝木町	落合書店宝木店	(028) 650-2211

群馬県

前橋市本町	煥乎堂	(027) 235-8111
〃 西片貝町	戸田書店前橋本店	(027) 223-9011
〃 大渡町	ブックマンズアカデミー前橋店	(027) 280-3322
〃 文京町	紀伊國屋書店前橋店	(027) 220-1830
〃 新堀町	蔦屋書店前橋みなみモール店	(027) 210-0886
高崎市下小鳥町	戸田書店高崎店	(027) 363-5110
〃 飯塚町	ブックマンズアカデミー高崎店	(027) 370-6166
桐生市新宿	戸田書店桐生店	(0277) 20-7220
伊勢崎市駒形町	くまざわ書店伊勢崎店	(0270) 70-5510
太田市石原町	喜久屋書店太田店	(0276) 47-8723
〃 新井町	ブックマンズアカデミー太田店	(0276) 40-1900
藤岡市中栗須	戸田書店藤岡店	(0274) 22-2469

埼玉県

さいたま市大宮区	ジュンク堂書店大宮高島屋店	(048) 640-3111

さいたま市大宮区	紀伊國屋書店さいたま新都心店	(048)600-0830
〃 中央区	ブックデポ書楽	(048)852-6581
〃 浦和区	須原屋本店	(048)822-5321
〃 南区	須原屋武蔵浦和店	(048)872-0550
川越市新富町	紀伊國屋書店川越店	(049)224-2573
鴻巣市北新宿	宮脇書店鴻巣店	(048)547-3700
朝霞市本町	宮脇書店朝霞店	(048)460-3809
久喜市菖蒲町	蔦屋書店フォレオ菖蒲店	(0480)87-0800
〃 〃	ACADEMIA菖蒲店	(0480)87-1781

千葉県

千葉市中央区	三省堂書店そごう千葉店	(043)245-8331
船橋市浜町	ジュンク堂書店南船橋店	(047)401-0330
松戸市松戸	喜久屋書店松戸店	(047)393-8066
習志野市谷津	丸善津田沼店	(047)470-8311
〃 津田沼	くまざわ書店津田沼店	(047)475-8311
柏市大島田	紀伊國屋書店セブンパークアリオ柏店	(04)7160-8015
〃 柏	ジュンク堂書店柏モディ店	(04)7168-0215
流山市西初石	紀伊國屋書店流山おおたかの森店	(04)7156-6111
印西市中央北	喜久屋書店千葉ニュータウン店	(0476)40-7732

東京都

千代田区神田小川町	三省堂書店神保町本店	(03)3233-3312
〃 神田駿河台	書泉ブックタワー	(03)5296-0051
〃 霞が関	政府刊行物センター（霞が関）	(03)3504-3885
〃 丸の内	丸善丸の内本店	(03)5288-8881
〃 有楽町	三省堂書店有楽町店	(03)5222-1200
中央区日本橋	丸善日本橋店	(03)6214-2001
新宿区新宿	紀伊國屋書店新宿本店	(03)3354-0131
〃 西新宿	ブックファースト新宿店	(03)5339-7611
墨田区錦糸	くまざわ書店錦糸町店	(03)5610-3034
中野区中野	ブックファースト中野店	(03)3319-5161
豊島区南池袋	ジュンク堂書店池袋本店	(03)5956-6111
〃	三省堂書店池袋本店	(03)6864-8900
八王子市旭町	くまざわ書店八王子店	(042)625-1201
立川市曙町	ジュンク堂書店立川高島屋店	(042)512-9910
〃 〃	オリオン書房ノルテ店	(042)522-1231
〃 〃	オリオン書房ルミネ店	(042)527-2311
武蔵野市吉祥寺	ジュンク堂書店吉祥寺店	(0422)28-5333
町田市原町田	久美堂本店	(042)725-1330
小金井市本町	くまざわ書店武蔵小金井北口店	(042)385-2351
多摩市落合	丸善多摩センター店	(042)355-3220
稲城市若葉台	コーチャンフォー若葉台店	(042)350-2800

神奈川県

横浜市西区	有隣堂横浜駅西口エキニア横浜店	(045)311-6265
〃 中区	有隣堂伊勢佐木町本店	(045)261-1231
〃 港北区	三省堂書店新横浜店	(045)478-5520
〃 青葉区	ブックファースト青葉台店	(045)989-1781
横浜市都筑区	ACADEMIA港北店	(045)914-3320
川崎市幸区	丸善ラゾーナ川崎店	(044)520-1869
〃 高津区	文教堂書店溝ノ口本店	(044)812-0063
相模原市緑区	ACADEMIAくまざわ書店橋本店	(042)700-7020
藤沢市藤沢	ジュンク堂書店藤沢店	(0466)52-1211
〃 南藤沢	有隣堂藤沢店	(0466)26-1411
厚木市中町	有隣堂厚木店	(046)223-4111

新潟県

新潟市中央区	紀伊國屋書店新潟店	(025)241-5281
〃 〃	ジュンク堂書店新潟店	(025)374-4411
〃 西区	知遊堂亀貝店	(025)211-1858
長岡市堺町	戸田書店長岡店	(0258)22-5911
〃 台町	宮脇書店長岡店	(0258)31-3700
三条市荒町	知遊堂三条店	(0256)36-7171
柏崎市柳橋町	コメリ書房柏崎店	(0257)20-1230
新発田市舟入町	コメリ書房新発田店	(0254)20-1011
上越市加賀町	知遊堂上越国府店	(025)545-5668

富山県

富山市経堂	明文堂書店新庄経堂店	(076)494-3530
〃 豊田町	文苑堂書店富山豊田店	(076)433-8150
〃 開	TSUTAYABOOKSTORE藤の木店	(076)422-0155
〃 掛尾	BOOKSなかだ掛尾本店	(076)492-1192
高岡市福田	文苑堂書店福田本店	(0766)27-7800
〃 下伏間江	喜久堂書店高岡店	(0766)27-2455
魚津市上村木	BOOKSなかだ魚津店	(0765)24-9905

石川県

金沢市香林坊	うつのみや金沢香林坊店	(076)234-8111
〃 鞍月	金沢ビーンズ明文堂	(076)239-4400
かほく市内日角	BOOKSなかだ かほく店	(076)289-0671
野々市市粟田	明文堂書店金沢野々市店	(076)294-0930

福井県

福井市二の宮	SuperKaBoS新二の宮店	(0776)27-4678

山梨県

甲府市貢川本町	朗月堂書店本店	(055)228-7356
〃 和戸町	よむよむフレスポ甲府東店	(055)223-4646
中央市下河東	戸田書店山梨中央店	(055)278-6811

長野県

長野市南千歳	平安堂長野店	(026)224-4545
松本市出川	宮脇書店松本店	(0263)24-2435
〃 深志	丸善松本店	(0263)31-8171
佐久市野沢	西澤書店	(0267)62-0240
〃 小田井	平安堂佐久インターウェーブ店	(0267)77-7744

取扱書店

岐阜県

岐阜市泉町	郁文堂書店	(058) 262-9897
〃　正木中	丸善岐阜店	(058) 297-7008
大垣市三塚町	喜久屋書店大垣店	(0584) 77-1717
各務原市小佐野町	カルコス各務原店	(058) 389-7500
瑞穂市稲里	カルコス穂積店	(058) 329-2336

静岡県

静岡市葵区	MARUZEN&ジュンク堂書店新静岡店	(054) 275-2777
〃　〃	静岡県官報販売所	(054) 253-2661
〃　清水区	戸田書店江尻台店	(054) 361-3511
浜松市中区	谷島屋浜松本店	(053) 457-4165
〃　西区	谷島屋イオンモール浜松志都呂店	(053) 415-1341
〃　北区	谷島屋三方原店	(053) 438-2141

愛知県

名古屋市中村区	ジュンク堂書店名古屋店	(052) 589-6321
〃　〃	三省堂書店名古屋本店	(052) 566-6801
〃　中区	丸善名古屋本店	(052) 238-0320
〃　〃	ジュンク堂書店名古屋栄店	(052) 212-5360
〃　〃	愛知県第一官報販売所	(052) 961-9011
豊橋市広小路	精文館書店豊橋本店	(0532) 54-2345
一宮市開明	宮脇書店尾西店	(0586) 47-7111
豊山町豊場林先	紀伊國屋書店名古屋空港店	(0568) 39-3851

三重県

津市修成町	別所書店修成店	(059) 246-8822
四日市市諏訪栄町	MARUZEN四日市店	(059) 359-2340
〃　安島	宮脇書店四日市本店	(059) 359-5910
松阪市大黒町	コメリ書房松阪店	(0598) 25-2533
鈴鹿市末広南	コメリ書房鈴鹿店	(059) 384-3737

滋賀県

大津市中央	滋賀県官報販売所	(077) 524-2683
〃　一里山	大垣書店フォレオ大津一里山店	(077) 547-1020
彦根市戸賀町	ハイパーブックス彦根店	(0749) 30-5151
長浜市八幡中町	ハイパーブックス長浜店	(0749) 65-7220
草津市新浜町	喜久屋書店草津店	(077) 516-1118
〃　駒井沢町	ハイパーブックス駒井沢店	(077) 568-0111
〃　追分町	ハイパーブックスかがやき通り店	(077) 566-0077
〃　大路	ジュンク堂書店滋賀草津店	(077) 569-5553

京都府

京都市中京区	丸善京都本店	(075) 253-1599
〃　〃	ふたば書房御池ゼスト店	(075) 253-3151
〃　南区	大垣書店イオンモールKYOTO店	(075) 692-3331
〃　〃	大垣書店イオンモール京都桂川店	(075) 925-1717
福知山市東羽合町	TSUTAYAAVIX福知山店	(0773) 24-4566

大阪府

大阪市浪速区	ジュンク堂書店難波店	(06) 4396-4771
〃　阿倍野区	喜久屋書店阿倍野店	(06) 6634-8606
〃　〃	ジュンク堂書店近鉄あべのハルカス店	(06) 6626-2151
〃　北区	MARUZEN&ジュンク堂書店梅田店	(06) 6292-7383
〃　〃	ジュンク堂書店大阪本店	(06) 4799-1090
〃　〃	紀伊國屋書店梅田本店	(06) 6372-5821
〃　〃	紀伊國屋書店グランフロント大阪店	(06) 7730-8451
〃　中央区	紀伊國屋書店本町店	(06) 4705-4556
〃　〃	ジュンク堂書店天満橋店	(06) 6920-3730
堺市北区	紀伊國屋書店堺北花田店	(072) 246-5566
高槻市紺屋町	ジュンク堂書店高槻店	(072) 686-5300
東大阪市足代	ヒバリヤ書店	(06) 6722-1121

兵庫県

神戸市北区	喜久屋書店北神戸店	(078) 983-3755
〃　中央区	ジュンク堂書店三宮駅前店	(078) 252-0777
〃　〃	ジュンク堂書店三宮店	(078) 392-1001
〃　西区	喜久屋書店神戸学園都市店	(078) 797-3977
姫路市豆腐町	ジュンク堂書店姫路店	(079) 221-8280
明石市大明石町	ジュンク堂書店明石店	(078) 918-6670
西宮市北口町	ジュンク堂書店西宮店	(0798) 68-6300
加古川市加古川町	紀伊國屋書店加古川店	(079) 427-3311
加西市北条町	西村書店	(0790) 42-5008

奈良県

大和郡山市下三橋町	喜久屋書店大和郡山店	(0743) 55-2200
橿原市曲川町	喜久屋書店橿原店	(0744) 20-3151

和歌山県

和歌山市松江	TSUTAYAWAYガーデンパーク和歌山店	(073) 480-5900

鳥取県

米子市新開	本の学校今井ブックセンター	(0859) 31-5000
〃　錦町	今井書店錦町店	(0859) 37-6700
倉吉市昭和町	今井書店倉吉店	(0858) 23-4142
松江市田和山町	今井書店グループセンター店	(0852) 20-8811
出雲市高岡町	今井書店出雲店	(0853) 22-8181

岡山県

岡山市北区	紀伊國屋書店クレド岡山店	(086) 212-2551
〃　〃	丸善・岡山シンフォニービル店	(086) 233-4640
〃　〃	宮脇書店岡山本店	(086) 242-2188
倉敷市水江	喜久屋書店倉敷店	(086) 430-5450

広島県

広島市中区	紀伊國屋書店広島店	(082) 225-3232
〃　〃	MARUZEN&ジュンク堂書店広島店	(082) 504-6210

広島市中区	広島県官報販売所	(082) 962-3590
〃 南区	ジュンク堂書店広島駅前店	(082) 568-3000
〃 西区	フタバ図書アルティアルパーク店	(082) 270-5730
福山市入船町	啓文社ポートプラザ店	(084) 971-1211
府中町	フタバ図書TERA広島府中店	(082) 561-0770

山口県

下関市伊倉新町	明屋書店MEGA新下関店	(083) 250-2525
〃 竹崎町	くまざわ書店下関店	(083) 228-0401
宇部市松島町	京屋書店	(0836) 31-2323
山口市大内千坊	明屋書店MEGA大内店	(083) 933-0707
周南市周陽	宮脇書店徳山店	(0834) 39-2009

徳島県

徳島市寺島本町	紀伊國屋書店徳島店	(088) 602-1611
〃 国府町	附家書店国府店	(088) 643-3233
松茂町	附家書店松茂店	(088) 683-4721

香川県

高松市朝日新町	宮脇書店総本店	(087) 823-3152
〃 常盤町	ジュンク堂書店高松店	(087) 832-0170
〃 番町	香川県官報販売所	(087) 851-6055
〃 丸亀町	宮脇書店本店	(087) 851-3733
〃 伏石町	宮脇書店南本店	(087) 869-9361
丸亀市新田町	紀伊國屋書店丸亀店	(0877) 58-2511

愛媛県

松山市一番町	ジュンク堂書店松山三越店	(089) 915-0075
〃 空港通	明屋書店空港通店	(089) 973-4844
〃 三番町	愛媛県官報販売所	(089) 941-7879
新居浜市西の土居町	明屋書店MEGA西の土居店	(0897) 36-4455

高知県

高知市高須	宮脇書店高須店	(088) 883-0333
〃 帯屋町	金高堂書店本店	(088) 822-0161
〃 本町	高知県官報販売所	(088) 872-5866
〃 大谷公園町	金高堂朝倉ブックセンター	(088) 840-1363

福岡県

北九州市小倉北区	ブックセンタークエスト小倉店	(093) 522-3924
〃 〃	喜久屋書店小倉店	(093) 514-1400
〃 小倉南区	アカデミアサンリブシティ小倉店	(093) 932-7711
〃 八幡西区	白石書店本店	(093) 601-2200
福岡市東区	紀伊國屋書店ゆめタウン博多店	(092) 643-6721
〃 博多区	紀伊國屋書店福岡本店	(092) 434-3100
〃 〃	丸善博多店	(092) 413-5401
〃 中央区	ジュンク堂書店福岡店	(092) 738-3322
久留米市新合川	紀伊國屋書店久留米店	(0942) 45-7170
〃 三潴町	Booksあんとくみずま店	(0942) 64-5656

行橋市行事	明屋書店行橋行事店	(0930) 25-1110

佐賀県

佐賀市兵庫北	紀伊國屋書店佐賀店	(0952) 36-8171

長崎県

長崎市元船町	紀伊國屋書店長崎店	(095) 811-4919

熊本県

熊本市中央区	蔦屋書店熊本三年坂店	(096) 212-9101
〃 南区	紀伊國屋書店熊本はません店	(096) 377-1330
菊陽町光の森	紀伊國屋書店熊本光の森店	(096) 233-1700

大分県

大分市中央町	ジュンク堂書店大分店	(097) 536-8181
〃 要町	紀伊國屋書店アミュプラザおおいた店	(097) 515-5050
〃 王子南町	明林堂書店大分本店	(097) 573-3400
〃 明野東	くまざわ書店大分明野店	(097) 552-7511

宮崎県

宮崎市橘通東	蔦屋書店宮崎高千穂通り店	(0985) 61-6711
〃 広島	紀伊國屋書店アミュプラザみやざき店	(0985) 61-1280
都城市中原町	田中書店妻ヶ丘本店	(0986) 22-4488
〃 上川東	田中書店川東店	(0986) 46-2322

鹿児島県

鹿児島市呉服町	ジュンク堂書店鹿児島店	(099) 216-8838
〃 中央町	紀伊國屋書店鹿児島店	(099) 812-7000
〃 宇宿	ブックスミスミオプシア	(099) 813-7012
〃 郡元	鹿児島県官報販売所	(099) 285-0015

沖縄県

那覇市牧志	ジュンク堂書店那覇店	(098) 860-7175
〃 久茂地	リブロリウボウブックセンター店	(098) 867-1725
宜野湾市大山	宮脇書店大山店	(098) 942-8267
沖縄市美原	宮脇書店美里店	(098) 934-1712
うるま市江洲	宮脇書店うるま店	(098) 989-3395

取扱書店

積算資料 ポケット版 シリーズ

編集協力

株式会社小野富雄建築設計室　取締役会長	小野　富雄
京浜管鉄工業株式会社　取締役	木村　章一
建物診断設計事業協同組合　理事長	山口　実
株式会社ハル建築設計　代表取締役	今井　章晴
株式会社ファーマ一級建築士事務所　代表取締役	望月　重美
一般社団法人マンション計画修繕施工協会　専務理事	中野谷　昌司
株式会社Nプランニング　代表取締役	成田　至弘
小杉造園株式会社　代表取締役	小杉　左岐
株式会社ジェス診断設計　専務取締役	力　博文
島田信弘建築設計事務所	島田　信弘
株式会社タイコー　代表取締役社長	米村　直樹
株式会社髙屋設計環境デザインルーム　代表取締役	髙屋　利行
日本ウイントン株式会社　住宅サービス部部長	菅俣　美彦
一般社団法人　日本建材・住宅設備産業協会	
株式会社長谷工リフォーム　技術推進部門技術部技術課	
技術部長	村越　章
平田マンション管理士事務所　所長	平田　英雄
株式会社ベストン　専務取締役　事業本部長	宮澤　孝昇

ご意見・内容の お問い合わせ	■本誌の内容全般に関するお問い合わせ 　出版事業部：☎(03)5777-8221　FAX(03)5777-8236
お申し込み	■出版物のお申し込み先 　書店：☎(03)5777-8225　FAX(03)5777-8240 　販売：☎0120-217-106　FAX(03)6868-0901（経済調査会事務代行　KSC・ジャパン㈱） ■広告に関するお問い合わせ 　メディア事業部：☎(03)5777-8223　FAX(03)5777-8238

2023年7月1日発行（次号発行は2025年7月予定）

積算資料ポケット版 マンション修繕編 2023/2024
No.21

編著：建築工事研究会

発行：一般財団法人 経済調査会
　　　〒105-0004　東京都港区新橋6-17-15

印刷・製本：㈱ローヤル企画

編集協力：㈱フィールドリサーチセンター

ISBN978-4-86374-339-7

乱丁・落丁本はお取り替えします。　☎0120-217-106

１０５−８７９０

２４６

東京都港区新橋6-16-12
　　　京阪神御成門ビル

（一財）経済調査会

出版事業部　企画調査室 行

‖lll·l·l‖l‖ll·l‖l·l‖l·l‖l·l·l·l·l·l·l·l·l·l·l·l·l·l·‖ll

ふりがな		
お名前※		
勤務先	名　称	
	所属部署	
	所在地※	〒
	TEL※	
	FAX	
	e-mail	

◉※部分は、カタログ等を発送する際に必要となりますので、必ずご記入下さい。
　また、ご記入いただいた氏名、住所、電話番号、アンケート内容などの情報は、
　資料請求の送付と誌面充実のための資料としてのみ使用いたします。

資料請求方法について

資料請求はこのハガキを利用する方法と当会のWEBサイト「積算資料ポケット版WEB」を利用する方法があります。お急ぎの方は「積算資料ポケット版WEB」をご利用いただくか、直接メーカーへ「ポケット版を見た」とお問い合わせください。

読者プレゼントのお知らせ　（応募〆切：2025年6月末日到着分まで有効）

裏面の資料請求・アンケート両方にお答えいただいた方の中から抽選で
20名様に、図書カード（1,000円分）をプレゼント！
当選者発表は発送をもってかえさせていただきます。

資料請求ハガキ

　該当するカタログガイド番号もしくは資料請求コードに○を付けてください。全資料を希望される方は、下の「全資料一括請求」の横にある□にチェックをお入れください。
＊送付先はおもて面の勤務先住所となります。

□全資料一括請求

カタログガイド番号（カタログガイド資料請求番号）

C001	C002	C003	C004	C005
C006	C007	C008	C009	C010
C011	C012	C013	C014	C015

資料請求コード（各掲載広告下部に記載されています）

0001	0002	0003	0004	0005
0006	0007	0008	0009	0010
0011	0012	0013	0014	0015
0016	0017	0018	0019	0020
0021	0022	0023	0024	0025

アンケートにご協力ください

■業種
　□マンション改修工事業者　　□設計事務所　　□マンション管理会社
　□鑑定事務所　　□官公庁等　　□マンション管理組合
　□その他（　　　　　　　　　　　　　　　　　　　　　　　　　　　）
■興味を持たれた誌面・企画
　□特集１：脱炭素時代のマンション省エネ改修への取り組み
　□特集２：マンション外壁改修のこれから
　□トピックス：マンション長寿命化促進税制が創設されました！
　□トピックス：「マンション共用部分リフォーム融資」について
　□トピックス：第13回　マンションクリエイティブリフォーム賞　審査結果発表
　□トピックス：時代を変えるマンション大規模修繕実施方式 "価格開示方式"
　□マンション大規模修繕工事の見積書分析結果　　□見積り実例
　□価格編（具体的な工種：　　　　　　　　　　　　　　　　　　　　）
　□参考資料（具体的な項目：　　　　　　　　　　　　　　　　　　　）
　□その他（　　　　　　　　　　　　　　　　　　　　　　　　　　　）
■本誌購読の目的
　□一般的な修繕価格（相場）を知るため
　□新しい建材、工法の知識を得るため
　□マンション修繕業界のトレンドや動向を知るため
　□掲載価格を利用して概算もしくは詳細見積りを作成（値入）するため
　□自社見積書に記載の単価などの水準をチェックするため
　□業者の見積価格の水準をチェックするため
　□施主（管理組合等）との打ち合わせ時の説明・参考資料として使用するため
　□新入社員の教育・参考資料として利用するため
　□その他（　　　　　　　　　　　　　　　　　　　　　　　　　　　）
■本誌の中で役に立ったもしくは今後取り上げてほしいテーマ、建材、工法または本誌へのご要望などをご記入ください。
（　　　　　　　　　　　　　　　　　　　　　　　　　　　　　　　　）

あわせて
ご利用ください

積算資料
ポケット版

住宅建築編（年1回4月）

リフォーム編（年1回10月）

住まいの建材と見積り

積算資料 ポケット版 WE
http://www.pocket-ban.com

マンション修繕編2023/2024

目次　目次
特集　特集
トピックス　トピックス
見積書分析　見積書分析
見積り実例　見積り実例

価格編　価格編
仮設　仮設
屋根・床防水　屋根・床防水
外壁塗装等　外壁塗装等
シーリング　シーリング
鉄部塗装等　鉄部塗装等
建具・金物等　建具・金物等
給水・排水　給水・排水
配管更生　配管更生
ガス設備　ガス設備

空調・換気　空調・換気
電灯設備等　電灯設備等
情報・通信　情報・通信
消防用設備　消防用設備
昇降機　昇降機
立体駐車場　立体駐車場
外構　外構
調査・診断　調査・診断
法定点検　法定点検

参考資料　参考資料
索引　索引
取扱書店　取扱書店